Julius Wolff, Julius Wolff

Tannhäuser - ein Minnesang

Julius Wolff, Julius Wolff

Tannhäuser - ein Minnesang

ISBN/EAN: 9783742814098

Hergestellt in Europa, USA, Kanada, Australien, Japan

Cover: Foto ©Andreas Hilbeck / pixelio.de

Manufactured and distributed by brebook publishing software (www.brebook.com)

Julius Wolff, Julius Wolff

Tannhäuser - ein Minnesang

Tannhäuser.

Ein Minnesang

von

Julius Wolff.

Mit Porträtradirung nach einer Handzeichnung von Ludwig Knaus.

Erster Band.

Zweite, unveränderte Auflage.

Berlin,
G. Grote'sche Verlagsbuchhandlung.
1881.

Minnegruß.

Euch naht sich Einer, holde Frauen,
Dem könnt Ihr frei ins Auge schauen;
Er ist von Kopf zu Fuß
Ein Ritter, der Euch rühmt und ehret,
Und er entbietet stahlbewehret
Euch minniglichen Gruß!
Tief aus dem Goldschacht unsrer deutschen Sage
Steigt mit Gesange freudig er zu Tage.

Tannhäuser ist's, — Ihr kennt den Helden;
Was alte Mären von ihm melden,
Den Wartburgsängerkrieg,
Den Hörselberg, des Papstes Stecken,
Was Sage flüstert, wollt' ich wecken
Und das, was sie verschwieg.
Nachschaffend wollt' ich findig aus dem Vollen
Euch seines ganzen Lebens Bild entrollen.

Ich weiß es, was ich damit wagte,
Und wenn mir auch die Kraft versagte,
Die Lust that's nie beim Sang.
Er wollte Euer Herz ergründen,
Ich wollte Euch das seine künden,
Seht selbst, ob eins gelang.
Sehnsucht mit ihren stürmenden Gedanken
Kämpft mit der Wirklichkeit und ihren Schranken.

Ich grüße mit Gesang Euch Süße!
Wie Kaiser Heinrich sang, und grüße
In Euch der Minne Macht.
Ich habe stets von ihrem Wesen
So hoch, wie Ihr es werdet lesen
Von meinem Helden, selbst gedacht.
Und malt' ich noch zu glühend seine Minne,
So denkt: was wäre Kunst wohl ohne Sinne?

Ihm war es Ernst; nicht um zu spielen,
Griff er nach unfaßbaren Zielen
In seiner Seele Drang.
Auch mir ist's Ernst; nie würd' ich wagen,
Vor Euch die Saiten anzuschlagen
Unrein in ihrem Klang.
Und darum dürft Ihr, edle, kluge Frauen,
Uns beiden auch mit gutem Fuge trauen.

VII

So nehmt nun den besungnen Sänger,
Den ritterlichen Schlachtengänger
Der Hohenstaufenzeit,
Von der ich Manches Euch geschildert,
Nichts übertrieben, nichts gemildert,
Nehmt ihn mit Freundlichkeit!
Seid gnädig und versöhnlich seiner Minne
Und schickt ihn damit nicht zur Balandinne!

Berlin, Oktober 1880.

Inhalt.

I.	Des Klausners Genoß	1
II.	Im wilden Tann	37
III.	Im Stift zu Abamunt	51
IV.	Lesen und Schreiben	71
V.	Der Minnehof zu Avellenz	98
VI.	Das Minnegericht	124
VII.	Auf Burg Seben	147
VIII.	Verhohlene Minne	172
IX.	Am Hof der Babenberger	197
X.	Verrathene Minne	217
XI.	In den Lagunen	239

Tannhäuser.

Erster Band.

I.
Des Klausners Genoß.

Rings Wald und Wald, auf Bergesrücken,
In enger Schlucht und weitem Thal,
Nur das Geröll von Felsenstücken
Und Wand und Klippen nackt und kahl.
Um jeden Fußbreit Boden ringet
Der zähen Tannen düstre Schicht,
Durch ihre hohen Schirme dringet
Nur spärlich ein gedämpftes Licht.
Hoch oben in den dunkeln Zweigen
Ein pfeifend Säuseln leise hallt,
Um Stamm und Wurzel lautlos Schweigen,
Kein Schritt erdröhnt, kein Ruf erschallt.
Ganz einsam ist es; abgeschieden
Von Weltenlauf und Menschenloos,
Erscheint der stille Waldesfrieden
Unnahbar fast und grenzenlos.
Und doch — in seinem Dämmrungsweben
Von Wildnißschauern, Urwaldpracht
Verbergen sich zwei Menschenleben,
Nicht ähnlicher, als Tag und Nacht.

Das eine sollte bald zerfließen
Spurlos wie ein vergeßner Traum,
Das andere sich noch erschließen
Zu Lust und Leid in weitem Raum.
Seit Jahren, die er nicht mehr zählte,
Begrub sein Dasein hier ein Greis,
Sein Herz ward still, das gramgequälte,
Und Bart und Haare wurden weiß.
Er wartete bei strenger Buße
Für eine längst erlaßne Schuld
Auf seinen Tod in frommer Muße
Und gottesfürchtiger Geduld.
Da, als er einst das Feuer schürte
In seiner Höhle und in Ruh
Gesammelt Reisig aufwarf, führte
Der Rauch ihm den Gefährten zu.
Ein Jägerbursch mit Speer und Bogen,
Schlank wie die Tannen, müd vom Lauf,
Kam zu ihm durch den Wald gezogen
Und bat bescheiden: „Nimm mich auf!"
Des Jünglings Auge sprach die Bitte
Herzinniger noch als sein Mund,
Er schien von edler Zucht und Sitte,
Und Gruß und Willkomm schloß den Bund.
Beim Klausner blieb der feine Knabe,
Denn jenem war die Milde Pflicht,
Er theilte freudig Herd und Habe
Mit dem Gesell'n und frug ihn nicht.
Die Hälfte seiner Höhle borgte
Der Wirth in dieser Felsenhaft,
Für Lebensnothdurft aber sorgte
Des Gastes junge Heldenkraft.
Stets waren sie wie zwei Verbannte
Zum Trost einander froh bemüht,

Und schon nach kurzer Zeit erkannte
Der Greis des Flüchtigen Gemüth
Als unverdorben, leicht empfänglich
Für jedes weise, linde Wort,
Oft in Gefühlen überschwänglich,
Treu in des Glaubens Heil und Hort.
In Eintracht hausend ahnten Beide
Ein brüderlich verwandt Geschick;
Was Jeder trug an Herzeleide,
Verschwieg er vor des Andern Blick.

Gemach versinkend schon im Walde
Ein warmer Lenztag sich verlor,
Im Schatten lagen Thal und Halde,
Und harzig Duften stieg empor.
Doch oben, wie zum Aufschwung ladend,
Da fluthete noch Licht durchs Blau,
Da wiegte, sich in Strahlen badend,
Ein Falke seinen schlanken Bau.
Wie der in Bogenlinien schwenkte,
Hob scharf im Fluge die Gestalt
Sich schwärzlich ab, doch wenn er lenkte
Der Schwingen tragende Gewalt
Zum Angesicht der Sonne wieder,
Dann glänzte goldig, spiegelhell
Im Abendrothe sein Gefieder,
Als wär' er selbst des Lichtes Quell.
Ihm droht kein Feind mit schärfern Klauen,
Ihn wählt kein Schütze sich zum Ziel,
Zwei träumerische Augen schauen
Nur auf zu seinem Wolkenspiel.
Wo über Thal und Tannenwipfel
Vom Abhang frei die Blicke gehn
Bis hin, wo die beschneiten Gipfel

Der Eisenerzer Alpen stehn,
Da ruhte, halb gestützt im Liegen,
Des Klausners blühender Genoß
Und sah dem wonniglichen Fliegen
Des Falken zu, der schwebend floß,
Ein Segler in dem Meer der Lüfte,
Die Kreise immer größer zog
Und über Wald und Berg und Klüfte
Dem Blick entschwindend nordwärts flog.
Der Jüngling regte leis die Lippe
In traurig sehnsuchtsvollem Sinn,
Dann saß er schweigsam auf der Klippe
Und starrte brütend vor sich hin.
Er hörte nicht den Schritt des Alten
Im weichen Moose, der schon nah
Jetzt bei ihm stand und auf das Schalten
Des ganz in sich Versunknen sah.
Dann milde rief nach kleinem Säumen
Der Greis ihn an: „Heinrich!" — der fuhr
Erschrocken auf aus seinen Träumen,
Im Antlitz des Erröthens Spur.
„Ich habe schon in manchen Stunden,"
Sprach jener mit besorgtem Ton,
„Schwermüthig einsam Dich gefunden,
Sag' an, was fehlt Dir, lieber Sohn?"
„Nichts, Vater!" sprach mit leichtem Beben
Der Jüngling und erhob sich jach,
„Ich sah dort einen Falken schweben
Und dachte nun darüber nach,
Warum denn wir nicht fliegen lernen."
„Wir? fliegen?" lächelte der Greis,
„Wohin denn? ach! in jene Fernen,
In des urewigen Lichtes Kreis,
O daß uns dahin Schwingen trügen!

Doch laß mich wissen, was Du kannst,
Gott sei gedankt! Du kannst nicht lügen,
So wenig, wie Du fliegen kannst.
Ja, senke nur die Augenlider,
Du dachtest Andres, liebes Kind!
Ich weiß es wohl; komm, sitze nieder
Und sprich, wer Deine Sorgen sind."
Nun saßen auf dem Stein die Beiden,
Des Jünglings Athem sank und stieg
Als wie im Kampf mit stillen Leiden,
Er schüttelte den Kopf und schwieg.
„Wie viele Tage wohl verrannen,"
Drang jetzt der Alte auf ihn ein,
„Wie oftmals über diesen Tannen
Schon wechselte des Mondes Schein,
Seit jenem Tage, wo Du kamest
Wegmüde, hungrig und verirrt
In meiner Höhle Herberg nahmest,
Ein Vogel, der im Käfig schwirrt!
Ich habe gern Dich aufgenommen,
Du warest, wie von Gott gesandt
Ein Himmelsbote, mir willkommen;
Ich dachte: dieses Knaben Hand
Soll Alten dich zur Ruhe bringen,
Und bist vom Leibe du befreit,
Wird sein Gebet zum Höchsten bringen
Für deiner Seele Seligkeit.
Ich lebe noch, und nächst der Gnade
Des Allbarmherz'gen dank' ich's Dir,
Du wehrtest von des Schwachen Pfade
Des rauhen Winters Noth und Gier.
Du schafftest mir die kräft'ge Speise,
Der ich wie lange schon! entwöhnt,
Und hast den Rest der Lebensreise

Verlängert mir und auch verschönt.
Mußt' ich doch wirklich Dir verbieten
Dein Morden unterm Waldgethier,
Daß wir von Reh und Eber brieten
Nicht mehr, als nöthig Dir und mir.
Du machtest mir das Lager weicher,
Du hieltst das Feuer uns in Brand,
Mein Schenk und Truchseß, demuthreicher,
Als je bei Fürsten einer stand."
„Und ließ mich willig von Dir pflegen,"
Fiel tief beschämt der Andre ein,
„Und Kräuter auf die Wunde legen,
Die mir der Hirsch stieß in das Bein,
Und litt auch, daß Du bei mir wachtest
Wohl manche Woche, Nacht wie Tag,
Und Labung mir und Lindrung brachtest,
Als hülflos ich im Fieber lag, —
O höre auf! wie könnt' ich lohnen
Dir Deine Liebe, Deine Huld!
Du weißt es nicht, Dank Deinem Schonen,
Wie tief ich noch in Deiner Schuld."
„Dies just verlangt mich ja zu wissen,"
Der Alte in die Rede fällt,
„Was Dich aus Deiner Bahn gerissen,
Was Dich hierher trieb, hier Dich hält.
Du sprachst in Deinen Fieberträumen
Von Friedensbruch, wild und verrucht,
Als hättest Du das Land zu räumen,
Und wähntest Dich verfolgt, gesucht.
Als Du genesen von der Wunde,
Erforscht' ich doch nicht Dein Geschick
Und wartete von Stund' zu Stunde
Auf des Vertrauens Sonnenblick;
Doch er kommt nicht; Du bleibst verschwiegen,

Hüllst Dich in Dein Geheimniß ein,
Und oft find' ich Dich einsam liegen
In grübelnder Gedanken Pein."
Er schwieg auch jetzt, der scheue Knabe,
Doch unverdrossen bot der Greis
Der süßen Ueberredung Gabe
Noch weiter auf beim jungen Reis:
„Wir haben an demselben Herde
Erlebt, was Herz zum Herzen zieht,
Und auf demselben Stückchen Erde
Vereint vor einem Kreuz gekniet.
Ich bin Dein Freund und Dein Berather,
Dein Richter nicht auf strengem Thron,
Du nanntest manches Mal mich Vater,
Wardst Bruder mir und lieber Sohn.
O Heinrich, sprich! nicht mehr verschließe
Dein Leben mir, fang an von vorn,
Daß es in meine Seele fließe
Wie in den Strom des Waldes Born.
Sieh, Frühling wird es allerwegen,
Des Eises harte Rinde bricht,
Es öffnen sich dem neuen Segen
Doch alle Knospen, — willst Du's nicht?"
Er hielt den Jüngling fest umschlungen,
Sah ihm ins Auge tief und still,
Und der, von Liebe so bezwungen,
Sprach feuchten Blickes: „Ja, ich will!"
Und dann mit schüttelnder Bewegung,
Als löste Fessel er und Bann,
Brach er des Zauderns letzte Regung
Mit dem Entschlusse und begann.

„Mein Vater, der in allen Dingen
Ein hochgemuther Ritter war,

Hieß Adelram von Osterdingen.
Er zog mit Kaiser Friedrichs Schaar
Ins heil'ge Land und — kam nicht wieder.
Nah an der Donau, wo ins Land
Man steigt vom Kürenberge nieder,
Und wo der Innfluß mündet, stand
Sein festes Haus; allein geboren
Bin ich dort nicht; in dunkler Nacht
Ward ich, ein Kindlein halb verloren,
Dem Vater auf den Hof gebracht.
Die Mutter lernt' ich niemals kennen;
Sie war des Vaters Gattin nicht,
Nicht ihren Namen kann ich nennen,
Die Burg nicht, wo ich kam ans Licht.
Die beides wußten, hielt gebunden
Ein Schwur; ich weiß bis diesen Tag
Nur, daß in meinen ersten Stunden
Die Mutter ihrem Schmerz erlag.
Der Knecht, der mich und meine Amme
Beschützte auf der ersten Fahrt,
Gestand, daß sie von edlem Stamme
Und schön gewesen sei und zart.
Der Treue hat mich nie verlassen,
Er ist in meinem Dienst ergraut,
Und sterbend hat er im Erblassen
Ein seltsam Märlein mir vertraut,
Das ihm zu sagen nicht verboten
Und das ihm, klingt's auch wundersam,
Doch aus dem eignen Mund der Todten
Vor ihrem Scheiden überkam.
Sie hatte, ehe sie genesen
Des Kindes, nächtig einen Traum,
Doch sei es mehr als Traum gewesen,
Fast körperlich in Zeit und Raum.

Da sei ihr eine Fee erschienen,
Von Sternen ganz das Haupt umreiht,
Mit stolzen, königlichen Mienen,
Die hab' ihr also prophezeit:
«Wenn heut die Sonne aufgegangen,
Wirst Du gebären einen Sohn,
Den Du in Liebesschuld empfangen,
Und Schuld und Liebe wird sein Lohn.
Was einst er schafft, wird noch bestehen
In später Nachwelt riesengroß,
Des Schöpfers Name wird verwehen,
Und dem Kometen gleicht sein Loos.
In Hüll' und Fülle ist auf Erden
Bestimmt ihm beides, Lust und Schmerz,
Kampf wird und Ruhm sein eigen werden,
Mir aber, mir gehört sein Herz!»
Da habe sie der Ruf geweckt,
Und ob von Angesicht und Leib
Auch überirdisch schön, erschrecket
Doch habe sie das hehre Weib.
Und wie sie dachte noch zu lauschen
Dem so verheißungsvollen Traum,
Hab' es getönt wie Meeresrauschen
Und sei zersprüht wie Wellenschaum.
Darauf bin ich zur Welt gekommen
Ums Morgenroth; der Mutter Geist
Hat himmelwärts den Flug genommen,
Mich trug hinweg man, halb verwaist.
Der dunkle Spruch, wie ein Vermächtniß
Nahm ich ihn schweigend, staunend hin,
Grub ihn mir tief in das Gedächtniß
Und fasse doch nicht seinen Sinn."

Schwer stützte sich das Haupt des Alten
In seine Hand gedankenvoll,
Die Stirn umzogen düstre Falten,
„Sie war ein Weib!" — es klang wie Groll.
Der Andre hatte nicht verstanden
Das bitter ausgestoßne Wort,
Des Klausners Wolken mählich schwanden,
Und ruhig sprach er: „Fahre fort!"

„Ich wuchs in meines Vaters Hege,
Der nie beweibt im Leben war,
Nun auf und blieb in seiner Pflege,
Bis daß er mich im achten Jahr
Von meinem Knecht nach Brauch und Fuge
Zu einem Ritter bringen ließ,
Der, sein Genoß auf manchem Zuge,
Herr Friederich von Hausen hieß.
Zugleich mit mir, dem wenig Zahmen,
Kam eines Freunds und Nachbars Sproß,
Erwin von Kürenberg mit Namen,
Auf jenes Ritters festes Schloß.
Wir Beide dienten dort als Buben
In Palas, Zwinger, Thurm und Stall
Und tummelten auf Hof und Huben
Uns unzertrennlich überall.
Wenn man uns schalt und trieb und hetzte,
Wir blieben obenauf, allein
Wenn man uns zu den Büchern setzte,
Wie Regen war's auf Sonnenschein.
Wir danken viel der guten Lehre,
Herr Friedrich war ein freud'ger Mann,
Der niemals auf der Bahn der Ehre
Sich einen Augenblick besann.
Er stand mit seinem Heldenherzen

Bei Kaiser Rothbart hoch in Gunst,
Er konnte wettern, konnte scherzen
Und übte des Gesanges Kunst.
Wir waren innig ihm ergeben,
Und seine edle Hausfrau trug
Ein Samenkorn in unser Leben,
Das kaum gepflanzt, schon Wurzel schlug.
Es hatte ihrem Arm entwunden
Der Tod zwei liebe Kinder schon,
An deren Stelle wir gefunden
Ein Glück, das uns ja auch gestohn,
— Du räthst es — einer Mutter Liebe,
Die sich um unsre Herzen schlang
Und mit demselben Sehnsuchtstriebe
Ihr wiederum entgegen sprang.
Sie lenkte alle unsre Schritte,
Ein Wort von ihr wies uns die Pflicht,
Ein Augenwink uns Zucht und Sitte, —
Wie sie das machte, weiß ich nicht.
Was auch von ihren reichen Gaben
Mir ward, eins lernt' ich noch dazu:
Was das heißt, eine Mutter haben!
Sprich, hattest eine Mutter Du?"
Der Alte nickte bloß und winkte,
Und Beide merkten nicht darauf,
Daß schon ein matter Stern dort blinkte;
Heinrich spann fort den Lebenslauf.

„Zum Abendlande drang die Kunde,
Es hätte in erneutem Streit
Geschlagen eine schwere Wunde
Held Saladin der Christenheit,
Der die gebenedeite Stätte,
Des heil'gen Grabes Schirm und Wacht,

Jerusalem erobert hätte
Mit seiner Türken Uebermacht.
Gehüllt vom Abend bis zum Morgen
War alles Volk in Trauerkleid,
Und man vergaß die eignen Sorgen
Ganz vor dem allgemeinen Leid.
Der Ruf: Gott will's! Gott will's! erbrauste,
Wie wenn mit Feuersgluth und Dampf
Der Sturm durch alle Wälder sauste,
Auf! nach Jerusalem zum Kampf!
Der Kaiser und die Fürsten nahmen
Zu Mainz das Kreuz, man stieg zu Roß,
Herbei von allen Burgen kamen
Die Ritter mit der Knechte Troß.
Ein großer Ablaß ward verkündigt
Für jeden Mann im heil'gen Krieg,
Wie schwer er auch daheim gesündigt;
Die Frauen beteten um Sieg.
Bei Regensburg in Maientagen
Versammelte ein stolzes Heer
Sich um den Kaiser, und es lagen
Weithin die Streiter, Speer an Speer.
Herr Friedrich auch und unsre Väter,
Erwins und meiner, ritten dar,
Wir aber klagten, daß nicht später
Der große Zug um manches Jahr.
Wir mußten Hausens Veste räumen,
Zu Knappen mit dem Schwert geweiht,
Und hatten nun das Roß zu zäumen,
Das unsern Ritter trug zum Streit.
Zu Gottes Ehr' und Ihrem Ruhme
Wallfahrteten voll Glaubensmuth
Die Drei, geschmückt mit Christi Blume,
Und ließen Burg und Hof und Gut.

Wir Knappen durften sie begleiten
Zum Heereslager und Gezelt,
Hoffährtig schier war unser Reiten,
Als ging' es in die weite Welt.
Doch ward es so mit uns gehalten:
Wir sollten wieder heimwärts ziehn
Zum Herrn von Kürenberg, dem Alten,
Großvater meines Freunds Erwin.
Im buntbelebten Lagerfrieden
Empfing man uns nach Ritterpflicht,
Und balde wurden wir beschieden
Vor Kaiser Rothbarts Angesicht.
Des Augenblicks all meine Tage
Gedenk' ich wohl; das war ein Bild!
Gewaltig wie ein Held der Sage,
Furchtbar und gütig doch und mild.
Mit sanften, freundlichen Geberden
Strich er die Wange mir und sprach,
Ich sollt' ein tapfrer Ritter werden,
Ich sprach, ich trachtete danach.
Und jedem von uns Beiden schenkte
Er eine Münze dann von Gold,
Wir waren, als zur Stadt er lenkte,
Ihm seelensunterthan und hold.

Als andern Tages wir die Rechten
Der Herrn zum letzten Mal gedrückt,
Entrannen wir mit unsern Knechten,
Bekümmert halb und halb beglückt.
Da stieß, eh' wir noch weit geritten,
Uns schon ein Abenteuer auf,
Es wurde wild und laut gestritten
In dicht gedrängtem Menschenhauf.
Von Reisigen mit manchen Hieben

Ward von der Pilger Lagerung
Das Volk der Fahrenden vertrieben,
Zahllos Gesindel, alt und jung.
Und Einen hatten sie gefangen,
Der allzu keck sich widersetzt,
Man tobt' und schrie: er wird gehangen!
Gebunden war er und zerfetzt.
Sperrvogel war's, bei Licht betrachtet,
— Sie nennen ihn den Fiedelvogt —
Im ganzen Spielmannsvolk geachtet,
Soweit es auch das Reich durchwogt,
Gleich einem Häuptling lockrer Sänger,
Ein Vielgewandt und Weggewohnt,
Ein stets willkommner Freudenbringer,
Dem ich schon manches Lied gelohnt.
Nun wollten sie die treue Seele
Auspressen ihrem wicht'gen Fang
Und ihm die lust'ge Spielmannskehle
Zuschnüren mit der Weide Strang.
Und wär' ein Dorf drum einzuäschern,
Das wollte mir nicht in den Sinn,
Ich macht' ihn los von seinen Häschern
Und gab mein Goldstück für ihn hin.
Schnell dann zur Deutung seines Werthes
Durchschnitt ich seiner Fesseln Rath,
Und das war meines Knappenschwertes
Frohmüthig erste Heldenthat.
Nun gab es Heil- und Segensgrüße,
Und Dank und Jubel sich ergoß,
Sie küßten Hände mir und Füße
Und küßten auch mein braunes Roß.
„Junkherr, bei meinem Fiedelbogen!
Das soll Euch nicht vergessen sein!"
Rief jener, und die mit ihm zogen,

Die stimmten Alle jauchzend ein.
Die ganze Bande glomm und lohte
Und siedelte und sang und blies
Uns eine tolle Reisenote,
Eh' sie von unsrer Fährte ließ.
Doch uns und unsern treuen Mannen
Ward endlich doch des Lärms zuviel,
Und lachend trabten wir von dannen,
Burg Kürenberg war unser Ziel.

Der offne Helm rief ein Willkommen
Dem Gaste an der Pforte schon,
Ich aber wurde aufgenommen
Im Palas wie ein zweiter Sohn.
Der Herr der Burg, in seiner Würde
Voll Anmuth doch und Freundlichkeit,
Trug seines hohen Alters Bürde
Stets lebensfroh, stets todbereit.
Wollt' auch sein müder Arm nicht taugen
Zum Speerverstechen kühn und dreist,
Sprach doch aus seinen blauen Augen
Ein heitrer, ungebrochner Geist.
Noch konnt' er wie in jungen Tagen
Als seiner Muße schönster Lohn
Die vielgeliebte Harfe schlagen
Zu manchem selbstgefundnen Ton.
Was wir auch lernten, uns zu wehren
Mit Schwert und Schild und Lanzenstich,
Nie wurde müde er, zu lehren
Uns Harfenschlag und Bogenstrich.
Wir sollten Meister darin werden
So wie er selbst, und fast so gern
Wir Beide saßen auf den Pferden,
Saß ich auch bei dem edlen Herrn,

Der mich mit Eifer und Vergnügen
Nach seiner Vorschrift singen ließ
Und Liedersatz und Strophenfügen
Nach Regel mir und Beispiel wies.
Was anfangs dunkel mir und schwierig,
Ja, was mir unerreichbar schien,
Begriff ich dennoch lernbegierig
Und bracht' es weiter als Erwin.
Schnell heimisch bin ich so geworden
Dort auf der Burg; ihr stolzer Bau
Gab rings bis nach der Donau Borden
Und weit ins Land hin offne Schau.
Bald sahn wir von des Bergfrieds Zinnen
Der Pilger Heerfahrt dicht gedrängt
Den Donaustrom herunter rinnen,
Und Schifflein war an Schiff gehängt.
Das Wasser war ganz überdecket
Von Schiffen und von Mann und Roß,
Der Zug so lang und breit gestrecket,
Als wär' es Erde, was da floß.
Wir hatten auf der Burg zu schaffen
Mit allem, was den Knappen schiert,
Wir übten uns in allen Waffen,
Und was den Ritter macht und ziert,
Davon bracht' uns mit ernsten Worten
Herr Konrad selber mancherlei,
Mit gutem Vorbild aller Orten
Sein Vogt und Waffenmeister bei.
Der war sein Marschalk und Vasalle,
Reich an Erfahrung und vertraut
Mit Dienst und Brauch in jedem Falle,
Worauf sich Ritterehre baut.
Wir mußten schießen, fechten, streiten
Mit Schwert und Speer im Stahlgewand,

Wir mußten stapfen, springen, reiten
Und Kriegskunst lernen allerhand,
Turnierrecht auch und Wappenkunde,
Was zu Buhurd, Tjost und Puneiß
Und zu des Schildamts großem Bunde
Gehört als aller Mannheit Preis.
Dann aber durften wir auch jagen,
Mit Vögeln baizen auf der Flur
Und lernten Falken abzutragen
Und Hundepflege und Dressur.
Den Marschalk Hawart aber löste
Stets ab der Burgpfaff Sumidus,
Der uns in unsre Hirne flößte
Gelehrten Wissens Ueberfluß.
Wir lernten von ihm fremde Sprachen,
Franzoisisch, Griechisch und Latein,
Und wenn wir uns den Kopf zerbrachen
Beim Psalmenlesen, schaute drein
Des Pfaffen Angesicht so trocken,
Daß wir ihn baß verwünschten drum
Mit seinen aufgespreizten Brocken,
Wir haßten schier den Sumidum.
Er quälte uns mit wirren Zahlen
Und ließ uns auch auf Pergament
Zierschrift und bunte Lettern malen
Mit Farbenschein und Goldpigment.
Doch wenn wir uns zusammenschaarten
Beim Abendtrunk um Span und Scheit,
Vertrieb uns gern mit seinen Fahrten
Der Ritter Kürenberg die Zeit.
Vom Kaiser trug er uns Geschichten
Und von berühmten Männern vor,
Von Tankred wußt' er zu berichten,
Heinrich dem Löwen, Papst Gregor.

Am meisten fanden wir Gefallen
An König Richard Löwenherz,
Er war der Liebling von uns Allen
Und däuchte uns ein Held von Erz.
Oft lasen wir auch mit einander
In Schriften wie das Rolandslied,
Von Herzog Ernst, von Alexander,
Und wie der König Rother schied.
Und einmal hörten wir auch lesen
Heinrichs von Melk berühmt Gedicht,
Das von Erinnerung und Wesen
Des Todes grau'nerregend spricht.
Doch wußte auch viel schöne Sagen
Von Thaten unter Helm und Schild
Herr Konrad aus der Vorzeit Tagen,
Vom hürnen Siegfried und Brünhild,
Von Drachenkämpfen in den Bergen,
Von König Etzels wilder Hatz,
Von Riesen und von klugen Zwergen
Und einem ungeheuren Schatz.
Und kam er auf die Abenteuer,
Gerieth er selbst in helle Gluth,
Aus seinen Augen sprühte Feuer,
Uns stockte Athem fast und Blut.
In tiefes Sinnen dann verloren:
«Ach! könntet Ihr,» sein Wort erklang,
«Doch heben, was noch ungeboren!
Ich bin zu alt für solchen Sang.»
Und immer in derselben Weise
Fing bei ihm die Geschichte an,
Halb sprach er und halb sang er leise,
Wie eine Strophe es begann:
Uns ist in alten Mären
Wunders viel gesagt,

Von Helden lobebären
Und Kühnheit unverzagt.
Ich lauschte dann mit Lust und Grausen,
Wenn er entrollte Bild auf Bild,
Durch meine Seele fühlt' ich's brausen,
Durch meine Träume zog es wild.
Und von dem Sagen und dem Singen
Stieg mir ein heimlich Wünschen auf:
O könntest du in Lieder bringen
Der wunderbaren Thaten Lauf!
Oft aber griff er selbst zur Laute,
Dann war's, als ob bei ihrem Klang
Des Ritters klares Auge thaute,
Wenn er mit tiefer Stimme sang.
Doch balde ward er fröhlich wieder
Und mit ihm unser Aller Reihn,
Es folgten Lieder nun auf Lieder
Bis in die späte Nacht hinein.
Da mochte Keiner von uns schweigen,
Und Alles sang in Takt und Tritt,
Der Pfaffe mußte dazu geigen,
Und selbst der Marschalk brummte mit.

Einst kamen auf die Burg geritten
Zwei edle Freunde unsers Herrn,
Mit denen er wohl eh' gestritten
In Krieg und Fehden nah und fern.
Herr Meinloh war's von Sevelingen,
Der Andre Herr Dietmar von Eist,
Ach! Trauerkunde nur zu bringen
Uns Allen, waren sie gereist.
Sie meldeten aus sichern Quellen
Des Kaisers Tod im heil'gen Land,
Der in des Kalykadnus Wellen

Sein tief beklagtes Ende fand.
Und als der Ritter nun die Degen
Nach Adelram und Gerolt frug,
Dem Sohn, da schwiegen sie verlegen,
Und das war Antwort schon genug.
Herr Dietmar sprach: «Schon wenig Wochen,
Eh' Friedrich sank in Todesnacht,
Sind alle drei vom Pferd gestochen
Bei Philomelium in der Schlacht,
Dein tapfrer Sohn und Osterdingen
Und Hausens kühner Heldenmuth,
Sie sollten nicht zur Stätte dringen,
Wo unser Heiland einst geruht.»
Da gab es Weinen viel und Klagen,
Leid folgt der Liebe ja zumeist,
Wir Alle hatten schwer zu tragen,
Ich aber war nun ganz verwaist.
Der Ritter, Thränen auf der Wange,
Sprach: «Kind! denk' nicht, Du steh'st allein,
Dein Lehrer bin ich ja schon lange,
Jetzt will ich auch Dein Vater sein.»
Er war's und ist es mir geblieben,
Bis seiner Mundschaft ich entrann,
Hier aber steht es eingeschrieben,
So lange wie ich athmen kann.
Die Zeit ging hin, die Jahre flohen,
Verstummt war uns des Schmerzes Wort,
Des Frühlings Lust, des Winters Drohen
Nahm auch das Leid mit sich hinfort.
Allmählich wurden wir dem Leben,
So wie ich's Dir vorhin beschrieb
Und wir's gewohnt, zurückgegeben,
Und es erwacht' ein neuer Trieb.
Wir wohnten hier nun seit vier Jahren,

Und achtzehn zählten wir bereits,
Wir beiden Knaben, wohl erfahren,
Geübt in jeder Art des Streits.
Es ward uns bei Latein und Liedern
Recht einsam doch im stillen Haus,
Wir sehnten uns mit unsern Gliedern
Zu einer lecken That hinaus.
Wir wollten, statt im Hof zu toben
Mit Waffenspiel, zum Spaß bewehrt,
Nun endlich mal im Ernst erproben,
Was uns des Marschalts Kunst gelehrt.
Und eines Tags im Frühling hörte
Ich eine Botschaft, kaum geglaubt,
Die mir mein ganzes Herz empörte,
Als sei mir Freud' und Ruh geraubt.
Ich forschte nach mit Angst und Bangen,
Wahr aber blieb's zu meinem Schmerz:
Verstrickt in Banden lag gefangen
Mein Liebling Richard Löwenherz!
Man hatt' ihm nachgestellt, verrathen
War er auf müd gehetzter Flucht, —
All seiner stolzen Heldenthaten
Gedacht' ich bei des Wortes Wucht.
Von Herzog Leopold geborgen,
Saß er nun auf Burg Dürrenstein;
Von Stund an ging mein einzig Sorgen
Darauf: den müssen wir befrei'n!
Wohl wußt' ich: mit so leichtem Kaufe
Wie bei dem Fiedelvogt geht's nicht,
Doch war es ja des Blutes Taufe,
Auf die voll Kampflust wir erpicht.
Ich spürte aus: sein Kerkermeister,
Hadmar von Chunring war ein Mann!
Doch je verwegener und dreister,

Je mehr zog auch die That mich an.
Nach manchem Zaudern und Bedenken
Stimmt' auch Erwin in meinen Plan,
Ich sollte die Befreiung lenken,
Die mir nun schien wie halb gethan.
Wir hofften es in wenig Tagen
Wohl zu bestehn, fern von Verdacht,
Und hatten öfter schon beim Jagen
Im Walde Nächte zugebracht.
Bewaffnet zu dem Wagestücke,
Vorgebend, auf die Jagd zu gehn,
Durchschritten wir nun Thor und Brücke, —
Es war auf Nimmerwiedersehn.

In Linz, wohin wir zeitig kamen,
Fand sich ein Schiffer, arm an Brod;
Wir täuschten ihn mit falschen Namen
Und dingten ihn mit seinem Boot.
Er selber war aus Bechelaren,
Wohin er sich zurückbegab,
Bis dahin sollte er uns fahren,
So sagten wir und fuhren ab.
Doch an der Donau abwärts lieget
Viel weiter noch der Dürrenstein,
Der Fels, an den die Burg sich schmieget,
Senkt steil sich in den Strom hinein.
Schon vor Bechlaren zwischen Bergen
Lag tiefe Dämmrung auf der Fluth,
Wir aber forderten vom Fergen
Die Weiterfahrt mit keckem Muth.
Er weigerte sich, nächt'ger Weile
Des Wirbels schrecklicher Gefahr,
Wo das Verderben uns ereile,
Zu nahn, denn böser Geister Schaar

Sei bei des Haussteins Felseninsel
Versammelt, tückisch ihre Macht,
Dort töne Klagen und Gewinsel
Aus wilden Strudeln in der Nacht.
Da reckten ihre weißen Leiber
Verlockend aus dem Schaum hervor
Die trügerischen Wasserweiber
Und kletterten am Schiff empor
Und fingen an zu prophezeien
Und sagten Unheil stets voraus,
Es könne Böses nur gedeihen,
Führ' er mit uns durch Nacht und Graus.
Die goldne Spange, die wir boten,
Macht' ihn nicht wankend im Entschluß,
Und als wir auch vergeblich drohten,
Warf ich den Fährmann in den Fluß.
Er aber rettete zum Schilfe
Sich schwimmend an Bechlarens Strand
Und rief mit aller Kraft um Hülfe,
Und Nachen stießen ab vom Land.
Es kam zum Kampf, die Ruderstange
Ergriff ich, schlug auf Mann und Boot,
Und aus dem fürchterlichen Drange
Entschlüpften wir mit knapper Noth.
Wir ruderten hindann; dumpf rauschten
Des Wirbels Wellen um den Bug,
Doch wie wir auch in Aengsten lauschten,
Kein Dämon störte unsern Zug.
Wir langten an im Morgengrauen,
Verbargen an der Uferbank
Das Boot, wo sich die Wasser stauen,
Und harrten, bis der Abend sank.
Dann stiegen wir zum Dürrensteine
Hinauf und klopften an das Thor

Um Einlaß, gaben auch zum Scheine
An Chunring eine Botschaft vor.
Man öffnete, und ungezügelt
Vergaßen wir, von Grund erregt,
Den Plan, den wir uns ausgeflügelt,
Und handelten unüberlegt.
Ich rief im Hof mit lauter Stimme:
„König von England, Du wirst frei!"
Und auch Erwin in gleichem Grimme:
„Richard Plantagenet, herbei!"
Wir hörten Antwort aus den Mauern
Vom König, däucht' uns, still war's rings,
Uns überrieselte ein Schauern,
Jetzt aber galt's, ums Leben ging's.
Wir wurden überfalln von Knechten,
Den Hof erhellt' ein matter Schein,
Und es begann ein wüthend Fechten,
Im Zwielicht schlug man drauf und drein.
Wir wichen langsam, doch ich fällte
Mit wucht'gem Hieb den Nächsten da,
Sein Todesschrei die Luft durchgellte,
Schon waren wir der Pforte nah,
Da rief ich: „Seht, das sind die Klingen
Von Knappen nur in blut'gem Strauß,
Ich bin Heinrich von Osterbingen!"
Und damit stürmten wir hinaus." —

Der Jüngling schwieg, doch es ergänzte
Der Klausner sich, was er nun sann.
Die warme Frühlingsnacht erglänzte
Im Schein des Mondes überm Tann.
Der Alte seufzte: „Fluchbeladen!
Mord, Friedensbruch, und noch so jung!
Herr Gott im Himmel steh' in Gnaden

Mir bei in seiner Läuterung!"
Dann stand er auf: "Komm, laß uns beten,
Am Kreuze laß uns Beide knien,
Schon hat die Nacht den Wald betreten,
Sieh, wie im Thal die Nebel ziehn."
Sie brachen auf, der Jüngling führte
Durch Dunkelheit in treuer Hut
Den Greis zur Höhle hin und schürte
Das Feuer an zu neuer Gluth.
Dann beteten sie still und lange
Und setzten sich zum kargen Mahl
Dann an den Herd; mit dumpfem Klange,
Als machte ihm das Reden Qual,
Sprach nun der Greis: "Noch nicht beendet
Ist die Geschichte, fahre fort,
Wie Dein Geschick sich nun gewendet."
Und Heinrich wieder nahm das Wort.

"Als wir vom Dürrenstein entronnen
Und auch auf dem geraubten Kahn
Das andre Ufer nun gewonnen,
Da reute mich, was ich gethan:
Daß oben in des Kampfes Hitze
Den eignen Namen ich genannt,
Denn damit war des Pfeiles Spitze
Nun auf den Schützen selbst gewandt.
Der tolle Streich war uns mißlungen
Und nicht zu ändern, was geschehn,
Wir waren aus dem Nest entsprungen, —
Wie den Verfolgern nun entgehn?
Als Klügstes uns erscheinen wollte,
Den Feind zu irr'n: man trennte sich,
Zurück zum Kürenberge sollte
Erwin, und in die Wilde ich.

Und so geschah's; ich gab ihm Grüße
Und heiße Thränen mit nach Haus,
Dann galt es Augen, Ohren, Füße,
Er ging nach rechts, ich gradeaus.
Die Wolken jagten sturmzerrissen,
Zerflatternd durch den Mondenschein,
Licht wechselte mit Finsternissen, —
So floh ich selber quer waldein.
Mich schreckte jeder Ton im Dunkeln,
Im Hellen jedes Baums Gestalt,
Ich sah im Mondlicht Waffen funkeln
Und rechts und links nur Hinterhalt.
Doch wenn ich Athem schöpfend lauschte
Und rings im Walde nichts vernahm,
Als daß der Wind in Bäumen rauschte,
Dann überfiel mich Trotz und Scham,
Daß ich so lief. Hast an der Seite
Ein Schwert doch! sprach es in mir laut,
Erschlugst den Mann im offnen Streite,
Was ist es nun, wovor dir graut?
Zwar für den Feind ist dies geschehen,
Allein der Beste schmachtet dort
Von All'n, die unter Krone gehen, —
So wühlt' es in mir fort und fort.

Ich wanderte von Berg zu Thale,
Von Thal zu Berg die ganze Nacht
Und von des Tages erstem Strahle,
Bis auch erlosch des letzten Pracht.
Erschöpfung drohte, Hunger nagte,
Die Hoffnung schwand, Nacht brach herein,
Und wenn es morgen wieder tagte,
Hatt' ich noch Kraft in Mark und Bein?
Da endlich in den höchsten Nöthen,

Als fast entsunken mir der Muth,
Sah ich's im Thal sich unten röthen
Wie einer Esse Feuersgluth.
Ich schritt hinzu; Streit oder Friede
Ist jetzt all' eins, dacht' ich und fand
Im Walde einsam eine Schmiede,
Vor der ich Mären spinnend stand,
Eh' ich an ihre Thüre pochte.
Man leuchtete nach kurzer Rast
Mißtrauisch mit dem Lampendochte
Ins Angesicht dem späten Gast.
Dann öffnete der Schmied, als Waffe
Den gröbsten Hammer in der Faust,
Frug, was ich wolle, was ich schaffe,
Und welcher Sturm mich hergesaust.
Ich fand ihn ab mit meinen Mären,
Er that, als glaubt' er, und zum Dank
War er bereit, mir zu gewähren,
Was noth that, Nachtruh, Speis' und Trank.
Ich frug ihn, ob ich bleiben könne,
Am andern Tag, ob er zur Stell
Am Amboß einen Platz mir gönne
Als sein Gehülfe und Gesell.
Er sah von unten und von oben
Mich an: «Schwingst meinen Hammer werth
Dreimal ums Haupt Du, will ich's loben!»
Ich schwang ihn beinah wie mein Schwert.
Und Arbeit gab's; vom Morgendämmern
Bis in die Nacht dasselbe Lied,
Mir war's 'ne Lust, mich auszuhämmern,
Still lächelnd sah's der ernste Schmied.
Wenn um mich her die Funken sprangen,
Die Schläge dröhnten Hieb auf Hieb,
Ward mir mit Blasebalg und Zangen

Des Handwerks Kunst und Schaffen lieb.
Der Schmied war Meister im Gewerbe,
Der seinen Lehrling unterwies,
Als ob er mir zum Eigenerbe
Amboß und Kundschaft hinterließ.
Ich lernte Schwert und Panzer fegen
Und allen Rüstzeugs Bau und Bruch,
Den Feuer= und den Klingensegen,
Rath, Frag' und Antwort, Gruß und Spruch.
Des Schmiedes Weib sprach mir von Zwergen
Mit scheelem Blick, Klumpfuß und Kropf,
Die sich in Felsgeklüften bergen
Mit langem Bart und Weichselzopf,
Oft Trug und Schabernack ersinnen,
Oft Hülfe leisten mancherlei,
Die weißen Sommerfäden spinnen
Und Vögeln stehlen Nest und Ei,
Auf einem weißen Rehbock reiten,
Zu fiedeln wundersüß verstehn,
Tarnkappen tragen, wenn sie streiten,
Daß Menschenaugen sie nicht sehn.
Von Antlitz häßlich, rauh von Händen,
Fast graulich, wenn sie stand und ging
Im Feuerschein, wo über Bränden
Ihr alter, schwarzer Kessel hing,
So war das Weib mir widerwärtig
Als Schalterin im engen Raum,
Streitsüchtig, unwirsch, zungenfertig,
Mit Müh' hielt sie der Mann im Zaum.
Mir war sie stets gerecht und billig
Und hat mir Uebles nie gethan,
Weil ich zu jedem Dienste willig
Ihr hülfreich war und unterthan.
Schwer aber trug ich an dem Zwange,

Der mir den freien Nacken bog,
Und sehnte mich mit heißem Drange
Dahin, wohin mein Herz mich zog.
Oft hörte ich im Walde jagen,
Hifthörnerklang und Waidgeschrei,
Und alle Pulse fühlt' ich schlagen:
Ach! wärest du doch auch dabei!
Wohl wußt' ich, wer die Jäger waren,
Ich hämmerte ja Speer und Pfeil
Am Amboß für die frohen Schaaren,
Das war an ihrer Lust mein Theil.
Nicht weit von unsrer Schmiede brauste
Ein Leben, das in Freuden floß,
Im Thal auf einem Waidhof hauste
Der Graf von Peilstein und sein Troß
Von Jägern, Falknern, Buben, Knechten
Mit Roß und Hund und Federspiel,
Die Tages birschten, Abends zechten
Mit Sang und Klang ohn' End und Ziel.
Oft hatt' ich Pfeile hinzutragen,
Die wir geschärft, Hufeisen auch,
Des Grafen Pferde zu beschlagen,
Und sah den frohen Waidmannsbrauch.
Einst traf's, daß einer der Gesellen,
Der einen Mausersperber trug
Mit langer Fessel, Ring und Schellen,
Den unfolgsamen Vogel schlug.
Flugs hatt' ich ihm das Thier genommen
Und zeigte ihm die rechte Art,
Dem Falkenstarrsinn beizukommen.
Die Andern rings um uns geschaart,
Sahn meinem Kunstgriff zu und staunten,
Wie schnell den Sperber ich gezähmt,
Und riefen Beifall, lachten, raunten,

Und jener Eine war beschämt.
Doch mir trug Groll der Unversöhnte;
Als ich mit Speeren wiederkam,
Schalt er die Arbeit mir und höhnte,
Die Spitzen wären krumm und lahm.
Da zuckte in mir Zornesflamme,
Das Blut stieg mir in Wang' und Schlaf,
Nach einem fernen Birkenstamme
Zielt' ich und warf den Speer und traf.
„Lauf hin und sieh, ob sich die Spitze
Gekrümmt hat in dem harten Holz!"
Rief ich ihm zu in Grimm und Hitze
Und mit des Siegers ganzem Stolz.
Auf meine Schulter aber legte
Sich eine Hand, — der Graf stand da,
Und als ich kaum die Lippe regte,
Sprach er: «Schon gut! ich hört' und sah;
Du scheinst kein Freund von Ruh und Frieden
Und liebst wohl mehr, tagaus tagein
Den Speer zu schleudern, als zu schmieden,
Sag', willst Du mein Geselle sein?»
Mit Freuden ward ich's; schleunig löste
Von meinem Meister mich der Graf,
Und Freiheit in die Seele flößte
Im Waidhof mir der erste Schlaf.

Nun schlürfte ich in vollen Zügen
Des neuen Lebens wilde Lust,
Es war, als ob mich Schwingen trügen,
Und Frühling zog in meine Brust.
Am Waidwerk hatt' ich stets gehangen,
Wo sich Gefahr dem Auge bot,
Mir schwärzte Ruß nicht mehr die Wangen,
Die Waldluft küßte sie mir roth.

Die Andern merkten bald beim Jagen,
Daß ich auf Baize oder Birsch
Kein Neuling mehr, denn ohne Zagen
Ging ich auf Keiler, Bär und Hirsch.
Es schien mir, daß mich lieb gewannen
Der Graf sowohl wie die Gesell'n,
Doch währt's nicht lange, so begannen
Sie Fragen doch an mich zu stell'n
Nach meiner Herkunft, meinem Leben,
Nach meiner Eltern Stand und Haus,
Jedoch statt Antwort drauf zu geben,
Wich ich mit lecken Scherzen aus.
Es kam auch wohl zum Wortgefechte,
Und herrisch setzt' ich mich zur Wehr,
Ich war doch Knappe, sie nur Knechte,
Und ließ sie's fühlen allzusehr.
Ich hielt mich bald von ihnen ferne,
Zog mich zurück von ihrem Thun,
Roh schalten sie in der Taberne
Mich einen Träumer und Garzun.
Gern einsam war ich auch und spürte,
Wie jenes Falkners alter Haß
Den Neid der Andern auf mich schürte,
Verdacht anblies ohn' Unterlaß.
Der Mensch hieß Lanzo; offen wagte
Er nimmer sich an mich heran,
Weil ich an Kraft ihn überragte,
Indeß Verrath er heimlich spann.
Drei Monde war ich bei dem Grafen,
Da merkt' ich, gegen mich verschwor
Der ganze Haufen sich, es trafen
Die schärfsten Reden schon mein Ohr.
Sie trieben Alles mir zum Possen,
Und mir schlug fehl, was ich auch that,

Ich hatte unter den Genossen
Kaum einen Freund, der mich vertrat.
Einst hört' ich flüstern sie und lachen,
Aufs Wildfangrecht kam's ihnen an,
Gar huld und hörig mich zu machen
Zu ihres Herrn leibeignem Mann.
Noch mehr! durch Flößer war gekommen,
Die auf der Enns mit ihrer Fracht,
Mit Holz und Salz hinabgeschwommen,
Nachricht von unsrer Donauschlacht
Mit jenen Schiffern bei Bechlaren,
Und wie wir auf den Dürrenstein
Bei Nacht hinaufgestiegen waren,
Den König Richard zu befrei'n.
Ich hörte meinen Namen nennen
Als den, der einen Knecht erschlug,
Mir untern Sohlen fühlt' ich's brennen,
War's ruchbar, daß die Schuld ich trug?
Ich sah im Waidhof schon die Rächer,
Mit Fingern wies man hin nach mir,
Ich war der Mörder, ich der Schächer;
Da lief ich fort und kam zu Dir. —
Jetzt kennst Du mein vergangnes Leben,
Nun hilf mir, tröste, rathe nun,
Du weißt es: Dir bin ich ergeben,
Was Du gebeutst, das will ich thun."
„So schlafe jetzt!" sprach kurz und bündig
Der Alte und erhob sich schwer,
„Des Menschen Thun ist allstund sündig,
So Gott der Herr will, morgen mehr!"

Das Feuer war herabgesunken
Zu halb erlöschtem Aschenhauf,
Nur leise knisternd flogen Funken

Noch manchmal von den Kohlen auf.
Die Beiden in der Höhle streckten
Sich auf ihr Lager schweigend hin,
Die Lider wohl die Augen deckten,
Doch nicht der Schlummer Herz und Sinn.
Still lag der Klausner, ohne Regung,
Als ob er eingeschlafen wär,
Der Jüngling war stets in Bewegung
Und warf sich ruhlos hin und her.
Und tiefe, schwere Seufzer rangen
Aus seinem Busen sich empor,
Die nach des Alten Lager drangen
Zu seinem mitleidsvollen Ohr.
Und endlich frug der Greis im Liegen:
„Du find'st nicht Ruhe, lieber Sohn?
Hast Du mir etwas noch verschwiegen?
Was will der bangen Seufzer Ton?"
„O gerne will ich's Dir gestehen,"
Sprach Heinrich, „was mich seufzen hieß:
Ich möchte die wohl wiedersehen,
Die ohne Abschied ich verließ!
Wie ich mich betten mag und lehnen,
Ich träume von verlornem Glück,
Und all mein Denken, all mein Sehnen
Geht nach Burg Kürenberg zurück."
Die wiedersehn? Der Alte lauschte
Und stützte aufgeschreckt den Arm,
Wie Wirbelwind durchs Haupt ihm rauschte
Argwöhnischer Gedanken Schwarm.
Die wiedersehn! ist das nur Eine?
Sind's ihrer mehr? Weib oder Mann?
Rauh klang's und scharf wie Stahl am Steine:
„Gab's Weiber auf der Burg? sag' an!"
„Es gab," sprach Heinrich, „doch ich dachte

An Alle, was aus ihnen ward,
Und ob man dort noch sang und lachte
Wie damals und auch — Irmengard."
„Wer? Irmengard? ein weiblich Wesen?
Und eines, dessen Du noch denkst?
Was ist sie jemals Dir gewesen,
Daß Du ihr Wunsch und Seufzer schenkst?"
„Des Ritters Enkelin, des alten,
Drei Jahre jünger wohl als ich,
Ist sie, ein Mädchen, wohlgestalten,
Voll Kraft und Schönheit wonniglich.
Die Mutter hatte sie verloren,
Bevor ich kam zur Burg hinein,
Ich aber habe sie erkoren
Zu meinem trauten Schwesterlein.
Sie wuchs mit uns und unserm Treiben
In frohem Jugendmuthe auf,
Wir wünschten nur, so möcht' es bleiben
In unserm ganzen Lebenslauf.
Sie konnte reiten, schießen, jagen,
Wie oft sind wir dahin gebraust,
Erwin und ich, an hellen Tagen
Mit ihr, den Falken auf der Faust.
An Wissen war sie überlegen
Uns Beiden und dabei geschickt,
Kunstvoll hat sie uns jungen Degen
Manch zieren Schmuck am Kleid gestickt.
Wir waren wild, wir beiden Jungen,
Zu toll war uns kein Wagestück,
Doch war uns Zweien was gelungen,
Blieb sie als Dritte nicht zurück.
Wenn wir uns zankten, wenn wir stritten,
An meinen Hals dann warf sie sich
Und konnte schmeicheln, kosen, bitten,

Sie war allmächtig über mich.
Ich that zu Lieb ihr, was ich wußte,
Und sie mir auch, sie lief und sprang;
Was sie so recht erfreuen mußte,
Darüber sann ich Tage lang.
Wie hold verschämt ihr Antlitz glühte,
Wenn süß und sanft von Dank sie sprach!
Ihr großes Auge glänzt' und sprühte,
Aus dem's wie Herzensfrühling brach.
Ich habe schwer mich losgerissen,
Als jener letzte Morgen kam,
Und — sei es denn! Du sollst es wissen,
Wie ich von Irmgard Abschied nahm.

Wir wagten nicht, sie einzuweihen
In unseren Befreiungsplan,
Sie hätte, statt Gehör zu leihen,
Mit uns zwei Kühnen mitgethan.
Der Aufbruch sollte früh geschehen,
So war's Beschluß von langer Hand,
Doch einmal noch mußt' ich sie sehen,
Eh' ich aus ihrer Näh' entschwand.
Ich hatte ihr aus Herzensgrunde
Ein kleines, schlichtes Lied gemacht,
Das wollt' ich ihr in letzter Stunde
Hinlegen, ehe sie erwacht.
Und eine Rose, die soeben
Die Knospe aus dem Kelch erschloß,
Die sollte grüßen sie daneben
Als meines Liedes Bundsgenoß.
Erwin schlief fest; ich fand nicht Schlummer
Und wälzte mich auf meinem Pfühl
In Unruh halb und halb in Kummer;
Die Frühlingsnacht war heiß und schwül.

Tag ward es, Sonnenaufgang nahte,
Da warf ich mich in leicht Gewand
Und schlich zu Irmgards Kemenate,
Die Rose bebt' in meiner Hand.
Welch' Anblick! — lächelnd, traumbefangen,
Ein Märchenbild in Glückes Schoß,
Vom tiefen Schlafe roth die Wangen,
Lag da die Holde, hüllenlos.
Ich stand davor in süßem Schrecken
Wie an verbotner, heil'ger Statt,
Kaum athmend, um sie nicht zu wecken,
Stand nur und stand und sah mich satt.
Wie eine Blume, halb erschlossen,
Lag sie im hellen Frührothschein,
Und über ihr hing, glanzumflossen,
Ein Kruzifix von Elfenbein.
Gern hätte mich des Mundes Schwellen
Zu einem letzten Kuß verführt,
Heiß fühlt' ich's mir zum Herzen quellen, —
Ich habe sie nicht angerührt.
In Strahlen blitzte auf die Sonne,
Da legt' ich Rose hin und Lied,
Fahrwohl, lieb Schwester, Lust und Wonne!
Ein einz'ger Blick noch, — und ich schied."

Es wurde mehr kein Wort gesprochen.
Der Greis durchwacht' im dunkeln Raum
Peinvoll die Nacht, bis sie gebrochen,
Heinrich umfing ein holder Traum.

II.

Im wilden Tann.

Der Frühling steigt mit jedem Tage
Schon höher an den Bergen auf,
Kein Widerstand und keine Plage
Hemmt ihn in seinem Siegeslauf.
Schon hat er's sich im Waldesschweigen
So wohnlich und bequem gemacht,
Daß von den dunkeln Tannenzweigen
Es hellgrün ihm entgegen lacht.
Aus regelrechten Quirlen schießen
Die jungen Triebe schlank empor,
Und aus dem saftgefüllten Sprießen
Lugt Lenzlust überall hervor.
Sie jubelt in des Vogels Sange,
Der sich auf schwankem Reise wiegt,
Und lebt, befreit von Winters Zwange,
In Allem, was da kriecht und fliegt.
Auch in des Jünglings Augen spiegelt
Sich ihrer Wonnen Zaubersinn,
Der Klausner nur, so scheint's, verriegelt
Sein altes Herz der Schmeichlerin.

Er sondert sich von dem Genossen,
Zu dem er auch seit jener Nacht
All dessen, was sie ihm erschlossen,
Mit keiner Silbe noch gedacht.
Doch wenn er sich in Schweigen hüllet,
Ist's nur des jungen Freundes Loos,
Das all sein Denken ihm erfüllet,
Wie's bergen mag der Zukunft Schoß.
Wie der die That, die er begangen
Auf Dürrenstein, wohl sühnen soll,
Daß er Vergebung mög' erlangen
Von Gott und Menschen reuevoll.
Mehr quält er sich noch mit Gefahren,
Mit denen Heinrichs Herz umstellt;
Wie soll er retten und bewahren
Ihn vor den Sünden dieser Welt?
Das Fleisch ertödten, jeden Nerven
Durchschneiden, der noch zuckt und bebt,
Und abgestumpft zu Boden werfen,
Was noch im Reiz der Sinne lebt?
Doch ist mit Fasten und Kasteien
Zu beugen dieser stolze Muth?
Und kann sein Machtspruch benedeien
Zeitlebens ein rebellisch Blut?
Schwer kämpft er, eh' er sich entscheidet,
Er kennt den markigen Gehalt
Des Jünglings, und sein Auge weidet
Sich an der blühenden Gestalt.
Doch das sind ja des Teufels Thüren,
Schönheit und Kraft am jungen Leib,
Die lockend zur Versuchung führen,
Die Schlange aber ist das Weib.
„Soll ich ihn warnen," spricht der Alte
So vor sich hin, „indem ich frei

Mein eignes Leben ihm entfalte,
Damit er lernt, was Sünde sei?
Ein Weib hat mich verführt, verrathen,
Betrogen mich um Lieb' und Huld,
Ein Weib war Ursach meiner Thaten
Und trieb in Unheil mich und Schuld.
Doch still! was mir das Herz zerrissen,
Begraben ist's vor langer Fahrt;
Heinrich, Gott segne Dein Nichtwissen
Vom Weibe und von Weibes Art!
Schon will ihm nicht mehr aus dem Sinne
Das Bild der Schlafenden entfliehn,
Naht diesem erst einmal die Minne,
Hetzt sie durchs ganze Leben ihn.
Er darf sie niemals kennen lernen,
Nicht hören darf er, was sie ist, —
So sei's! ihn aus der Welt entfernen,
Heißt hüten ihn vor ihrer List."
Er kniete zum Gebete nieder,
Und als er sich danach erhob,
Da hatt' er seine Ruhe wieder,
Vor der des Zweifels Macht zerstob.

Und Heinrich? ach! der Frohe ahnte
Nichts von des Alten Noth und Schmerz,
Kein Vorwurf, keine Frage mahnte
Ihn ans Geschehene, das Herz
War ihm so leicht, seit er erzählte,
Seit er dem Greis Vertrau'n geschenkt,
Als wäre Alles, was ihn quälte,
Nun in des Freundes Brust versenkt.
Der, wußt' er, würde für ihn sorgen
Zu Nutz und Frommen ihm allein,
An gestern nicht und nicht an morgen

Dacht' er, das Heute nur war sein.
Die Sehnsucht selbst nach seinen Lieben,
Die wie der Athem in der Brust
Ihm wachend, schlafend war geblieben,
Vergaß er fast vor neuer Lust.
So hatte er in seinem Leben
Den Frühling nimmer noch gesehn,
Von Burg und Mauern sonst umgeben,
Mußt' er ihn erst zu suchen gehn.
Beim Schmied hielt ihn, so lang es tagte,
Arbeit in Werkstatt und Gemach,
Im Waidhof, wenn er Tags auch jagte,
Schlief er doch unter Dach und Fach.
Hier aber war er ungebunden,
Frei wie der Vogel in der Luft,
Leicht nur die Pflicht, die er gefunden,
Sein Haus nur eine Felsenkluft.
Hier hielt mit hohem Mauerkranze
Kein Bollwerk ihn vom Walde fern,
Hier blinkte ihm mit stillem Glanze
Der Abend= und der Morgenstern.
Hier athmete er mit Entzücken
Und öffnete die Arme weit,
Den Lenz ans volle Herz zu drücken
Mit aller seiner Herrlichkeit.
Der Wind, der ihm die Stirne küßte,
Das junge Grün an Strauch und Kraut,
Der Ruf des Vogels, der ihn grüßte,
Sie alle waren ihm vertraut.
Des Großen Werden und Erscheinen
Betrachtet' er sich fern und nah
Und hatte doch am winzig Kleinen
Auch seine Freude, wo er's sah.
Was oben durch die Wipfel brauste,

Was durch Gestrüpp und Röhricht schnob,
Was unten tief im Moose hauste,
Was leise Blatt und Blüthe wob,
Was sich nur regte und bewegte,
Ob lautlos, ob mit lust'gem Schall,
Er fühlte, wie sich's um ihn legte
Und ihn umrankte überall.
Und aus ihm selber drang's von innen
Entgegen jeder Lebensspur
Wie Knospenschwelln, mit allen Sinnen
Verwuchs er ganz mit der Natur,
Als würden jetzt mit einem Male
Ihm erst die Augen aufgethan,
Als säh' er in des Tages Strahle
Sich ungezählte Wesen nahn.
Für ihn stieg aus des Morgens Thoren
Die Sonne auf mit neuem Licht,
Doch daß er selber neu geboren
In diesem Lenz, das wußt' er nicht.
Doch fühlt' er in sich wall'n und wogen,
Was mächtig nach Gestaltung rang,
Als sollte dem gespannten Bogen
Der Pfeil entschwirrn mit hellem Klang.
Die Jugendkraft, die gern im Ringen
Die Welt aus ihren Angeln hebt
Und mit des Genius Feuerschwingen
In Sturmesdrang gen Himmel strebt,
Die hoffnungsvoll sich selbst vertrauet,
Zu jedem Kampfe sich vermißt,
Sich Schlösser in die Lüfte bauet
Und alles Leid um sich vergißt,
Die gährte auch in Heinrichs Freuden,
Er däuchte sich so überreich,
Als hätt' er Schätze zu vergeuden

Verschwendrisch an Millionen gleich.
Wie aber? wie? wie sollt' er's sagen,
Was ihm durch alle Adern fuhr?
Wie sollt' er seines Herzens Schlagen
Mittheilen aller Kreatur?
Nur etwas schaffen, etwas bilden
Mocht' er aus dem, was in ihm schäumt,
Mit vollen Segeln zu Gefilden
Hinschweben, die kein Wahn sich träumt,
Aufjauchzen, daß im Sternenreigen
Sein Ruf vernehmbar durch die Zeit,
Ach! Alles, Alles, nur nicht schweigen!
„O gieb mir Worte, Ewigkeit!
Schlag' dies Gefäß in tausend Scherben,
Eh' es die eigne Brust zersprengt,
Laß — laß mich dichten oder sterben,
Dein stummer Flammenkuß versengt!"
So rief er aus, und im Gemüthe
Bewältigt von des Aufruhrs Streit,
Warf er sich hin auf Gras und Blüthe
Und weinte vor Glückseligkeit. —
Da kam der Lenz vorbei gezogen
Voll Glanz und Pracht durchs eigne Haus
Und schüttete ins heiße Wogen
Der Jünglingsbrust sein Füllhorn aus
Und spendete ihm jeden Segen,
Der nur in seiner Macht Geleit,
Des Keims geheimnißvolles Regen,
Des Triebs Unwiderstehlichkeit,
Der Knospe wunderbar Entfalten,
Des Duftes Reiz, der Farben Schein,
Den Muth zum Schaffen und Gestalten,
Die Kraft zum Werden, Lust am Sein.
Da leuchtete die Stirn des Knaben,

Sein Auge glänzte sonnenklar,
Nun trug im Busen er die Gaben,
Daraus sich eine Welt gebar.
Nun sog er niegefühlte Wonnen
Aus all' dem Lächeln, all' dem Blühn,
Und trank am frischen Lebensbronnen
Mit ungestillten Durstes Glühn.
Auf rosenüberstreuten Bahnen
Lag vor ihm, was die Zukunft spann, —
O Frühlingswunder, Dichterahnen,
Wie gingt ihr auf im wilden Tann!

Dem Klausner blieb in Heinrichs Wesen
Die Wandlung nicht verborgen zwar,
Doch war's dem Freund nicht abzulesen,
Was mit ihm vorgegangen war.
Die wechselvollen Launen nährten
Beim Alten endlich den Verdacht,
Daß in der Seele des Gefährten
Entschlüsse reiften über Nacht.
Bald überfiel ihn träumrisch Sinnen,
Darin sein Geist sich ganz verlor,
Bald brach ein ruheloß Beginnen
Von ungefähr aus ihm hervor.
Es war das flatternde Gebaren
Des Vogels, der von dannen strebt,
Auf Wandrung über Meer zu fahren,
Wenn Sehnsucht schon die Schwingen hebt.
Da schien es hohe Zeit dem Greise
Für seinen tief durchdachten Plan,
Und er begann in seiner Weise
Das Werk, wie's däucht' ihm wohlgethan.
„Mein Sohn," sprach er bei guter Stunde,
„Merk auf! es gilt ein ernstes Wort:

Seit ich von Deinem Leben Kunde,
Sinn' ich darüber fort und fort.
Du gehst hier auf des Flüchtlings Füßen
Mit des Gewissens schwerer Last,
Sprich, wie gedenkest Du zu büßen
Den Mord, den Du begangen hast?"
„Wie? büßen? und das nennst Du morden?"
Rief Heinrich, „ich erschlug den Knecht,
Sonst wär' ich selbst erschlagen worden,
Ich war in meinem guten Recht."
„Vielleicht vor menschlichen Gesetzen,
Vom Himmel bist Du drum verflucht,
Und bist auch des Verfolgers Netzen
Noch nicht entronnen, der Dich sucht.
Und als aus seinem Boot den Fergen
Du warfst, — war's Nothwehr, wie man spricht?
Daß er sich schwimmend konnte bergen,
War Gottes Wille, Deiner nicht.
Vom Waidhof noch bist Du entwichen,
Weil Dir die Häscher auf der Spur,
Und wär' die Schuld auch hier gestrichen,
Denkst Du an irdisch Walten nur?
Als Friedensbrecher eingedrungen
Seid in die Burg ihr zu Verrath,
Und Du erschlugst den, der gezwungen
Als Feind Dir gegenüber trat.
Das, meinst Du, hätt'st Du nicht zu sühnen?
Lang zwar ist unsers Herrn Geduld,
Doch, frag' ich, willst Du Dich erkühnen,
Ihm einst zu nahn mit solcher Schuld?
Daß Dir jetzt Reu' im Herzen lodert,
Das reicht nicht hin, weit mehr thut noth,
Gehorsam, Unterwerfung fodert
Der Kirche heiliges Gebot.

„Erniedrigung im tiefsten Staube,
Zerknirschung, Knabe, will sie sehn,
Ein Büßerthum verlangt der Glaube,
Sonst hoffe nie, vor Gott zu stehn.
Als Sünder werden wir geboren,
Im Mutterleib schon in uns steckt
Der Teufel, und wir sind verloren,
Wenn uns die Gnade nicht erweckt.
Drum, willst Du zur Erlösung kommen,
Mußt Du, der aus des Tages Schein
Ein Menschenleben Du genommen,
Dein eignes ganz dem Himmel weihn.
Der sünd'gen Welt mußt Du entsagen,
Ins Kloster schließen Dich fortan,
Das Kreuz zu küssen und zu tragen
Als demuthsvoller Gottesmann."

Der Jüngling saß da wie vernichtet
Und schwieg und seufzte schreckensbleich,
Der Alte stand hoch aufgerichtet
Vor ihm und sprach vom Himmelreich.
Es überkam ihn Rednergabe,
Prophetengeist und Schwärmergluth,
Kaum hört' ihn der bestürzte Knabe,
Geknickt war all sein Jugendmuth.
Es sprach der Greis vom Gotteslohne
Für Jeden, der in Christo stirbt,
Und von des ew'gen Lebens Krone,
Die sich der Gläubige erwirbt,
Von der Vergebung aller Sünden,
Wenn erst des Fleisches Lust erlag,
Von schrecklichen Gerichts Verkünden
Am großen Auferstehungstag.
Er sprach auch von dem sel'gen Frieden

Des Klosters, fern von allem Streit,
Und wie kein schöner Loos hienieden
Für Menschen anderswo bereit.
Wie in der Brüderschaft vertraulich
Dem Schwachen Jeder stehe bei,
Und wie erbaulich und beschaulich
Es in der stillen Zelle sei.
Wie andachtweckend da zur Hore
Ruf' wohlgestimmter Glocken Klang,
Wie feierlich im vollen Chore
Ertöne frommer Mönchsgesang.
Er wußt' es preislich auszumalen,
Flocht in den Eifer Trost und Scherz,
Es wandelten wie auf Sandalen
Die Worte in des Jünglings Herz.
Und als der Klausner nun geendet
Und Antwort heischend vor ihm stand
Und „Willst Du?" frug, zu ihm gewendet,
Schlug Heinrich in des Werbers Hand.
„Das segne Gott!" rief da der Alte,
Umschlang den Jüngling freudenvoll,
Und über seiner Wange Falte
Ihm eine helle Thräne quoll.
„Nun halt' bereit Dich in drei Tagen,
Die Scheidestunde komme bald,
Dann will ich Weg und Steg Dir sagen
Zu Kloster Adamunt im Wald.
Abt Irimbert war mir im Leben
Der beste Freund, dem will ich Dich
Und Deine Seele übergeben,
Er wird Dich leiten väterlich.
Dem würd'gen Abte aber künde,
Was Dich beschwert; spricht der Dich frei,

Dann denke, daß Dir alle Sünde
Um Christi will'n vergeben sei." —

Wo seid ihr nun, ihr stolzen Träume,
Die ihr ein Königreich verhießt
Und wie die schlanken Tannenbäume
Geraden Wegs zum Himmel wiest?
Wart ihr nur Bilder im Geschiebe
Der Wolken, die ein Hauch zerreißt?
Starbt ihr wie junge Maientriebe,
Wenn Nachtfrost sie zu Tode beißt?
Ach! was statt eurer mußt' erküren,
Der euch hier träumte im Geheg,
Sollt' auch in einen Himmel führen,
Nur andrer Himmel! andrer Weg!
Der war es nicht, den er sich malte,
Umkränzt von goldner Sterne Reihn,
Die Glorie, die ihm lockend strahlte,
War nicht des Dulders Heil'genschein.
Aus diesen süßen Frühlingsschauern,
Aus Sonnenglanz und Blumenduft
Sollt' er in düstre Klostermauern,
In Grabgewölb und Moderluft.
Und statt die Harfe froh zu schlagen,
Die Welt als Ritter zu durchziehn,
Sollt' er des Kreuzes Jammer tragen,
Auf Kirchenplatten betend knien.
Dagegen sträubt sich jeder Tropfen
In seinem Blute und Gebein;
Wollt ihr den Bergquell hier verstopfen,
So sprengt er drüben das Gestein.
„Der Weg ist offen, Wölfe traben
Frei durch den Wald, was hält denn mich?
Vorwärts! und wer den Hirsch will haben

Mit Haut und Haar, der fang' ihn sich!
Halt! — wieder fliehn und immer fliehen?
Gehetzt, vertrieben fort und fort? —
Zu spät, ein ander Loos zu ziehen,
Mich bindet Handschlag ja und Wort.
So sei es denn! und keine Klage
Sollst du vernehmen, Waldesgrün,
Was ich hier schweigend mit mir trage,
Kann anderswo in Funken sprühn."

Die Stunde nahte schon zum Scheiden,
Und als sie wirklich nun heran,
Da ward es schwer ums Herz den Beiden,
Und Heinrich sprach zum alten Mann:
„Wer wird nun hüten Dich und hegen
In Deiner tiefen Einsamkeit?
Dir Deinen kleinen Garten pflegen,
Zum Feuer tragen Scheit auf Scheit?
Wer wird Dir einen Vogel schießen,
Dir Wurzeln sammeln, Beer' und Pilz?
Wer wird Dir einen Rehbock spießen,
Dein Lager fülln mit Moos und Filz?"
„Der auf dem Feld die Lilien kleidet,
Die Vögel unterm Himmel nährt,
Und der es ungezählt nicht leidet,
Daß mir ein Haar vom Haupte fährt,"
Sprach da der Greis, „Du sollst nicht sorgen!
Nimm diesen Ranft von Haferbrot,
Er schützt vor Hunger Dich bis morgen,
Und wandre, wie ich Dir gebot,
Bis Dir die Enns zu Füßen lieget,
Geh' neben ihr stromauf die Trifft,
Und wenn sie scharf gen Abend bieget,
Kommst bald Du zu Sanct Blasii Stift.

Dort trachte in der Männer Kreise,
Daß Jeder Dich als Bruder liebt,
Und dann vergiß, daß leid'ger Weise
Es in der Welt auch Weiber giebt.
Nun geh und habe Gott im Herzen
Und stets vor Augen, liebes Kind!
Vergänglich sind so Lust wie Schmerzen,
Wir sind nur Staub und Spreu im Wind."
„O laß Dir danken —" es erstickte
Der Laut, Heinrich vollbracht' es nicht,
Mit thränenvollen Augen blickte
Er seinem Freund ins Angesicht.
Der sprach: „Abt Irimbert mir grüße
Zu Admunt und füge bei,
Daß ich hier herzensfreudig büße
In meiner trauten Siedelei"
„Wenn ich nur," lächelt jener, „wüßte,
Von wem ich grüßen soll den Abt,
Da ich doch billig wissen müßte,
Wen ich zum Vater hier gehabt."
„Von Einem, sag' nur, den er kennet,
Von einem Greise müd' und welk,
Der, so wie Du, sich Heinrich nennet,
Ich heiße, Sohn, Heinrich von Melk."
„Heinrich von Melk bist Du, der Sänger,
Der einst zu Roß als Ritter saß,
Von dem einst bang und immer bänger
Ich das Gedicht vom Tode las?"
„Ich bin's, Heinrich von Osterdingen!
Und mit dem Rathe magst Du ziehn:
Laß Deinen Namen nicht erklingen,
Dem Abt allein vertraue ihn."
„So will ich einen andern führen,"
Sprach schnell der Jüngling, „und der soll,

So oft er wird mein Ohr berühren,
An Dich mich mahnen, Dankes voll.
Hier hat mich Wintersturm umbrauset,
Hier war's, wo mich der Lenz umspann,
Mit Dir hab' ich im Tann gehauset, —
Tannhäuser nenn' ich mich fortan!"

Und Heinrich ging; bis zum Gelände
Gab ihm der Alte das Geleit,
Sie drückten sich noch mal die Hände
Und schieden, stumm vor Traurigkeit.
Doch einmal klang als letztes Grüßen
Des Alten Ruf noch bang und hohl,
Als Heinrich schon auf flinken Füßen,
Ihm fern: „Tannhäuser, fahre wohl!"

III.

Im Stift zu Abamunt.

Nachmittags am zweiten Tage
Seiner Wandrung langte Heinrich
Ungefährdet an beim Stifte
Und sah staunend eine Menge
Großer steinerner Gebäude,
Deren Dasein und Bedeutung
Er mit frommen Glaubenszwecken
Gar nicht zu vereinen wußte.
Aermlich schien in seiner Heimat
Kloster Wilhering ihm wahrlich
Gegen diese Niederlassung,
Und er frug sich schon im Stillen,
Ob er auch nicht irr gegangen,
Ob dies wirklich auch das Stift sei,
Dahinein der Greis ihn sandte.
Zweifelnd schritt er zwischen Häusern
Weiter bis zu einem Platze,
Wo ein Mönch damit beschäftigt,
Kunstgerecht ein Pferd zu striegeln.
Eben stand er tief gebückt jetzt,

Um des Rosses Bauch zu bürsten,
Und so mocht' er wohl nicht hören,
Wie der Jüngling auf ihn zuschritt,
Bis daß dieser nahe bei ihm
Sprach: „Gelobt sei Jesus Christus!"
„Schwerenoth! was denn schon wieder?
Ach! — in Ewigkeiten, Amen!"
Fuhr der Mönch nun in die Höhe,
„Höre, hast mir einen Schrecken
Eingejagt in alle Glieder,
Habe Dich nicht kommen hören,
Dachte schon, es wär' Albanus."
Und er strich sich mit dem Rücken
Seiner breiten Hand die Perlen
Von der stark gebräunten Stirne.
„So verzeihe!" sprach der Jüngling,
„Komm' ich hier zum heil'gen Blasius?"
 „Richtig! doch der Heil'ge selber
Ist verreist, erst in acht Tagen
Kommt er wieder," sprach der Bruder;
„Nun, was sperrst Du denn das Maul auf?
Ist denn das so was Besondres?
Oder bist Du fremd zu Land hier?"
Heinrich nickte. „Ja dann freilich!
Also wisse: wenn dem Kloster
Irgend eine gute Spende
In der Ferne wo vermacht ist,
Sei's vielleicht als Seelgeräthe
Oder sonsten eine Stiftung,
Muß der Heil'ge immer selber
Hin zur Stelle, und sie schleppen
Die Gebeine viele Meilen
Ueber Land oft, daß die Spender
Auf die alten Knochen schwören,

Was dem Kloster sie geloben.
Sanctus Blasius ist just wieder
Mal auf Erbschaftsfahrt begriffen,
Und es ist ein Schüssellehn
Und ein Becherlehn daneben,
Worum es sich diesmal handelt,
Und so reichlich, daß sie sagen,
's wär der Mühe werth, nach Rom drum
Den Reliquienschrein zu tragen,
Doch so weit geht nicht die Reise.
Warte mal! bist auch wohl durstig?"
Fuhr er fort und holte schmunzelnd
Einen ausgebauchten Steinkrug
Aus dem Schatten, trank und bot ihn
Heinrich dar voll kühlen Bieres.
Während dieser sich erquickte,
Lehnte mit dem einen Arme
Auf den Rücken seines Pferdes
Sich bequem der Bruder, stemmte
Auf die Hüfte dann den andern
Und betrachtete den Jüngling.
Dieser frug, als er getrunken:
„Kann Abt Irimbert ich sehen?

„Irimbertus sehn? warum nicht?
Wirst Dich freu'n, wie gut er aussieht,
Schade nur, daß ihm die Inful
Auf dem Haupt ein wenig schief sitzt."
„Kann ich ihn denn auch wohl sprechen?"
Frug erstaunt der Jüngling weiter.
„Kannst auch mit ihm sprechen, Antwort
Wirst Du zwar nicht von ihm kriegen,
Denn er hört nicht." — „Taub? der Arme!"
„Ja! stocktaub und blind und stumm,
Hat nicht Zahnweh mehr und Reißen,

Liegt in grauem Stein gehauen
Auf der Gruft, darin er schlummert
Seit — seit fünf, sechs, sieben Jahren,
Kannst ihn sehn, er liegt ganz stille."
Also todt der Freund des Klausners,
Lange todt! und jener glaubte
Ihn noch unter den Lebend'gen;
Heinrich selber aber hoffte,
Schutz und Rath bei ihm zu finden,
Und die Hoffnung war nun eitel.
Recht betrübt klang seine Frage:
„Wie heißt jetzt der Abt mit Namen?"
„Isenricus," sprach der Andre,
„Und hat Haare auf den Zähnen,
Ist ein Mann fast wie ein Ritter;
Ich war mit ihm auf der Kreuzfahrt
In des Kaisers Rothbart Heerzug.
Auch im Kloster ist's jetzt anders,
Als es unterm sel'gen Herrn war,
Der war fromm, doch hart und finster,
Keiner sah ihn jemals lachen."
„Führe mich zu dem Hochwürd'gen,"
Bat der Jüngling nun den Bruder;
Doch der wandte sich und blickte
Auf die Sonnenuhr am Thurme.
„Jetzt hält er sein Mittagsschläfchen,"
Sprach er, „warte noch ein Weilchen,
Bis er wacht und sich den Imbiß
Kommen läßt, das ist die Stunde,
Wo am besten er gelaunt ist
Dann für Frage, Rath und Antwort." —
Fast seit Anfang des Gespräches
Hörte Heinrich schon ein Singen,
Das aus stattlichem Gebäude

Jenem Platze gegenüber
Drang von wohlgeübten Stimmen,
Doch in etwas schnellem Tempo,
Und er frug zum Hause deutend:
„Ist das dort ein Sanctuarium?"

„Das? jawohl, und was für eines!
Just das wichtigste, — die Küche!
Und jetzt scheuern sie die Kessel,
Denn wir hatten Mittag Fische
Vor dem Braten, weil der Spargel
Noch nicht ausreicht für uns Alle.
Dann darf uns der Kellermeister
Wohl ein Krüglein oder zweie
Mehr vom Klosterwein verzapfen.
Denn, verstehst Du, Fisch will schwimmen!
Darum singen sie vor Freuden;
Doch nun sage mir: wie heißt Du?"
Fast hätt' er den eignen Namen
Schon genannt, so voll von Staunen
War der Jüngling über Alles,
Was er hörte, doch — „Tannhäuser,"
Kam's ihm zaghaft von den Lippen.
„Wie? Tannhäuserus?" rief jener,
„Seltner Name! hübscher Name!"
Und ihn mehrmals wiederholend
Murmelte der Mönch ihn leise.
Heinrich lächelte: „Du bist wohl
Im Latein gewaltig, Bruder?"

„Na, das geht so; lesen kann ich's,
Aber nur nicht übersetzen.
Doch es ist im Kloster Sitte,
Daß man hier an jeden Namen
Bald ein us und bald ein um hängt
Oder auch noch andre Silben,

Wie es ihnen grade einfällt;
Ich zum Beispiel heiße Frutus,
Frater Frutus auf lateinisch.
Wenn sie etwas von mir wollen,
Heiß' ich Frute, wenn sie schelten
Aber, Frutum und manchmal auch
Fruto, Fruti und so weiter,
Doch warum, begriff ich niemals.
Ich bin hier ein wenig Marschall,
Jäger auch und habe Aufsicht
Ueber Rosse, Hunde, Katzen.
Dieser Gaul ist meiner, siehst Du,
Und ich lasse seine Pflege
Keinem sonst; im heil'gen Lande
Lernt' ich, wie man Pferde wartet."
Und die eigne dicke Nase
An des Rosses weiche Nüster
Zärtlich drückend sprach er: „Schnute!
Will Dir noch das Mähnlein flechten,
Daß es kraus und wellig aussieht."
„Das kann ich!" rief schnell der Jüngling,
Und er strähnte, flocht und drehte
So geschickt dem Gaul die Mähne,
Daß der Mönch darob erfreut war.
„Kannst auch reiten?" frug er lustig.
„Ei! und jagen!" lachte Heinrich.
„Donnerwett — wie? — sagt'st Du etwas?"
Sprach der Mönch scheu um sich blickend,
„Höre, Dich könnt' ich gebrauchen,
Bleib doch hier! mir fehlt schon lange
So ein freudiger Geselle.
Komm! erst Schnuten an die Krippe,
Und dann führ' ich Dich zum Abte."
Heinrich wirbelte und schwirrte

Es im Kopfe: hier, hier soll ich
Aller Lust der Welt entsagen,
Hier bei Rossen, Wein und Waidwerk?
Sprach er zu sich selbst und brachte
Mit dem Mönch das Pferd zum Stalle,
Der geräumig war und reinlich,
Und wo eine ganze Reihe
Gut gepflegter Rosse standen,
Die des Jünglings Staunen mehrten.
„Jetzt, Tannhäuseri," sprach Frutus,
„Jetzt komm zu Herrn Isenricum!"

Lange bei dem edlen Abte
Blieb der Jüngling und erzählt' ihm
Alles wahrhaft und getreulich,
Trug ihm dann auch seinen Wunsch vor,
Hier im Kloster eine Zelle
Und bereinst ein Grab zu finden.
Prüfend und mit Wohlgefallen
Ruhten auf des jungen Helden
Hohem Wuchs des Abtes Augen,
Und das Haupt dann schüttelnd sprach er:
„Sollst ein Jahr Bedenkzeit haben,
Bis wir Dir die Platte scheeren.
Bleib, und ist das Jahr verstrichen,
Wollen wir noch einmal wieder
Auf den Scheideweg Dich stellen,
Magst nach Herzenswunsch dann wählen."
Dann schickt' er zum Sakristane,
Sprach, als dieser eingetreten:
„Hier, der junge Laienbruder
Wird bei uns im Stifte bleiben
Auf ein Probejahr, Tannhäuser
Heißt er; unter Deine Obhut

Stell' ich selber ihn, Albanus!
Lehre ihn des Ordens Pflichten,
Himmlisch Heil und irdisch Wissen
Aus den Büchern, so wir haben.
Von den strengen Observanzen
Geb' ich ihm Dispens, die Chronik
Nenn' ihn frater literatus
Laicus und halt' ihn also
Führ' ihn gleich zum Bruder Schaffner,
Daß der eine Zell' ihm weise
Und ein Ordenskleid auch gebe.
Dann komm wieder, denn ich habe
Noch geheim mit Dir zu reden.
So! nun geh mit Gott, Tannhäuser,
Und bedenke: eins vor allem
Fordern wir von Dir, — Gehorsam!"

Wie Abt Isenrik befohlen,
So geschah es, Heinrich wurde
Mit dem Ordenskleid versehen
Und erhielt in einer Zelle
Gut Gemach, darin er zwar nur
Schwachen Hausrath fand, die aber
Den Bewohner im Vergleiche
Mit des Klausners dunkler Höhle
Freundlich und behaglich dünkte.
Wunderlich war ihm zu Muthe
In der langen, schwarzen Kutte;
Lächelnd mußt' er sich betrachten
Und befühlen; in der Zelle
Schritt er mehrmals auf und nieder,
In dem ungewohnten Kleide
Gehn zu lernen, was mit Anstand
Und mit Zucht, wie er sich sagte,

Immerhin geschehen mußte,
Wie es einem Mönche ziemte.
Und mit dieser ersten Uebung
In Sanct Benedicti Regel
Bald zufrieden, ging er langsam,
Sich zu würdevoll bedächt'gen,
Langen Kranichschritten zwingend,
Bruder Frutum aufzusuchen,
Durch gewölbte Klostergänge
Und trat in des Bruders Zelle.
„Heil'ger Tumbo! hilf in Gnaden
Mir von allen meinen Sünden!"
Rief der Mönch und sprang vom Schemel,
„Steckst Du wirklich drin im Sacke?"
Ja, 's ist leicht hinein zu schlüpfen,
Aber schwer heraus zu kommen.
Doch Tannhäuserus, mich freut es,
Daß Du bleibst, und wenn Du Rath brauchst,
Kleine klug verschwiegne Winke,
Wie man Den und Jenen anfaßt,
Frag' nur mich, ich kenn' sie alle
Unsre vielgeliebten Brüder.
Will Dich gleich vor einem warnen:
Nimm in Acht Dich vor Albanus!
Ist der Sakristan im Stifte,
Sehr gelehrt und fromm und eifrig,
Wirst ihn schon noch kennen lernen.
Der paßt auf und läßt nichts durchgehn,
Keinen Flohsprung weit vom Pfade
Unsrer heil'gen Klostertugend
Darf man, ohne Pönitenzen
Zu gewärt'gen, sich erlauben.
Und sie haben hier im Kloster
Eine fürchterliche Strafe,

Die der Teufel ausgesonnen
Und dem Sakristan verrathen.
Denke! wenn man hier ertappt wird
Ueber einem kleinen Sündlein,
Wird es grauenhaft geahndet
Nicht durch Geißlung oder Fasten
Oder schwere Leibesarbeit,
Das wär' nichts, wär' ein Vergnügen
Gegen diese Marterbosheit,
Nein! dann kriegt man was zu schreiben!"
  „Was zu schreiben?" — „Ja, zu schreiben,
Ganze Bücher abzuschreiben!
Wochenlang in seiner Zelle
Hockt man dann bei Tag, bei Lichte
Und muß schreiben, stribeln, kritzeln,
O Tannhäuser, das ist schrecklich!
Wenn ich nur daran gedenke,
Kriege ich schon Sohlenbrennen.
Nimm in Acht Dich vor Albanus,
Sag' ich nochmal, der läßt schreiben!
Denn er steckt mit dem Armarius,
Der die Bücherei verwaltet,
Viel zusammen, und die Beiden
Schnüffeln stets in den Geschriften."
  „Frute," lächelte der Jüngre,
„Vor Albanus und dem Schreiben
Ist mir nicht so grausam bange,
Und was wirst Du weiter sagen,
Wenn ich Dir nun gar vermelde,
Daß Herr Isenricus selber
Unter die besondre Obhut
Des Albanus mich gestellt hat?"
  „So! aha! Dein Seelenkämmrer
Soll er sein, ja ja, begreife!

Na, dann stehn die lieben Englein
Dir in Nöthen bei!" sprach Frutus,
„Sonderlich der eine, lange,
— Find'st gemalt ihn in der Kirche —
Dem der Herr in seinem Zorne
Die Geduld hat aufgebündelt,
Und der da auf seiner Wolke
Ganz abseiten sitzt, als hätt' er
Nichts zu thun in Ewigkeiten
Als die Eier auszubrüten,
Die, Gott weiß es, wer gelegt hat."
Eine Glocke klang vernehmlich,
Eh' der Andre was erwidert,
„Pax nobiscum! 's geht zu Tische!"
Sagte Frutus, und sie gingen.

Bald gewöhnte sich der Zögling
An das fromme Klosterleben,
Das er sich vorher ganz anders
Vorgestellt, viel strenger, stiller,
Und es war doch gar so still nicht;
Oftmals ging es in den Hallen
Fröhlich her und manchmal lustig.
So an allen Kirchenfesten
Und am Tag der heil'gen Hemma,
Gräfin Zeltschach, die das Kloster
Einst erbaut und reich dotiret.
Einsam, rings von Wald umgeben
Lag das Stift, wo schöne Thäler
An der Enns zusammenstoßen,
Und nicht hohe Mauerschranken,
Keine scharf bewachten Pforten
Hielten's vor der Welt verschlossen.
Alles war in weitem Umkreis

Ihm als Eigenthum gehörig,
Wald und Wiesenwachs und Wildbann,
Salzpfann', Eisenschacht und Saalgut,
Und nur selten kam ein Fremder,
Aber nie ein weiblich Wesen
Zu Sanct Blasii reicher Siedlung.
In der großen Schaar der Mönche
Ward der junge Laienbruder
Schnell beliebt, denn man erkannte
Seine Gaben und Erziehung
Und gewährt' ihm manche Freiheit.
Gerne wandelte er einsam
Durch die großen Küchengärten
In den Wald, denn eng und enger
Schloß er sich mit ganzer Seele
Der Natur an, ihrem Wachsen,
Ihrem Schaffen, Blühen, Welken
Spürt' er nach und lauschte emsig
Selbst auf ihr geheimstes Walten.
Wie der Pflanzenwelt Organe
Sich aus Wasser, Luft und Erde
Kräfte holen, also sog er
Aus Lebend'gem und Leblosem
Nahrung seinem Haupt und Herzen.
Saß er dann beim Sakristane,
Der beredt und voller Weisheit
Ihm des Glaubens Tiefen aufschloß,
Fiel das Wort auf guten Boden.
Ernst und strenge war Albanus,
Wie ein Fels im Meere stand ihm
Unbeweglich sein Bekenntniß,
Und die Flamme der Begeistrung,
Die des Lehrers Herz durchglühte,
Schlug erleuchtend, zündend, wärmend

Auch in das Gemüth des Schülers.
O wie herrlich sprach Albanus
Von Gott Vater als dem Urquell
Alles Lichtes, aller Weisheit,
Aller Schöpfermacht und Güte!
Und alsdann von Gott dem Sohne
Als dem nie verschlossnen Borne
Aller grenzenlosen Liebe,
Aller Hingebung und Treue,
Aller Gnade und Erlösung!
Und von Gott dem heil'gen Geiste,
Dem geheimnißvollen Bande,
Das des schwachen Menschenbusens
Banges Zweifeln, Sehnen, Hoffen
Erst zum wahren Glauben läutert
Und verknüpft mit jenen Beiden,
Gott dem Vater, Gott dem Sohne,
Daß sie mit dem heil'gen Geiste
Sind in Ewigkeit dreieinig!
Wenn Albanus ihm die Wunder
Und die Worte Jesu Christi,
Evangelien oder Briefe
Der Apostel dann erklärte,
Sie mit allem Wehn und Wesen
Unsichtbarer, unbegreiflich
Hoher Gotteskraft umgebend,
Zogen in des Jünglings Seele
Wie mit goldnen Engelsflügeln
Ahnungsvolle, heil'ge Schauer.
Aber wenn er wieder einsam
Durch Gebüsch und Wildniß schweifend
Oder Nachts auf seinem Lager
Ueber seinen Glauben nachsann
Und sich auf der Andacht Schwingen,

Frei von dem Gewicht des Staubes,
In den Aether heben wollte,
Vor dem Angesicht des Höchsten
Die Gedanken knien zu lassen,
Ach! dann hielten starke Wurzeln
Ihn am Boden, drauf er fußte,
Und es blieb in seinem Herzen
Doch ein Kämmerlein, verborgen,
Leer noch oder angefüllet
Mit ganz anderem Begehren.
Keinem Beicht'ger und Vertrauten,
Nicht sich selber konnt' er sagen,
Was es war, das ihn bedrückte.
Denn er sah kein Ziel vor Augen,
Keinen Weg auch, der durchs Dunkel
Ihn zu unbekannten Zielen
Locken und verführen konnte,
Doch es blieb und blieb ein Sehnen
In der Brust ihm, unbestimmbar,
Ungestillt und unauslöschlich.
Weder laut noch leise klagt' er,
Keines Leidens und Entbehrens
Ward er sich bewußt, ihn trieb es
Nicht hinaus, die Welt zu sehen,
Deren Freuden er nicht kannte,
Auch nicht Reue oder Buße,
Wie der Klausner sie verlangte,
Lag ihm schwer auf dem Gewissen,
Nicht nach Freiheit strebt' er dürstend,
Fühlte Heimweh nicht, sein Sehnen
Hatte für ihn keinen Namen.
Niemand merkte, daß dem Frohen
Etwas fehlte, aber glücklich,
Wunschlos glücklich war er nicht. —

Mit den Streitern, die vom Kampfe
Um das Grab des Auferstandnen
Aus dem Kreuzzug wiederkehrten,
War ein neuer Geist, gewaltig,
Alldurchdringend, allbelebend
Uebers Abendland gekommen.
Jene hatten dort im Orient
Eine andre Welt gefunden,
Andern Himmel, andre Sterne,
Andre Blumen, andre Menschen.
Aus dem Zauberland der Märchen,
Wo geschmückt mit jedem Reize
Gar ein üppig Leben blühte,
Wo inmitten größten Reichthums
Denkmal, Schrift und Ueberlieferung
Von uraltem Ruhme zeugten,
Brachten sie nun Schätze heimwärts,
Die nicht Kammer bloß und Truhe,
Mehr noch Kopf und Busen füllten.
Ausgestreuet ward ein Samen
Und vom Boden, der in Gährung
Mit dem Ueberfluß der Kräfte
Längst schon der Befruchtung harrte,
Willig, freudig aufgenommen.
Und wie's aufwuchs, was gesät war,
Lenzeslustig trieb und sproßte,
Blüthen trug und edle Früchte,
Da kam eine Zeit, so glorreich,
Wie die Welt sie nimmer kannte.
Reichsgewalt und Herrschergröße
Schwebten um die Kaiserkrone
Auf dem Haupt der Hohenstaufen,
Die wie Sonnenglanz erleuchtend,
Wie ein stolzer Felsengipfel

In der Morgenröthe glühend
Ueber alle Länder strahlte
Und der Welt Gesetze vorschrieb.
Macht und Hoheit war ihr eigen,
Licht des Geistes, Ruhm der Thaten
Gingen aus von ihr und brachten
Reichen Segens Kraft und Fülle
Unterworfenen Gebieten.
Weiter dehnten sich die Kreise
Jetzt des Wissens und Erkennens;
Aus dem Ungefügen rankte
Sich ein rüstig, sinnig Schaffen
Und ein künstlerisches Bilden,
Das um Schmuck und Zierde sorgte
Für Gewand, Geräth und Wohnung.
Die Geselligkeit des Lebens
Gab sich neue, feinre Formen;
Aus den semperfreien Herren,
Aus den rücksichtslosen Recken
Hob sich Ritterthum und Schildamt,
Kampfbereit mit Schwert und Lanze
Für des Namens Glanz und Ehre
Und im Minnedienst der Frauen.
Auf den Burgen, in den Thälern
Tönte Sang und Klang der Harfen,
Jeder Ritter ward ein Sänger,
Jeder Sänger fast ein Ritter.
Und was Alle gleich beglückte,
Ob sie herrschten oder dienten:
In den starren, todten Glauben,
Der in Formeln nur und Qualen
Wie in schwere Büßerketten,
Wie in dumpfe Kerkermauern
Eingezwängt und eingesargt war,

Strömte jetzt ein freudig Leben
Und ein warmbewegtes Herzblut.
Wie aus niedrigen Gewölben
Nun zu weiten, hohen Hallen
Sich der Bau der Kirchen reckte,
Schlanke Säulen aufwärts strebten,
Hoch empor die Bogen stiegen,
Licht hinein drang in die Dämmrung,
Also hob sich jetzt die Seele
Freier, schwang die Andacht kühner
Sich zum Höchsten; aus dem Busen
Wichen Schrecken und Beklemmung,
Und Gefühle tiefster Inbrunst
Zitterten, wie Sonnenstrahlen
Durch die hohen Fenster fließen,
In die neugestimmten Saiten
Und beseligten den Beter.

War Tannhäuser denn ein Sohn
Dieser großen Zeit nicht? oder
Ging sie spurlos ihm vorüber?
Hört in seiner Klosterzelle
Nicht der Mönch des Sturmes Brausen?
Merkt der Vogel doch im Käfig,
Wenn es Frühling wird im Walde.
Und sein Abt, Herr Isenrieus,
Ein gelehrter Gottesstreiter,
Der im heil'gen Land gewesen,
War hier selber solch ein Sämann,
Der die Saat vom Morgenlande
Segensreich weit um sich streute
Und ein neues Sein und Denken
Auch in diese Thäler brachte.
Anders wurde hier gelehret,

Anders hier dem Herrn gedienet,
Als Heinrich von Melk, der Klausner,
Der der Welt schon lang entrückte,
Vom Gefährten einst verlangte.
Isenrik bekannte offen
Sich zu einem Gott der Liebe
Und der Wahrheit, und nicht sucht' er
In Entbehrung und Entsagung
Seiner Seele Heil, er liebte
Für sich selbst und seine Brüder
Den Genuß und war den Freuden
Eines thatenreichen Lebens
Auch im Mönchsgewand nicht abhold.
Das bemerkte der Novize
Und ergab sich um so lieber
Jedem Dienst und jeder Uebung.
In den Chorgesang der Brüder
Stimmt' er wacker ein zur Metle,
Weihte gerne die Gedanken
Dem, was sie doch nie ergründen.
Einmal stand er ganz alleine
Vor dem Hochaltar der Kirche,
Ueber dem in Stein gebildet,
Reich geschmückt, die Mutter Gottes
Mit dem Jesuskindlein schwebte.
Milde schaute sie hernieder
Mit dem wehmuthsvollen Lächeln,
Um das Haupt ein Kranz von Sternen.
Und es kam ihm die Erinnrung:
Ob es diese wohl gewesen,
Die im Traume seiner Mutter
Kurz vor ihrem Tod erschienen
Und geweißsagt, daß des Knaben
Herz einst ihr gehören würde?

Ach! davon war's weit entfernt noch!
Und er neigte sich und seufzte.
Wie er durch die Bogen wandelnd
Sich zum Seitenschiffe wandte,
Sah er auf den breiten Fliesen
Glänzend bunte Lichter spielen,
Denn in schönen Farben leuchtend
War die biblische Geschichte
Auf den Fenstern abgebildet,
Und vor einem blieb er stehen,
Drauf der Sündenfall gemalt war
In des Paradieses Garten.
Unterm Baume der Erkenntniß
Standen da in Lebensgröße
Die zwei Menschen; Eva reichte
Adam eben jetzt den Apfel,
Und mit heißem Blicke schaute
Auf das erste Weib der Mann;
Oben aus den Zweigen aber
Grinste eine Teufelsfratze.
„Dort Maria und hier Eva,
Dort die heil'ge Mutter Gottes,
Rein von Schuld, auch uns erlösend,
Hier die Mutter aller Menschen,
Die von ihr die Sünde erbten!
Aber wo ist hier die Sünde?
War der lust'ge Baum verboten
Nur um der Versuchung willen,
Den Gehorsam dran zu prüfen?
War es schlimm, die Frucht zu pflücken,
Die so köstlich anzusehen,
Und davon so gut zu essen?
Ich versteh's nicht, kann's nicht finden,
Muß Albanus darum fragen,"

Dachte Heinrich und beschaute
Sich in Muße das Gemälde.
„So wie diese," sprach er weiter,
„Hab ich Eine auch gesehen,
Die war lieblicher und schöner, —
Irmengard! wo magst du weilen?
Doch hinweg! an heil'ger Stätte
Solche irdischen Gedanken,
Sind nicht sie schon eine Sünde?
O wie höhnisch lacht die Schlange!"
Er bekreuzte sich erschrocken,
Floh verwirrt in seine Zelle
Und schlug auf dort die Vulgata
Ersten Mosis Caput tertium.

IV.

Lesen und Schreiben.

Tage, Wochen, Monde schwanden
In des Klosterlebens Ruhe,
Wo das Heute glich dem Gestern,
Und der Winter war im Anzug.
Früh schon sank der Abend nieder,
Und Sanct Blasii fromme Söhne,
So des Lesens kundig, saßen
Ueber Büchern nun und Schriften.
Auch Tannhäuser hatte deren
Nach der Vorschrift seines Lehrers
Vom Armarius erhalten.
Zwar die ernsten Kirchenväter,
Augustinus und Ambrosius
Und Hironymus den herben
Las Albanus selber mit ihm
Sie erläuternd und erklärend
Nach Bedürfniß und mit Auswahl;
Das Kapitel Sechsunddreißig
In des klugen Augustini
Buch de civitate Dei

Ueberschlug der Pater weislich.
Sehr zu Statten kam dem Schüler
Nun sein gut lateinisch Wissen,
Das ihn Sumidus gelehret.
Doch ihm blieb für Mußestunden
Auch noch andre Geistesnahrung,
Ezzo's Sang von Christi Wundern,
Das Marienlied, der Heliand
Und das Lob des heil'gen Anno,
Willirams, des Ebersbergers,
Commentar zum hohen Liede,
Selbst die alte Kaiserchronik
Und noch Manches, das erbaulich,
Doch nicht grade sehr vergnüglich
Schien dem jungen Laienbruder.
Hatt' er sich dran satt gelesen,
Ging er gern zum Bruder Frutus,
Um mit ihm vertraut zu plaudern.
Einmal, als er seit drei Tagen
Ihn nicht zu Gesicht bekommen,
Zog's ihn ganz besonders zu ihm,
Und er trat in dessen Zelle.
Da saß Frutus nun am Tische,
Und dem Kommenden entgegen
Wandt' er ein Gesicht, so traurig,
So voll Kummer und Verzweiflung,
Daß Tannhäuser Schlimmstes ahnte.
„Ja, was machst Du denn da, Frute?"
Frug er, schon mit Lachen kämpfend.
„Schreiben!" sagte Frutus kleinlaut.
„Schreiben? Du?!" Tannhäuser lachte
Grad' heraus, „für welche Sünde
Mußt Du denn so schrecklich büßen?"
„Kaum der Rede werth!" sprach jener,

„War so elend durstig neulich,
Daß der Teufel mich verführte
Und ich in die Vorrathskammer
Unsers Bruder Küchenmeisters
Mich hineinschlich und ihm heimlich
Da zwei Krüge Weines leerte,
Der zum Kochen doch bestimmt war.
Na, da gab's ein kleines Räuschchen;
Rumold aber, dieser Arge,
Den ich längst schon im Verdacht hab',
Daß er selber von dem Kochwein
Mindestens die Hälfte aussäuft,
Lief in Wuth, daß ich dabei ihm
Ohne seinen Dank geholfen,
Hin zum Schaffner und verklagte
Mich um mein unschuldig Räuschlein.
Dieser klatscht's dem Satristane,
Und da hab' ich nun den Segen
Für den Trunk, — muß wieder schreiben."
„Und was schreibst Du denn? laß sehen!"
Fragte Heinrich nun und blickte
Auf die Schrift, „ei wie? lateinisch?
Und mir sagst Du, Du verständest
Nicht Latein?" Frutus ergrimmte:
„Nicht ein Wort! das ist ja eben
Des Albanus Bosheit, daß ich
Nicht mal weiß, was ich da schmiere!
Hier! da steht des Autors Name:
Publius Ovidius Naso!
Bruder, kennst Du diesen Heil'gen?
War gewiß ein Kirchenvater
Oder sonst ein frommer Bischof."
„Ist wohl möglich," sprach der Jüngre,
Nahm das Büchlein, — „Ars amandi,"

Das erstaunt er auf dem Titel,
„Was ist das? die Kunst zu lieben?"
Uebersetzt' er für sich leise,
Ohne daß es Frutus hörte,
Und begann darin zu blättern
Und zu lesen, so vertieft bald
In die Schrift, daß er nicht merkte,
Was der Andre auf ihn einsprach.
Endlich sagt' er: „Frater Frute!
Kannst Du das die Nacht entbehren?"
„Nacht und Tag könnt' ich's entbehren,
Hätt' ich's nur nicht abzuschreiben,"
Lachte Frutus, „ist's so hübsch denn?
Freilich, die latein'schen Bücher
Halten sie geheim im Kloster,
Lassen sie von Ungelehrten,
Die vom Inhalt gar nichts ahnen,
Wieder stets und wieder schreiben
Und verkaufen sie dann theuer
Oder tauschen andre Bücher
Dafür ein von andern Klöstern."
„Also giebt's hier mehr dergleichen?"
Frug gespannt der Laienbruder.
„O die Menge! und ich weiß auch,
Wo sie stehn im Büchersaale,"
Sagte pfiffig blinzelnd Frutus,
„Habe manche schon geschrieben,
Sanct Propertius und Tibullus,
Juvenalis und Horatius,
Und wie sonst sie heißen mögen,
Wer kann alle Heil'gen kennen!"
„Wenn Du mir die Bücher herschaffst,
Helf' ich Dir beim Schreiben, Frute!"
Sprach fast flüsternd der Novize.

„Mit Vergnügen! ist ein Leichtes!"
Gab der Bruder ihm zur Antwort,
„Ungehindert zu den Büchern
Kann ich, meine Wißbegierde
Ist hier Allen unverdächtig.
Willst Du mir beim Schreiben helfen,
Schlepp' ich Dir so viel Lateiner,
Als Du haben willst, zusammen;
Komm' und lies hier nach Belieben,
Denn in meiner Zelle sucht man
Keine Bücher und Dich auch nicht."

Manche Stunde saß nun Heinrich
Bei dem Bruder Frutus lesend,
Rein verschlingend, was ihm dieser
Insgeheim zusammen schleppte.
Ei! das waren andre Dinge,
Als der heilige Gregorius
Oder Meister Otfried lehrte!
Noch verstand er zwar nicht Alles,
Was er las, und Manches schien ihm
Sehr gelehrt in den Episteln,
Elegieen und Satiren;
Doch was er begriff zur Hälfte
Oder ganz: der Sitten Schilderung
In der kaiserlichen Roma
Und die vielen lust'gen Fabeln,
Die Verwandlungen und Mythen,
Wie die Griechengötter lebten
Und in täuschenden Gestalten,
So als Stier, als Schwan, als Wolke
Oder auch als goldner Regen
Schöne Sterbliche berückten,
Und vor Allen die Erscheinung

Und die holden Aventiuren
Einer schaumgebornen Göttin
Venus, die von höchster Anmuth
Und voll Liebreiz das Entzücken
Aller, die sie schauen durften, —
Das drang tief in seine Seele
Mit einschmeichelnden Gewalten,
Und des Lesers Wangen glühten.
Fruto blieb es nicht verborgen,
Welche Freude seinem Schützling
Die verpönten Bücher machten,
Und er witterte wohl etwas
Von dem süßen Gift des Inhalts,
Denn er meinte ganz bedenklich:
„Höre, Kleiner, wenn sie merken,
Was ich Dir da zugetragen,
So verbrennen sie mich wahrlich
Und verdammen mich auf ewig
In der Hölle noch zu schreiben."
Und doch bracht' er ihm noch Andres,
Deutsches auch, das Märlein Morolt
Von der schönen Salome,
Dann das Lied von Flos und Blancflos
Und die Eneit Herrn Veldecks,
Voll von Leidenschaft der Dido
Zu dem blühenden Aeneas.
Und es waren dieser Handschrift
Angefügt die Liedlein Veldecks,
Die von Lust und Macht der Minne
Lieblich lockend Kunde gaben.

Stürmische Gedanken wühlten
In des Jünglings Hirn und Busen,
Und er grübelte und frug sich:

Giebt es denn noch andre Freuden
In der Welt, als reiten, jagen,
Kämpfen und beim kühlen Weine
Lieder singen zu der Harfe?
Was ist Liebe? was ist Minne,
Die die Götter und die Menschen,
Mann und Weib in engem Bunde
Trunken macht und überglücklich?
Einem Fremden, Unbekannten
Stand er rathlos gegenüber
Wie vor festverschlossnem Thore,
Das geheimnißvolle Zauber
Ihm verbarg, die Neugier reizend.
Lag ein Paradies dahinter
Mit verbotnen süßen Früchten
Von dem Baume der Erkenntniß?
Stak in jedes Weibes Hülle
Eine Eva, deren Lächeln,
Deren Kuß zur Sünde führte?
Doch von Freuden nur und Wonnen,
Nicht von Sünde war die Rede
In den köstlichen Gedichten,
Die in ihm die Lust erweckten,
Jenen unbekannten Freuden
Nachzuforschen und wo möglich
Zu genießen, was erlaubt war.
Niemals hatte er im Weibe
Etwas Anderes gesehen,
Als ein Wesen wie er selbst war,
Nur in einem andern Kleide.
Auf dem Kürenberge galt ihm
Irmengard als eine Schwester,
Die er anders nie betrachtet;
Selbst an jenem letzten Morgen,

Da sie schlummernd vor ihm ruhte,
Fand er ihren holden Körper
Nicht dem seinen gleich gebildet,
Doch im staunenden Entzücken
Bei dem Anblick wie auch später
In der seligen Erinnrung
Hatte er den Unterschieden
Ihres Bau's nicht nachgesonnen,
Und so wußt' er nichts vom Weibe.
Doch da stand es ja geschrieben,
Wie sich Mann und Weib hienieden
Eines nach dem Andern sehnten,
Wie nur jedes in dem Andern
Fand sein höchstes Glück auf Erden,
Wie der Mann um Minne wagte
Leib und Leben, Gut und Ehre,
Wie in Schuld fiel Frau und Jungfrau
Einzig um der Liebe willen.
Aus dem hochgewachsnen Jüngling
War beinah ein Mann geworden,
Der im stolzen Bau der Glieder
Muth und Kraft der Jugend spürte,
Der verstand, ein Roß zu zügeln,
Mit dem Schwerte kühn zu fechten,
Dessen Arm wohl auch im Stande,
An die Brust ein Weib zu drücken.
Wie er dessen sich bewußt war,
Sprühte Feuer ihm vom Auge,
Jede Muskel fühlt' er schwellen,
Und ihm pocht' es in den Schläfen.
Da zum ersten Male ward es
In dem Kloster ihm zu enge,
Und er sehnte sich nach Freiheit,
In die Welt hinaus zu stürmen,

Sich zu messen, sich zu schlagen
Und die Minne aufzusuchen,
Die mit dunkelm Trieb ihn lockte.
Doch er schwieg, und Niemand ahnte,
Was den jungen Laienbruder
In des Herzens Grund bewegte;
Nur der Sakristan Albanus
Blickte tiefer als die Andern.

Mehr als sonst schloß der Novize
Sich in seine stille Zelle,
Und von Pergament und Schreibsaft,
Was er sich von Krutus holte,
Macht' er anderen Gebrauch noch,
Als zur Abschrift des Oridius.
Denn die Lieder Heinrich Veldecks
Waren ihm ins Herz gedrungen
Also, daß es ihm nicht Ruh ließ
Und er machte heimlich Verse,
Baute Strophen, sann auf Töne,
Wie der Ritter einst ihn lehrte;
Aber was er schrieb, versteckt' er
Sorglich vor der Brüder Augen.
Hatt' er dann, was in ihm wogte,
Schwärmerisch sich von der Seele
Erst herunter so gedichtet,
Ward er ruhiger und dachte
Ueber Gegenwart und Zukunft.
Zwischen zwei verschiednen Mächten,
Unverträglich mit einander,
Stand er zweifelnd in der Mitte.
An der einen Hand zog Hoffnung
Ihn verlockend in die Ferne,
Wo auf sonnenhellen Pfaden

Kampf und Sieg und Ruhm ihm winkten,
Mit der andern aber war er
Hier im Kloster festgebunden
An sein Wort, das er gegeben.
Dort die Freiheit und das Leben,
Hier Gehorsam und Entsagung,
Hier der Glaube, dort die Minne,
Was ist stärker? wer wird siegen?
Oftmals bäumte sich sein Wille
Trotzig auf vor dem Gedanken,
Daß er hier sein ganzes Leben
Dienend, thatenlos vertrauern,
Seine junge Kraft vergraben,
Seines Herzens Lust und Fülle
Trüb' und stumm verläugnen sollte.
Ritterblut und Minnegehren,
Seines Daseins einzig Erbtheil,
Brausten, ohne daß er's wußte,
Drangvoll ihm durch alle Adern,
Und die dicken Klosterwände
Lagen drückend ihm wie Berge
Auf der leichtbeschwingten Seele.
Doch er konnte sie nicht sprengen,
Wagte nicht daran zu rütteln,
Denn des Klausners strenge Lehren
Waren ihm noch festgewurzelt,
Klosterzucht war Lebensregel
Ihm geworden, und noch wirkte
Kindlich fromme Glaubensdemuth
Mächtiger, als die Versuchung
Zu den unbekannten Freuden.
Aber häufiger und stärker
Suchten diese Herzenskämpfe
Ihn schon heim, und er getraute,

Seines Schwankens fast sich schämend,
Sich doch nicht, sie irgend Einem
Hier im Stift zu offenbaren.
Liebstes wäre ihm gewesen,
Wenn Abt Isenricus selber
Die unausgesprochnen Zweifel
Wie mit Seherkraft errathen
Und für ihn entschieden hätte.
Spräche der ihn los, dann freilich
Wär' er seines Wortes ledig.

Wieder war es Lenz geworden,
Grün der Wald und bunt die Wiesen,
Und die Prüfung des Novizen
Nahte balde ihrem Ende,
Doch er wußte nicht den Jahrstag,
Wann er in das Stift gekommen
Und bei dessen Wiederkehr
Er für Bleiben oder Gehen
Selber sich entscheiden sollte.
Wie er jetzt gesonnen, war er
Hier zu bleiben fast entschlossen
Und galt auch bei allen Brüdern
Längst schon als der Ihren Einer.
Nur der Abt und auch Albanus
Ließen noch von seiner Weihe
Nichts verlauten, Frutus aber
Schüttelte den Kopf und brummte.
Eines Tages ward Tannhäuser
Ausgesendet, um zu Pferde
Nach dem nächsten Stadelhofe,
Der im Paltenthal gelegen,
Eine Botschaft zu besorgen.
Fröhlich sprang er in den Sattel,

Und sein ganzes Antlitz strahlte,
Als das Roß, das lang gestanden,
Und das guter Klosterhafer
In die Beine stach, sich muthig
Unter seinem Reiter bäumte.
Doch er zwang es ruhig lächelnd,
Ließ es munter kurbettiren
Und leisiren auf dem Hofe,
Trabte wohlgemuth von dannen.
Sinnend, mit geheimen Freuden
Schaut' ihm nach der Abt, der alles
Das mit angesehen hatte
Und dann etwas vor sich hinsprach,
Wovon nur die letzten Worte
Hörbar, — „tamen usque recurret".
Als nun Heinrich seinen Auftrag
Bei dem Meier ausgerichtet,
Ritt er langsam wieder heimwärts
Und ließ Rößlein und Gedanken
Sorglos ohne Zügel schweifen.
Plötzlich springt das Roß zur Seite,
Scheut und tänzelt. Nah dem Wege
Unter einer alten Eiche
Saß ein Fahrender im Grase,
Der an seinem Wamse flickte.
War ein Mann von starken Gliedern
Und, man sah's, kein Wettersorger,
Denn gebräunt, gefurcht, verwittert
War sein Antlitz, klare Augen
Blitzten unter busch'gen Brauen,
Seine langen Haare waren
Wie der Vollbart halb ergraut schon.
Griffbereit und handlich ruhte
Lang und breit und aus der Scheide

Um ein weniges gelüpfet
Ihm ein Ostersachs zur Rechten,
Doch zur Linken lag ein Rucksack
Und daneben eine Fiedel.
„Grüß Dich Gott, Du künftig Päpstlein
In Sanct Blasii flottem Stegreif,"
Rief der Spielmann, denn das war er,
„Wart' ein Credo, wir Zwei haben
Einen Weg, will nur die Nadel
Und den Zwirn bei Seite packen."
Dicht heran nun ritt der Reiter
Und den Mann sich scharf betrachtend
Rief er froh bewegt: „Spervogel!
Bist Du's wirklich, alter Weghart?"
„Bin's, bei meiner armen Seele!
Und, Herr Ohnebart, Du kennst mich?"
Sprach der Fiedelvogl und suchte
In des Laienbruders Zügen.
Der sprang schnell vom Pferd und band es
An ein Bäumchen, saß dann wieder
Bei dem Fahrenden und lachte:
„Kennst Du mich denn nicht mehr, Jonas?
Haben uns zuletzt gesehen
Dicht bei Regensburg vor Jahren,
Weißt, wo sie Dich hängen wollten, —
Bin ja Heinz von Ofterdingen!"
„Junkherr, Ihr? — na, Ihr müßt's wissen!
Kaum erkenne ich Euch wieder,
Doch in tausend Teufel Namen!
Sagt, wie kommt Ihr in die Kutte?"
    „Willst nach Adamunt ins Kloster?
Thu, als ob Du mich nicht kenntest,
Nenne auch nicht meinen Namen,
Einen andern führ' ich jetzo,

Merke Dir: Tannhäuser heiß' ich,
Denn ich mußte mich verstecken,
Weil ich auf dem Dürrensteine —"
„O den Casus kenn' ich, Junkherr!"
Unterbrach ihn schnell der Spielmann,
„Stammt Eu'r Sonnenhaß von daher?
Diese Bahn ist rein gefegt,
Da ist nichts mehr, dran Ihr stolpert.
Ungebüßt liegt ein Erschlagner,
Der mit Fug und Recht gefällt ist
Wie der Knecht von Euch im Kampfe,
Sachsenrecht und Frankenweise
Ist das schon aus alten Zeiten,
Und in Oestreich gilt dasselbe.
Weiter kann ich Euch vermelden:
Lange frei ist König Richard,
Und sein Feind, der edle Herzog
Leopold der Tugendhafte,
Hat zum letzten Mal geniesct,
Als er sich aufs Glatteis setzte
Gnädigst im Turnier zu Grätze,
Und nun thront der fromme Friedrich
Auf dem Herzogsstuhl zu Oestreich."
„Weißt Du nichts vom Kürenberge?"
Fragte Heinrich. „Nein," sprach jener,
„Bin dort nicht vorbei gekommen,
Doch nachdem ich Euch berichtet,
Daß Ihr sicher und gewiß seid,
Nimmermehr belangt zu werden,
Werft nur ab den schwarzen Plunder,
Denn noch seid Ihr nicht geschoren,
Und fahrt selber nach der Burg hin."
„Niemals!" sagte fest der Andre,
„Heimlich bin ich dort entwichen,

Niemals kann ich wiederkehren."
Dann erzählte er dem Spielmann
Kurz sein Schicksal seit dem Tage,
Und daß er entschlossen wäre,
Mönch zu werden und zu bleiben.
Eh' von seinem tiefen Staunen
Sich der Fiedelvogt erholte
Und ein Wort erwidern konnte,
Fuhr Tannhäuser fort: "Spervogel,
Thu mir Eines noch zu Liebe!
Sing ein Lied mir zu der Fiedel,
Denn die Lust entbehr' ich lange."
"Gerne will ich's, kann auch neue,"
Sprach der Spielmann, nahm die Geige,
Sang ein Lied, das also anhub:
"Ich grüße mit Gesange die Süße."
Ganz entzückt von dem Gehörten,
Frug der Jüngre: "Woher hast Du's?"
"Kaiser Heinrich hat's gedichtet,
Der dem Friedrich Rothbart folgte;
Ist ein Herrscher, klug und eisern,
Schrecklich haust er in Sicilien,
Ist auch drum gebannt vom Papste,
Aber Lieder machen kann er,"
Sprach der Fiedelvogt und stimmte
Jetzt ein andres an mit Worten:
"Ihr sollt sprechen Willekommen!
Der euch Mären bringt, das bin ich."
"Kennt Ihr das?" frug er nun weiter,
"Das ist von dem größten Sänger
Aller Liederkunst im Reiche,
Walther von der Vogelweide
Heißt der Ritter, und ich kenn' ihn!"
Staunend mit hochrothen Wangen

Saß der junge Laienbruder,
Und ihm funkelten die Augen,
Als der Andere dann wieder
Ihm von seinen ungebundnen,
Lustig freien Wanderfahrten
Durch das ganze Reich erzählte.
Endlich sprach er: „Gieb die Fiedel!
Will doch sehn, ob ich's verlernte."
Leise strich er erst die Saiten,
Doch bald klang es fest und sicher
Und mit reinem Ton, allmählich
Faßt' er eine sanfte Weise,
Und mit süßem Wohllaut sang er:

Merle, Vögelein, mein Sorgen,
Heimlich sei es dir vertraut,
Wo ein sehnend Leid verborgen,
Wird zum Trost der Klage Laut.

Flatterst frei um meine Zelle,
Meldest mir des Maien Gruß,
Weißt es, über diese Schwelle
Setzt nicht Sälde ihren Fuß.

Raste nicht am Fenster länger,
Zwitschre deinen Brüdern vor,
Daß hier ein verstrickter Sänger
Seinen hohen Muth verlor.

Sage ihnen, daß viel gerne
Ich wie ihr die Welt durchflög'
Und mit euch in alle Ferne
Ueber Berg und Meere zög'.

Bringe treulich Botschaft wieder
Aus dem Walde mir zurück,
Seine Ruh und eure Lieder
Sind Genade mir und Glück.

Nur noch wenig langgezogne,
Wehmuthsvolle Saitenklänge
Ließ er seinem Liede folgen,
Und dann senkte er den Bogen
Und sah träumend vor sich nieder.
Da mit warmem Drucke legte
Sich des Spielmanns Hand auf seine.
„Junkherr," sprach der Fiedelvogt,
„Euer Lied hat Eures Herzens
Wahre Meinung mir verrathen,
Und ich bin so wild und pfadlos
Nicht, wie Manche von mir glauben,
Nimmer kann ich es mit ansehn,
Daß Ihr Euch so jung an Jahren
Hier vergrabt, Euch einzusalzen
Zum Geruche heil'gen Nachdufts.
Mit dem alten Höhlenschuhu,
Der Euch das in Kopf gesetzt hat,
Möcht' ich mal ein Wörtlein reden,
Und bei den zwei Fiedelbogen,
Die zu Strich und Streich ich führe,
(Dabei griff er nach dem Schwerte)
Ihr dürft nicht im Kloster bleiben!"
Und nun fing er an und malte
Ihm die Welt mit reichen Worten,
Schilderte ihm alle Freuden
Eines freien Ritterlebens,
Wie 's nur Spielmannsmund vermag.
Traurig und mit bitterm Lächeln

Auf die Blumen starrend lauschte
Der Novize auf des Sängers
Farbenglühende Beschreibung.
Manchmal nickt' er leise, manchmal
Zuckt' er auf, die Blicke flammten,
Und dann rang ein schwerer Seufzer
Sich aus seinem Busen wieder.
Als der Fiedelvogt geendet,
Sprach der Jüngre ernst und ruhig:
„Mach' mir nicht das Herz noch schwerer,
Und Du weißt ja noch nicht Alles.
Schicksalsfügung ist's, mein Leben
Ist nächst Gott der heil'gen Jungfrau
Nur geweiht, die meiner Mutter
In der Nacht, da ich geboren,
Solches selber prophezeite."
Dann erzählte und beschrieb er
Ganz genau den Traum der Mutter.
„O Du dummes Kind! Du Einfalt!"
Rief der Fiedelvogt und lachte,
Daß des Andern Stirn sich wölkte,
„Jenes übermenschlich schöne
Götterweib im Sternenkranze,
Das wie Schaum und Wellenrauschen
In dem Rosenlicht dahinfloß,
Das, das wär' die heil'ge Jungfrau,
Meinst Du Nygramant, gewesen?
Bester weiß ich's, will Dir's sagen,
Wer die Heil'ge war, — Frau Venus,
Aller Lieb' und Schönheit Göttin
Hat Dir Sieg und Ruhm geweissagt,
Und daß ihr Dein Herz gehöre
Und der Minne, thöricht Mönchlein!" —
Und der Minne?! Heinrich blickte

Auf den Fiedelvogt wie sprachlos,
Als ob er des Traumes Deutung
Langsam nur begriff; dann aber
Sprang er auf, mit beiden Händen
Packt' er zitternd den Gesellen
Und frug wie mit fremder Stimme:
„Mann! bei allen höchsten Wundern,
Die im Himmel und auf Erden
Je geschehen! sprichst Du Wahrheit?"
„Meiner Treue Sicherheit,
Leib und Leben Euch zum Pfande,"
Sprach der Fiedelvogt gelassen,
„Die Ihr also mir beschrieben,
Und die jene Worte sagte
In der Stunde Eurer Ankunft,
Das war Venus! wenn Ihr zweifelt,
Fragt die Weisen und die Thoren."
Tief erregt stand der Novize,
Mit der Brust in voller Arbeit.
Endlich sprach er: „Komm! zum Abte!"
Band das Pferd los, und am Zügel
Führt' er's langsam; Beide schritten
Jetzo schweigend mit einander.
In der jugendlichen Seele
War mit eins ein Sturm entfesselt.
Venus, jene holde Göttin,
Die die Sterblichen beglückte
Mit der Liebe höchsten Freuden,
Sie, sie hatte ihn gesegnet,
Schwebte über seinem Leben,
Und der Minne, o der Minne
Hatte sie mit Götterausspruch
Selbst sein Herz geweiht! entschieden
War es jetzt, in Klostermauern

Hielt ihn keine Macht der Erde.
Fort! hinaus! der großen Göttin
Zauberischem Ruf zu folgen
Und der Minne nachzustreben!
Kampf und Zweifel war beseitigt,
Und im Muthe des Entschlusses
Fühlt' er schon zu Freud' und Freiheit
Wie auf Schwingen sich getragen.
Als der Fiedelvogt bemerkte,
Daß sein jüngerer Gefährte
Wieder ruhiger geworden
Und wie nach gefaßtem Plane
Froh und heiter um sich blickte,
Frug er: „Mit Verlaub, Junkherre!
Jenes Lied, das Ihr mir sanget,
Habt Ihr's selbst gesetzt?" Der nickte:
„Will noch andere Dir geben,
Die ich diesen Winter alle
Heimlich in der Zelle machte;
Kannst sie singen nach Gefallen,
In die Welt hinaus sie tragen, —
Balde folg' ich ihnen selber."
„Wirklich?" und des Spielmanns Augen
Glänzten auf in heller Freude.
„Ja, ich schwör' es Dir!" rief jener,
„Aber schweige noch im Kloster;
Ist mein Probejahr zu Ende,
Kann ich frei mich selbst entscheiden,
Und Dir dank' ich's, was ich wähle."
Also kamen sie zum Stifte,
Wo der Fiedelvogt bekannt war
Lange schon und stets willkommen.

In dem großen Refectorium
War beim Abendtrunk der Spielmann
Gast des Klosters, und man zählte
Nicht die Krüge, die er leerte.
Fröhlich saß er neben Frutus,
Seinem lustigen Kumpane,
Lachte, schwatzte und erzählte.
Beide ärgerten und neckten
Viel den dicken Küchenmeister
Bruder Rumold, den Spervogel
Mit befremdlichen Gerichten,
Wundersamen Kochrezepten
Und Gewürzen waidlich anlog.
Manches neue Lied auch sang er
Dem Konvente mit Behagen,
Und vom jungen Klosterweine
Schon erheitert, rief er plötzlich:
„Domine und würd'ge Fratres!
Einen weiß ich, der kann singen
Wie die Lerche überm Kornfeld,
Das ist dort der Tannhusäre,
Wenn Ihr ihm Dispens heut Abend
Für ein weltlich Lieblein gebet."
Halb beschämt und halb erschrocken
War Tannhäuser, dem Begehren
Selbst der Brüder sich verschließend,
Bis der Abt gebot mit Lächeln:
„Ei so sing doch, Tannhusäre,
Wenn Du kannst! wir hören's gerne;
Alles, was Du Lust hast, singe,
Nimm dem Fiedelvogt die Fiedel,
Daß wir Deiner Kunst uns freuen!"
„Dann, hochwürd'ger Herr und Vater,"
Sprach Tannhäuser sich erhebend,

„Laß mir eine Schwalbe bringen."
Bald, im Arm die kleine Harfe,
Stand er da in Saales Mitten
Und griff kräftig in die Saiten,
Daß sie laut und rauschend tönten
Und die Mönche sich verwundert
Alle ansahn bei dem Vorspiel.
Röther ward des Sängers Wange,
Heller blitzten seine Augen,
Und es wuchs im dunkeln Kleide
Die Gestalt, als nun zu singen
Er begann und ihm die Worte
Klangvoll von den Lippen schwebten.

 Der Lenz ist gekommen
 Ins harrende Land,
 Hat um sich genommen
 Sein Blumengewand,
 Es schallt von den Zweigen
 Der Vögel Gesang,
 Nach Trauern und Schweigen
 Ein grüßender Klang.
 Da regt sich ein Sehnen, da blühet die Lust,
 Heraus, du mein Lied, aus der klopfenden Brust!

 Es dränget zur Ferne,
 Was frei und geschwind,
 Es wandern die Sterne
 Und Wasser und Wind.
 Es wallen und weben
 Die Wolken im Raum, —
 Mit ihnen zu schweben,
 Mein seligster Traum.
 Ihr greifet den Blitz nicht am schmetternden Schaft,
 Mich haltet ihr auch nicht in Fessel und Haft.

Ich habe getragen
Den heimlichen Schmerz,
Nicht länger in Klagen
Vertröst' ich mein Herz.
Den Speer will ich schwingen
Auf schnaubendem Pferd
Und singen und klingen
Soll Harfe und Schwert.
Ich fahre wie Sturm, der die Eiche zerspellt,
Hinaus in die Freiheit, hinaus in die Welt!

Mächtig war des Liedes Wirkung,
Doch verschieden bei den Hörern.
Manche runzelten die Stirne
Ueber die verwegnen Worte,
Andre saßen still und seufzten,
Viele aber jauchzten Beifall,
Und der Fiedelvogt und Frutus
Thaten stolz auf ihren Liebling.
Mit dem Sakristane tauschte
Einen Blick der Abt, den jener
Wohl verstand, und Beide pflogen
Bald darauf im Klostergarten,
Wo der Mond die warme Lenznacht
Hell durchschien, geheime Zwiesprach.

Andern Morgens zog Spervogel
Ab mit einem Bündlein Lieder,
Das Tannhäuser ihm gegeben;
Denn der Spielmann konnte lesen,
Stand auch sonst in manchem Wissen
Merklich über seines Gleichen.
Heinrich ward zum Abt beschieden,
Und es klopfte voll Erwartung

Ihm das Herz auf diesem Gange,
Doch der Abt empfing ihn freundlich.
Auf dem Tische im Gemache
Lag ein Schwert und auf dem Schwerte
Jene schöne kleine Harfe,
Die in dieser Nacht erklungen.
„Heinrich," sprach Herr Isenricus,
„Zwar noch wenig Tage fehlen
An des Probejahrs Vollendung,
Das ich selber Dir bestimmte,
Doch Du mußt Dich heut entscheiden,
Ob Du bleiben willst, ob gehen,
Und ich weiß, Du hast entschieden."
Dann ans offne Fenster tretend
Fuhr er fort: „Komm her und schaue!
Siehst Du dort den Falken fliegen
Hin gen Morgen? Folg' ihm, Heinrich!
Hebe so wie er die Schwingen,
Daß sie weit hinaus Dich tragen
In das Leben, in die Freiheit!
Du bist nicht zum Mönch geboren,
Nur ein Ritter kannst Du werden,
Wie Dir Kaiser Friedrich sagte.
Vorwärts! wandle Deine Bahnen,
Suche Ruhm im Glanz der Waffen,
Finde Freude am Gesange,
Habe Glück in holder Minne!
Bring' zu Ehren Deinen Namen,
Ob Du Dich Tannhäuser nennest
Oder Heinrich Osterdingen;
Keinen hast Du zu verbergen,
Denn von Deiner Schuld vor Jahren
Spreche ich Dich los und ledig,
Wenn Du mir zur Hand gelobest,

Mit dem nächsten Heereszuge
In das heil'ge Land zu fahren
Und als wackrer Gottesdegen
Dort die Heiden zu bekämpfen."
„Ich gelob' es!" sagte Heinrich
Und schlug in des Abtes Rechte.
„Wohl! doch in der nächsten Stunde
Mußt Du scheiden," sprach der Abt,
„Deine Lieder sind gefährlich
Für die Brüder, Du weckst Sehnsucht,
Die verbannt aus Klostermauern.
Nimm das Roß, das Du geritten,
Hier die Harfe, die Du schlugest,
Auch dies Schwert hier, das ich selber
Auf der Kreuzfahrt einst getragen,
Und dies Säcklein Gold zur Reise.
Wirst jetzt auch in Deiner Zelle
Ritterliche Kleidung finden,
Leg' sie an; darauf im Hofe
Wird gesattelt und gezäumet
Auch das Roß schon Deiner harren
Und zum Abschiedsgruß wir selber."
Helle Thränen in den Augen,
Aber keines Wortes mächtig,
Beugte sich der Hochbeglückte
Auf des Abtes Hand zum Kusse,
Nahm, was jener ihm geboten,
Und verließ des Gebers Wohnung.

In der Zelle fand er staunend
Neue, prächtige Gewänder,
Wie sie adelige Knappen
Reicher nicht begehren können,
Und die Kutte flog in Winkel.

Wie er dastand, schwertgegürtet,
In den schönen, hellen Farben
Einer ritterlichen Kleidung!
„Freiheit!" rief er, „Flügel! Flügel!
Offen ist die Kerkerthüre,
Und da draußen lacht der Frühling.
Welt, wie weit sind deine Grenzen?
Minne, unbekanntes Wesen,
Wo dein Horst, dein Haus, dein Lager?"
Unaussprechlich glücklich war er,
O wie schlug sein Herz in Freuden!
O wie dehnt' er Brust und Glieder!
Und wie andern Schrittes ging er
Jetzt den langen Gang hinunter,
Als wie damals, wo er mühsam
Mit dem dunkeln Mönchsgewande
Sich im Klosterschritte übte!

Auf dem Angesicht der Brüder,
Die im Hof versammelt waren,
Zeichnete sich unverhohlen
Die Bewunderung und Freude
Ob der herrlichen Gestalt
Ihres scheidenden Novizen.
Herzlich, innig war der Abschied,
Namentlich vom edlen Abte
Und vom weisen Sakristane.
Als der Knappe schon im Sattel,
Trat an ihn heran noch Frutus,
Einen Becher in den Händen,
Und vor Rührung stotternd sprach er:
„Ich war hier im Stift der Erste,
Der Dir einen Trunk geboten,
Nimm aus meiner Hand den letzten

Auch zum freundlichen Gedenken!
's ist kein Kochwein!" fügt' er schelmisch
Noch hinzu mit Seitenblicken
Auf den dicksten aller Mönche.
„Danke, Frute!" sprach Tannhäuser,
„Und ich wünsche Dir von Herzen,
Daß der Himmel Dich in Gnaden
Vor dem Schreiben stets bewahre!"
Küchenmeister Rumold knüpfte
Ihm zur Rechten und zur Linken
An den Sattelbausch ein Päcklein;
Alsdann tranken Abt und Brüder
Mit ihm Sanct Gertruden Minne,
Und er gab dem Roß die Schenkel.
Doch eh' er den Hof verlassen,
Nahm vom Rücken er die Harfe
Vor sich, ließ die Saiten tönen,
Und vom Adamunter Stifte
Ritt er spielend ab und singend:

„Den Speer will ich schwingen
Auf schnaubendem Pferd
Und singen und klingen
Soll Harfe und Schwert.
Ich fahre wie Sturm, der die Eiche zerspellt,
Hinaus in die Freiheit, hinaus in die Welt!"

V.

Der Minnehof zu Abellenz.

Tannhäuser seine Straße zog
Gerade wie der Falke flog,
Dem Morgenroth entgegen
Auf dunkeln Waldeswegen.
Das Herz war ihm so licht und leicht
Wie Windhauch, der die Wipfel streicht,
Die Welt lag vor ihm, Niemand frug,
Wohin das Roß den Reiter trug.
Ihm selber kam es nicht zu Sinne,
Zu sorgen um ein gastlich Haus,
Nur Freude suchend und die Minne
Zog er auf Abenteuer aus.
Durch das Gesäuse brausend stürmte
Mit ihrer Wasserfälle Schaum,
Wo Fels sich neben Felsen thürmte,
Die Enns in engen Thales Raum.
Und wo in Schleiern aufwärts zogen
Zersprühte Tropfen vom Gestein,
Da glänzten bunte Regenbogen
Auf all' dem Gischt im Sonnenschein.

Doch wo der Fluß nach Norden schwenkte,
Da bog der Reiter seitwärts ab
Und weiter ins Gebirge lenkte
Er seines Rößleins Schritt und Trab.
Erfüllt war die krystalne Luft
Mit würz'ger Alpenkräuter Duft
Und frisch und kühl ihr leises Wehn
Wie flüsternd Grüßen, ungesehn.
Dem Rößlein schmeckte Blatt und Halm,
Wenn's grasen durfte auf den Matten,
Der Reiter lag auf grüner Alm
Behaglich ausgestreckt im Schatten
Und lächelte in sich hinein,
So seelensfroh und reich zu sein:
Ein Schwert, ein Roß, ein Saitenspiel
Und Freiheit ohne Maß und Ziel, —
Da ward in Bergeseinsamkeit
Die Brust dem jungen Helden weit,
An tiefen Athemzügen
Konnt' er sich kaum genügen.

Bergauf, bergab ging's manchen Tag,
Jetzt vor Tannhäusers Blicken lag
Ein Thal, das bald mit einem Ring
Von dichtem Walde ihn umfing.
Er ritt darin nur immer zu
Und dachte: leicht wohl findest du
Ein Plätzchen, das zum Lager frommt,
Wenn sonst nicht eine Herberg kommt.
Da endlich sieht er sich's bewegen
Unfern von ihm, — ist's nicht ein Wild,
Das aufsprang, wo es still gelegen?
Ja und noch mehr, ein seltsam Bild!
Zwei Fräulein sitzen da im Klee,

Und neben ihnen lauscht ein Reh.
Tannhäuser reitet dicht heran
Zu jenen, grüßet höflich dann,
Und Eine spricht: „De vô benîe!"
Tannhäuser dankt mit: „Grâmarzî!"
Die Andre sagt: „Bien sey venûz,
Sire schevelier! doch Ihr kommt früh,
Erst in zwölf Tagen ist Gericht."
Tannhäuser gafft ihr ins Gesicht,
Wie er sich solche Rede deute,
Und stottert endlich halb verwirrt,
Weil er zu fragen doch sich scheute:
„Jungfräulein, ich bin nur verirrt."
Das Fräulein lacht: „Ihr werdet roth,
Wie Ihr das sagt; kommt nur zum Schlosse,
Verirrten helfen in der Noth
Ist Christenpflicht." Er steigt vom Rosse,
Und Eine flüstert unterdeß
Der Andern zu: „Cum est beas!"
Dann sagt sie laut ihm: „La princesse
Giebt Herberg Euch und gut Gelaß
Mit vielen Freuden im Kastell,
Kommt! wir geleiten Euch zur Stell."
Nun schritten mit dem Roß zur Seite
Die Dreie durch den Wald gemach,
Zutraulich folgte als Geleite
Das zahme Rehlein ihnen nach.
Da faßt er sich ein Herz allmählich,
Die Fräulein näher anzuschaun,
Und findet schön sie und holdselig,
Die Eine blond, die Andre braun.
Die Blonde spricht: „Junkherr, nun sagt
Uns Euren Namen, welchen Helden
Wir la princesse, wenn sie fragt,

Als ihren Gast im Schlosse melden."
„Mein Name wird ins Ohr Euch klingen,"
Versetzt er, „fremd und unbekannt,
Ich heiße Heinrich von Osterdingen
Und bin Tannhäuser zubenannt."
„Tannhäuser! ei! der Name sticht
Wie Nadeln," krittelt sie mit Necken,
„Helwibis kennt Ihr auch noch nicht,
Dahinter spiele ich Verstecken,"
Und wie gepackt von Lust und Laune,
Blickt sie ihm in die Augen tief.
„Ich hörte," lächelt nun die Braune,
„Noch stets, wenn man Aubisie rief."
Ganz wunderseltsam ward zu Muthe
Bei seinem freundlichen Geschick
Dem Unerfahrnen, und es ruhte
Stets wohlgefälliger sein Blick
Auf den zwei reizenden Gestalten,
Und dacht' er, wie in Ernst und Scherz
Das Abenteu'r sich mög' entfalten,
Schlug voll Erwartung ihm das Herz.
Wie sie bald fürbaß und bald zaudernd
Nun weiter schritten durch den Hain,
Da weihten ihn die Fräulein plaudernd
In dieses Orts Geheimniß ein.

Im tiefen Walde stand ein Schloß,
Mit Hausrath, Ingesind und Troß,
Mit Prunk und Zierden mannigfalt
Bestimmt zum lust'gen Aufenthalt
Der fürstlichen Besitzerin
Und ihren Freunden, die darin
Ein fröhlich Wesen trieben
Mit Scherzen und mit Lieben,

Mit Spiel und Tanz und Sang und Klang
Tagaus, tagein den Sommer lang.
Bertrane, Gräfin Stubenberg,
Die an der Mürz auf Kapfenberg
Als reiche junge Wittib saß
Und ihres Mannes Tod vergaß
Mit Rittern und mit Sängern
Und andern Herzensfängern,
Hielt hier ein offen gastlich Haus;
Da zog herein und zog hinaus,
Wer auf die Minne sich verstand,
Gleichviel aus welchem Vaterland.
Zu ihr fand auch ein Troubadour,
Gaucelm Faidit, des Weges Spur
Von Limosin nach Oesterreich,
Der war an Witz und Liedern reich,
Sirventes und Tenzonen,
Balladen und Canzonen
Sang er zur Laute meisterhaft,
Und aller Minne Wissenschaft
War ihm von Grund zu eigen,
Das konnt' er nicht verschweigen.
Der vielgewandte Troubadour
Erzählt' ihr von den cours d'amour,
Von deren Einrichtung und Brauch,
Gesetzen und Gerichten auch
Und nannte ihr die Namen
Von den Gascogner Damen,
Die dazu sich verschworen;
Er sprach von Leonoren,
Des jungen Ludwigs Königin,
Und ihrem leichten, heißen Sinn,
Den Gräfinnen von Flandern,
Narbonne, Champagne und Andern,

Die Minnehöfe hielten
Und gern mit Herzen spielten.
Besonders rühmte er den Glanz,
Der Ritter und der Sänger Kranz
Im heitern Dienst der Muse
Am Hofe zu Toulouse.
Darüber dachte viel Bertrane
Und pflog dann Rathes, was zu thun,
Mit ihrer Freundin Deliane,
Der schönen Gräfin von Schallun.
Das Ende war der Konferenz,
Man wollt' im Schloß zu Abellenz
Der Minne Hof errichten,
Zu lösen und zu schlichten
Verzwickte Liebeshändel
Und Schmollen und Getändel
Und Eifersucht und Klagen,
Wie es in Herzensfragen
Der Minnelober anbefahl,
Der einst in König Artus' Saal
In eines Falken goldnem Ring
An einer goldnen Kette hing.
Gaucelm Faibit war der faiseur,
Um einen chevalier d'honneur
War man nicht lang verlegen,
Und ein ergrauter Degen,
Graf Smiler Gösting lobesan,
Bertranens Oheim und Kastlan,
Ward auf den Rath des Troubadour
Champion des dames et de la cour.
Vier ritterliche Sänger kamen,
Sechs Edelfräulein lud man ein,
Die gern der Minne Ruf vernahmen,
Denn Keine trug ein Herz von Stein.

Es waren aber, sinnverwandt,
Die Acht genannt und zubenannt:
    Bertrane la princesse,
    Deliane la comtesse,
    Wirabe la fière,
    Aubisie la sincère,
    Helwibis la gracieuse,
    Phanette la joyeuse,
    Bellinde la plaisante,
    Azilie l'innocente.

Das Alles theilten mit Vergnügen
Die Jungfräulein dem Knappen mit,
In dessen aufmerksamen Zügen
Sich Neugier mit Verwundrung stritt.
Gleich nach dem nächsten Vollmondschein
Sollt' ein Gerichtstag wieder sein,
Dann, sagten sie, gäb's schmucke Gäste
Und Spiel und Tanz und frohe Feste;
Hier säß' in Waldesheimlichkeit
Für Jeden, der sich ihr geweiht,
Die Minne lächelnd auf dem Thron,
Beisammen wären Dienst und Lohn.
Tannhäuser hört es Wort für Wort,
Fremd ist der Sinn ihm wie der Ort,
Denn wie er sich den Kopf zerbricht
Und räth und denkt so Mancherlei,
Klar ist es ihm noch immer nicht,
Was eigentlich die Minne sei.
Da brach von einem Buchenbusch
Jetzt einen Zweig Helwibis, schlang
Ihn um des Rehleins Hals, und — husch!
Scheucht sie es fort. Das Rehlein sprang
In flinken Sätzen grad voraus,

Als wüßt' es wohl den Weg nach Haus
Und müßte so als Bote dienen,
Daß hier ein neuer Gast erschienen.
Nun immer lichter ward der Wald
Und mehr und mehr verwandelt bald
In einen Garten, wohl gepflegt,
Von alten Bäumen weit umhegt,
Durchströmt von kleinen Wasserbächen,
Mit Blumenbeeten, Rasenflächen,
Mit dichten Lauben, Schattengängen
Von blühenden Ranken und Gehängen,
Und dort im Hintergrunde stand
Ein stattlich Schloß mit Thurm und Zinne.
Das also war der Sitz der Minne,
Die ihre unsichtbare Hand
Dem Kommenden entgegen streckte
Und mit verhüllter Reize List
Ihn lockte, der vor kurzer Frist
Noch in des Mönches Kutte steckte.
Dienstfertig aus der Pforte trat
Ein Knecht, als sie dem Schloß genaht,
Und nahm des Knappen Pferd am Zaum.
Tannhäuser folgte wie im Traum
Stets seinen beiden Führerinnen,
Ihm blieb nicht Zeit, sich zu besinnen,
Was Wunderliches ihm geschah,
Und eh' er dessen sich versah,
Fand er in prächtigem Gemache
Der Gräfin gegenüber sich,
Die von der schönsten Ehrenwache
Umringt war, traut und minniglich.
Die Edelfräulein alle standen
In ihrer Anmuth Zier und Glanz
Hier bei Bertranen und umwanden

Sie wie ein reicher Blumenkranz.
Und als den Ankömmling sie nahen,
In seines hohen Wuchses Kraft
Den Herrlichen nun vor sich sahen,
So jugendfrisch, so heldenhaft,
Da sprach aus Allen freudig Staunen,
Da lächelte manch rother Mund,
Es ging ein Tuscheln und ein Raunen,
Und Eine gab's der Andern kund
Mit Wort und Wink und heißen Wangen,
Wie sehr der Frembling ihr gefiel,
Der wie bezwungen und gefangen
Sich vorkam bei dem Augenspiel,
Wie schuldertappt und schier geblendet
Von all' den Blicken rathlos stand,
Fast unfroh, daß sich's so gewendet,
Nicht mal den Muth zum Reden fand.
Helwibis endlich brach das Schweigen
Und sprach mit züchtigem Verneigen:
„Bertrane ma princesse, wir bringen
Den ritterlichen Knappen Dir,
Junkherrn Heinrich von Osterdingen,
Den wir im Walde trafen hier."
Bertrane sprach: „Ihr seid willkommen,
Junkherre! sagt uns gute Mär,
Weswegen habt Ihr unternommen
Die Fahrt, und was ist Eu'r Begehr?"
„Die Minne such' ich, edle Fraue!"
Sprach Heinrich, „darum zog ich aus,
Und meinem guten Schwert vertraue
Ich all mein Glück in jedem Strauß."
„Ei, Junkherr, kennt Ihr denn die Minne?"
Frug la princesse. — „Nein, Fraue, nein!
Doch hoff' ich, daß ich sie gewinne,

Wo sie auch mag zu finden sein."
Da ging ein Kichern durch die Reihen,
Bertrane sprach: „Sie ist nicht weit;
Wollt Ihr Euch ihrem Dienste weihen,
So ist wohl hier Gelegenheit.
Bleibt in den lust'gen Sommertagen
Als unser Gast in diesem Schloß,
Zum Reiten findet Ihr und Jagen
Manch einen würdigen Genoß.
Wollt Ihr die Minne kennen lernen,
Wohlan! es sei Euch unverwehrt,
Wählt Euch von diesen sieben Sternen
Den schönsten aus, der sie Euch lehrt!"
Da schlugen sieben Herzen schneller,
Da glänzten vierzehn Augen heller,
Denn Jede war dazu bereit
Und wünschte sich dazu erkoren,
Nicht Einer dünkte Müh und Zeit
Mit solchem Unterricht verloren.
Tannhäuser schüttelte das Haupt,
Erröthete und sprach verlegen:
„Unmöglich, edle Frau! erlaubt,
Die Wahl in Eure Hand zu legen."
„Dann sei," sprach la princesse, „bestimmt,
Daß es Helwibis la gracieuse,
Die für ihn sprach hier, unternimmt,
Wie sie geschickt den Auftrag löse,
Herrn Heinrich in der Minne Pflichten
Mit Wort und Beispiel de bon cor
Zu bilden und zu unterrichten
Zu einem schevelier d'amor.
Jetzt weist ihm seine Kemenaten,
Dann bringt ins Bad ihn, dann zum Mahl."
Sie winkte huldvoll, und es traten

Die Drei nun wieder aus dem Saal,
Die lächelnde Blondine,
Triumph in jeder Miene,
Audiste la sincère
Und er, der Tannhusäre.
Doch Eine blickte, als ob schnell
Sein blühend Bild den Weg sich bahne
Zu rascher Neigung Wunderquell,
Ihm sinnend nach, — es war Deliane.

Wie nun, Tannhäuser? wirst du's inne?
Du schaust so grüblerisch darein,
Geht dir von Frauenhuld und Minne
Bald auf ein matter Dämmerschein?
Wardst du schon irgend so empfangen?
Sahst du im Stift zu Adamunt
Wohl viel so rosenrothe Wangen
Und einen halb so holden Mund?
Nun denke mal, dir wollte schenken
Ein solcher Mund — ach! gar nichts denken
Darf Einer, der wie du gerade
Zwei schönen Mädchen folgt zum Bade
In spiegelhellen Marmorwänden,
Bedient dabei von ihren Händen.
Er fühlt sein Blut ein wenig wallen,
Allein statt daß er widerspricht,
Läßt er sich Alles gern gefallen
Und denkt: das ist so Minnepflicht.
Die beiden Fräulein aber pflegen
Im Bade nun, das schnell bereit,
Den ritterlichen jungen Degen
Mit frohgelaunter Sorgsamkeit.
Ihm scheint, es dauert etwas lang,
Und manchmal wird dabei ihm bang,

Sie aber sind nicht blöde,
Nicht schüchtern und nicht spröde,
Nicht langsam und auch nicht geschwind,
Und wie sie endlich fertig sind,
Da dankt er ihnen frei und froh
Und meint, wenn alle Tage so
Der Minne Dienst sich füge,
So ließ' er's ohne Rüge.

Vom Jagen waren heimgekehrt
Die tapfern Ritter, hochgeehrt,
Bei deren wohlbekannten Namen
Die Reime sehr bedenklich lahmen:
Graf Swiker Gösting le Champion,
Albrecht von Johannsdorf le Tourbillon,
Hildbold von Schwangau le grand Veneur,
Ulrich von Winterstetten le Feu follet,
Burghard von Hohenfels le Diable d'homme
Und auch le Fanfaron d'amour
Gaucelm Faidit, der Troubadour.
Sie hießen männiglich willkommen
Den, der als Gast war aufgenommen,
Und waren schnell mit ihm vertraut,
Als hätten sie ihn längst geschaut.
Man schritt nun im geschmückten Saal
Zum wohlbesetzten, heitern Mahl.
Helwibis rief: „Junkherre, frisch!
Jetzt führet höflich mich zu Tisch
Und achtet mein mit Aug' und Ohr,
Legt mir die besten Bissen vor,
Mischt Wasser auch zu meinem Wein
Und ist der Becher leer, schenkt ein!"
Gar trefflich sah er sich berathen
Und that so, wie die Andern thaten.

Man ließ an dieser Tafelrunde
Nach Wunsch und Uebereinkunft auch
In dem geschlossnen Freundschaftsbunde
Sich freier gehn, als sonst der Brauch.
Herüber und hinüber schwirrten
Die Scherze, die wie Pfeile flirrten,
Hier fehlten und dort saßen
Und oft sich hoch vermaßen.
Doch war, wie man sich neckt' und stritt
Und was man that, auch selber litt,
Schier Alles ohne Fehle
Ein Herz und eine Seele.
Tannhäuser ging's zuerst rundum
Dabei in seinem Kopf herum,
Denn nie empfing er rechte Lehren,
Wie man mit Frauen soll verkehren.
Das merkten sie hier bald genug
Und kamen freundlich ihm entgegen
Und halfen ihm, mit Schick und Fug
Kurzweil und Widerspiel zu pflegen.
Auch war der Frau'n ermunternd Wort,
Der Ritter Beispiel nicht verschwendet,
Und beides wurde immerfort
Schalkhaft und reichlich ihm gespendet.
Und wenn er auch zu Anfang noch
Ein wenig linkisch war gewesen,
Fand er gelehrig bald sich doch
Durch Uebung in das heitre Wesen.
Von dem Erröthen kaum befreit
Und von dem Augenniederschlagen,
Hatt' er auch Antwort schon bereit
Auf alle noch so kecken Fragen.
Nur Eines schien ihm wunderbar:
Er sah, so oft er hin sich wandte,

Stets in ein dunkles Augenpaar,
Das einen heißen Blick ihm sandte.
Es war die schönste von den Frauen
Und eine Juno von Gestalt,
Deliane, die ihn anzuschauen
Nicht müde ward, ob mit Gewalt
Sie oftmals auch die Wimpern senkte
Und wie im Traum die Augen schloß,
Und wenn auf sie den Blick er lenkte,
Von Purpurröthe überfloß.
Er selber wurde angezogen
Von dieser Augen Glanz und Gluth,
Allein es rissen ihn die Wogen
Von Scherz und Lust und Uebermuth
Schnell wieder fort nach rechts und links,
Gewärtig eines Worts und Winks
Hatt' er bald hier, bald dort zu sein,
So Viele sprachen auf ihn ein.
Er wußte kaum, wie ihm geschehn,
Wohin er hören sollt' und sehn,
Und fühlte sich in Wonnen
Wie Fischlein in dem Bronnen. —
Als nun zu Ende war das Mahl,
Die Schüsseln leer und der Pokal,
Griff man zu andrer Lustbarkeit,
Was Jedem lieb war und bereit.
Die Paare konnten sich gesellen,
Wie's Allen gleich und gleich gefiel,
Wurfzabel gab's und Ringleinschnellen,
Halmmessen, Schachbrett, Räthselspiel.
Die Würfel rollten auf den Tisch,
In Haufen lag und bunt Gemisch
Manch lockend reiche Augenweide,
So Gold wie blitzendes Geschmeide;

Gewonnen wurde und verloren,
Was Mancher sich viel gern erloren,
Ein Mönch mag rathen, was zuletzt
Man noch auf einen Wurf gesetzt.

Tannhäuser nahm nicht Theil am Spiel,
Weil es ihm mehr und mehr gefiel,
Sich im Gespräche zu ergehn
Und manch Scharmützel zu bestehn.
Es hatten jetzt die Fragerinnen
Bei ihm schon leichteres Gewinnen,
Denn das, was sie ihm eingeflößt,
Hatt' ihm die Zunge bald gelöst.
Jetzt saß er mit der Damen drei
— Pertrane war es und Wirade,
Und auch Phanette war dabei —
Und sollte seines Lebens Pfade
Und seiner Jugend Lauf berichten.
Er that's, jedoch mit Vorbehalt,
Die wichtigsten von den Geschichten
Verschwieg er, nur den Aufenthalt
Im Stift erzählte er genau,
Und lachend frug die edle Frau:
„So wolltet Ihr wohl Bischof werden?
Ei Herr! das stünd' Euch nimmer an,
Soviel ich seh', seid Ihr auf Erden
Bestimmt zu einem Rittersmann."
Phanette frug, wieviel der Weih'n
Man seinem würd'gen Haupte gönnte,
Ob er auch ohne Heil'genschein
Ihr wohl die Beichte hören könnte.
„O Fräulein!" lacht' er, „gerne will
Ich Eurer Sünden Last vernehmen,
Wenn Ihr dagegen fromm und still

Euch meinen Pußen wollt bequemen."
Wirade sprach: „Gewißlich seid
Ihr hochgelehrt in heil'gen Dingen
Und wißt auch ganz genau Bescheid
Mit Angesicht, Gestalt und Schwingen
Der Engel in des Himmels Haus,
Sagt mir: wie sehn die Englein aus?
„Ganz so wie Ihr, Damoiselle!"
Erwidert' ihr Tannhäuser schnell,
„Denn als mit seinem Werberuf
Sich Gott der Herr die Engel schuf
Zu seinen Freuden und Plaisir,
Dacht' er auch an uns Menschen hier
Und ließ uns ganz demselben Teig,
An Huld und Schönheit grad so reich,
Wie seine Engel sind da oben,
Die stets ihn anschaun und ihn loben,
Auch für uns Menschen Engel werden;
Und das seid Ihr, Ihr holden Frau'n,
Ihr seid die Engel hier auf Erden,
Wir nur bestimmt, Euch anzuschau'n;
Die Flügel nur versagt' er Euch,
Daß keine uns von dannen fleuch'."

„Ah! Domne; do vus sal! ich wette,
Helwibis braucht der Müh nicht viel."
„Cum est courtois!" sprach leis Phanette,
Wirade sprach: „Cum est gentil!"

Jetzt standen die vom Spiele auf;
Der Eine strich den runden Hauf,
Den er gewonnen, ein in Ruh,
Die Andern sahen dabei zu.
Der Graf nur würfelte allein
Am Tische noch und schalt darein:

„Warum, verfluchte Teufelsknochen,
So nicht vorher, wo noch was stand?
Habt ihr den letzten Denar gerochen,
Der sich bei mir im Beutel fand?"
Vertrane kam und fragte ihn:
„Nun, Ohm, wie steht's? war's heut ersprießlich?
Ihr zahlt wohl, was ich Euch gelieh'n!"
„Womit? wovon denn?" sprach verdrießlich
Graf Smiker Gösting, „Alles fort!
Doch lieber, süßer Trost und Hort!
Wollt noch ein einzig Mal mir leihn,
Ich hol's Euch morgen doppelt ein!"

„Eu'r einzig Mal, Herr Ohm, kommt oft,
Ihr setzt und wagt, verliert und hofft,
Daß ich dann meinen Beutel zieh',
Das ist vorbei, nie wieder, nie!"

„Eu'r Nie, lieb Niftel, hab' ich auch
Nicht eben selten schon vernommen,
Und dennoch hab' ich armer Gauch
Noch immer was von Euch bekommen."

„Wer hat's denn wieder eingesackt?"

„Der mit dem Teufel einen Pakt,
Der Troubadour! hört Ihr's nicht klingen?
Das sind die Meinen, die da springen."
Gaucelm Faidit stand dicht daneben
Und ließ in seiner Tasche eben
Die eingeheimsten Schätze klimpern,
Visierte blinzelnd durch die Wimpern
Nach beiden hin, verbeugte schwänzelnd
Sich erst und trällerte dann tänzelnd,
Als ob er eine Geige strich,
Ein provençalisch Liedchen sich:

„E si-m partetz un juec d'amor,
  No suy tan satz,

Non sapcha triar lo melhor
  Entr' els malvatz."
Legt Ihr mir vor ein Liebesspiel,
  So bin ich nicht solch Thor,
Daß ich nicht auf das Beste fiel'
  Und zög's dem Schlechten vor.
Doch als das Sprüchlein war beendet,
Sprach, zu Herrn Ulrich hingewendet,
Audisie: "Feu follet! fangt an
Das Lied, das ich Euch abgewann!"
Ulrich von Winterstetten stellte
Die kleine Harfe auf den Schoß,
Besann ein Weilchen sich und schnellte
Die Saiten dann und sang drauf los.

Was hat die Welt in Wohl und Weh,
Davon die sehnende Noth zergeh,
Denn Weibes Minne alleine?
Ein Lieb, das loslich lachen kann
Gen einen wohlgemuthen Mann,
Die Freude ist nicht kleine.
Wo Eine schämig steht und blickt,
Mit spielenden Augen winkt und nickt,
Daß sie von Herzen ihn meine,
Wer da nicht läuft, wer da nicht springt,
Daß er mit Armen sie umschlingt,
Der ist gewiß von Steine.

Wenn Zweie sich gefreundet sind,
So einen sie sich gar geschwind
Und mögen sich nicht meiden.
Nicht länger, als man in der Hand
Trägt blühende Rose über Land,
Soll Lieb von Lieb sich scheiden.

In Stäte dicht beinander stahn
Und heimlich herzen und umfahn,
Wer will uns das verleiden?
Verhohlne Minne sanfte thut,
Ja, darnach wend' ich meinen Muth,
Da wird so wohl uns Beiden.

Herr Albrecht von Johannsdorf lachte,
Mit etwas Spott dazu gemischt:
„Verhohlne Minne! ja, das dachte
Schon Mancher und ward doch erwischt."
Herr Ulrich aber nickt' ihm zu:
„Auf einen Schelmen anderthalbe!
Hier, Tourbillon! jetzt singe Du!"
Und damit reicht' er ihm die Schwalbe.
Herr Albrecht nahm sie in die Hand
Und ließ die Saiten lustig klingen,
Bis daß er eine Weise fand
Zu seinem tändelnd leichten Singen.

Wiege dich, Wind, auf dem wogenden Korn,
Schweife und pfeife um Distel und Dorn,
Lisple im Laube und raschle im Ried,
Surre und summe und sause dein Lied,
Meines Trautliebchens geflüstertes Wort
Fuchtelst und fauchest du nimmer doch fort.

Flimmernde Sterne und Sonne und Mond,
Die ihr hoch oben am Himmel da wohnt,
Schimmern und Scheinen ist all euer Lauf,
Bald geht ihr unter und bald geht ihr auf,
Aber wie Liebchens holdselig Gesicht
Leuchtet und lächelt doch keiner mir nicht.

Bäume dich, Welle, und wirble den Schaum,
Schwindest doch hin, ein zerfließender Traum;
Alles verrinnet in Wandel und Fluß,
Nur meines Mägdeleins feurigen Kuß
Nehme ich, mußt' es der letzte denn sein,
Mit in das ewige Leben hinein!

Azilie l'innocente zielte
Auf Burghard jetzt, indem sie that,
Als ob sie selber Harfe spielte
Auf Saiten klimpernd, und sie bat:
„Sire Diable d'homme, pour ung chanson
Ung dous baisier! oïl ou non?"
Und Burghard sang:

Es ging sein Lieb zu suchen
Der Knabe zum grünen Wald,
Wohl unter den Eichen und Buchen
Fand er das Liebchen bald.

Die Sonne war untergegangen,
Die Sterne glänzten so klar,
Den Beiden brannten die Wangen,
Weil es so einsam war.

Und wo vorüber schreitet
Zur Tränke das scheue Reh,
Da war das Bett bereitet,
Blumen und rother Klee.

Und rings nur Duften und Schweigen,
Man hört' eines Blättchens Fall,
Am Morgen aus dämmernden Zweigen
Huschte die Nachtigall.

„Laß uns der Nachtigall binden
Das Köpfchen ins Federkleid,
Sie soll uns nicht sehen und finden,"
Sagte zum Buhlen die Maid.

„Und bindet Ihr unter die Schwingen
Mein Köpfchen mir," klang es zurück,
„Doch weiß ich's und will davon singen,
Sehnender Liebe Glück!"

„Tandaradei!" sprach nun im Kreis
Hildbold von Schwanegau der Jäger,
„Was eine Nachtigall nicht weiß,
Sehnsücht'ger Minne Trillerschläger!
Doch höret auch zu guterletzt
Von mir ein kleines Liedel jetzt."

Unter dem Helme, unter dem Schild
Diene ich einer Frauen,
Stille im Herzen trag' ich ihr Bild,
Lasse es Niemanden schauen;
Aber sie weiß,
Daß ich mit Fleiß
Daran denke Tag und Nacht,
Wie sie spricht und wie sie lacht.

Rosenblumen brach ich mit ihr,
Wanden sie uns zum Kranze,
Trugen am Haupte die liebliche Zier
Unter der Linde beim Tanze.
Wie ich sie schwang,
Minnig umschlang,
Raunte sie mir rasch ins Ohr,
Daß sie heut ihr Herz verlor.

Schlüsselein drückte sie mir in die Hand
Heimelich unter der Linde,
Sagte mir Alles, wo in der Wand
Sicher das Pförtchen ich finde.
Schlupf' ich hinein
Zu ihr allein,
Küß' ich sie an ihren Mund
Hunderttausend tausend Stund.

Helwibis saß etwas abseits
Mit ihrem Zögling in der Minne,
Und es sah aus, wie wenn bereits
Sein Unterricht bei ihr beginne
Und sie die ersten Anfangsgründe
Der Minneweisheit ihm verkünde,
Als nach Verabredung die Damen
Mit dem Ersuchen zu ihm kamen,
Sie auch durch Singen zu beglücken;
Er müsse sich darauf verstehn,
Da sie die Harfe auf dem Rücken
Bei seiner Ankunft wohl gesehn.
Faibit ließ sich herab, zu fragen
Mit Gönnerton: Ihr seid jooglar?
Nun so beweist uns ohne Zagen,
Wie Ihr versteht l'art de trobar."
Tannhäuser that's mit Nichten gern
Vor diesen wohlgeübten Herrn;
Schon weigert' er's mit Höflichkeit,
Da traf ein Blick ihn von Delianen,
Und alsobald war er bereit
Und ließ nicht länger mehr sich mahnen,
Bat nur um Nachsicht für sein Lied,
Weil er die Kunst so lange mied.

Ein Schwert, das schneidet, ein Falke, der fängt,
Ein Roß, dran die Sporen zu sparen,
Ein Saitenspiel über die Schulter gehängt,
So will ich die Lande durchfahren.
So ziehe ich fürbaß mit Sang und Klang
Den Berg hinüber, die Straße entlang
Und lasse beim Reiten und Reisen
Die Wege vom Winde mir weisen.

Ich suche mit Augen ein Königreich,
Das liegt mir verlangend im Sinne,
Ich schlage mich durch mit des Schwertes Streich
Bis hin zu der Königin Minne.
Und ist sie zu Hause, und finde ich sie,
So beug' ich vor ihrem Throne das Knie
Und will mich auf Tod und Leben
Getreu ihrem Dienste ergeben.

Mein Herz ist muthig, mein Arm gelenk,
Zum Ritter muß sie mich schlagen,
Ich werde ihr Marschalk, ihr Truchseß, ihr Schenk,
Stets will ihre Farben ich tragen.
Ich will für sie streiten zuvorderst im Heer
Und will für sie brechen manch mannlichen Speer,
Auf daß ich den Dank mir gewinne
Zu Ehren und Ruhm der Frau Minne.

Jedwedes Ohr im Kreise lauschte
Der Stimme wunderbarem Klang,
Und unverfälschter Beifall rauschte
Dem herzerfreuenden Gesang.
Mit sauersüßem Lächeln stimmte
Der Troubadour selbst in das Lob,
Obwohl er schier vor Neid ergrimmte,
Denn er sah ein, sein Ruhm zerstob.

„Senhor, Ihr singt tut doussamen!"
Sprach er, „nach meinem jutjamen
Kommt von Paris Ihr eben her
Und lerntet dort lo gai saber,
Dieweil es voramen so klingt,
Ihr singt, wie man in Frankreich singt."
„Nein, Herr, in Oestreich singt man so!"
Versetzte Heinrich stolz und froh,
„Noch niemals war ich in Paris;
Der in der Kunst mich unterwies,
Das war ein Ritter hochbegabt,
Wie Ihr dort keinen bessern habt!"
Deliane sprach: „Ihr thut, Trobäre,
Als wenn der höchste Ruhm es wäre,
Zu singen wie's von Frankreich kam,
Doch kein Gesang, den ich vernahm
In langue d'oc und langue d'oyl
Mir wie das Juntherrn Ton gefiel."

„Ei, bella, sang mit diesem Ton
Sich in Eu'r Herz der Ritter schon?
Es spricht aus Euch e'l dieus d'amor,
Und seinen Sieg verrathet Ihr,
Quar lo vencens porta la flor,
E'l vencut vay hom sebelir,
Der Sieger die Blume von dannen trägt,
Der Besiegte wird in das Grab gelegt."
Deliane fühlte sich getroffen,
Tannhäuser sah's und sagte offen:
„Ersänge ich mit meiner Kraft
Die Blume mir der Meisterschaft,
So würde ich sammt meinem Degen
Der Dame sie zu Füßen legen
Und steh' zu Dienst, auf jedem Plane
Zu tjosten für comtesse Deliane!"

Bertrane endete den Streit
Und rief: „Amie, 's ist Schlafenszeit!
Bellinde la plaisante,
Azilie l'innocente,
Bringt unsern jüngsten Gast zur Ruh
Und deckt ihn fein und sorglich zu!"
Man trennte sich mit Wunsch und Gruß,
Und Jeden trug sein rascher Fuß,
Gehorsam diesem Rathe
Zu seiner Kemenate.

Tannhäuser war darauf gefaßt,
Daß es laut seinem Recht als Gast
Nun wieder ähnlich würde kommen
Wie heut, da er das Bad genommen.
Bei dem Gedanken überlief
Es heiß und kalt ihn, denn man schlief,
So Mann wie Weib im ganzen Land,
Ja ohne jegliches Gewand.
Doch glimpflicher sollt's diesmal gehen,
Ihm leuchteten die Jungfräulein
Und ließen ohne langes Flehen
Ihn bald in dem Gemach allein.
Er legte sich beruhigt nieder;
Dann aber kamen jene wieder
Und brachten einen Schlaftrunk mit,
Da ging es anders nicht, er litt,
Daß sie ein Weilchen bei ihm blieben
Und plaudernd ihm die Zeit vertrieben,
So lang' er an dem Becher trank.
Dann sagt' er ihnen höflich Dank,
Sie löschten ihm das Licht und gingen:
„Schlaft wohl, Junkherr von Ofterdingen!
Gott schenk' Euch eine sanfte Ruh,

Fahrt nicht zuerst in linken Schuh,
Und daß Ihr nicht versäumet,
Zu merken, was Euch träumet!"

Nun ward es still im ganzen Schloß,
Und wie ihn Dunkelheit umfloß,
Versuchte Heinrich nachzudenken
Und innerlich sich zu versenken
In Alles, was ihm heut begegnet,
Wie Blüthen ihm in Schoß geregnet.
Es muß doch um der Minne Wesen,
Dacht' er, etwas Besondres sein,
Daß sich ein Kreis, so auserlesen,
Entschließt, sich ihrem Dienst zu weihn.
Mir scheint, sie ist ein hohes Wissen,
Sorgsam gehütet und gepflegt,
Dem Lehrling wird wohl, der beflissen,
Erst Pein und Prüfung auferlegt,
Eh' er gewürdigt wird, zu schauen,
Was seinen Sinnen noch entrückt,
Und ihm die Wissenden vertrauen,
Was sie geheimnißvoll beglückt.
Doch hier besassen holdre Geister
Sich in der Minne Unterricht
Mit mir, als ein Novizenmeister
In Klosterzucht und Ordenspflicht.
Zum Danke will ich ihren Lehren
Recht folgsam auch und eifrig sein
Und ihnen nicht ihr Amt erschweren.
Mit diesem Vorsatz schlief er ein
Und blieb dabei und dachte
Noch so, als er erwachte.

VI.

Das Minnegericht.

Zu was seid ihr, verschwiegne Lauben,
 Ihr Blätterschirme, angelegt,
 Du rankendes Geäst der Trauben,
Waldplätzchen von Gebüsch umhegt,
Du Blüthenzaun, ihr Rosenhecken,
Ihr kühlen Grotten im Gestein,
Wenn nicht zum Suchen und Verstecken,
Zum Wartaufmich und Stelldichein,
Zum Flüstern, Kosen und Erklären,
Zu Liebeslist und Plänkelei,
Zu wenig Sträuben, viel Gewähren,
Der Minne heimlichem Turney!
Obdach der Wünsche, Thor und Brücke
Der Sehnsucht, die sich nichts versagt
Und sich zu tief verhohlnem Glücke
In Sicherheit und Frieden wagt,
Freihäfen der Vertraulichkeiten,
Zuflucht vor Zwang und Eifersucht,
Wen lockt aus überwachten Breiten
Es nicht in eure stille Bucht!

Wenn auch von Mond sich oder Sonne
Ein Strahl in eure Schatten stiehlt
Und auf belauschte Lust und Wonne
Als Helfershelfer neckisch schielt,
Ihr haltet treulich doch verborgen
In Dämmrung das verliebte Paar
Und laßt ihm keine andern Sorgen,
Als wie's des Rückwegs nehme wahr. —
An Laubverstecken war kein Mangel
In Avellenz, und dahin ging,
Wer an verstohlnen Blickes Angel
Mit einer frohen Hoffnung hing.
Und wenn er unter dichten Zweigen
Dort harrend den Gesellen fand,
Umschlang die Zwei mit holdem Reigen
Das also leicht geknüpfte Band.
Sie freuten sich der freien Stunde,
Genossen tröstlich, was erlaubt,
Und herzhaft ward manch rothem Munde
Manch ungezählter Kuß geraubt.
Man schwur nicht Stäte sich und Treue
Und hatte seinen Liebling doch,
Es gab kein Brechen, keine Reue
Und kein ermüdend schweres Joch.
Unruhig flatterhafter Jugend
Ward des Vergnügens nie zuviel,
Und Alle meinten, ihre Tugend
Sei nicht gefährdet bei dem Spiel.
Von Einer galt das unumstößlich,
Die war unnahbar keckem Scherz,
Als ob ein Bündniß unauflöslich
Gefesselt hielt ihr einsam Herz.
Und doch war's frei und war von allen
Das heißeste in seinem Schrein,

Nur wußte sie sein Glühn und Wallen
Zu hehlen mit der Kälte Schein.
Auch sie war Wittib wie Bertrane,
Viel älterm Mann sechs Monde nur
Vermählt gewesen einst, Deliane,
Die schönste Perle dieser Schnur.
Jetzt war auch ihr Stern aufgegangen,
Von hellem Jugendglanz umspielt,
Tannhäuser war es, der gefangen
Ihr Herz in erster Liebe hielt.

Und seines lag in ihren Banden,
Die Augen hatten's mit Bedacht,
Daß sich die beiden Herzen fanden,
Schnell unternander abgemacht.
Und als sie schon nach wenig Tagen
Sich trafen einst im Waldesgrund,
Da ward, was Jeder still getragen,
Dem Andern freudenselig kund.
Sie hatten Beide nicht ihr Nahen
Bemerkt und standen überrascht,
Als ob sie gegenseitig sahen
Sich auf verbotnem Weg erhascht.
Doch war der Fuß nicht Uebertreter
Von einer Markung Bann und Strich,
Das Herz nur war der Missethäter,
Der auf geheimen Pfaden schlich
Und plötzlich sein ersehntes Ziel
Und der Gedanken Gegenstand,
Von des gefäll'gen Zufalls Spiel
Herangeführt, nun vor sich fand.
Es stockte ihnen Wort und Gang,
Und Keiner wußte was zu sprechen;
Delianens Gruß zuerst erklang,

Sie sprach, das Schweigen nur zu brechen:
„Junkherr, wenn Ihr's noch wißt, enthüllet,
Was Euch in Arellenz gebracht
Der erste Schlaf, weil sich's erfüllet,
Was man geträumt in erster Nacht."
„So? meint Ihr, Fraue? nun so hört!"
Sprach er, da glühten ihm die Wangen,
„Ich sag' Euch Wahrheit, aber schwört,
Zu enden, was ich angefangen!"
Sie gab die Hand und er fuhr fort:
„Von Euch hab' ich geträumt; wir standen
An einem einsam stillen Ort
Und, Fraue, Eure Arme wanden
Um meinen Nacken sich, Ihr blicktet
Mir in das Angesicht mit Lust,
Ich drückte Euch an meine Brust,
Ihr aber lächeltet und nicktet
Und sprach! zu mir: «Auf Deine Fragen,
Was Minne ist, will ich Dir's sagen.
Die Minne ist gar schwer erklärlich
Und ein Geheimniß, tief versteckt,
Das zu verrathen so gefährlich,
Als wenn man einen Löwen weckt.
Die Minne ist nicht Frau, nicht Maid,
Nicht Blume, Zierrath oder Kleid,
Die Minne ist — —,» da wacht' ich auf,
Und das ist meines Traums Verlauf.
Ich meine nun, wenn Ihr es wißt,
So sagt es mir, was Minne ist."
Mit tiefer, wachsender Erregung
Hört' ihn Deliane schweigend an,
Und dann mit stürmischer Bewegung
Umschlang sie den beglückten Mann.
„Dein Traum ist aus!" rief sie, „erleben

Sollst Du, was Bild Dir war und Schein,
Nenn' Du es Nehmen oder Geben,
Es ist all' eins, Dein ist's und mein!"
Wie sie sich da in Armen lagen,
Wie Herz dem Herzen sich enthüllt
Und Mund den Mund fand ohne Zagen,
Da hatten sie den Traum erfüllt.
Und endlich lächelte sie doch:
„Petit Sauvage! frägst Du jetzt noch?
Behalt' es wohl im Sinne,
Du Meiner, das ist Minne!"

Tannhäuser für Deliane glühte
Wie sie für ihn, an Jahren gleich,
Ihr selig Einverständniß blühte
Seit diesem Tag, an Freuden reich.
Wenn Andre keine Mühe scheuten,
Zumal Helwibis, früh und spat,
Der Minne Brief ihm auszudeuten
Mit klugen Lehren, Wink und Rath,
Ertheilte ihm statt dürrer Worte
Von höf'schem Dienst, galanter Pflicht
Deliane an versteckten Orte
In ihren Armen Unterricht.
Da lernte er im grünen Walde
Der Minne Wesen wohl verstehn,
Und Niemand wußte, wie so balde
Und wie so lustig das geschehn.
Und dennoch blieb in Wunsch und Ahnen
Ein letztes Räthsel noch für ihn,
Das ihm verkörpert in Delianen,
Allein noch ungelöst erschien.
Und glaubt' er auch, nichts zu entbehren,
Verrieth ihm seiner Sehnsucht Gluth

Doch noch ein ungestillt Begehren,
Verhüllt in tiefer Lebensfluth.
In nimmer ruhendem Gestalten
Von Bildern, die er sich ersann,
Sucht' er vergeblich festzuhalten,
Was noch unfaßbar ihm zerrann.
Doch da's ihn immerfort umschwebte
Wie unsichtbarer Blumen Duft,
Gab er dem nach, das in ihm webte,
Und machte sich in Liedern Luft.

Du schaust mich an mit stummem Fragen,
In Zweifeln sinnest Du und wägst,
Ob Du's verschweigen sollst, ob sagen,
Was Du noch tief im Herzen trägst.
Um Deine Lippen seh' ich's schweben,
Daß ein Geheimniß darauf ruht,
Wie deut' ich anders mir Dein Beben,
Wenn Seufzer Deinen Busen heben,
Und Deiner Wangen helle Gluth.

Wenn wir im Waldesdunkel stehen,
Eins an des Andern Brust geschmiegt,
Und Deines Athems rasches Wehen
Mich wonneschauernd überfliegt,
Dann möcht' ich ewig Dich nicht lassen,
Eins sein mit Dir, durch nichts getrennt,
O sage mir, wie soll ich's fassen,
Was sehnsuchtsvoll dann ohne Maßen
Gluhheiß mir in der Seele brennt?

Jahrlang möcht' ich so Dich halten,
So von Dir umschlungen sein,
Deiner Minne heimlich Walten
Strömet mächtig auf mich ein.

Ueber uns die Wipfel rauschen,
Vöglein hüpft von Ast zu Ast,
Und die wilden Rosen lauschen,
Was Du mir zu sagen hast.

Ach! sie hören wenig Worte,
Wenn wir uns in Armen ruhn,
An dem waldverschwiegnen Orte
Giebt es Holderes zu thun.

Räthsel blühn auf Deinem Munde,
Und glückselig, wer sie löst!
Hast in einer einz'gen Stunde
Hunderte mir eingeflößt.

Gegrüßet sei mir auf allen Wegen,
Gebenedeiet mit jeglichem Segen,
    Heißrother Frauenmund!
Der du ein Sieger ob allen Waffen,
Der du zum Siegel geprägt und geschaffen
    Minnigem Herzensbund.

Bist auch zum Lächeln und Plaudern geboren,
Hast aber doch die Tage verloren,
    Die ohne Kuß vergehn.
Komm! Dich auf meine Lippen zu neigen,
Werden, gezwungen zum lieblichsten Schweigen,
    So uns am besten verstehn.

Wie soll ich's bergen, wie soll ich's tragen,
Was Du mir selber ins Herz gelegt?
Kann es nicht hehlen und kann es nicht sagen,
Was meine ganze Seele bewegt.

All meine Sinne und alle Gedanken,
Unstät und flüchtig verlassen sie mich,
Dich zu umwinden wie klimmende Ranken,
Klammern sich fester und fester an Dich.

Immer Dich sehen möcht' ich und hören,
Immer Dir schauen ins Angesicht,
Könnt' ich mir nur Deinen Schatten beschwören!
Lieberes zeigt ja die Sonne mir nicht.

Aber nach Worten hasch' ich vergebens,
Was ich empfinde, verschweigen sie doch,
Du bist das Licht und der Klang meines Lebens,
Und ich bin selber Dein Schatten nur noch.

Vor meinem Auge wird es klar,
Je mehr es sich zum Lichte wendet,
Und wenn ich scheu und schüchtern war,
So war's Dein Glanz, der mich geblendet.

Wie in des Maien reicher Blust
Jedwede Knospe sich entfaltet,
So wecktest Du mir in der Brust,
Was nun mit meinen Tagen schaltet.

Es hat sich mir so rasch enthüllt,
Als bracht's ein Augenblick zur Reife,
Und ich bin so davon erfüllt,
Daß ich nichts Andres mehr begreife.

Ich weiß nicht, ob es Schönres giebt
In Himmelsraum und Erdenweiten,
Mir ist, als hätt' ich Dich geliebt
Vom Anbeginne aller Zeiten.

Nun waren in dem Grafenschloß
Viel Gäste eingekehret,
Manch eines edlen Hauses Sproß
Ward allda hoch geehret,
Und wer im Schloß nicht Wohnung fand,
Schlief gerne hinter Zeltes Wand.
An warmen Sommertagen
Im Garten aufgeschlagen.
Sie ritten ein auf Roß und Gaul,
Geländersattel trug das Maul,
Mit seinem Reitzeug aufgeschirrt,
Dran lustig manche Schelle klirrt.
Die Ritter all' im Eisenkleid
Mit Knechten und mit Knappen,
Manch stolze Frau, manch holde Maid
In langen Reisekappen.
Da waren Tag und Nacht geplagt
Der Bube und die Gürtelmagd,
Es wurde der Gewänder Pracht
Aus dem Gepäck ans Licht gebracht.
Da rauschten lange Schleppen
In Sälen und auf Treppen.
Aus Bagdad war der Baldekin,
Aus Persien Scharlach und Pfawin,
Mit Gold durchwirkt, mit Pelz verbrämt,
Daß keine Königin sich geschämt.
Grauwerk und Veh und Hermelin
War an Achmardi und Kämblin,
Jachant, Beryll und Kalcedon
Aus Syrien und aus Babylon,
Auch manche Fisch= und Schlangenhaut,
Die Flechten wie mit Gold bethaut,
Und Schapel trug man hochgemuth
Und Blumenkranz und Pfauenhut

Und Schuh, gemacht aus Korduan,
Mit Danz'ger Harz und Perlen dran.
Durchsichtig aber, dünn und fein
Trotz aller Silberstickerei'n
War manches Kleid, das man mit Fug
In seiner Minnefarbe trug.
Der Minne Anfang zeigte Grün,
Gelb deutete ihr glücklich Blühn,
Die Hoffnung hüllte sich in Weiß,
Roth trug sich, wer entbrannte heiß,
Die Treue schmückte sich mit Blau,
So trug man seinen Sinn zur Schau.
Spielleute waren mitgekommen,
Die wurden fröhlich aufgenommen
Zu Tanz und Schmaus und Gasterei,
Der Fiedelvogt war auch dabei,
Beim Singen und Erzählen
Da durfte er nicht fehlen.
Mit Fulasanz und Firlesanz
Ging's lustig in der Gorenanz,
Mit Murmun und mit Achselrote,
Mit Hoppoldey und Houbetschote,
Mit Trypotey und Tuteley
Und Traranuriruntundei!
Zum Schleifschritt und zu Sprung und Reigen
Erklangen Rotte, Horn und Geigen,
Holzzinke, Sumber, Schnabelflöte,
Der Augen Blitz, der Wangen Röthe
Bezeugten Jedermann am besten
Den Frohsinn an den lauten Festen,
Die in dem Schloß kein Ende nahmen,
Bis des Gerichtes Tage kamen.

Versammelt war man jetzt im Saal,
Dem reich geschmückten und bekränzten,
Drin Blumen prangten, Kerzen glänzten,
Und wo nach feierlicher Wahl
Bertrane la princesse thronte.
Der Dinge Wichtigkeit verlohnte,
Zu des Gerichtes hohen Ehren
Die Zahl der Richter zu vermehren.
Drum wurden von den Edelfrau'n
Und von den Herrn mit goldnen Sporen,
Um sie mit Aemtern zu betrau'n,
Gerade soviel noch erkoren,
Daß würdig und verdientermaßen
Nun ihrer Fünfundzwanzig saßen,
Erhöht im Saal um wenig Stufen,
Zum Rath des Minnehofs berufen;
Die Hörer aber faßte kaum
Auf Sitz und Bank der weite Raum.
Die Fälle, die nach manchem Warten
Der endlichen Entscheidung harrten,
Die waren, wie das Ding bewandt,
Im Voraus schriftlich eingesandt.
So kam es, daß sie spruchreif lagen,
Weil sich in diesen letzten Tagen
Die Richter bei verschloss'nen Thüren
Nach langem Tüfteln, Wägen, Küren
Laut ihres Amtes Pflicht und Macht
Darüber schlüssig schon gemacht,
Und die es anging oder nicht,
Erwarteten jetzt im Gericht
Nichts Andres mehr, als die Sentenz
Des Minnehofs zu Avellenz.
Die Namen blieben streng verschwiegen,
Es gab kein Ansehn der Person,

Der Minne Recht ließ sich nicht biegen,
Ein Mundwalt aber fand sich schon.
Nicht immer gab der Hof bekannt
Den Vorgang, draus der Zwist entbrannt;
Oft wurde auch statt scharfer Klage
Nur eine allgemeine Frage
Dem Minnehofe vorgelegt,
Daß er entscheide unentwegt.
Die Antwort galt dann gleich Gesetzen,
Die Niemand wagte zu verletzen,
Gaucelm Faidit, der Troubadour,
Hieß stolz sie lous arrets d'amours.
Und so auch heute: von drei Sachen
Beliebte man, der Assemblée
Nur eine deutlicher zu machen,
Daß sie das Urtheil recht versteh',
Doch jede von den andern beiden
Durch Spruch und Gründe zu entscheiden.
Als la princesse de la cour
Eröffnet nun den Puy d'amour,
Ertheilte sie das Wort sodann
Herrn Heinrich von Rugge, und der hub an:
„Hocheble Herrn! vielschöne Frauen!
Der erste Fall, der dem Gerichte
Vorliegt, ist solcher Schwierigkeit,
Daß, eh' der Spruch fällt, ich berichte,
Was sich begab vor kurzer Zeit.

 Zwei junge Ritter waren in Minne
Zu einem Fräulein heiß entbrannt,
Doch wen das Fräulein trug im Sinne
Zu allermeist, ward nicht erkannt.
Sie gingen beide zu verkünden
Des Fräuleins Mutter ihren Schmerz,
Ob ihr's gelänge zu ergründen

Des Töchterleins verschwiegnes Herz.
Es war an einem Tag im Maien
Auf einer frohen Brunnenfahrt,
Wo man zu Spiel und Ringelreien
In reichem Festschmuck sich geschaart.
Die Mutter sprach: Mein Kind, entscheiden
Mußt Du Dich heute, wen Du liebst,
Der sei's, dem Du von diesen Beiden
Von Deiner Gunst ein Zeichen giebst.
Die Maid wie eine rothe Rose
In holder Scham vor Beiden stand
Und hielt von Glück und Leid die Loose
Zwei braver Herzen in der Hand.
Sie sprach kein Wort, nahm ohne Zittern
Sich ihren Blumenkranz vom Haar
Und setzt' ihn dem auf von den Rittern,
Der selber ohne Kranz noch war.
Dem Andern, dessen Locken schmückte
Ein voller Kranz schon dichtbelaubt,
Nahm sie denselben ab und drückte
Ihn selber sich aufs eigne Haupt.
So that die Maid. Die Ritter fragen,
Wen nun ihr Herz zu wählen denkt,
Den, dessen Kranz sie selbst getragen?
Den, dem den ihren sie geschenkt?"
 Da ward im Saal ein heftig Streiten,
Ein fröhlich lauter Meinungskrieg,
Dem ersten hier und dort dem zweiten
Der Ritter sprach man zu den Sieg.
Doch als das Für= und Wider=Fechten,
Tumult und Aufruhr sich nicht gab,
Ergriff Bertrane mit der Rechten
Der Minne sanften Herrscherstab.
Der war mit Blumen ganz umwunden,

Sah wie des Frühlings Scepter aus,
Und an die Spitze war gebunden
Ein schöner frischer Rosenstrauß.
Der Stab war ihre Macht, ihr Wille,
Sie schwang ihn, hielt ihn hoch empor,
Und alsobald war tiefe Stille,
Und wieder lauschte jedes Ohr.
Auch stand vor ihr ein Korb voll Rosen,
Und als ein Wink: jetzt rede Du!
Warf eine von den dornenlosen
Sie dem erwählten Sprecher zu.
Jetzt sprach sie selbst: „Der Hof entschied,
Daß jenes Fräulein es vermied,
Sich unzweideutig zu erklären.
Sie wollte Ehr' und Huld gewähren
Dem Ritter, dessen Kranz sie trug,
Weil sie ihn hoch vor Andern schätzte,
Allein ihr Herz im Busen schlug
Für den, dem auf das Haupt sie setzte
Ihr eigen Kränzlein, denn die Gabe
War anders wohl nicht zu verstehn,
Als so, daß er zu hoffen habe,
Sie selbst sein eigen einst zu sehn."
Beifällig Murmeln und Gesumm
Erging darauf im Saal herum,
Bis la princesse mit der Hand
Ins Körbchen griff, das vor ihr stand;
Mit einem Wurfe, wohlgezielt
Und gut getroffen auch, erhielt
Auftrag zu reden jetzt Pellinde.
Sie sprach, mit diesem Fall verbinde
Die Frage sich: „Ist's überhaupt
In Züchten einer Frau erlaubt,
Dem Mann, der ihr mit heißem Streben

Aus Schüchternheit nicht wagt zu nahn,
Freiwillig zu verstehn zu geben,
Daß sie in Lieb' ihm zugethan?"
Und also laute der Bescheid:
„Es ist erlaubt, das stumme Leid
Des Schüchternen damit zu enden,
Daß man mit zarter Gunst Verschwenden
Zur Aufmuntrung ihm willig zeigt,
Wie Herz und Sinn sich zu ihm neigt;
Ja, es ist Pflicht, in Lieb' ergeben
Den Muth des Zweifelnden zu heben,
Bescheidenheit verdienet schon
Um ihrer selbst den reichsten Lohn,
Der wahrhaft Liebende ist doch
Bei aller Hoffnung furchtsam noch."

Die Ritter waren es zumal,
Die diesen Spruch willkommen hießen,
Doch schien's, daß in der großen Zahl
Sich auch wohl Damen finden ließen,
Die, im Gewissen angefochten,
Sich danach leichter fühlen mochten.
Man fuhr in der Verhandlung fort,
Herr Christian von Hamle bekam das Wort.
Vom Pergamente lesend warf
Er diese Frage auf: „Was darf
Ein Ritter oder Knappe wagen,
Sich einer Dame anzutragen,
Ihr seine Liebe zu enthüllen,
Daß seine Wünsche sich erfüllen?"
Darauf die Antwort gab Wirade:
„Es ist allein die Gunst und Gnade
Der Dame, die die Grenzen zieht,
Sie hier verengen kann, dort dehnen,
Und wenn sie sich bewogen sieht,

Dem Minnewerben und dem Sehnen
Des Ritters freien Raum zu lassen,
So mag er Muth und Hoffnung fassen
Und darf sich Alles dann gestatten,
Was ihm die Dame gern gewährt,
Doch wenn des kleinsten Wölkchens Schatten
Ihr über Stirn und Antlitz fährt,
Soll er in Züchten und Genügen
Gehorsam sich dem Winke fügen.
Wer in der Minne leichtes Spiel,
Der mache drum nicht Rühmens viel,
Allein des Sieges Schwierigkeit
Ist's, die ihm seinen Werth verleiht."

Die Damen waren's, die jetzt lachten,
Ihr Nicken zu dem Nachbar hin
Bedeutete: Wonach zu achten!
Der Spruch ist ganz nach unserm Sinn!
Doch jetzt kam von der Massonei
Herr Bligger von Steinach an die Reih'
Und zu der letzten der drei Fragen.
„Ist's recht," las er mit lautem Ton,
„Dem, den man liebt, sich zu versagen,
Wenn er begehrt der Minne Lohn?"
Im Saale herrschte tiefes Schweigen,
Zum Tisch hin blickend unverwandt,
Schien Jeder sich nach vorn zu neigen,
Auf die Entscheidung hoch gespannt.
Bertrane säumte eine Weile,
Als suche Sammlung sie und Ruh,
Griff dann ins Körbchen sonder Eile, —
Delianen flog die Rose zu.
War's Schreck, war's Freude, waren's beide,
Die zuckten in Delianens Hand?
Sie wußte doch, was zum Bescheide

Dort auf dem Pergamente stand.
Sie selbst, die Stolze, scheinbar Kalte,
Die undurchdringlich tief und klug
Und in geheimster Herzensfalte
Doch flammenheiße Sehnsucht trug,
Sie hatte mit den stärksten Gründen
Zu Aller Staunen den Entschluß
Erkämpft und soll' ihn nun verkünden
In wohlgefügter Rede Fluß.
Nach einem raschen Augenblitze
Auf Einen, der im Saal dort saß,
Erhob sie sich von ihrem Sitze
Und sprach dann frei mehr, als sie las:
 „Wer in des Herzens Grunde
Hegt wahrer Liebe Gluth,
Der bringe auch zum Bunde
Der Minne Kraft und Muth;
Der soll sich nicht versagen,
Wenn Lieb' um Liebe fleht,
Der soll so weit sich wagen,
Wie Wunsch mit Wunsche geht;
Der soll der Menschen Meinen
Nicht hören und den Hohn,
Der Minne Lust und Einen
Werd' auch der Minne Lohn!"
 Rings über der Versammlung schwebte
Noch athemlosen Schweigens Flug,
Doch manche Herzensfiber bebte,
An die wie Widerhall es schlug,
Was eben aus Delianens Munde
Geharnischt wie ein Reiter sprang
Und doch wie süße Liebeskunde
Verlockend und berauschend klang.
Tannhäuser blickte wie in Träumen,

Drin er sich ganz und gar verlor,
Dann aber brach's wie Ueberschäumen
Aus tiefster Seele ihm hervor.
Noch rührte Niemand sich vom Platze,
Nur Flüstern hin und wider lief,
Da war er wie mit einem Satze
Die Stufen schon hinauf und rief:
„Die Harfe her! ich will es singen,
Was Du mit Deinem Mund bezeugt,
Wie Sturmes Jauchzen soll es klingen,
Wenn er des Waldes Wipfel beugt!"
Der Harfen eine an den Wänden
Riß er herab — man wehrt' ihm nicht —
Und rührte sie mit kund'gen Händen
Und sang mit strahlendem Gesicht:

Offene Arme und pochende Brust,
Herzen voll Hoffnung und Träume voll Lust,
 Willst Du es wagen?
 Kannst Du es tragen,
Was wie des Himmels Unendlichkeit
Mit allen Sternen so hoch und weit, —
 Liebesseligkeit?

Siehst Du nicht auf des Auges Grund,
Fühlst Du nicht auf dem brennenden Mund
 Heißes Verlangen?
 Beben und Bangen?
Hauchet der Athem nicht: gieb! o gieb
Eines und Alles dem Liebsten zu Lieb,
 Was Dir noch blieb?

Wenn ich Dich frage: bist Du auch mein?
Ueber die Lippen nicht bringst Du das Nein!
    Wunsch ist Beginnen
    Ohne Besinnen,
Nimm mich! o nimm mich! so flüsterst Du leis,
Und was Liebe von Liebe weiß,
    Dein ist der Preis!

Zauberisch strömet der Seelen Erguß
Ueber und über im minnigen Kuß!
    Will uns das Leben
    Wonnig verschweben?
Alles versinket in brausender Fluth,
Da wir in weltvergessener Gluth
    Schwelgend geruht.

Wie er da stand begeist'rungflammend,
Wie er zum Saitenspiele sang,
Und wie aus tiefster Seele stammend
Der Stimme süßer Wohllaut klang,
Da flogen auf der Töne Schwingen
Ihm alle Herzen jubelnd zu,
Nicht einem mocht' es da gelingen,
Zu wahren seiner Schläge Ruh.
Er selbst nicht von Delianen wandte
Beim Singen seiner Blicke Gluth,
Als ob er grüßend, werbend sandte
Zu ihr nur des Gesanges Fluth.
Und sie, sie hielt auch ihn umfangen
Mit Blicken, ach! an Liebe reich,
Ihr Busen stürmte, ihre Wangen,
Die waren dunkeln Rosen gleich.
Sie trank des Athems rasche Welle

Durch Lippen wie Rubingestein,
Wie lechzend nach des Liedes Quelle
Sog sie des Sängers Seele ein.
Und ohne von sich selbst zu wissen
Stand sie noch immer lauschend da;
Wer, von Bewundrung hingerissen,
Tannhäuser und Delianen sah,
Die jugendblühenden Gestalten,
Hoch, herrlich wie ein Heldenpaar,
Dem bot von stiller Mächte Walten
Sich ein entzückend Schauspiel dar.
Der Sänger ward, als er geendet,
Umringt, umdrängt, mit Dank beglückt,
Bis Jeder ihm sein Lob gespendet,
Bis Jeder ihm die Hand gedrückt.
So fand im Durcheinanderwogen
Ein schnelles Ende das Gericht,
Und aus dem Saal die Gäste zogen
Zum Garten, wo des Mondes Licht
Schon auf Gebüsch und Blumen lag,
Und wo im dufterfüllten Hag
Errichtet eine Tafel stand
Zu leichtem Imbiß aus der Hand
Und kühlem Trunk im Stehn und Gehn.
Da ward, was man gehört, gesehn,
Was man gewußt und nicht gewußt,
Besprochen nun nach Herzenslust.
Man frug und rieth, wer wohl gemeint
In dies' und jener Minnefrage,
Hier ward behauptet, dort verneint,
Hier flüsterte verschämte Klage,
Dort faßte Muth ein hoffend Herz,
Viel Kurzweil gab es, Schimpf und Scherz;
Was heimlich that, versteckte sich,

Und was sich liebte, neckte sich,
Bis endlich sie die stille Nacht
In Schloß und Zelt zur Ruh gebracht. —

Als Heinrich auf des Lagers Pfühle
In seiner Kemenate lag,
Da regte wechselnde Gefühle
In ihm der nun versunkne Tag.
Was heut' er im Gericht der Minne
Vernahm als deren Pflicht und Recht,
Umstrickte seine klaren Sinne
Verwirrend wie ein Netzgeflecht.
Die Fragen, die sich an ihn hängten,
Was sie erlaubte, was verbot,
Und der Bescheid darauf bedrängten
Sein mannhaft Herz mit Zweifelnoth.
Ihn fesselten die frohen Stunden,
Der festlichen Versammlung Glanz,
Der Frauen blüthenreicher Kranz
Hielt seinen regen Geist gebunden.
Schnell gab er sich, schnell nahm er wieder,
Was heiter ihm entgegen trat,
Frug nicht, woher es kam, was nieder
Ihm strömte, eh' er darum bat.
Und war Deliane nicht im Kreise,
Die ihm der Minne Rosen brach?
Und dünkt' ihn gut und recht und weise
Nicht Alles, was sie that und sprach?
Es mochte noch so fremd ihm scheinen,
Sein Leben regelte ihr Wort,
Er nahm sich vor, sein Thun und Meinen
Danach zu richten fort und fort.
Als sie nun selber lösen mußte
Die Frage nach der Minne Lohn,

Ihr voller Blick ihn traf, da wußte
Er ahnungsvoll die Antwort schon.
Und als er ihren Spruch vernommen,
Der wie aus seiner Seele klang,
Da war es über ihn gekommen
Unwiderstehlich mit Gesang.
Doch wußt' er kaum, was er gesungen,
Nur von dem Glücke angefacht,
Das er empfand, von ihr umschlungen,
Hatt' er an Andres nicht gedacht.
Was sie, wenn sie sich an ihn schmiegte,
Von Aug' und Mund ihn pflücken ließ,
Und was, wenn er im Arm sie wiegte,
Vollauf der Minne Lust ihm hieß,
Das war es nur, was er gefeiert
In seines Liedes heißem Ton,
Und ein Geheimniß, noch verschleiert
Wie Nacht, war ihm der Minne Lohn.
Er grübelte nicht lang darüber,
Doch an Delianen dacht' er nur
Und schlummerte fast schon hinüber
Ins Reich der Träume — da — im Flur
Ein leichter Schritt, — ein leises Tasten, —
Ein Lauschen dann und kurzes Rasten, —
Dann klang die Thür, — „Wer naht zu Nacht?" —
Kein' Antwort, — doch mit süßer Macht
Fühlt er von Armen sich umschlungen,
Fühlt einen Busen dicht gezwungen
An seine Brust, es flüstert leis:
„Und was nur Liebe von Liebe weiß,
Dein ist der Preis!" — —

Was blühen im Garten die Rosen so roth?
Was funkelt im blitzenden Thaue?
Was sprießet so hell auf des Sommers Gebot
Im Wald und auf blumiger Aue?
Taunhäuser wandelt mit trunkenem Sinn
Im strahlenden, duftigen Morgen dahin,
Die wallenden Locken bekränzet.
Sein Schritt wie getragen von Fittigen schwebt,
Als ob auf den Wegen die Erde ihn hebt,
Das Angesicht sonnenumglänzet.
Ihn dünket die Welt ach! so wunderschön,
Und wäre sie's nicht in Tiefen und Höhn,
Er schüfe sie neu, denn er fühlet die Kraft,
Die den Winter bezwingt und den Frühling erschafft,
Er athmet und lächelt und blicket umher:
„Deliane! Deliane!" — und sonst nichts mehr.

VII.

Auf Burg Seben.

Strenger Winter liegt gebreitet
Auf dem Hochland und im Tiefland.
Ueberweht, in Schnee begraben
Sind Hospiz und Paß, kein Saumthier
Spurt die große Kaiserstraße,
Die von Alters übern Brenner
Aus Germanien führt nach Welschland,
Und darauf zu stolzer Romfahrt
Oder auch in tiefster Demuth
Manch bewehrter Fuß gewandelt.
Wer jedoch in bessern Tagen
Da hinab steigt, wo die Rebe
Schon gedeiht, die Eiche aber
Höher klettert, um der Tanne
Ueber ihr die Hand zu reichen
An der Felswand, deren Scheitel
Nebelwolken weiß umflechten,
Der hat bald auf seiner Wandrung
Einen sprudelnden Begleiter.
Ein Tyroler ist's, der Eisack,

Der sich von des Brenners Abhang
Wild kopfüber stürzt und schäumend
Mit Gebraus sein grünlich Wasser
Ueber Steingeröll und Klippen
Nach der Etsch hergunter sendet.
In des raschen Laufes Mitte
Grüßt er einen steinern Wächter,
Der des Amtes lange waltet.
Römer, Gothen, Longobarden,
Rhätier oder Franken saßen
Sturmfrei oben auf Sabiona
Und behüteten den Engpaß
Und der tausendnam'gen Isis
Heiligthum, drin Heidenpriester
Einst den Tempeldienst versahen.
Schroff und steil hebt sich der Felsen,
Und auf seines langgestreckten
Schrägen Grates Vorsprung trug er
Eine Burg mit Thurm und Zinnen.
Aller spätern Herren Baukunst
Hatt' am römischen Kastelle
Schon geändert und gebessert,
Bis es in der Zeiten Wandel
Eine Ritterburg und endlich
Eines Sängers Heim geworden.
Ritter Leutold, Herr von Seben,
Hauste da mit Weib und Kindern
Nebst den Gästen, die er gern sah,
Und im räumigen Gemache
Waren eben sie versammelt.
An den grau getünchten Wänden,
Bis zur Hälfte holzgetäfelt,
Waren Waffen aufgehangen,
Helme, Schilde, Panzerhemden

Und auch Rotten wohl und Geigen.
In den klafterdicken Mauern
Wölbten Lauben sich zum Ausblick,
Höher als des Zimmers Boden,
Der mit hellen, bunten Fliesen
Ausgepflastert und belegt war.
Die rundbogig schmalen Fenster,
Eingerahmt von kleinen Säulen
Mit den zierlichsten Kaptälen,
Waren statt des seltnen Glases
Ueberspannt mit Blasenhaut,
Die an trüben Regentagen
Spärlich Licht nur ins Gemach ließ,
Doch der Kälte und dem Sturme
Widerstand, zumal wenn Abends
Man den dickgewebten Vorhang
Vor der Nische schloß und traulich
Im Kamin das Feuer brannte.
Standesmäßig und gediegen
War der Hausrath; auf den Schemeln
Lagen bunt gestickte Kissen,
Auch bequeme Siedelbänke
Waren da, belegt mit Polstern
Und mit weichen Rückelaken
Ueber ihren hohen Lehnen.
Vor der Thüre hing ein Teppich;
Auf den dunkeln Schreinen prangte
Manch ein Humpen oder Thonkrug;
Erzbeschlagne Truhen standen
In den Winkeln, voll von Leinwand;
Von der braunen Balkendecke
Schwebt' ein Kronenleuchter nieder,
Und sonst manchen Schmuck und Zierath
Gab es, der das Aug' erfreute.

Also wohnlich und behaglich
War es in des Ritters Halle,
Und wer als ein Gast die Schwelle
Ueberschritt, der ward vom Wirthe
Froh begrüßt mit biederm Willkomm.
Gerne nahmen Sanggenossen
Bei ihm Herberg; so auch jetzo,
Und der edlen Gäste einer
Auf Burg Seben war der Knappe
Junkherr Heinrich Osterdingen.
An dem breiten Nußbaumtische
Saß er, just damit beschäftigt,
Leutolds vielgepriesne Lieder
In ein saubres Pergamentheft
Einzutragen, denn der Ritter
War des Schreibens nicht sehr mächtig,
Und kaum leserlich gekritzelt
Standen sie auf kleinen Fetzen,
So daß ohne seine Hülfe
Sie nicht zu entziffern waren
Für die Reinschrift, auch ihm selber,
Der daneben saß, ward's schwer oft.
Ganz vergnüglich war die Arbeit,
Oft von Lachen unterbrochen,
Und der Andern Unterhaltung
Oder Einspruch störte Keinen.
Auch Frau Hildegund, des Ritters
Edle Hausfrau, hold und blühend,
Saß am Tisch und nähte fleißig
Einen braunen Scharlach=Mannsrock.
Hadmut, ihre älteste Tochter,
Wohl zwölf Jahr alt, spann am Wocken
Nach der Mutter Unterweisung,
Und die jüngre, Mechtild, machte

Sich ein Püppchen aus dem Abfall
Von Frau Hildegundens Scheere.
Giselher, der Sohn und Erbe,
Saß vor dem Kamin und schnitzte
Hier ein hölzern Schwert für Heimo,
Der der Jüngste und schon lange
Ungeduldig, daß sein Degen
Gar nicht fertig werden wollte,
Einmal über's andre sagte:
„So! es ist ja gut! gieb her doch!"
Doch sein großer Bruder hatte
Immer noch etwas zu glätten,
„Nein, es ist noch nicht gut, sieh doch!
Ist ja noch nicht scharf und schneid't nicht,
Wenn Du damit hau'n willst, Heimchen!"
Sagte er und schabte weiter.
Heimchen trollte sich zu Mechtild;
Diese, weil er ihr im Weg war
Bei Bekleidung ihrer Puppe,
Schickte weiter ihn zur Schwester,
Die er zärtlich bald beim Spinnen
Aus dem Tritt und Takte brachte,
Bis der Vater ihn aufs Knie nahm,
Aber auch nicht lange festhielt,
Denn das Schwert war doch bald fertig.
Heinrich schob jetzt seinem Wirthe
Einen Zettel hin und sagte:
„Lest mir das, ich bring's nicht fertig!"
Leutold sah es an, hielt's ferne,
Hielt es nahe vor die Augen,
Schüttelte den Kopf und seufzte,
Buchstabirte langsam, mühsam:
„Im Rosengarten Zwergkönig sitzt,
Die Rosen — —"

Und blieb stecken. Zu Frau Hildgund
Blickt' er fragend und verlegen,
Daß sie herzlich lachen mußte:
„Hat's geschrieben, kann's nicht lesen,
Ist das nicht ein närrisch Wesen?
Aber Mann, wie ist es möglich,
Dieses Liedleins zu vergessen!
Hast es mich wohl tausend Male
Singen hören, frag' die Kinder!
Denk' doch nach! das Wiegenlied ist's,
Das für unsern Erstgebornen,
Giselher, Du mir gemacht hast,
Und ich hab' sie alle Viere
Damit in den Schlaf gesungen,
Hast oft leise mitgebrummt,
Wenn ich's auf und nieder tänzelnd
Einem kleinen Schreihals vorsang."
„Das ist lange her," sprach Leutold,
„Wer kann seine eignen Lieder
Denn im Kopfe so behalten!
Kannst es Du noch, so dictier' es,
Daß es Osterdingen aufschreibt."
„Ja, ich muß die Worte singen,
Wenn es ohne Stocken gehn soll,"
Sprach Frau Hildegund und sang,
Sang mit voller, weicher Stimme.
Giselher hielt mit dem Messer,
Hadmut mit dem Wocken inne,
Beide schauten auf die Mutter,
Mechtild aber und das Heimchen
Schmiegten sich an ihre Seite,
Und Herrn Leutolds Blicke hingen
Glücklich lächelnd an der Gattin.

Im Rosengarten Zwergkönig sitzt,
Die Rosen blühen viel holde,
Sein Schwert blinkt hell, seine Krone blitzt,
Sein Panzer funkelt von Golde.
Er lugt nach den Bergen, er lauscht auf den Wind,
Der sagt ihm, wo artige Kindlein sind,
    Luarin!
Luarin legt Bein auf Bein und denkt
Was er den Kindern im Schlafe schenkt,
    Luarin! Luarin!

Zwergkönig hat einen rothen Bart,
Er reitet auf schuppigem Drachen,
Er saust durch die Wolken auf feuriger Fahrt,
Man hört in den Lüften sein Lachen.
Doch wie sein Garten ist nichts ihm lieb,
Und wehe, o wehe dem Rosendieb!
    Luarin!
Luarin, horch' auf, mein Kind schläft ein,
Bring' ihm ein thaufrisch Röselein,
    Luarin! Luarin!

Es weht von den Bergen wie Rosenduft,
Schlaf' aus, lieb Kind, in der Wiegen,
Gezogen, geflogen kommt durch die Luft
Zwergkönig und sieht Dich liegen.
Er wirft Dir zwei knospende Rosen hin,
Die heißen Gesundheit und froher Sinn,
    Luarin!
Luarin, o komme nur spät und früh,
Daß unser Kind wie ein Röslein blüh,
    Luarin! Luarin!

Leutold küßte Hildegunden
Auf die Stirn. „Seht, Osterdingen!"
Sprach er, „so sind meine Lieder
Doch noch besser aufgehoben,
Als im feinsten Pergamente;
Singen muß man's, bloß gelesen
Klingt's nicht und geht nicht zu Herzen."
Heinrich blickte still verwundert
Auf den Wirth und seine Hausfrau,
Und dann bat er Frau Hildgunde,
Langsam, daß er folgen konnte,
Ihm das Lied zu wiederholen,
Bis er's aufgeschrieben hatte.
Jetzt war Heimo's Schwert auch fertig,
„So!" sprach Giselher, „da hast Du's!
Bitte nun den Herrn recht höflich,
Daß er Dir ein Sprüchlein aufmalt
Auf der Klinge beide Seiten."
Heimo that's, und Heinrich lachte:
„Ja, was soll ich für ein Sprüchlein
Auf Dein Heldenschwert Dir schreiben?"
Doch die Antwort gab ein Andrer,
Der zur Thüre jetzt herein trat
Und die Frage hörte: „Schreibt nur,"
Sprach er feurig, „auf die Klinge:
Schutz dem Kaiser! Trutz dem Papste!"
„Ha! da ist er ja!" rief Leutold,
„Sag', wo warst Du?" — „Schnee gefeget
Hab' ich draußen," sprach der Andre,
Und die blauen Augen blitzten,
„Schnee gefeget und den Vöglein
Brosam hingestreut zum Futter,
Müssen ja sonst wahrlich hungern
In der Wintersnoth, auch kommen

Täglich mehr; die Kleinen, Schlauen,
Die ich einmal erst geatzt hab,
Bringen Neue mit zur Stelle,
'З ist 'ne Lust, der Thierlein Freude
So im Stillen zu betrachten,
Und ich weiß, wie sie mir's danken!"
Also sprach der Blondgelockte,
Und um seine Lippen spielte
Ihm ein Zug treuherz'ger Anmuth.
„Seht, Herr Walther," sprach Hildgunde
Ihm das Scharlachkleid entfaltend,
„Bald könnt Ihr das Röcklein anziehn."
„O das wird ja viel zu prächtig
Für mich armen Ohnehabe,
Der ein Gast auf allen Wegen,"
Sprach den schönen Rock beschauend
Walther von der Vogelweide,
Denn kein Andrer war der Ritter.
„Königsschmuck wär' nicht zu kostbar
Für den besten aller Sänger!"
Sprach Frau Hildegund begeistert,
Und die Andern stimmten alle
Freudig zu; bescheiden schwieg er,
Und nach seelenvollem Blicke
In der holden Wirthin Augen
Hob und senkte seine Brust sich,
Als ob er in seinem Innern
Schmerzlich etwas niederkämpfte.
Bald begann er aber wieder:
„Wißt Ihr denn, was auf dem Reichstag
Sich zu Frankfurt zugetragen?
Kaiser Heinrichs junges Söhnlein
Friedrich ist zum Röm'schen König
Dort gewählet, und die Fürsten

Haben seine Wahl beschworen."
„Hat er's wirklich durchgesetzt doch,"
Sagte Leutold, „trotz der Gegner
Mainz und Köln mit ihrem Anhang
Sächs'scher Fürsten nebst Graf Andechs,
Die in Merseburg des Kaisers
Kühnem Plane widerstrebten!"
„Kühn! ja freilich," sprach Herr Walther,
„Herrlich ist der Plan! ein Weltreich,
Das vom Aetna bis zur Eider
Sich erstreckte, wollt' er schaffen,
Und die deutsche Kaiserkrone
Sollte in dem Haus der Staufer
Erblich sein, daß Streit und Haber
Nicht wie jetzt bei Kaiserwahlen
Unsre Stämme trenn' und schwäche.
O ein Plan ist's, tief durchdacht
Und hochfliegend wie ein Adler,
Ganz des großen Staufers würdig!
Aber Neid und scheele Habsucht
Und der Pfaffen Gier und Hochmuth
Gönnen ihm nicht Sieg und Ansehn,
Sonderlich der Papst zu Rome
Schmiedet Ränke, will kein Erbreich,
Will nicht, daß wir stark und einig
Unter einem mächt'gen Scepter
Friedlich und gefürchtet wohnen."
„Halt, Freund!" sagte Leutold ruhig,
„Höre auch der Andern Meinung.
Es soll jeder Fürst sein Lehen
Aus des Kaisers Hand empfangen,
Doch der Kaiser seine Krone
Wieder aus der Hand der Fürsten.
Damit, daß jedweder Fürst

Wählbar ist zur höchsten Würde,
Steht er Kön'gen gleich auf Erden,
Und nur einem solchen Kaiser,
Der aus freier Wahl hervorgeht,
Sind Bedingungen und Pflichten
Vorzuschreiben von den Wählern."
„Das ist just der Fluch," rief Walther,
„Und ist Cölestins des Papstes
Kunstgriff, daß er die Parteien
Trennt, um beide zu beherrschen;
Eine hält er mit der andern
So in Schach, und darum wirft er
Diesen Köder hin den Fürsten,
Ihrem Stolz damit zu schmeicheln.
Er will über Allen thronen,
Will des Kaisers Wahl bestät'gen,
Ihr allein die Weihe geben
Oder sie aus eignem Machtspruch
Kurz verwerfen nach Belieben.
Soll sich das ein Hohenstaufe,
Soll sich der gewalt'ge Heinrich,
Friedrich Rothbarts großer Sohn,
Der in seiner Hand vereinigt
Eine Macht hält, wie in Deutschland
Noch kein Herrscher sie gehabt hat,
Das von Pfaffen bieten lassen,
Kaiser sein von Papstes Gnaden?
O so mag den Waisen tragen
In der Krone, wen's gelüstet!
Aber Schimpf und Schande ruf' ich,
Wer dem Kaiser da nicht beisteht!"
„Schutz dem Kaiser! Trutz dem Papste!"
Schrie Jung Heimo und focht wacker
Mit dem Holzschwert um sich, Walther

Nahm ihn auf den Arm und küßt' ihn.
„Die tyrolischen Prälaten
Sind gut ghibellinisch," meinte
Ritter Leutold. „Auch der Adel
Hält in Steiermark und Kärnthen
Meist zum Kaiser," sprach Tannhäuser,
„Hab's gemerkt auf meinen Fahrten."
„Junkherr, die Erzählung seid Ihr
Uns noch schuldig," sprach Hildgunde,
„Was nach dem Gericht der Minne
Aus Euch wurde; ich besorge
Einen frischen Trunk, dann fahrt Ihr
Fort da, wo Ihr neulich abbracht."
„Gerne, edle Frau!" sprach Heinrich;
Und als jeder von den Männern
Einen Krug daun vor sich hatte
Und auf einen Wink der Mutter
Die vier Kinder sich entfernten,
Nahm das Wort er und erzählte.

„Bald nach dem Gericht der Minne,
Ja schon in den nächsten Tagen
Zogen wieder ab die Gäste
Von Schloß Avellenz, die Einen
Heute und die Andern morgen.
Wir nur blieben, die vorher schon
Frau Bertranens Gäste waren.
Bei den Fremden aber fand sich
Auch Herr Herrand von Wildonie,
Den nicht Absicht, sondern Zufall
Auf weitläuf'gen Reisewegen
Mit in die Versammlung brachte.
Er war Freund und Waffenbruder
Meines Vaters in dem Kreuzzug

Und lud mich nun ein in Treuen,
Mit auf seine Burg zu kommen.
Doch — ich blieb in Avellenz noch,
Mußte aber ihm versprechen,
Für den Winter auf der Hengstburg
Zu Wildonie einzukehren.
Er ritt ab mit all' den Andern.
Wir Zurückgebliebnen aber
In Schloß Avellenz, wir lebten
Dort bei Spiel und Tanz und Singen
Und der Minne Lust und Freuden
Noch fünf Monde und verwünschten
Dann den kalten, rauhen Herbststurm,
Der uns aus den Bergen scheuchte
Und den Minnehof zerstreuend
Jeden zwang, ein sichres Obdach
Für den Winter aufzusuchen.
Also trennten wir uns endlich,
Als der erste Reif die Wiesen
Ueberzog mit weißem Laken.
Einsam ritt ich meine Straße,
Voll von dem, was ich im Sommer
Dort erlebt. Nun war ich wieder
So allein wie in den Tagen,
Da von Adamunt ich auszog,
Um die Minne auszuspüren.
Mit wie anderer Erfahrung
Saß ich aber jetzt im Sattel!
Was die Minne ist, nun wußt' ich's."
„Wenn nur!" warf dazwischen Walther.
„Ich bezweifl' es auch," sprach Hiltgund,
„Und verstehe wohl, Herr Heinrich,
Ihr verschwieget uns noch Manches;
Doch mir scheint, der echten Minne

Wart Ihr damals schon vor Jahren,
Als vom Kürenberg Ihr wegliefst
Und von Irmengard Euch losrißt,
Sehr viel näher, als Ihr's jetzt seid."

„Imgard war ja halb ein Kind noch,
Fünfzehn Jahr, als ich davon lief,
Und wir wußten nichts von Liebe."

„Weiß die Knospe von der Blüthe?
Denkt die Blüthe wohl an Früchte?
Schlummernd in der zarten Hülle
Ruht die süße Kraft der Sehnsucht,
Bis ein Sonnenstrahl sie weckt
Und das holde Wunder aufschließt.
Dann ist's da mit einem Male,
Keiner sagt's ihr, wie sie wurde,
Aus sich selber wächst die Liebe.
Und in einem Mädchenherzen
Geht das rasch, es reifet früher,
Und was in sich selbst es findet,
Sich kaum eingesteht, behütet
Jungfräuliche Scham und Unschuld.
Erste Liebe senkt aufs Mädchen
Sich herab wie Thau vom Himmel
In der Frühlingsnacht auf Blumen;
Doch den Jüngling überfällt sie
Wie mit Sturmgewalt und Springfluth
Euch betäubend, daß Ihr selten
Seht, was in des Mädchens Busen
Für Euch spricht und wirbt und waltet.
Wißt Ihr es denn, Junkherr Heinrich,
Wie's in Irmgards Herzen aussah,
Als Ihr Euch von dannen stahlet?
Ob der Minne keusche Blüthe
Nicht entfaltet schon drin prangte?

Fragt sie doch, wenn einst im Leben
Ihr sie wiedersehen solltet!"
„Wiedersehen?" sagte Heinrich
Wie in träumenden Gedanken
Leise mit dem Haupte schüttelnd.
„Nicht mit welschem Maße messen
Dürft Ihr unsre deutsche Minne,
Osterdingen!" sprach jetzt Walther,
„Der windschaffne Provençale,
Der mit hohlen, frechen Worten
Prahlerisch wie Gallier meistens
Sich in Avellenz gebrüstet,
Daß er auf der Minne Wesen
Sich verstünde, war ein Kläffer.
Troubadourgesang in Ehren!
Ihre Lieder sind bestrickend,
Doch sie sollen nur nicht meinen,
Daß wir ihnen etwas danken,
Unsre Kunst von ihnen erbten.
Sollen ihre Minnehöfe
Mit Gesetzen und Gerichten
Nicht zu uns verpflanzen wollen;
Mögen sie's mit Zucht und Sitte
Bei sich halten nach Belieben,
Wir sind andrer Art und wahrlich!
Andrer Art auch unsre Frauen.
Wo man rechter Minne pfleget,
Pfleget man auch rechter Ehre,
Manches Land hab' ich gesehen
Zwischen Ungarn und der Seine,
Aber was ich sah und hörte,
Deutsche Zucht geht über alle."
„Nun, Herr Walther," sprach Tannhäuser
Innerlich erregt, „die Ehre

Sei gewahrt in allen Dingen,
Und ich will der Minne lieber,
Als der Ehre je entsagen.
Aber wessen Herz die Minne
Freudig mit Gewalt ergriffen,
Der begeht an Zucht und Ehre
Keine Sünde, und von Stund an
Lebt er nur in ihrem Dienste.
Hier das Schwert und dort die Harfe
Drückt sie ihm in seine Hände,
Macht zum Helden ihn und Sänger;
Wider eine Welt zu fechten
Wünscht er für die einzig Eine,
Deren Namen er nicht nennet,
Und in hellen Liedern sucht er
Die Gefühle auszuströmen,
Davon seine ganze Seele
Ueberschwillt im Lenz der Liebe."
„Nun, es scheint, daß an Euch selber
Ihr's erfahren," sprach mit Lächeln
Ritter Leutold, „singet, Heinrich!
Minne ist das Recht des Sängers
Und ist ihm so unentbehrlich
Wie der Brust die Luft zum Athmen,
Wie dem Lied der Laut des Klanges.
Und es werden ja bereinstens
Auch für Euch die Tage kommen,
Wo ihr ruhiger und ernster
Fühlt und denkt und andrer Minne
Euch begehret, als sie jetzo
Euch durchbraust wie Most im Fasse,
Und die dann im Herzensgrunde
Festgewachsen, strahlt und leuchtet
Wie gediegen Gold im Schachte

Und so schweigsam auch, — nicht, Hilde?"
Und er reichte Frau Hildgunden
Seine Hand, die warm sie drückte;
„Aber nun fahrt fort, erzählt uns,
Wie Ihr weiter dann geritten."

„Nun, ich trabte munter vorwärts,
Hielt mich längs der Mur und langte
Schon am andern Tag bei Graz an.
Da von ungefähr entgegen
Mir geritten kam der Burggraf
Und nahm lachend mich gefangen.
Auf den Schloßberg mußt' ich mit ihm
In die Burg und bei ihm bleiben
Als sein Gast bis kurz vor Weihnacht
Hier auch lernt' ich etwas Neues,
Nämlich Trinken; Krug und Becher
Ward vom Morgen bis zum Abend
Nimmer leer vom Traubensafte,
Der da ringsum auf den Bergen
Wohl gedeiht; der Burggraf selber
Nahm so streng mich in die Lehre,
Als wenn Trinker=Kunst und Dauer
Zu des Schildamts Dienst und Pflichten
Unumgänglich nöthig wären.
Endlich kam ich los mit Mühe,
So daß ich das heil'ge Christfest
Und danach die Ebenweihe
Bei Herrn Herrand von Wildonie
Auf der Hengstburg feiern konnte.
Edel, ritterlich und milde
Und von unerschrocknem Willen
Ist Herr Herrand und an Körper
Eisenfest, gewöhnt ans Aergste.

Großes Ansehn auch genießt er
In der Steiermark, und Waidwerk
Ist sein köstlichstes Vergnügen.
In den weiten Eichenforsten
Und dem Waldgebirg der Sausal
Pirschten wir mit guten Släubern
Manchen Tag auf Elch und Eber,
Und je größer die Gefahren,
Und je schlimmer Wind und Wetter,
Desto froher war Herr Herrand.
Ich blieb gerne in Wildonie,
Und des Ritters leuchtend Vorbild
Machte auf mich tiefen Eindruck.
Sommers kamen edle Gäste,
Tapfre Ritter und Prälaten
Und auch viele schöne Frauen,
Denen ich, weil ich der Jüngste,
Ritterlich zu dienen hatte
Und für Lustbarkeit zu sorgen.
Aber in dem Kreis der Männer
Wurde eifrig Rath gepflogen,
Wie man in dem bittern Streite,
Den die Platte mit der Krone
Führte, Stellung nehmen sollte.
Von den Herren stand nur Einer,
Patriarch von Aquileja,
Trotzig auf des Papstes Seite,
Doch die Ritter und der Bischof
Selbst von Gurk, die waren alle
Für den Kaiser und beschlossen,
Diese Stimmung zu verbreiten
Und der andern Herrngeschlechter
Meinung gleichfalls zu erkunden.
Darauf ritt man durch die Gaue

Nach den Burgen; ich erbot mich
Freudig zu demselben Dienste,
Denn es lockte mich, auch mein Schwert
In die Waage mit zu legen,
Die der Großen Händel schlichtet.
So bekam ich denn den Auftrag,
Durch das Thal der Drau zu ziehen
Und dort auf den vielen Schlössern
Einzusprechen, zu berichten,
Was ich hier gehört, wo möglich
Zu Herrn Meinhard, Graf von Görz,
Zu Graf Albrecht von Tyrol
Und zum Herzog von Meran
Berthold, Graf von Andechs, endlich
Vorzudringen mit der Botschaft.
Ich ritt ab und Alles glückte;
Langsam zog ich durch das Trauthal
Nun von Burg zu Burg stromaufwärts,
Ueberall gut aufgenommen
Von den Rittern und noch besser
Von den Frauen und den Fräulein,
Die mich manchmal länger hielten,
Als es meine Sendung heischte.
Meine Harfe warb mir Freunde,
Und ich hatte auf der Fahrt
Mehr als einmal selbst die Freude,
Daß ich schon aus fremdem Munde
Etliche von meinen Liedern
Singen hörte, die Sperrogel
Oder seine Spielmannsbrüder
Wohl verbreitet, viele andre
Sang man noch von bessern Sängern,
Doch die meisten, die ich hörte,
Waren wohl von Euch, Herr Walther.

Auch manch lustig Stechen gab es,
Und obschon ich ja als Knappe
Im Turnier nicht tjosten durfte,
Ward ich doch beim Vesperspiele
Mit den Rittern zugelassen.
In Walap und in Rabbine
Hielt ich fest auf die vier Nägel,
Und es glückte meinem Stoße,
Manchen Sattel leer zu machen.
Schon in Lurn fand ich Herrn Meinhard,
In Meran den Herzog Berthold,
Und beim Grafen von Tyrol
Mußt' ich in dem schönen Schlosse
Lange als sein Gast verweilen,
Und ich sann dort neue Lieder.
Oftmals von dem hohen Söller
Blickt' ich hin nach dem Gebirge,
Das ich eben erst durchzogen.
Wunderbar war mir zu Muthe,
Als ich einsam dort in Wildniß
Meinem Roß die Wege suchte.
Um mich ward es rings lebendig,
Traumgestalten, Abenteuer
Tauchten auf vor meinen Sinnen
Aus des Waldes Tannendunkel
Und den rauhen Steingeklüften.
Wenn der Wind pfiff durch die Föhren
Und um starre Felsenthürme,
Deren knorrige Gebilde,
Zackig, winklig, vielgestaltig,
Mir wie Zauberschlösser däuchten
Mit umwallten Thor und Zinnen,
Horcht' ich auf, ob mir jetzt schnaubend
Nicht ein Feind entgegen stürmte.

O mir graute fast im Herzen,
Und doch fühlt' ich mich so wohlig
In der Einsamkeit und Oede,
Die so schauerlich gewaltig,
Einzig schön mich hier umringte
Und mit tausend, tausend Augen
Wie mit eingelegten Lanzen
Auf mich niedersah, die Seele
Mir erschütternd und erhebend.
Hier war Dietrich einst geritten,
Der von Bern mit Hildebrand,
Otnit mit der goldnen Brünne,
Und der starken Ecken Ausfahrt
Klang hier noch im Waldesrauschen
Wie vordem, da ihre Helme
Von dem Schlag der dichten Zweige
Wie Geläut von Glocken hallten.
Dieses Land gehörte Albrich
Mit dem unermessnen Horte
Und der luft'gen Nebelkappe;
Wo die amethystnen Zinken
Und die weißen Felsenhörner
In der Abendröthe glühen,
War der schöne Rosengarten
Luarins, des klugen Zwerges.
Wenn ich dann vom Thurme wieder
In die blühenden Gelände
Und ins weite Thal der Etsch sah,
Die nach Süden floß, dann kam mir
Unbezwinglich fast die Sehnsucht
Nach dem Sonnenland Italien
Und der ew'gen Stadt am Tiber,
Und zum Kaiser mocht' ich ziehen
Nach Apulien und Sicilien,

Um sein Angesicht zu sehen
Und die Stimme zu vernehmen,
Die der Christenheit gebietet.
So kam ich durch Schnee und Winter
Nun zu Euch, Herr Leutold, und —"
„Und bleibt hier!" fiel der ins Wort ihm,
„Kaiser Heinrich kommt nach Deutschland;
So lang wartet Ihr, vorüber
Muß er hier die Brennerstraße;
Wenn Ihr wollt, zieht Ihr dann mit ihm."
„Fügt Euch, Junkherr," sprach Hildgunde,
„Wie mein lieber Herr Euch anräth,
Es ist gut so, und Ihr seid uns
Als ein werther Gast willkommen!"
„Nun, mit Dank und Aberdank
Nehm' ich's an von Euch," sprach Heinrich
Jenen Zwei die Hände reichend.
„Recht, Tannhäuser!" sagte Walther,
„— Oder Heinrich Osterdingen,
Weiß nicht, was Ihr lieber höret, —
Recht so, daß Ihr bleibt auf Seben!
Wolln doch sehen, ob drei Sängern
Hier die Zeit zu lang wird, Freunde!
Wollen streben, schaffen, dichten
Und uns frohe Lieder singen
Wie die Vöglein, wenn der Mai kommt." —

Heinrich blieb nun auf Burg Seben,
Und im kleinen trauten Kreise
Ward ihm bald so wohl und heimisch,
Als hätt' er seit langen Jahren
Schon dazu gehört, und dennoch
Fühlte er sich manchmal einsam.
Zwar die Freunde, Walter, Leutold

Und Frau Hildegunds hatten
Sein Vertrauen schnell gewonnen,
Doch Tannhäuser war ein Andrer
Schon geworden, nicht mehr schüchtern, —
Heftig war er und begehrlich.
Wunsch war Alles, Wunscherfüllung
War ihm nur das andre Ende
Eines Fadens, der sich glühend
Durch sein rasches Denken hinzog.
Jede Lebensregung in ihm
Hatte ein Gefühl als Ursprung,
Gipfelte zuletzt auch wieder
In Gefühlen, und ihm hatte
Die Natur ein Herz verliehen,
Das der eignen Hingebung
Ebenso von Grund bedürftig,
Wie es volle Gegengabe
Ohne Rückhalt auch verlangte.
Aber nicht die Freundschaft konnte
Ihm das reiche Maß gewähren,
Mit dem tief Geheimnißvollen
Ihn beglücken, das ihn reizte;
Andres war's, was er begehrte.
Sah er wieder dann die Liebe
Ritter Leutolds und Hildgundens,
Wie die Beiden in einander
Ihrer Wünsche Ziel gefunden
Und im Aufblühn lieber Kinder
Ihre Freud' und Hoffnung sahen,
Kam beschwichtigende Ruhe
In sein heißes Herz, er fühlte
Dieses stillen Friedens Wohlthat
Im Gemüthe auf sich wirken;
Ernste, reinere Gedanken

Zogen bei ihm ein und machten
Sanft und sittig sein Gebaren.
Ja, dies Beispiel stets vor Augen,
Konnt' er selbst sich mit der Fernsicht
Auf ein so behaglich Dasein
An der Seite einer Gattin
Und am eignen Herd befreunden.
Wenig aber war Tannhäuser
— Und das war zu seinem Heile —
Hier sich selber überlassen.
Meistens für die Zeit des Winters
Hielten sich die Burggenossen
In der Halle Raum zusammen,
Sannen Mären aus und Lieder,
Sagten sie sich vor und halfen
Sich einander klärend, bessernd,
Suchten Töne auch und sangen
Sie zu Harfe oder Rotte
Und ertheilten gern den Kindern
Unterricht in manchen Künsten.
Häufig machten auch die Männer
Bei den reichern Hofbesitzern
Nachbarlich Besuch und ritten
Wohl einmal zum Grafen Eppan;
Doch nicht oft geschah's, denn welfisch
War der Graf gesinnt und lebte
Mit dem Grafen von Tyrol
In schon alter Ahnenfeindschaft.
Lieber gingen sie nach Brixen
Zu Herrn Eberhard, dem Bischof,
Der, ein Mann mit frohem Herzen,
Hochgelahrt dabei und würdig,
Gern aus seiner großen Sammlung
Ihnen Bücher lieh zum Lesen,

Was sie oft und viel benutzten.
Auf besondres Dringen Walthers
Lasen sie in diesem Winter
Cicero's berühmte Schriften.
Immer waren sie willkommen
Jenem rüstigen Prälaten,
Wie sie auch in Kirchenfragen
Sich voll Eifer mit ihm stritten.
Von dem stets schlagfert'gen Walther
Namentlich bekam der Bischof
Ueber Anmaßung des Papstes,
Pfaffenwirthschaft, Klosterunfug
Manch ein kräftig Wort zu hören.
Doch beim süßen Brutzelweine
Oder beim Gewächs von Seeburg
Schlossen sie dann wieder Frieden,
Und zu guter Letzt ertönte
Jedesmal ein lustig Liedlein
Und besiegelte die Freundschaft.

VIII.

Verhohlene Minne.

Und der Lenz kam und der Sommer,
Pfirsich reiften schon und Feigen,
Und der Sonne Gluthen kochten
Auch das süße Blut der Trauben.
An der steilen, heißen Halde
Ueberm Eisackthale zogen
Sich die Pergeln und Puntaunen,
Drüber sich die Reben rankten,
Stufenartig, reihenweise
Gleich langhin gestreckten Lauben.
Hoch am Berge unter einem
Dieser künstlichen Gehänge
Saß auf einem hölzern Bänklein
Osterdingen, vor ihm aber,
Leicht gelehnt an die Puntaune,
Stand ein lieblich blühend Mädchen.
Beide plauderten wie Freunde
Hier im Schatten dichten Weinlaubs,
Und nur all' die Trauben lauschten
Hinter ihren breiten Blättern,

Die im warmen Sonnenscheine
Keines Lüftchens Hauch bewegte.
„Aber wenn ich Dich nun frage,
Liebe Otta," sprach Tannhäuser,
„Ob sich niemals in Dein Herzchen
Hat ein ander Bild geschlichen,
Als von Vater oder Mutter,
Was wirst Du darauf erwidern?"
„Eingeschlichen?" sagte Otta,
„Ja, warum denn eingeschlichen?
Meines Herzens Thür steht offen,
Und hinein, heraus kann Jeder
Ohne Brückenzoll und Weggeld.
Wie die Menschen mir begegnen,
Kommt von ungefähr wohl Einer
Auch mal wieder in den Sinn mir,
Der mir längst schon aus den Augen."
  „Aber wenn recht oft kommt Einer
Und recht lange auf Besuch bleibt,
Daß Du ihn aus Deinem Herzen
Gar nicht wieder los wirst, Otta,
Ist Dir das noch nie begegnet?"
  „Doch, Herr, und das warst Du selber
Damals, als Du mit Herrn Leutold
Und Herrn Walther zu uns kamest
Und beim rothen Weihnachtsweine
Meines Vaters ihr so froh wart,
Weißt Du's noch? es war im Frühling,
Und Du sangst so schöne Lieder
Und sahst dabei immer mich an,
Und dann kamst Du öfter wieder,
Sprachest auch mit mir und freundlich;
Damals, wenn ich dann allein war,
Mußt' ich Deiner viel gedenken,

That's auch gern, Du lagst am meisten
Mir im Sinn von allen Menschen."
„Und das ist jetzt anders worden?"
Fragte überrascht Tannhäuser.

„Jetzt, o jetzt sind wir ja Freunde,
Wie Du sagst, jetzt kenn' ich Dich,
Und wir sehn uns ja fast täglich;
Also brauch' ich nicht soviel mehr
Wie vordem an Dich zu denken,
Wo Du oftmals ungerufen
Dich in meine Seele drängtest."

„That ich das? o so verzeihe,
Wenn mein Bild Dir nachgewandelt
Wie Dein Schatten in der Sonne
Und bei Dir um Herberg flehte,
Ohne daß ich's selber wußte!
Sieh, so tauschten wir die Seelen,
Deine war bei mir, ich hielt sie
Fest in meines Herzens Kammer,
Und Dein Bild stand mir vor Augen
Tag und Nacht, in Traum und Wachen.
Wenn wir uns nun ein paar Tage
Gar nicht sahn, hatt'st Du nicht Sehnsucht
Dann nach mir? und hast Du niemals
Noch gewünscht, wir möchten immer
Ungetrennt beisammen bleiben?"

„Herr, Du bist ein edler Ritter,
Ich nur eines Bauers Tochter,
Winzerin nur, das bedenke!"

„O Du liebes, holdes Mädchen,
Züchtig wie ein Edelfräulein!
Wenn ich nun ein Hirte wäre
Auf der Alm mit eigner Herde,
Möcht'st Du dann wohl bei mir bleiben?"

„Weiß nicht, Herr! Du fragst zu Vieles,
Willst zu Vieles von mir wissen,
Woran ich noch niemals dachte,
Niemals denken mag," sprach Otta
Ihre langen Wimpern senkend.

Nicht daran gedacht und niemals
Daran denken mögen? fragte
In Gedanken sich Tannhäuser
Und begriff nicht, wie das möglich.
War denn dieses holde Wesen,
Das in lieblicher Verwirrung
Hier ihm gegenüber lehnte,
Dessen anmuthsvolle Schönheit
Er mit stillen Freuden schaute,
Nicht geschaffen wie zur Liebe?
Wohnte in der Jugendfülle
Dieser blühenden Gestalt
Nicht mit Wünschen und Gefühlen
Eine Seele wie die seine,
Stets bereit, das Glück der Liebe
Zu gewähren, zu genießen?
Wozu ist mit Kraft und Schönheit,
Reizumhüllt des Menschen Körper?
Wozu ist mit Lust und Sehnsucht
Glutherfüllt des Menschen Seele?
Wozu Wonne und Bewußtsein
Seiner Sinne ihm verliehen?
Wozu gab ihm Gott die Liebe? —
Diese Fragen schwirrten heimlich
Durch Tannhäusers Hirn, derweilen
Seine träumerischen Blicke
Unverwandt auf Otta ruhten,
Und er fand nur eine Antwort,

Wie des Minnehofes Schüler
Sie nicht anders finden konnte.
Und er sprang nicht auf vom Sitze?
Und er schlang nicht seine Arme
Jubelnd um das schöne Mädchen?
Preßte nicht die heißen Lippen
Auf den rothen Mund im Kusse?
Nein! ihn fesselte und bannte
Eine fromme Scheu vor Olta,
Ob er gleich in seinem Herzen
Wirklich Liebe zu ihr fühlte.
Eines schlichten Bauers Tochter
Nannte sie sich selbst und war's auch,
Doch es schwebte um das Mädchen
Eine unbewußte Hoheit.
Wie gefällig, unwillkürlich
Sich in jeglicher Bewegung
Angeborne Anmuth kundgab,
Also sprach in ihren Zügen
Sich ein seelisch vornehm Wesen,
Einfach doch und ohne Stolz aus,
Das in einem reinen Herzen
Und warmsonnigen Gemüthe
Seine tiefe Quelle hatte.
Frei und unbefangen blickte
Sie den Menschen in die Augen,
Traf mit klugem, klarem Sinne
Für die richtige Empfindung
Immer auch den rechten Ausdruck.
Ihre heitre Ruhe konnte
Bis zur Lustigkeit und Schalkheit
Sich in Augenblicken steigern
Ohne jemals übermüthig
Kühnen Wunsch herauszufordern.

Und so wirkte ihre Nähe
Nicht berauschend, sinnbethörend,
Doch mit stillen, sanften Kräften
Ihres Freundes Herz bezwingend,
Das sich gegen solchen Eindruck
Freilich niemals lange sträuble.
Aber neu war die Erfahrung
Doch dem einst'gen Minnesucher,
Und des Mädchens Macht und Herrschaft
Ueber ihn ganz unerklärlich.
War er fern von ihr und rief er
Ihre blühende Erscheinung
Sich vor seiner Seele Spiegel,
So versenkt' er sich in Träume
Süßen Liebesglücks und malte
Mit der Bildnerkraft des Geistes,
Die ihm schrankenlos gehorchte
Wie kein Pinsel seinem Meister,
Schritt vor Schritt sich Lust und Freuden,
Deren oftmals mit Entzücken
Er gedachte, und in denen
Er nichts Sträfliches erkannte.
Dann verwarf er alle Zagheit,
Faßte muthige Entschlüsse,
Sann sich Worte aus und Reden,
Die er Oita sagen wollte;
Aber stand er ihr dann wieder
Gegenüber, sah die Jungfrau
So treuherzig ihm ins Auge,
Sprach sie mit ihm schlicht und einfach
Wie als Schwester mit dem Bruder,
War es wieder ihm unmöglich,
Und er kam damit nicht weiter,
Als bis zu den Fragen heute,

Die er, seines Herzens Wallung
Meisternd, wie im Scherze stellte,
Und auf die sie den Bescheid gab,
Der ihn, weil er ihn voll Hoffnung
So ganz anders sich erwartet,
Beinah außer Fassung brachte.
Wie war anders Brauch und Sitte
Doch in Avellenz gewesen,
Wo man auf der Minne Spuren
Mehr als halben Wegs entgegen
Und wie willig! ihm gekommen,
Wo ihm zweifellos bewiesen,
Daß doch Sehnsucht wie im Manne,
Und vielleicht noch stärker, heißer,
Wenn auch tiefer und versteckter,
Auch in Weibes Seele wohnte.
Frei auch durst' er sich gestehen,
Daß er später in Wildonie
Und dann auf den vielen Burgen
An der Drau sich ohne Mühe
Manches Frauenherz gewonnen,
Das in Liebe zu besitzen
Vielleicht nur von seinem Willen,
Meint' er, abgehangen hätte.
Und nun hier bei dieser Einen
War vergeblich Wunsch und Werben?
Wie er mehr darüber nachsann,
Kam er endlich zu der Meinung,
Daß der Frauen Art und Wesen
Sehr verschieden von einander
Und nicht unschwer zu durchschauen,
Daß nicht alle sei'n wie manche,
Eine kaum der andern gleiche.

Sehr enttäuscht und muthlos trennte
Sich Tannhäuser jetzt von Otta,
Stieg allein den Berg hinunter
Und begegnete im Thale
Walther von der Vogelweide.
Dieser kam daher mit Heimo,
Der mit seinem Kinderherzen
Sich an Walther innig anschloß,
Und den dieser beim Ergehen
Plaudernd unterwies in Manchem,
Was dem aufgeweckten Knaben
Anregung und Lust gewährte.
Als Tannhäuser diese Beiden
Hier im Thale antraf, wandte
Seine Schritte er mit ihnen;
Heimo überließ die Männer
Dem beginnenden Gespräche
Und brach Blumen, um der Mutter
Doch ein Sträußchen mitzubringen.
An dem kurz verlegnen Gruße,
Den Tannhäuser ihm geboten,
Merkte Walther schon, daß jenem
Die Begegnung nicht erwünscht sei,
Und nach einem raschen Blicke
In des Freundes Antlitz sprach er:
„Heinrich, Deiner Harfe Saiten
Sind verstimmt, ein Mißklang zittert
Ungelöst Dir nach im Herzen,
Und ich weiß auch, wer ihn anschlug,
Denn ich sah, von wessen Weinberg
Schritte Dich hernieder trugen,
Die kein Siegerglück beschwingte,
Und ein braves Mädchen ist es,
Das Dir Deinen Sieg gewißlich

Nicht mit leichtem Herzen wehrte."
Auf Tannhäusers Wangen flammte
Scham und Zorn, und heftig wollt' er
Schon ein barsches Wort erwidern,
Aber als er finstern Blickes
In die hellen, blauen Augen
Walthers sah, die so tiefsinnig,
So voll reiner Herzensgüte
Antheil nehmend auf ihm ruhten,
War ihm aller Groll entflogen.
Mit unsagbar mildem Lächeln,
Das des liebenswürd'gen Sängers
Mund wie Sonnenschein umspielte,
Sagte Walther: „Ruhig, Heinrich!
's ist ein Freund, der Dir ins Herz schaut
Und das Unkraut, das da wuchert,
Gern mit guten, ernsten Worten
Tilgen und ersticken möchte.
Seit dem Frühling schon mit Sorgen
Seh' ich Dich auf falschen Wegen;
Sage, wohin soll das führen?
Denke doch an Otta's Ruhe
Und an ihren Ruf und wecke
Ihr nicht trügerische Hoffnung."
„Sorge nicht um Otta's Ruhe!
Sie ist ruhig, o sehr ruhig,"
Sprach mit beinah bitterm Tone
Zu dem ältern Freund der jüngre,
„Denn sie ahnt nicht die Gefühle,
Die für sie mein Herz durchzittern,
Und mir stockt das Wort im Munde,
Wenn ich vor dem theuren Mädchen
Wie vor einer Heil'gen stehe,
Die in ihrer Engelsreinheit

Wie unnahbar, wie gefeit ist.
Doch ich kann nicht von ihr lassen;
Bin ich fern von ihr, verzehrt mich
Tiefe Sehnsucht, mein zu nennen,
Was ich wie den Schmelz der Blume
Nicht mal zu berühren wage.
Und das wühlt mir in der Seele,
Denn mir ist's wie Lebensodem
Eingehaucht und eingewurzelt:
Wo ich liebe, da begehr' ich,
Und wo ich begehre, will ich
Auch besitzen, was ich liebe!"

„Das ist Troubadoursgesinnung
Und Moral vom Minnehofe;
Zähme Deines Blutes Triebe
Und dem edleren Gefühle,
Das Dich vor der Stillgeliebten
Scheu und schüchtern sein läßt, folge."

„Ich will selber auch geliebt sein;
Liebe ohne Gegenliebe
Ist unmöglich mir zu denken.
Kommt mir Liebe nicht entgegen,
Kann ich sie mir nicht erwerben,
Nicht erflehen, nun so will ich
Sie ertrotzen und erzwingen,
Doch geliebt sein muß ich, Walther!"

„Warum mußt Du denn geliebt sein?
Rasch Begehren, frech Genießen
Ist nicht echte deutsche Minne,
Deutsche Minne liebt und schweiget."

„Hast Du selber es erprobt schon?
Hast Du es vermocht zu schweigen,
Wo Du liebtest?" — „Ja ich hab' es,
Hab' es, Heinrich!" sagte Walther,

„Dir will ich es anvertrauen,
Was noch nie ein Mensch erfahren.
Sieh' dort oben" — und er zeigte
Mit dem Finger nach Burg Seben —
„Wohnet eine Frau, holdselig
Wie an Tugend reich, ich aber
Liebte sie schon heiß und innig
Ins Geheim, als sie noch Jungfrau
Und noch unverlobt und frei war;
Und so lieb' ich sie noch heute,
Sehe sie beglückt von Liebe
In des Freundes Arm — und schweige."
„Frau Hildgunde?! Du! Du liebst sie?
Und erträgst es, im Besitze
Eines Andern sie zu sehen?
Hast es niemals ihr gestanden?
Hast auch nie um sie geworben?
Aber sag' mir, Walther, warum
Nahmest Du sie nicht zum Weibe?"
Walther blieb im Gange stehen,
Blickt' in Ofterdingens Antlitz,
Und um seine Lippen zuckte
Wieder jenes holde Lächeln,
Doch umschwebt von milder Wehmuth:
„Weil ich arm bin, Heinrich, darum!"
Sprach er, und die treuen Augen
Leuchteten in feuchtem Glanze.
Heinrich aber lief ein Schauer
Uebers Herz, er schwieg betroffen.
Weil er arm ist! wie? — so dacht' er —
Diesem Herrlichen und Hohen,
Der so reich an Kunst, so selig
Von der Minne weiß zu singen,
Diesem grade hat das Schicksal

Doch versagt das Glück der Liebe,
Weil er arm ist, der, ein König
Aller Sänger, stolz und prächtig
Im Genießen schwelgen sollte?
Und er trägt's und liebt und schweiget?
Und du wolltest wie ein Knabe
Dir verbotne Früchte stehlen
Und im Uebermuth ertrotzen,
Wenn ein Walther darbt und leidet? —
Beide schritten mit einander
Still dahin und Jeder hegte
Seine eigenen Gedanken.
Balde aber nahm die Rede
Walther wieder auf und sagte:
„Ich will nicht von Dir verlangen,
Daß Du Deine scheue Minne
Wegwirfst oder von Dir schüttelst,
Da ich selbst es nicht vermochte;
Doch Du mußt sie hüten, hehlen,
Wie Du sie bisher verhohlen.
Auf! Du bist ein Sänger, Heinrich!
Suche Trost Dir im Gesange,
Mach' das Herz Dir frei in Liedern,
Sinne, schaffe und vertiefe
In die Kunst Dich, alles Andre
So bewältigend, vergessend.
Und ich weiß, Du wirst im Leben
Nicht aus Freude bloß und Sanglust,
Nein, wohl auch im tiefsten Leide
Noch zu Deiner Harfe greifen.
Wenn das Schicksal Dich geschlagen,
Dich gemartert und gebeugt hat,
Wird Dir aus dem Klang der Saiten
Friede und Erlösung strömen

Und Begeist'rung Dich erleuchten,
Die Dich über Angst und Elend
Der Verzweiflung hoch empor hebt.
Das ist, Freund, das Loos des Sängers,
Ist sein Fluch und doch sein Segen;
Aufgespart für ihn sind Schmerzen,
Womit andre Menschenkinder
Gar verschont hienieden bleiben,
Und bereitet sind ihm Wonnen,
Wie sie andre Menschenherzen
Niemals nur von ferne ahnen.
Nicht der immerwährend heitre,
Wolkenlose Lebenshimmel,
Nein, die wildesten der Stürme,
Die die Seele ihm durchtoben,
Kampf und Noth und Drangsal sind es,
Die zuletzt den wahren, echten,
Die den großen Sänger machen,
Die zur Freiheit ihn, zum Siege,
Zu des Ruhmes Gipfel führen.
Heinrich, wenn die Zeit erfüllt ist,
Denk' an mich, Du wirst's erfahren!" —
Keiner sprach mehr, Beide schritten
Zu der Burg hinauf mit Heimo,
Doch von Walthers Prophezeiung
War Tannhäuser im Gemüthe
Mächtig, ahnungsvoll erschüttert,
Und es kam ihm die Erinnrung
An den letzten Traum der Mutter.

Hoch im kleinen Thurmgemache,
Das man ihm auf seine Bitte
Eingeräumt, saß nun Tannhäuser,
Hatte Pergament und Tinte

Vor sich und gab mit dem Schreibrohr
Form und Sprache den Gedanken,
Die ihm damals auf dem Ritte
Durch das wilde Schlerngebirge
Zwischen hohen Felsenkegeln
Aufgetaucht, und die er sinnig
Zu umfänglichem Gedichte
Voller Märchenzauber ausspann,
Das er „König Luarin
Und sein Rosengarten" nannte.
Doch er hielt's geheim, vergebens
Baten ihn die trauten Freunde
Auf der Burg, es ihnen stückweis
Vorzulesen, nur vollendet
Sollten sie es kennen lernen.
Aber wie die frohe Arbeit
Ihn auch fesselte und spannte,
Konnte sie ihm die Gedanken,
Die auf Otta's Spuren schweiften,
Doch nicht ganz und gar vertreiben.
Wenn er da in seinem Sange
Von der lieblichen Similde
Etwas hinschrieb und erzählte,
Wie sie ihrem Bruder Dietlieb
Unter jenem Lindenbaume
Aus den Augen schnell entrückt ward,
Mußt' er wieder Otta's denken,
Die ihm ebenso entschwunden,
Weil er selbst sich vorgenommen,
Sie auf lange Zeit zu meiden,
Und in Stunden solcher Stimmung
Kam es ihm wie angeflogen,
Und er mußte seiner Sehnsucht
Worte leihn in manchen Liedern.

Bleib stehn! daß nur ein Hauch vom Winde,
Der über Deine Wangen geht,
Des durst'gen Athmers Lippen finde,
Eh' er im weiten All verweht.
Er wallt so mild wie Maienlüfte,
So würzig süß wie Blumendüfte,
Doch käm' er auch wie Eisespfeil
Hoch von der Alpen Gletscherflur,
Willkommen wär' er, brächt' er nur
Mir Deines Odems kleinsten Theil.

O zürn' ihm nicht ob seinem Raube,
Den er zu mir herüber lenkt,
Und zürn' auch mir nicht, wenn ich glaube,
Du habest ihn für mich beschenkt.
Mein Herz allein will er bethören,
Sonst Keiner kann ihn sehn und hören
Den Boten, der wie Schwalbenflug
Den einz'gen Kuß, in Luft getaucht,
Im Abendroth dahin gehaucht,
Von Deinem Mund zu meinem trug.

Für alle die Schätze, für alle die Ehre,
Für alle die Freude des fröhlichen Mai
Gönnt' ich mir selber nichts minder noch mehre,
Als daß die Vielgute zu eigen mir sei.
Ein holdes Erröthen, ein minniges Grüßen,
Mit blanken Armen ein sanftes Umfahn,
Ich wollt' es mit Hungern und Dürsten verbüßen,
Und wäre dabei doch nicht Sünde gethan.

So vieles begehren, so wenig erlangen,
So stetes Gedenken, so seltenes Sehn,
In Träumen sich trösten, in Sorgen sich bangen,
Mit Blumen sich kränzen, vor Trauer vergehn,

Du leidige Lust und ihr wonnigen Schmerzen,
Du Lachen und Weinen in einem Gesicht,
O laßt mich in Frieden, nehmt Urlaub vom Herzen
Und schweiget und schwindet im kommenden Licht!

———

Du zähltest wohl die Regentropfen
Und alle Blätter im Grödner Thal,
Eh' daß Du meines Herzens Klopfen
Verstündest und der Sehnsucht Qual.
Umsonst such' ich in Deinen Blicken
Durch Deiner langen Wimpern Nicken
Nach einer Hoffnung Sonnenstrahl.

Und wenn ich Deiner nur gedenke,
Wie wird es mir im Busen heiß!
Doch still! aus dieses Thales Senke
Brech' ich mir bald das letzte Reis.
Fahr wohl! und daß Dich Gott behüte
In Deiner sternenkeuschen Blüthe,
Du felsumgürtet Edelweiß!

———

Einstens, als auf stillem Wege
Er im Thale einsam hinschritt,
Traf Tannhäuser unvermuthet
Unter schattender Kastanie
Otta sitzen, ganz versunken
Und nicht wissend, daß ein Blümlein
Sie in ihrer Hand zerpflückte.
Sie erschrak bei seinem Anblick
Heftig bis zur Stirn erröthend
Und verhüllte schnell ihr Antlitz.
Da umschlang er sie und fragte:
„Woran dachtest Du denn, Otta,
Daß Du so vor mir erschrocken?"

Aber unter leisem Schluchzen
Schüttelte sie stumm das Haupt nur,
Und sie an sich drückend frug er:
„Hast Du mich denn lieb, o Liebe?"
Sie entzog sich sanft ihm, sah ihn
Tief und traurig an und sagte
Unter hellen Thränen zitternd:
„Herr, was hab' ich Dir gethan?
Bin ich leck und ungebührlich
Dir begegnet, daß Du lange,
Lange Dich von mir geschieden?"
Sprachlos stand er vor dem Mädchen,
Das in seiner Herzensunschuld
Mit der demuthvollen Frage
Und dem thränenfeuchten Blicke
Seine Neigung ihm verrathen.
Was ihr sagen? seine Liebe
Ihr gestehen? niemals! niemals!
Denn er hatte sich geschworen
Zu verschweigen, was er fühlte,
Und er glaubte nah die Stunde,
Wo auf Nimmerwiedersehen
Er von hinnen ziehen würde.
„Otta! liebe Otta!" rief er
Und fand keine andern Worte;
Doch er streckte ihr die Hand hin,
Die sie nahm und leise drückte,
Und dann sprach sie: „Herr, nun weiß ich's,
Daß Du mir nicht grollst im Herzen,
Nun lebwohl! lebwohl auf immer
Und gedenke mein im Guten!"
Dann entwich sie und schritt eilig
Von ihm fort zum Hof des Vaters.
Er stand da wie angewurzelt,

Wollt' ihr nach und war am Boden
Wie gefesselt doch, er konnte
Nicht mal ihren Namen rufen.
Wie ein fliehend Glück entschwand sie
Seinem träumerischen Blicke,
Und er ging zur Burg und setzte
Sich mit Eifer an die Arbeit.

Wochen schwanden, fertig endlich
War der Sang vom Zwergenkönig,
Und nach ungeheurem Kampfe,
Drin die Zwerge und die Riesen
Todtgeschlagen, Luarin selbst
Ueberwunden und gefangen,
Waren aus dem Zauberberge
Frei die Amelungenhelden.
In dem Pergamentheft blätternd
Freute sich der fleiß'ge Sänger
Des mit Lust geschaffnen Werkes,
Und am Schluß schrieb er darunter:
Der dies Lied gemacht hat, das ist
Heinerich von Ofterdingen.
Jetzt verbarg er's auch nicht länger,
Und an einem Herbsttag trat er
Mit dem Hefte in die Halle,
Wo die Andern just versammelt.
Groß die Freude und noch größer
War die Spannung, lesen mußt er's
Und that's gerne, Alle lauschten,
Selbst die Kinder durften's hören,
Ob's auch manche Stunde währte.
Als er dann geendet, ward ihm
Aller Beifall, und ihr Glückwunsch
War so innig und so freudig,

Als wenn damit Jedem einzeln
Heil und Segen widerfahren.
Jeder dankt' ihm auch besonders;
Hadmut brachte als Geschenk ihm
Einen schön gestickten Lendner,
Den sie mit der Mutter Hülfe
Heimlich für ihn angefertigt;
Giselher und Heimo mußten
Ihm auf das Geheiß des Vaters
Einen Ehrentrunk kredenzen;
Mechtild flocht mit flinken Händen
Ihm von Immergrün ein Kränzlein,
Das sie selbst aufs Haupt ihm setzte,
Und Frau Hildegund besorgte
Für sie All' ein fröhlich Festmahl.
Ritter Leutold sagte scherzend:
„In Held Wittich hast Du selber
Dich gezeichnet, lieber Hitzkopf!"
Walthers blaue Augen aber
Funkelten vor Lust und Freude,
Und Tannhäuser herzlich, stürmisch
In die Arme schließend sprach er:
„Bist ein Sänger! bist ein Sänger!
Das sag' ich! die Welt wird's merken!"
Er allein von Allen wußte,
Daß der Sang vom Rosengarten,
Der so heiter und lebendig
Und so glänzend auch und wuchtig,
Eine Frucht war der Entsagung,
Angefangen und vollendet,
Um das Leid verhohlner Minne
Im Gesange zu vergessen.
Ueberglücklich war Tannhäuser;
Aber von den vielen Liedern,

Die er nebenbei gedichtet,
Schwieg er weislich still und hoffte,
Daß er sie dem Fiedelvogte
Wieder einmal geben könnte,
Der dann sicher dafür sorgte,
Daß sie auch gesungen würden.

Sehnlichst wartete Tannhäuser
Nun auf Kaiser Heinrichs Ankunft,
Um sich seinem Zug nach Deutschland
Im Gefolge anzuschließen.
Da kam eines Tags die Kunde
Von dem Tode des Gewalt'gen
Und erfüllte die Gemüther
Ueberall mit Schreck und Trauer.
Er, der Stolze, Unbeugsame
War nach eiseskaltem Trunke,
Den er jäh, erhitzt vom Jagen,
In dem Walde von Augusta
Selbst sich schöpfte, zu Messina
In der Blüthe seiner Jahre,
Auf der Höhe seiner Weltmacht
Hingerafft von jenem Stärkern,
Der allein ihn zwingen konnte.
Wer von den Lebend'gen hatte
Kraft genug, des Reiches Zügel,
Die dem Mächtigsten von Allen,
Die sie je geführt, entsunken,
Jetzo in die Hand zu nehmen?
Heinrichs Sohn, des Thrones Erbe,
Friedrich, zwar erwählter König,
War ja noch ein hilflos Kindlein.
Heinrichs jüngrer Bruder Philipp
War ein milder, sanfter Jüngling,

Hoch begabt, freigebig, freundlich
Und von unermeßnem Reichthum,
Aber Stürmen nicht gewachsen,
Die von allen Seiten drohten.
Doch auf seine blonden Locken
Mußte er die Krone drücken,
Nach der sich schon andre Hände,
Aufgehetzt von den Parteien,
Unterstützt von starken Helfern,
Neidisch und begierig streckten.
Uebers weite Reich gezogen
Kamen böse, finstre Zeiten,
Ueberschwemmung, Raub und Plündrung,
Hungersnoth und Heuschreckschwärme;
Nacht ward's, Bürgerkrieg und Faustrecht,
Feinde rings und Widersacher,
Die Gewalt fuhr auf der Straße,
Und kein Heinrich, sie zu bänd'gen!

Auch die Freunde auf Burg Seben
Fühlten sich bedrückt, beklommen,
Und Tannhäuser wollte reiten.
Denn nun gab's im Reiche Fehde,
Also wünscht' er fast und wollte
Für die Hohenstaufen kämpfen.
Aber Leutold rieth ihm ernstlich,
Noch den weitern Lauf der Dinge
Bis zum Frühling abzuwarten.
Also blieb er noch und machte
In der Winterszeit die Reinschrift
Seines Sangs vom Rosengarten.
Dreimal schrieb er's ab und schenkte
Eins der Hefte Frau Hildgunde.
Ach! das war ihm eine Mühsal,

Der Geduld zur harten Probe.
Helfen wollt' er sich nicht lassen,
Doch schon bei der zweiten Abschrift
Mußt' er an das bittre Stöhnen
Bruder Fruti manchmal denken,
Wenn im Abamunter Stifte
Der „etwas zu schreiben" kriegte.
Balde nahte so das Christfest,
Das in der geschmückten Halle
Unterm grünen Weihnachtsbaume
Von den Wirthen und den Gästen
Mit dem ganzen Burggesinde
Fromm und froh begangen wurde,
Und das jede düstre Sorge
Von den Feiernden verscheuchte.
Aber in des neuen Jahres
Ersten Wochen schallten wieder
Mönchgesang und Todtenklage.
Cölestin, der hochbetagte
Stellvertreter Christi, hatte
Alles Zeitliche gesegnet,
Und den Stuhl des heil'gen Petrus
Hatte Innocenz bestiegen,
Der gewaltigste der Päpste,
Der an Herrschergeist und Hochmuth
Wie an Willenskraft und Klugheit
Niemals seines Gleichen hatte.
Nun begann der Kampf auf's Neue
Um die höchste Macht auf Erden,
Und jetzt stand dem Hohenstaufen
Rom unbeugsam gegenüber.
Seinen Gegnern überlegen
War der Papst, und preisgegeben
Ohne sturmerprobten Führer

Das gespaltne Römische Reich.
Walther von der Vogelweide
Ging das Unglück tief zu Herzen,
Gram und Grimm und Streitsucht füllte
Seine hochgemuthe Seele,
Und er griff zu Wehr und Waffen,
Die dem Sänger nur gegeben.
Treffend wie des Papstes Bannstrahl
Schleuderte er scharfe Lieder
Gegen Rom, und pfeilgeschwinde
Flogen sie durchs Reich, als wären
Sie auf Fittige von Falken
Statt auf Pergament geschrieben.
Als nun gar die stolzen Welfen
Dem gekrönten Hohenstaufen
Philipp einen Gegenkönig
In dem kampfgestählten Otto
Trotzig gegenüber stellten,
Brannte Walthers Zorn in Flammen.
Und doch war das Maß des Leides
Noch nicht voll dem kühnen Sänger.
Schon war's wieder Mai geworden,
Als der Fiedelvogt zur Burg kam,
Froh begrüßt von All'n, am frohsten
Von Tannhäuser, den zu finden
Auch der Spielmann hoch erfreut war.
„Hartmann von der Aue schickt mich,"
Sprach Spervogel, „Ihr sollt Alle
An den Hof zu Wiene kommen;
Herzog Friedrich ging zu Grabe,
Leopoldus gloriosus
Ist nun Herr und will die Sänger
Um sich sehn als seine Gäste."
Tief betrübt vernahm es Walther:

„So ist hin mein letzter Hort auch,"
Sprach er seufzend, „Herzog Friedrich!
Wenig hab' ich ihm zu danken,
Doch er war mir ein Beschützer,
Und jetzt bin ich so verlassen,
Arm und schutzlos wie ein Bettler,
Dem versperrt das Thor der Sälde."
„Walther!" rief der Ritter Leutold,
„Bin denn ich auch Dir gestorben?
Meine Burg ist auch die Deine!"
Doch der hört' ihn kaum und sagte:
„Nicht nach Wiene geh' ich wieder,
Leopold denkt meiner feindlich,
Weiß das Hartmann nicht? ich wende
Mich zum Hohenstaufen Philipp,
Mein Platz ist in seinem Lager;
Er auch ist ein Freund der Sänger,
Seinen Namen will ich preisen,
Seiner Sache will ich dienen,
Mit ihm will ich stehn und fallen."
„Und ich reite mit Dir, Walther!"
Rief Tannhäuser. „Nein!" sprach Leutold,
„Er hat Recht, am Königsthrone
Ist jetzt unsers Walthers Stelle,
Und ich halt' ihn nicht, Du aber
Ziehst nach Wiene, und ich bleibe,
Wo ich bin und hingehöre."

So geschah's; nach schwerem Abschied
Von den edlen Burgbewohnern
Trennten sich die treuen Freunde.
Walther zog zu König Philipp,
Und Tannhäuser ritt gen Wiene.
Als er an dem Berg vorbeikam,

Blickt' er auf zu den Puntaunen,
Und da winkte aus den Reben
Ihm hervor ein rothes Tüchlein.
Er erwiderte das Grüßen
Lebhaft mit bewegtem Herzen
Und ritt seine Straße weiter..
Doch nach Schicksals Schluß und Wendung
Sollte Jahr und Tag vergehen,
Ehe er zu Wiene ankam.

IX.

Am Hof der Babenberger.

Zu Ende war das glänzende Turnier,
 In hohen Haufen lagen Lanzensplitter,
 Vom Haupte banden Helm und Härsenier
Sich tausend Ritter.
Zahllose Speere waren da verstochen,
Manch Helm zerschroten, mancher Schild zerbrochen,
Manch eine Rüstung war verloren
Und manche Sicherheit geschworen.
Grieswärtel, Knappen, Knechte liefen,
Herolde, Kroyer, Büttel riefen,
Spielleute fiedelten und sangen,
Und Bären tanzten, Affen sprangen.
Da schlug sich fahrend Volk um Beute,
Da hatten Krämer, Handwerksleute
Mit Zelten, Buden, Karren, Wagen
Rings um den abgesteckten Plan
Ihr Wanderlager aufgeschlagen.
Doch innen in der weiten Bahn
Da blitzt' und funkelt' es von Waffen,
Von bunter Fähnlein Schmuck und Zier,

Von Edelsteinen und Agraffen,
Von Federkranz und Helmzimier,
Von Silberborten, goldnen Schnüren
Und vielem prächtigen Gebild
Auf reich gestickten Couvertüren,
An Eisenkleid und Wappenschild.
Nun schallten Pauken und Posaunen
Und Flöten, Zinten, und Schalmei'n,
Und Alles sah mit Lust und Staunen
Auf der beglückten Sieger Reih'n.
Die ordneten sich an den Planken,
Gefolgt von Knappe und Garzun,
Und ritten langsam an die Schranken
Hin zu des Herzogs Pavellun.
Da saßen auch die schönen Frauen
So rechts wie links im halben Rund
Mit spielenden Augen, stolzen Brauen
Und rothem, rosenlachendem Mund.
Jetzt unterm seidnen Baldachine
Erhob sich Herzog Leopold
Und grüßte seine Paladine.
Auf seinen Wink, gnädig und hold,
Ließ der Turniervogt weit hinaus
Den lauten Heroldsruf erklingen
Und rief als ersten Sieger aus
Den Ritter Heinrich von Osterdingen.
Da brauste Jubel durch die Schaaren,
Ein Blumenregen schwirrt' und flog,
Die Hörner schmetterten Fanfaren,
Tannhäusers Herz schlug himmelhoch.
Und nach ihm Jeder, dessen Name
Verkündet, stieg vom Roß und ging,
Wo aus den Händen einer Dame
Er den Turnierdank gern empfing.

Die konnte Jeder sich erkiesen;
Tannhäuser hatte schon gewählt,
Und vor Jukunde von Streitwiesen
Bog er das Knie, harnischumstählt,
Die hocherfreut des Amtes pflegte
Und um des Siegers Panzerring
Die schwere goldne Kette legte,
Daran des Herzogs Bildniß hing.
„Seid Ihr mein Ritter?" frug sie leise,
„Ja, Fraue!" flüstert' er zurück,
Erhob sich und trug aus dem Kreise
Sein offen und sein heimlich Glück.
Da wurden vieler Frauen Wangen
Bald bleich, bald roth in stillem Leid,
Aus vielen schönen Augen sprangen
Die Funken von verhohlnem Neid,
Weil Alle gern den Einen mochten,
Der Sängerruhm und Siegerglanz
Sich um sein lockig Haupt geflochten
Zu einem reichen Ehrenkranz.
Den Schönsten, Stattlichsten im Schwarme
Begehrte Jede sich allein,
Und Jede mocht' in seinem Arme
So Sieg'rin wie Besiegte sein.
Doch Einer hatte finstern Blickes
Die leise Zwiesprach wohl gesehn;
Als Folge seines Mißgeschickes
Beim Tjost war Haß schon im Entstehn,
Nun fühlte in des Herzens Giere
Von Eifersucht noch Höllenpein
Der zweite Sieger im Turniere,
Der Ritter Turs von Rauchenstein.
Als Jeder, der sich einen Preis erstritten,
Mit seinem Dank geschmückt das Heergewett,

Ward feierlich in langem Zug geschritten
Zum fürstlichen Bankett.
Der Herzog löste die Gefangnen aus
Und bei den Wirthen auch die Pfänder alle,
Und wenn ein Roß verbugt war in dem Strauß,
Dem schenkt' er eins aus seinem eignen Stalle.
Vom Harnischruß und Rahm gereinigt, saß
Tannhäuser nun beim Klang von Harf' und Zither;
Der, jüngst noch Knappe, mit dem Feind sich maß,
Wie ward er Ritter?

Als Urlaub von Tyrol genommen
Tannhäuser zu dem Ritt nach Wien,
Sah er, bis Judenburg gekommen,
Dort reisig Volk die Straße ziehn.
Den Ungarn galt es; König Emrich rächte
Den Schutz, den Andreas, sein Bruder, fand
Bei Herzog Leopold in Wien, und schwächte
Oestreichisch Grenzgebiet mit Raub und Brand.
Da gab es Krieg; doch Streit und Orlog kannte
Friedrich von Pettau, ein erfahrner Held.
Tannhäusers Herz in Kampfeslust entbrannte,
Und ungeduldig zog er mit ins Feld.
Er stritt und stach sturmkühn mit seiner Lanze
Und ward ein Sanct Georg dem Heere werth,
In Sprüngen flog sein Hengst zum Waffentanze,
Und helle Feuerschläge schlug sein Schwert.
Stets leuchtete voran den tapfern Schaaren
Sein hoher Helm im wildesten Gewühl,
Dem Freunde helfen und den Feind nicht sparen
War in der Schlacht sein einziges Gefühl.
Als bei Großsonntag in dem Peßnitzthale
Des Krieges blutige Entscheidung fiel,
War er es, der gleich einem Wetterstrahle

Der Ungarn Reihn durchbrach zum letzten Ziel.
Beim Rückmarsch wandelte dem Heereszuge
Schon weit voraus Tannhäusers Ruf und drang
Gleich einer Wundermär dahin im Fluge,
Wo schon des Sängers Name ruhmvoll klang.
„Tannhäuser kommt!" so flüsterten die Frauen,
Von wunscherfüllter Hoffnung schon entzückt,
„Den Herrlichen, den Tapfern solln wir schauen,
Den schönsten Mann, der je ein Weib beglückt!"
Wen aber wie Orakelspruch und Segen
Das Lob der Frauen macht bekannt im Land,
Dem neigen sich die Rosen an den Wegen,
Der hat allstund den Ruhm in seiner Hand.
Er kam, und leichter ward ihm hier das Siegen,
Als bei Großsonntag in der Ungarnschlacht,
Denn für ihn stritt, die jeden Wall erstiegen,
Der Minne Macht.

Drei Monde fast war aus dem Krieg zurück
Tannhäuser schon und sucht' am Hof sein Glück,
Und Pfingsten ward es, und ein neu Jahrhundert
War an der Weltenuhr heraufgebracht,
Als Oestreichs Ritterschaft, geehrt, bewundert,
Versammelt war zu Wien in Pomp und Pracht.
Schwertleite gab es, Messe ward gelesen
Vom Erzbischof von Salzburg, Eberhard,
Der einst in Brixen Bischof war gewesen
Und dort Tannhäusers Freund vor Jahren ward.
Dann nach dem Hochamt in dem Stephansdom
Ließ Leopold sich feierlich bewehren,
Heinrich von Mödling, sein erlauchter Ohm,
Gab ihm den Ritterschlag mit hohen Ehren.
Zu Rittern schlugen dann geweihte Klingen
Dreihundert Knappen noch an diesem Tag,

Und es empfing Heinrich von Osterdingen
Vom Herzog selber seinen letzten Schlag.
So kam Tannhäuser zu den goldnen Sporen
Und schwang sein Schwert und tummelte sein Roß
Wie Einer, der zu Schildes Amt geboren,
Und war der werthen Ritterschaft Genoß.
Es wählte selbst sich Bild und Spruch der Held,
Als er sich mit dem Schilde ließ belehnen,
Um rothe Rose stand in weißem Feld:
„Der Minne Sang und Sehnen!"

Tannhäuser hatte in der Stunde,
Da er den Rittergurt empfing,
Erreicht, woran im Herzensgrunde
Von jeher seine Hoffnung hing.
Er fühlte, wie im neuen Stande
Ein neuer Geist auch ihn durchfloß,
Dem er zu Wasser und zu Lande
Hingebend sich zu weihn beschloß.
Ihm wuchs die Welt nach allen Seiten
Gleichwie von seiner Kraft gedehnt,
Als hätt' er aus den fernsten Breiten
Raum zur Bewegung sich entlehnt.
Hoch trug er's Haupt, und hoch und heilig
Hielt er auf seines Worts Gewicht,
That nichts so gern und nichts so eilig,
Als eine echte Ritterpflicht.
Die war sein Glück, sein Stolz, sein Streben,
Er sah im höchsten Glanz enthüllt
Sie immerfort vor Augen schweben,
War so von Thatendrang erfüllt,
Als müss' all Ungebühr auf Erden
Und jedes falsch gefallne Loos
Durch ihn gerächt, gebessert werden

Mit Waffengang und Fehdestoß.
Schon einen Blick faßt' er am Zügel,
Und däucht' ein Wort ihm wenig werth,
Gleich hatt' er einen Fuß im Bügel,
Und drohend eine Hand am Schwert.
Der Ritter glänzendster an Ehren,
Ein Stern in Nöthen und Gefahr
Mit Fug zu sein, war sein Begehren, —
Wußt' er doch nicht, daß er's schon war.
Wie er in seinem Thun und Lassen
Sich Andere zum Vorbild nahm,
So suchten diese zu erfassen,
Woher bei ihm das Leuchten kam.
Des Waffenhandwerks schwerste Probe
Zu Fuß, zu Roß, in Sturm und Streit
Bestand er mit dem reichsten Lobe
Und doch in lautrer Frömmigkeit.
Mit glaubensfestem Demuthsinne
Fehlt' er im Dom zur Messe nie,
Voll schwärmerischer Gottesminne
Zur reinen Himmelsmagd Marie
Fleht' er in ringendem Gebete,
Daß sie, die aller Christen Heil,
Vor Gottes Throne ihn vertrete
Um seiner Sünden erblich Theil.
Er wünschte, seinen Arm zu brauchen,
Von ihren Feinden sich ein Heer,
Von schwarzem Heidenblute rauchen
Sollt' ihn der Speer.
Doch wunderbar, wie mit der Erde
Der Himmel sich in ihm vertrug!
Wenn er mit brünstiger Geberde
Die Augen auf zur Wölbung schlug
Und wieder dann beim Niederschauen

Zufällig seinem Platze nah'
Nun eine von den schönen Frauen
In strahlender Verzückung sah,
So wogten streitende Gedanken
Durch seinen tiefbewegten Sinn,
Und seiner Andacht Schwingen sanken
Zur irdischen Erscheinung hin.
Er wußte kaum, ob noch sein Bitten
Der heil'gen Jungfrau einzig galt,
Ob's irrend nicht den Weg beschritten
Zu jener knieenden Gestalt.
Mit seiner Dame Antlitz schweben
Sah er die Himmelskönigin
Und hier von Glorienschein umgeben
Däucht' ihm das Haupt der Beterin.
Und da der Frauen Huld und Gnade
Ihm im Zenith des Lebens stand
Und ihn auf jedem seiner Pfade
Der Frauen Macht und Schönheit band,
Erschien ihm nun wie gottbefohlen,
Was Rittersitte schon geweiht,
Was Herzenswunsch ihm nicht verhohlen, —
Des Frauendienstes Freudigkeit.

Zu Wiene sah, wer sehen wollte,
Die schönsten Frau'n in reicher Zahl,
Es hatte, wer da wählen sollte,
Gar schwere Wahl.
Tannhäusers Blick im Kreise schweifte
Indem er jeden Vorzug wog
Und, wo er auch nur flüchtig streifte,
Doch prüfend eine Wahl vollzog.
Sein Aug' erging sich fröhlich weidend,
Doch ehrerbietig trat er nah,

In stillen Wünschen sich bescheidend,
Wo er so Wünschenswerthes sah
Und bei manch' rothem Mund sich dachte,
Wie süß von dem und dem ein Kuß,
Wie an der Brust, wenn Lieb' erwachte,
Und sich an jener ruhen muß.
Die Schönen schienen zu errathen,
Was ihm durch seine Seele ging,
Und wenn sie scheu und schüchtern thaten,
Als ob sie schon sein Arm umfing,
Floß Mancher doch ein leises Beben
Vom Scheitel bis zum Zeh herab,
Das weniger von Widerstreben,
Als süßem Sehnen Kunde gab.
Und Alle wurden sie gewogen
Dem jungen Ritter mehr und mehr, —
Wie leicht denn ist ein Herz belogen
Mit Hoffnung und belehrt wie schwer!
Von Vielen, die ihm Huld erwiesen,
Ihm Keine aber mehr verlieh,
Als wie Jukunde von Streitwiesen,
Als wie Ricchezza Montparis.
Ruhlos bemühten sich die Beiden
Wetteifernd um des Sängers Gunst,
Unmöglich war's, zu unterscheiden,
Was Liebe, was Verführungskunst.
Mit Eifersucht im Busen paßten
Sie heimlich sich auf Schritt und Tritt.
Verhehlten nicht, wie sie sich haßten
Und Jede durch die Andre litt.
War er zugegen, so belauschte
Die Eine neidisch Wort und Wink,
Was je die Andre mit ihm tauschte,
Und jeden leisen Augenblink.

Und war er fern, so rühmte Jede
Die Huld, die ihr der Held erwies,
Und Jede grollte bei der Rede,
Wenn ihre Gegnerin ihn pries.
Dann kam's zu Streit und Wortespalten,
Dem Spott begegnete der Hohn,
Es fehlte nichts, daß sie sich schalten
In der Erbittrung schärfstem Ton.
Todfeindschaft sprach aus allen Zeichen,
Und Unheil war vorauszusehn,
Denn Keine wollt' im Range weichen
Und Jede vor der Andern gehn.
Tannhäuser merkte von dem Allen
Wohl Manches, lächelte und schwieg,
Ließ sich den Kampf um sich gefallen,
Bis selber er entschied den Sieg
Und beim Turniere so bewährte,
Daß er, als ihn Jukunde frug,
Zu ihrem Ritter sich erklärte
Und fortan ihre Farben trug.
Da ließ der Sieger sich bekränzen
Von einer Hand, die treu nur schien,
Jukunde wollte mit ihm glänzen,
Ricchezza liebte ihn. —

Der Herzog hielt auf Glanz in seinen Hallen,
Sah gern am Hofe edler Gäste Drang,
Doch am willkommensten war ihm vor Allen,
Wer singen konnte, denn er selber sang.
Tannhäuser fand in Ehren hochgehalten
Die Sänger dort, Herrn Hartmann von der Au,
Heinrich von Morungen, Reinmar den Alten,
„Die süße Nachtigall von Hagenau,"
Den Schenk von Limburg und Herrn Gottfried Nisen,

Reinmar von Zweter, Wirnt von Grafenberg
Und, wohlbewandert in der Minne Briefen,
Den Truchseß von Sanct Gallen, Singenberg.
Sie waren Ritter und von ihren Liedern
Bekannt Tannhäuser, dessen Druck der Hand
Bei ihnen allen herzliches Erwiedern
Und gute Kumpanei und Freundschaft fand.
Ein junger Knappe lebte auch am Hofe,
Nithart von Reuenthal, doch Sänger schon,
Der heut die Dame, morgen ihre Zofe
Besang in kecken Uebermuthes Ton.
Und sein Vertrauter war ein Edelknabe,
Ulrich von Lichtenstein, der half dabei,
In ihm auch blühte des Gesanges Gabe
Und ach! die Lust an tollster Schelmerei.
Doch einer „Herrin" unterthan in Minne,
Trug schwärmend nach der Frauenritter Art
Ulrich Ida von Valchenbiel im Sinne
Und Nithart Adelheid von Plankenwart.
Die Damen ließen sich die Huldigungen
Und manchen abenteuerlichen Schwank
Gefallen von den beiden hübschen Jungen
Und ließen ihren Dienst nicht ohne Dank.
Als Poursuivans d'amour erhielten Beide
Un don de l'amoureuse merci zum Spiel,
Ein seidnes Busentuch von Adelheide,
Ein Strumpfband von Ida von Valchenbiel.
Sie überboten sich in Pagenstreichen
Und schonten Niemand, weder Alt noch Jung,
Und wußten doch manch' Herzchen zu erweichen
Mit Kuß und Stelldichein in Dämmerung.
Der Seneschall, Herr Kadold, hat's erfahren
Und Herr von Tribuswinkel auch, der Schenk,
Zumeist jedoch Hiltigrim von Grauscharen,

Der Küchenmeister, ist deß eingedenk,
Was sie den biedern Herrn für Possen spielten
Und ihnen Ränke spannen ohne Rast,
Mit manchem derben Spottlied auf sie zielten,
Das in Gemeinschaft beide sie verfaßt.

Herr Hiltigrim ist, wie er geht und steht,
Die Krone der Küchenmeister,
Wie Keiner, wo immer ein Spieß sich dreht,
Beherrscht er die Bratengeister.
Dafür genudelt und gespickt
Ist er mit Sorgen und Plagen,
Daß er die Tafel recht beschickt,
Sonst geht es ihm an den Kragen.
Doch mundet, was er buk und briet,
Heil! hochversippter Suppenschmied,
  Herr Hiltigrim von Grauscharen!

Er quirlt herum dem Herde nah,
Den Köchen rauchen die Köpfe,
Er kostet hier und kostet da
Und guckt in alle Töpfe.
Doch wenn die Tischtrompete schallt,
So kommt er aus den Küchen
Mit seiner Schaar, umdampft, umwallt
Von köstlichen Gerüchen.
Was aber auch die Tafel trägt,
Die beste Klinge selber schlägt
  Herr Hiltigrim von Grauscharen.

Er hat ein Bäuchlein wie ein Lurch
Und nelkenrothe Ohren,
Da scheint die liebe Sonne durch
Von hinten und von voren.

Er hat ein freundlich Doppelkinn
Von angenehmem Schwunge,
Er hat den allerschärfsten Sinn
In seiner feinen Zunge.
Man sieht, wenn er die Lippen leckt,
Daß es bis in die Zeh' ihm schmeckt,
   Herr Hiltigrim von Grauscharen.

Er ist wie eine Tonne schlank,
Umreist von Schwertes Fessel,
Sein Kürbiskopf ist glatt und blank
Gescheuert wie ein Kessel.
Er ist ein Held von Kopf zu Fuß,
Ein Mann an seinem Platze,
Reicht Jedem gern zu Druck und Gruß
Die kleine, dicke Tatze.
Heil, Herr! schafft uns ein gut Gericht,
Versalzt uns auch die Suppe nicht,
   Herr Hiltigrim von Grauscharen!

Herr Kabold und der Schenk, die schon bei Jahren,
Erhielten einst ein Brieflein zugesteckt,
Und da des Lesens sie nicht kundig waren
Und auch nicht Jedem hätten sich entdeckt,
So baten sie Tannhäuser, es zu lesen,
Welch eine Weisheit wohl die Schrift verschloß,
Weil er mit seinem lieben, treuen Wesen
Am Hofe schon ein groß Vertraun genoß.
Doch Keiner wußte von des Andern Briefe,
Und Jeder forderte in Heimlichkeit,
Um welchen Dienst er ihn zu Hülfe riefe,
Vom jungen Rittersmann Verschwiegenheit.
  Ein Fräulein, das im Briefe sich nicht nannte,
Sandt' Herrn von Tribuswinkel Gruß und Wort,

Indem es seine Liebe ihm bekannte,
Und schrieb zum Stelldichein ihm Zeit und Ort,
Der in der Hofburg einsam und entlegen,
Fern vom bewohnten Raum, ein Kämmerlein,
„Und" — schloß der Brief — „der größern Freude wegen
Bringt ein Pastetlein mit und etwas Wein,
Mit Senna und Jalappe stark gemischet,
Mit Koloquinten und Rhabarbersaft
Und dann mit süßem Honig angefrischet, —
Ein Tränklein ist's von ganz besondrer Kraft!"

Herrn Kabolds Brief war auch von einer Dame,
Und jede Zeile sprach von Liebesnoth,
Doch fehlte auch in ihm der Schreibrin Name,
Die den Herrn Seneschall zu sich entbot
In den Baumgarten um die Abendstunde,
Wo sie im sichern Schutz der Dunkelheit
Lustwandelnd ihm versprach vielsüße Kunde,
Wenn er zum trauten Stelldichein bereit.

Der Schenk, um seinen Würzwein sehr beflissen,
Sieht in der Mischung einen Liebestrank
Und stiehlt sich ein, bepackt mit Leckerbissen
Und voller Hoffnung auf der Schönen Dank.
Er wartet auf das Liebchen lange, lange
In dem ablegnen, stillen Kämmerlein
Und trinkt mit Lust in seines Herzens Drange
Dreiviertel von dem selbstgebrauten Wein.
Des Harrens satt will er von hinnen schleichen,
Doch weh! von außen ist die Thür versperrt,
Will seinem Zorn nicht wanken und nicht weichen,
Wie er auch tritt und tobt und reißt und zerrt.
Sein Rufen nützt ihm nichts, er ist gefangen
Mit der Pastete und sitzt fest in Haft,
Erkennt, daß er gefoppt, ins Garn gegangen,
Und spürt die Wirkung, die der Trank ihm schafft.

Zu leben hat er ja, des Hungers Plage
Wird nicht so balde dem Verstrickten nahn,
Doch sucht man ihn umsonst zwei ganze Tage
Und sorgt, er habe sich ein Leids gethan.
 Der Seneschall hat's glücklicher getroffen;
Er wandelt bei gedämpftem Mondenschein
Und glaubt schon nah erfüllt sein kühnstes Hoffen,
Am Arme ein verschleiert Mägdelein.
Sie geht einher mit kleinen Trippelschritten,
Seufzt tief und bang bei seiner Rede Fluß,
Verstattet ihm auch auf sein stürmisch Bitten
Ein sanft Umfahn und einen flücht'gen Kuß.
Die nächste Nacht dasselbe Händedrücken,
Daß des Verliebten schmachtend Herz entbrennt,
Sie kichert leise, wenn er vor Entzücken
Sie Herzenspüppchen, süßes Täubchen nennt.
Als Tags darauf Tannhäuser ihm begegnet,
Küßt er die eignen Fingerspitzen sich,
„Ein Engel," säuselt er, „hat mich gesegnet,
Und ach! wie unschuldsvoll und minniglich!"
 Nun kam Tannhäuser das Gerücht zu Ohren,
Von dem der Hof schon in Allarm gebracht,
Daß Herr von Tribuswinkel ging verloren;
Da regt sich ihm ein finsterer Verdacht.
Des Kämmerleins im Briefe muß er denken,
Zum Stelldichein beschrieben und erklärt,
Er eilt dahin und findet dort den Schenken
In einem Zustand, der bejammerswerth.
Heiß dankt ihm, der befreit aus seiner Grube,
Und fäusteballend schwört er Stein und Pein:
„Kein Andrer that's, als der verdammte Bube,
Der Nithart oder auch der Lichtenstein!"
 Tannhäuser denkt: ob mit dem Seneschalle
Die Sache auch so ihren Haken hat?

Am Ende ging auch der in eine Falle;
Er birgt sich Abends hinter Busch und Blatt
Und sieht das Pärchen Arm in Arme kommen;
Schnell springt er vor, wie sie vorübergehn,
Und spricht: „Verzeiht, Herr, was ich unternommen!
Habt Ihr Eu'r Fräulein schon bei Licht besehn?"
Die Dame wird trotz Sträuben festgehalten,
Und sieh! im Schloß bei hellem Fackelschein
Entpuppt sich aus der Frauenkleidung Falten
Der muntre Junkherr Ulrich Lichtenstein.
Herrn Kabolds Wuth brach so durch alle Schranken,
Daß er „den Schuft" am liebsten umgebracht;
Er brauchte sich für Spott nicht zu bedanken,
Es wurde lange nicht soviel gelacht.
Wie sehr auch Ida sich und Adelheide
Mit mancher Huldin, der der Spaß gefiel,
Verwandten für die Missethäter beide,
Sie mußten büßen für ihr loses Spiel
Und kamen beide hinter Kerkergitter
Für ihrer Streiche stete Wiederkehr;
Nun aber hatt' am Hof der junge Ritter
Zwei Merker mehr.

Ihn kümmert's nicht, es machte
Ihm kleine Furcht und wenig Leid,
Er hatte Recht gethan und dachte
An seinen Rittereid.
Doch die Vergeltung sollte kommen,
Und bitter ward ihm eingetränkt
Das Schutzamt, das er übernommen,
Von jenen Zwei'n, die er gekränkt.
Die Wochen wechselten gleich Tagen
Am üpp'gen Hof, die Freude sprang
Von Ritterspielen zu Gelagen,

Von frohen Festen zu Gesang.
Und immer that in höf'scher Sitte
Tannhäuser Allen es zuvor,
Er war in jedem Kreis die Mitte
Und gab den Ton an für den Chor.
Das weckte Neid, der immer willig
Zu bösem Leumund ist, man fand,
Daß er beim Herzog mehr als billig
In Freundesgunst und Ansehn stand.
Da waren es die Ueberführten,
Ulrich und Nithart, die voll Haß
Auf Rache sannen, logen, schürten
Und hetzten ohne Unterlaß.
Durch Zufall hatten sie erfahren
Tannhäusers unbedachte That
Auf Dürrenstein vor sieben Jahren,
Das blies man auf zu Hochverrath.
Kadold und Tribuswinkel warnten
Den jungen Ritter als bedroht
Von Schlingen, die ihn leis' umgarnten,
Er aber lachte ihrer Noth.
Und auch der edle Herzog lachte,
Der sich nun selbst darauf besann,
Als man das Ding ihm hinterbrachte,
Und rief den Freund zu sich heran:
„Ich sollte Dich in Ketten legen
Ins Burgverließ auf Dürrenstein
Um Deines Hochverrathes wegen,
Den König Richard zu befrei'n,
Wie schlecht mein Vater ihn gebettet,
Ich war dem Löwenherz'gen gut
Und hätt' ihn selber gern gerettet,
Bewunderung verdient Dein Muth.
Und weil auch in dem Ungarnkriege

So strahlend Deine Sonne schien,
Daß uns Dein Speer verhalf zum Siege,
Sei Dir die alte Schuld verziehn."
Dann überhäuft' er mit Geschenken
Den Liebling mit freigeb'ger Hand
Als wie zum Dank und Angedenken
An jenen trotz'gen Widerstand
Und bat, ihm reicher noch zu lohnen,
Er möge wie im eignen Haus
Bei ihm in seiner Hofburg wohnen,
Das aber schug Tannhäuser aus.
Er wollt' in seiner Herberg bleiben,
Wo, frei von jeder Rücksicht Band,
Er nach des Hofes lautem Treiben
Zum Sinnen Ruh und Sammlung fand.
Und noch um Andres blieb er stetig,
Er hatte im Quartier bei sich
Den Fiedelvogt, der los und ledig
Mal wieder längs der Donau strich.
Der Fahrende stand mit dem Ritter,
Der Sänger mit dem Spielmann gut,
Da klangen Harfe, Geig' und Zither,
Und Beide theilten Gut und Blut.
Schwer war's, den reckenhaften Alten,
Dem Wandern über Alles ging,
Seßhaft zu machen, fest zu halten,
Wenn Lieb' und Freundschaft ihn nicht fing.
Von Unruh und Gelüst getrieben
Rückt' er auch manchmal heimlich aus,
Wär' dann ums Leben nicht geblieben
In einem zugeschlossnen Haus.
Doch immer kam er ehrlich wieder,
Treu wie ein Hund, froh wie ein Kind,
Und ließ sich bei dem Ritter nieder,

Halb sein Genoß, halb sein Gesind.
Bescheid wußt' er im Röm'schen Reiche
Wie in der eignen Tasche fast,
Die meistens leer, nur lust'ge Streiche
Und Lieder waren sein Ballast.
Nie ward er müd, den Rhein zu rühmen,
Wo er gebürtig aus Alzey,
Und Wunsch und Vorschlag zu verblümen
Zu einer Fahrt dahin selbzwei.
Tannhäuser widerstand und wagte
Sein Glück am Hof nach Ritterbrauch,
Er blieb und that, was ihm behagte,
Spervogel auch.

Tannhäuser hielt des Ritters Waffenehre
Gesondert von des Sängers Meisterthum,
Doch mit dem Saitenspiel wie mit der Wehre
Sucht' er in jedem unbestrittnen Ruhm
Und fand ihn auch, denn schwierig war's zu sagen,
Ob Schwert=, ob Harfenschlag ihm baß gelang,
Die Ritter schätzten mehr sein männlich Wagen,
Die Frauen aber seiner Lieder Klang.
Die Sänger stellten ihn in ihrem Kreise
Den Besten, die je Töne fanden, gleich,
Das aber wies er ab bescheidner Weise
Und machte sich damit an Freundschaft reich.
Doch las er Aventüre und Ballade,
So schlief er spät auf seinem Lager ein
Bei Wirnts Gedicht vom Ritter mit dem Rade,
Bei Hartmanns Erec, Heinrich und Iwein.
Wie lauscht' er, wenn's vom meisterlichen Munde
Herrn Hartmanns von der Au begeistert klang,
Der Mären aus des Artus Tafelrunde
Nach Chrestien de Troyes so herrlich sang!

Und flossen dann die minniglichen Lieder
Reinmar des Alten goldig, perlenrein,
Dann wollte er in seinem Ehrgeiz wieder
Ein großer Sänger oder keiner sein.
Dann brannten ihm in Hirn und Herzen Flammen,
Dann schöpft' er aus der Seele tiefstem Grund,
Nahm alle Kraft und alle Kunst zusammen,
Und gottbegnadet quoll es ihm vom Mund.
Dann war er glücklich über alle Maßen,
Und Alle fühlten seines Geistes Macht,
Die ihn dann sahn und hörten, und vergaßen,
Was vor ihm andre Sänger schon vollbracht.
Herr Hartmann selbst war seines Ruhmes Mehrer
Und lobte ihn um seinen Luarin,
Reinmar der Alte, Walthers Freund und Lehrer,
Hatt' auch manch weisen Rath und Wink für ihn.
Reinmars von Zweter scharfe Rügeklänge,
Des jungen Nithart dörperliche Rei'n,
Merungens Lieder, Singenbergs Gesänge,
Sie alle wirkten mächtig auf ihn ein.
Kein neidisch Vorthun gab's, kein schüchtern Schweigen
Vor Herzog Leopolds glorreichem Thron,
Wie Siegesjubel aber klang im Reigen
Tannhäusers Ton.

X.

Verrathene Minne.

So war am Babenberger Hofe
Tannhäuser aller Ehren reich
Und feierte mit mancher Strophe
Jukundens Macht in Lied und Leich.
Ins zweite Jahr trug er die Sporen
Und hatt' im ersten Müh' und Zeit
Mit dienstlich Werben fast verloren
Durch seiner Dame Sprödigkeit.
Ihn hielt an ihren Schritt gebunden
Nicht erster Liebe Leidenschaft,
Er sah und liebte in Jukunden
Mit seines innern Anschau'ns Kraft
Das ganze Huldgeschlecht der Frauen,
Das weibliche Schöne, wo er's fand,
Wie duftend auf den grünen Auen
So Blume neben Blume stand.
Das war's, was lieblich bald, bald mächtig
Ihn wie ein Wunder lockt' und zog,
Draus halb berauscht und halb bedächtig
Er wie aus Kelchen Süßes sog.

Er suchte in den andern Wesen
Auch Andres, als er selbst verschloß,
Und wollte in den Augen lesen,
Was durch des Weibes Seele floß.
Doch diese Stolze, die ihn reizend
Mit voller Blüthe rasch gewann
Und bald verschwenderisch, bald geizend
Mit Liebeszeichen ihn umspann,
Wollt' er besitzen, denn er meinte,
Daß Herzensgluth mit Minnelust
Sich tief geheimnißvoll vereinte
In den Gefühlen ihrer Brust.
Schön war Jukunde, ach! es führten
Die Rosen und die Lilien Streit,
Wie sich die Farben sanft berührten,
Um ihrer Wangen Lieblichkeit.
Wie Sternenglanz die Nacht erhellend
War ihrer Augen Strahl und Spiel,
Ihr Mund so freudenroth und schwellend,
Als wär' er aller Küsse Ziel.
Doch zwischen ihren dichten Brauen,
Gradlinig fast und nah gedrängt,
War oft ein Fältlein zu erschauen,
Jetzt leicht nur, jetzt tief eingezwängt.
Erschien es, so war scharf und stechend,
Ja drohend ihres Blickes Pfeil,
Verstecktes, Feindliches versprechend
Und Keinem, den er traf, zum Heil.
Sie konnte viel in sich vereinen,
Den Eindruck wechseln hundertfach,
Heißblütig, hingerissen scheinen
Und eisig kalt wie Gletscherbach.
Sie konnte kränken und entzücken,
Muthvoll, unwiderstehlich sein,

Auch den Erfahrensten berücken
Mit ihrem Wesen aus und ein.
Und wie sie Alle überblühte,
Da blieb's nicht aus, es wuchs und stieg
Tannhäusers Sehnen, und er glühte
In Wünschen, die er nicht verschwieg.
Sie ließ auch ihren Ritter hoffen,
Und unzweideut'ge Worte schon,
Die sein geschmeichelt Ohr getroffen,
Verwiesen ihn auf süßen Lohn.
Doch stellten sich zu manchen Stunden
Auch starke Zweifel bei ihm ein,
Wer wohl willkommner sei Jukunden,
Er oder Turs von Rauchenstein.
Denn ihrer Blicke Fluth und Fächeln
Hielt kreuzend nicht den gleichen Kurs,
Sie hatte ganz dasselbe Lächeln
Wie für Tannhäuser so für Turs.
So lange Keiner es versäumte,
Um ihre Huld tagaus tagein
Sich zu bemühn, so lange räumte
Sie Keinem größre Rechte ein.
Doch schien ihr Einer zu erkalten,
Gleich fesselte ihn ihre Kunst
Mit einem blendenden Entfalten
Von allem Liebreiz ihrer Gunst.
Statt sich für Einen zu entscheiden,
Hielt sie mit Absicht Beide hin,
Um an dem Wettkampf sich zu weiden
Seit Beider Eifersucht Beginn.
Sie hatte es ja selbst erfahren,
Wie dieses Leid im Busen wühlt,
Jetzt lehrte sie's durch ihr Gebaren
Auch Den, um den sie es gefühlt.

Und von der Ritter Augendrohen
Und stillem Haß im Minnestreit
War's bis zum lauten rachefrohen,
Toderusten Schwertgang nicht mehr weit.
Die Schöne hätte Tursens Bitten
Auch wohl Erfüllung gern gewährt,
Weil er bei ihr schon wohlgelitten,
Eh' er sich selber ihr erklärt;
Doch sah sie ein, daß dann nicht länger
Tannhäuser ihr Bewerber sei,
Und ihn, den Helden und den Sänger,
Liebling der Frau'n, gab sie nicht frei.
Am wenigsten von Allen gönnte
Sie ihn der Gräfin Montparis,
Daß sich Ricchezza rühmen könnte
Solch eines Glücks, — das trüg' sie nie.
  Ricchezza lag in heißem Ringen,
Doch keinem Menschen sagt's ihr Mund,
Wie sehr ihr Herz voll zum Zerspringen,
War minnegehrend, minnewund.
Wie unterm Flügel schwer getroffen,
Brennend im Busen tief den Schaft,
Schwieg zwischen Bangen sie und Hoffen
In sehnender Gedanken Haft.
Tannhäuser nur war ihre Sonne,
Ihr Thau, wenn sie nun welk und blaß,
Und ihrer Träume Weh und Wonne
Und ihrer Augen Spiegelglas.
Nach seiner Liebe dürstend mochte
Sie einzig ruhn an seiner Brust,
Daß sein Herz an das ihre pochte
In Lebens= oder Sterbenslust.
Zu ihm nur trugen sie die Füße,
Bei ihm nur suchte sie ihr Glück,

Ihm sandte Gruß sie über Grüße,
Doch keiner, keiner kam zurück.
Die Wangen aus den Augen badend
Rief sie: „Ist in der weiten Welt
Denn Alles da zur Freude ladend
Und mir nur Noth und Schmerz bestellt?
Es heißt, daß Liebe Liebe bindet
Und jede Sehnsucht hier im Licht
Auch eine andre Sehnsucht findet,
Und meine, meine sieht er nicht?"
Er sah sie wohl, und Mitleid legte
Sich um sein Herz, eh' er's gedacht;
Wo aber Mitleid schon sich regte,
Da ist auch Neigung bald erwacht.
Doch lag zu fest er in den Banden,
Mit denen unzerreißbar schier
Jukundens Reize ihn umwanden
Seit jenem glänzenden Turnier.
Und da sie immer ihn nur hoffen
Und niemals triumphiren ließ,
Ging er zu ihr, um frei und offen
Zu fragen, was sie ihm verhieß.

Jukunde, just dem Bad entstiegen,
Trug nur ein leicht Gewand, das lang,
Feinwollig sich in weichem Schmiegen
Um ihren schönen Körper schlang.
„Erlaubt mir, Fraue, eine Frage,"
Grüßt' er, die lächelnd vor ihm stand,
„So lang' ich Eure Farben trage,
Gehör' ich Euch mit Herz und Hand
Und thu' auf Eures Wortes Launen
Der Minne Dienst und Lehenspflicht,
Nun wollt der Rede nicht erstaunen:

Bin ich Eu'r Ritter oder nicht?
Wenn ich es, Liebe! bin, so rücket
Nicht mehr hinaus, was lange schon
Ich heiß ersehnte, und beglücket
Mich auch mit Eurer Minne Lohn.
Doch wenn ich's nicht bin, Frau Jukunde,
So laßt mich wissen Euren Sinn
Und gebt den Urlaub mir zur Stunde,
Weil ich des Wartens müde bin."
„Ihr seid mein Ritter," sprach entgegen
Ihr Wort und Blick, der Felsen schmolz,
„Und daß Ihr's seid, ruhmreicher Degen,
Verwöhnter Sänger, ist mein Stolz.
Den Urlaub, den Ihr wünscht, gewähr' ich,
Denn eine Probe möcht' ich sehn,
Ob Eure Treue wohl willfährig,
Ein Abenteuer zu bestehn.
Nicht weit vom Rhein, im Odenwalde
Entspringt ein kühler, frischer Quell,
Dahin begebt Euch alsobalde
Und bringt vom Wasser mir zur Stell
Soviel, daß ich das Antlitz wasche
Mit seiner wunderkräft'gen Fluth,
Und laßt an Eurer Heimkehr Rasche
Mich messen Eurer Liebe Gluth.
Den Born könnt Ihr daran erkennen,
Daß über ihm, seltsam zu sehn,
Zwei Linden, um sich nie zu trennen,
Zu einem Baum verwachsen stehn.
Doch wahrt Euch! einen Drachen sonnen
Seht dort Ihr seinen Schuppenbauch,
Der wehrt den Zugang zu dem Bronnen
Mit Giftzahn und mit Flammenhauch.
Niemand dürft Ihr, auf keine Weise

Von diesem Auftrag Kunde thun,
Als Eurem Mann, nie auf der Reise
In Burg noch Haus noch Hütte ruhn."
„Eu'r Will' ist meine Freude, Fraue!'
Sprach er, „aus Euren Augen trinkt
Mein Herz sich Hoffnung, ich vertraue,
Daß dann mir Sold und Sälde winkt.
Bis dahin nehmt zum Angedenken
Und guter Bürgschaft Unterpfand
Den Gürtel hier mit Steingelenken,
Als wär' er unsrer Seelen Band."
Da reichte er, aus Gold gesponnen,
Besetzt mit Steinen wunderbar,
Achtsam gefügt, kunstvoll ersonnen,
Ihr einen prächt'gen Gürtel dar.
„Ich nehme," sprach sie, „Eure Spende
Und wenn ich Euch, der viel gewagt,
Als Zeichen diesen Gürtel sende,
So merkt: dann ist Euch nichts versagt!
Nur Der soll einst ihn wieder zeigen,
Dem meiner Liebe Ueberfluß
Und meine letzte Gunst zu eigen, —
Geschworen sei's mit diesem Kuß!"
Ach! da umfing mit weichen Armen
Ihn das verführerische Weib,
Heiß an sich drückte er den warmen,
Den stolzen, wonniglichen Leib.
Doch sie entwand sich ihm und schlüpfte
Schnell aus dem dämmernden Gemach,
Daß kaum der Vorhang sich nur lüpfte;
Tannhäuser blickt' ihr bebend nach.

Vergnügter über dieses Reiten
Als Einer konnte Keiner sein,

Das war der Fiedelvogt, begleiten
Durft' er den Ritter an den Rhein.
Sie rüsteten sich still und zogen
Von dannen in verschwiegnem Ritt,
Die Fiedel aber und den Bogen
Die nahm Spervogel sorglich mit.
Und wie's durch Böhmen und durch Franken
In Sattelbausch und Stegreif ging,
Den Zwei'n bei Stapf und Trab mit Schwanken
Im Rücken Schild und Geige hing.
Sie brauchten nicht im Land zu fragen,
Der Alte wußte Weg und Furt,
Trug Lederwams und Polsterkragen,
Der Junge Stahl und Rittergurt.
Und ruhten unterm Sternendache
Sie nächtens bis zum frühen Tag,
Hielt brüderlich der Eine Wache,
Derweil der Andre schlummernd lag.
Wenn bei dem Ritter und den Rossen
Den Fiedelvogt die Reihe traf,
So spielt' er leise den Genossen
Mit seiner Fiedel in den Schlaf
Und war, daß nicht Gefahr ihn schrecke,
Allzeit bereit zu Hieb und Stoß,
Steif saß der da, der alte Recke,
Den Gassenräumer auf dem Schoß.
Er nannt' ihn seinen Fiedelbogen
Und meint', es wäre wunderswerth,
Wenn zweier Dinge Kür erwogen:
Gewisser Freund, versuchtes Schwert.
Und zog's den jüngern von den Reitern
Schwermüth'gen Sinnes mächtig heim,
Sucht' ihn der Ältre aufzuheitern
Mit Lotterspruch und Kettenreim,

Sang ihm auch Eins und summt' und surrte,
Wie's grad ihm von der Lippe floß
Biderb und nothhaft, oder schnurrte
Ein Stück von Reinecke de Voß.
Das war sein Leibgericht, und kamen
Ihm Thier' und Vögel zu Gesicht,
So grüßt' er neckisch sie mit Namen,
Wie sie genannt sind im Gedicht.
Er wagte wohl auch im Vertrauen
Ein tadelnd und verwundert Wort,
Warum der Herr von seiner Frauen
Gesendet an so fernen Ort.
Tannhäuser mußt' ihm Antwort geben:
„Nächst Treue in des Glaubens Licht
Und mit den Waffen Ruhm erstreben
Ist Frauendienst die erste Pflicht,
Weil also hoch die Frauen stehen
In ihrer Tugend güldnem Schein,
Ungrüßlich nur vorübergehen
An ihnen würde Sünde sein.
Stets soll man ihre Macht verkünden
Und ihrer Schönheit Blumen streu'n,
Doch Höchstes ist, ihr Herz ergründen
Und ihrer Liebe sich erfreu'n.
Sie sind gar räthselhafte Wesen,
Ein Buch mit sieben Siegeln dran,
Und bis zum Schluß es auszulesen
Gelingt nicht dem gescheitsten Mann.
Doch ist der Frauen Huld und Minne
Ein so unschätzbar köstlich Gut,
Daß zu so preislichem Gewinne
Niemand kommt ohne hohen Muth.
Dafür will kampflich ich bestehen
Selbst in des Höllenmohrs Geheg,

Mag wohl mir oder weh geschehen,
Gesegnet, sag' ich, sei mein Weg!"
Spervogel schwieg und dacht': es fände
Wohl reiches Botenbrod sein Fuß
Auf kürzerm Weg; wie Wetterwende
Ist Herrengunst und Weibesgruß.
Mir wär', so weit hinweg getrieben,
Eh' mir das Lieb im Arme lag,
Als wär' mir eine Schuld verschrieben,
Zahlbar auf Sanct Zilorpentag.
Ich denke, Biedermannes Erbe
In allen Landen liegen muß,
Gäb' armuthselig keine Scherbe
Für alles Gold im Kaukasus.
Spielleute haben tiefe Taschen
Und in den Taschen noch ein Loch;
Kann sich mit Donauwasser waschen,
Die Fratz! gelogen hat sie doch!
„Herr Ritter, ich muß fürbaß fragen,"
Begann er wieder laut: „wie wenn
Die Frau in all' den langen Tagen
Sich eines Andern doch besänn'?
Hat sie Euch nicht so weit verschicket,
Um läst'gen Frager los zu sein,
Weil sie in Heimlichkeit verstricket
Mit Ritter Turs von Rauchenstein?"

„Du bringst den Muth mir nicht ins Wanken,
Gesell! ich hab' ihr Wort in Treu'n
Und meine eigenen Gedanken,
Sie braucht den Frager nicht zu scheu'n."

„Ach Herr! Gedanken sind Betrüger,
Zu Sinnes Dach ist Rede da,
Ein wahres Nein dünkt mich gefüger
Und mehr, als zwei gelogne Ja."

„Gelogen Ja? Wahr' Deine Zunge!
Du machst das Blut mir heiß und wild,
Ich rächte wohl mit Schwertes Schwunge
An Dir das holde Frauenbild!
Reut Dich's, daß Du zu Roß gestiegen,
So reut mich, daß ich Dir vertraut,
Fahr hin, wohin die Raben fliegen,
Wenn Dir vorm Odenwalde graut!"
„Oho! eh' soll der Rhein verbrennen,
Eh' Ihr mir Furcht vom Antlitz lest!
Ich mich von meinem Ritter trennen?
Niemals! eh' nicht die Hand verwest!
Habt von der Weide mich errettet
Damals an jenem Schelmentag,
Jetzt nehm' ich, wo Ihr wagt und wettet,
Für Euch Faustknuff und Schrienenschlag!"
Und schnell wie Sommerregenschauer
Des Ritters finstrer Zornmuth schwand,
Versöhnt und frei nach kurzer Dauer
Drückt' er die treue Spielmannshand.
Sie hatten Beide sich verziehen,
Den Rossen gaben sie den Sporn,
Wie um den Ort des Streits zu fliehen,
Und trabten hin durch Busch und Dorn.

Nach eben soviel langen Tagen
Als kurzen Nächten hatten sie
Zum Odenwald sich durchgeschlagen
Und suchten nun den Bronnen hie.
Nachdem sie kreuz und quer gezogen,
Entdeckten sie das Lindenpaar,
Der Drache war just ausgeflogen,
Sie sahn von ihm nicht Schwanz noch Haar.

Tannhäuser bückte sich und füllte
Ein Fläschchen ohne Eil' und Hast
Mit Wasser aus dem Quell und hüllte
Es sorglich ein in Bork' und Bast.
Da kam der Fiedelvogt mit Fragen
So lustig wie nach einem Schmaus:
„Herr, schaut mich an und wollt mir sagen,
Seh' ich noch so wie gestern aus?"
„Gewiß! was soll das?" frug mit Staunen
Der Ritter ob der närr'schen Art.
„Sind denn nicht lieblich meine Braunen?
Ward denn nicht blond mein grauer Bart?
Ich konnt's nicht lassen, mal zu naschen
Und hab' in einer Laune Sprung
Mich mit dem Wasser da gewaschen,
Ich dacht', ich würde wieder jung."
„Du alter Tanzbär bist noch eitel
Aufs Aussehn Deines Schallsgesichts?
Bist von der Sohle bis zum Scheitel
Derselbe alte Taugenichts!
Nur wer dran glaubt, den kann es stählen,
Und wär' dies Wasser höllenheiß,
Die Sünderhaut Dir abzuschälen,
Dich wäscht doch keine Taufe weiß!"
„Nun, werden ja das Wunder merken,
Wenn's an das rechte Lärvchen kommt,
Ob's zu besonders heil'gen Werken
Der glaubensstarken Herrin frommt,"
Sprach Fiedelvogt und saß im Bügel
Und wollte schnurstracks an den Rhein,
Des Ritters Wünsche wurden Flügel
Der Sehnsucht, bald in Wien zu sein.
Und war die Herfahrt schnell gegangen
Nach des Jungbrunnens Zaubertrank,

Die Rückkehr hetzte das Verlangen
Nach dem verheißnen Minnedank.

Drei Monde waren fast verstrichen,
Eh' es den Fahrenden in Wien,
Von wo sie still sich weggeschlichen,
Vergönnt war, wieder einzuziehn.
Tannhäuser konnte kaum erwarten
Des nächsten Morgens Sonnenschein,
Bis daß er nach der Hofburg Garten
Ausging mit seinem Wässerlein
Und bis er Einen dort gefunden,
Der ihm vertraulich Rede stand,
Eh' seiner Herrin, Frau Jukunden,
Zu nahen er sich unterwand.
O wie ersehnt' er froh und bange
In Ungeduld dies Wiedersehn!
Wie lahm däucht' ihm in seinem Drange
Der schleppenden Minuten Gehn!
Schon fühlte er mit süßem Beben,
Wie ihn Jukundens Arm umfing,
Wie liebeathmend, hingegeben
Sie zitternd ihm am Halse hing.
Da kamen Schritte ihm entgegen,
Und in den Laubgang bog herein,
Keck, wie ein Sieger überlegen,
Der Ritter Turs von Rauchenstein.
Und da — Tannhäusers Augen sprangen
Ihm aus dem Kopf, ihm starb das Wort,
Und alles Blut wich aus den Wangen —
Um seines Feindes Schulter dort
Schlang sich der Gürtel, den Jukunde
Nur Dem zu geben doch versprach,
Dem sie — — o bittre Todeswunde!

O schändlich Herz, das Treue brach!
Blitzschnell mit einem Panthersprunge,
Eh' sich der Andre deß bewußt,
Riß er mit seines Armes Schwunge
Den Gürtel von des Gegners Brust:
„Den Schmuck hast, Räuber, Du gestohlen!"
Knirscht' er, Turs lacht' ihm ins Gesicht:
„Wie? schon zurück vom Wasserholen?
Geraubt hab' ich den Gürtel nicht,
Ich hab' ihn selbst auf ihr Willkommen
Dem schönsten, minniglichsten Weib
Beglückend und beglückt genommen
Von ihrem wonnesüßen Leib.
In manchen lust'gen Stunden haben
Wir seines Gebers auch gedacht
Und Narren, die nach Quellen traben,
Wohl Arm in Armen ausgelacht."

Damit ging Turs hinweg zu Schenke,
Tannhäuser stand betäubt, verwirrt,
Vergessend, daß im Wehrgehenke
Ein Schwert ihm an der Seite klirrt.
Zur Herberg wankt' er wie am Tage
Nachtwandelnd, warf sich auf die Bank,
Gedankenlos, stumm, ohne Klage
Blieb er und nahm nicht Speis' und Trank.
So fand der Fiedelvogt den Kranken,
„Aha!" sprach er, „nun ist's schon gut!
Ihr kommt gewiß vom Minnebanken,
Ja so etwas macht kühles Blut."
„Blut!!" rief der Ritter, sprang vom Sitze,
Schrieb einen kurzen Fehdebrief,
„Da! Rauchenstein! und Deinem Witze
Laß' ich den Rest!" Spervogel lief.

Tannhäuser brannt' ein bitteres Wehe,
Und schnell wie Morgendämmrung schwand,
Was gaukelnd, sinnbethörend ehe
An die Verrätherin ihn band.
Er wollte ihren Anblick meiden,
Dem Nebenbuhler aber stehn,
Bis daß von Einem oder Beiden
Der letzte Lanzenstoß geschehn.
Und ehe noch der Tag verronnen,
Da war geklärt, was in ihm stritt,
Als er nun ruhig und besonnen
Zur Mustrung seiner Waffen schritt.
Er prüfte Riemenzeug und Borten
Und seufzte, als den Schildesrand
Er sich besah, darauf in Worten
„Der Minne Sang und Sehnen!" stand.
Der Zweikampf ward geheim betrieben,
Tannhäuser fordert' es genau
Vom Fiedelvogt, und nur geschrieben
Hatt' er an Hartmann von der Au.
Der kam zum Freund am frühen Morgen
Und half ihn wappnen zu dem Strauß
Mit aller Liebe Fleiß und Sorgen
Und ritt mit Beiden dann hinaus.
Doch vor dem Stephansdome stiegen
Die Ritter ab und traten ein,
In kurzer Andacht noch zu liegen
Dort vor der heil'gen Jungfrau Schrein.
Es brauchte zu dem Waffentanze
Des Leibes und der Seele Kraft,
Denn Turs galt für die stärkste Lanze
Der Babenberger Ritterschaft.
Unweit der Stadt am Strome winkte
Der Kampfplatz, eine weite Au,

Im Morgensonnenstrahle blinkte
Auf Gras und Klee der frische Thau.
Da hielt schon Turs mit seiner Wehre
Nebst einem Herrn und einem Knecht,
Wie's festgesetzt bei Helmes Ehre
Nach Schildesamt und Kampfesrecht.
Der Streiter Helm und Rüstung kränzten
Zimier und köstliches Geschmeid,
Speerfähnlein wehten, Schilde glänzten,
Die Rosse schützte Eisenkleid.
Und wie sie nun die Speere senkten
Den Anlauf nehmend weit und wild,
Die Rosse auf einander lenkten,
Tief vorgebeugt, gedeckt vom Schild,
Da brach wie Sturm und Hagel wetternd,
Todzielend, sausend Held auf Held,
Da dröhnte dumpf, da hallte schmetternd
Hufschlag und Speerkrach übers Feld.
Sie trafen Beide, doch nicht bogen
In ihrer Wucht die Speere sich,
Die Splitter wirbelten und flogen,
Und Keiner aus dem Sattel wich.
Flugs sich zum zweiten Anprall rüstend
Nahm Jeder einen neuen Schaft
Nur nach des Gegners Fall gelüstend
In seiner ungestümen Kraft.
Mit scharfen Sporenstreichen zwangen
Sie ihre Rosse, Stoß auf Stoß
War wieder mörderisch ergangen,
Tannhäuser wurde bügellos,
Doch hielt er sich; die Hengste schnoben
Und zitterten, mit Schaum bedeckt,
Und jetzt im dritten Rennen stoben
Sie prasselnd, und dahin gestreckt

In fürchterlichem Sturze lagen
Die Kämpfer beide, Mann wie Roß,
Aus Wunden, die sie sich geschlagen,
Blut durch die Panzerhemden floß.
Als aber Beide sich erhoben,
Fuhr aus der Scheide Schwert und Schwert,
Und in erneuten Kampfes Toben
Focht Jeder, seines Gegners werth.
Die Schläge schwirrten, sausten, klangen,
Die Klingen blitzten Streich auf Streich,
Daß Funken von den Helmen sprangen,
Schildscherben flogen Spänen gleich.
Die überhitzten Streiter dampften,
Denn Keiner gab sich müd und matt,
Und ihre Eisenschuhe stampften
Rings in den Boden Halm und Blatt.
Doch endlich schlug die Todeswunde
Tannhäusers Schwert, am Halsring drang
Es Turs hinein zum Lebensgrunde;
Da war vorbei der Waffengang.
Turs sank dahin in seiner Blüthe,
Starb ritterlich so wie er stand,
Tannhäuser war's schwer im Gemüthe,
Als er den Helm vom Haupte band.

Als Herzog Leopold darauf zu Ohren
Die Kunde von dem bittern Zweikampf kam,
War er betrübt um den, den er verloren,
Erfreuter noch um den, der siech und lahm
Doch ungefährdet seiner Wunden pflegte,
Der mehr als Alle ihm am Hofe galt
Und den er, wie er ihn im Herzen hegte,
Für das bestandne Wagniß liebend schalt.
So thaten auch die Sänger all, die lauten,

Den Freund zu sehn, mit ihrer heitern Kunst
Auf Stunden seinen Trübsinn ihm benahmen,
Des Ausgangs froh, denn Turs war nicht in Gunst.
Die Frauen aber waren tief erschrocken
Von dem, was ihrem Liebling nah gedroht,
Und Manche fühlte schon ihr Herzblut stocken
Des Falls gedenkend, daß Tannhäuser todt!
Manch' Andre freilich mocht' ihm heimlich grollen,
Turs war ein Mann, der Frau'n gefährlich war,
Nun war er todt, man durfte Lob ihm zollen
Und that's, als wär' er jedes Fehlers baar.
Jukunde, die man immer schon bedachte
Mit vielem Tadel und nicht wenig Neid,
War's nun allein, der man den Vorwurf machte,
Daß sie verschuldet dieses große Leid.
Sie selber fühlte jene halbe Reue,
Die stets in Andern sucht des Unheils Grund,
Dem Lebenden hielt sie nicht Wort und Treue,
Der Todte aber brach des Schweigens Bund.
Doch warum konnte sie nun den nicht hassen,
Der ihrer Hinterlist sie überführt?
War's darum, konnte sie nicht von ihm lassen,
Weil sie doch einmal seinen Mund berührt?
Tannhäusers Augen mit dem heißen Blicke,
Tannhäusers Rede, seiner Stimme Klang,
Und wie erhöht, getragen vom Geschicke,
Sein Wuchs mit dem hinschwebend stolzen Gang,
Das Alles mußte Frauen wohl erfreuen,
Doch konnt' es nun und nimmermehr allein
So jedes Widerstandes Kraft zerstreuen,
Es mußten andre Mächte mit ihm sein.
Unsagbar war's, was luftig ihn umschwebte
Und Alles gleich in seine Kreise zog,
Als ob es nur um seinetwillen lebte,

Zu ihm die Frucht, zu ihm die Blüthe bog.
Wer einmal nur in seinem Bann gelegen,
Dem blieb ein Stern in bunkler Nächte Schoß,
Tannhäusers Schatten lag auf seinen Wegen,
Nie wieder ließ ihn die Erinnrung los.
Und so Jukunde; schamerfüllt und bangend
Schwur dem Verrathnen sie noch Rache zu
Und fand, in Gluth und Pein nach ihm verlangend,
Umschwebt von seinem Bilde, keine Ruh.
Ricchezza? — sie verließ nach wenig Tagen
Die Stadt, in der sie jede Hoffnung mied,
Er hatte für Jukunde sich geschlagen,
— Mehr war ihr nicht bekannt — und das entschied.
Niemand erfuhr, wohin es sie getrieben;
Sie sah Tannhäuser noch ein einzig Mal
Und wollte nichts mehr, als ihn lieben, lieben
In Sehnsuchtsqual.

Der Sänger, seiner Wunden bald genesen,
Fand noch nicht wieder rechte Freudigkeit,
Aus seinen Zügen ließ sich deutlich lesen
Mühsam verhehlte Unzufriedenheit.
Zur Harfe griff er, daß sie Trost ihm bringe,
Doch wie er suchend ihre Saiten schlug,
Da fehlte seinem Lied die freie Schwinge,
Die sonst so leicht ihn zu den Sternen trug.
Sein Herz war krank, mehr noch sein Stolz beleidigt,
Ihn hatte man verrathen und verhöhnt!
Zwar seine Ehre hatt' er gut vertheidigt,
Sein Feind war todt, sein Rachedurst versöhnt.
Auf einmal schien, was ihm so hoch gestanden,
Des Frauendienstes Zier und Ueberschwang,
Das Girrn und Seufzen in den Gängelbanden
Verliebter Launen Plag' im Müßiggang.

Er liebte Ritterbrauch und Ritterspiele
Und höfisch edle Zucht der Ritterschaft,
Doch all das Tändeln ohne hohe Ziele
Däucht' ihm nicht würdig seiner vollen Kraft.
„Ich will nicht buhlen um ein Augenzwinkern,
Die Lippe mag ich nicht, die mir den Kuß
Aus Gnade giebt und meinen durst'gen Trinkern
Ein dürftig Nippen gönnt vom Ueberfluß.
Die nicht an meinen Mund kann stürmend fliegen,
In meinem Kusse selbst nicht glüht und bebt,
Nicht bangt und sehnt, an meiner Brust zu liegen,
Die laß' ich gern, daß sie in Frieden lebt.
O Liebe! wie, wie faß' ich dich? wo finde
Ich deinen Wohnsitz, deines Wirkens Zug?
Woran erkenn' ich dich? wie zwing' und binde
Ich deine Kraft an meiner Seele Flug?
Bist du ein Trieb nur wie die andern Triebe,
Der uns, wie Durst sich meldet, Hunger nagt,
In der Gedanken wogendem Geschiebe
Mit brennender Begierde reizt und plagt?
Bist du gleich andern uns verliehnen Gaben
Wie das Gedächtniß uns ins Hirn gelegt?
Bist ein Gefühl du, wie wir manches haben,
Das heute schlummert, morgen stark sich regt?
Bist du ein Sinn? vielleicht ein Sinn des Herzens,
Der Schönheit fühlt, sie fordert, ja sie ahnt,
Eh' sie im Kleid des Trauerns oder Scherzens
Durch Aug' und Ohr sich selbst die Wege bahnt,
Der sie oft sieht, wo sie sich gar nicht findet,
Der leicht getäuscht stets Anmuth auch entdeckt,
Wo er zu holdem Einklang sich verbindet
Mit einem Glück, das nichts als Hoffnung weckt?
Was, Liebe, du auch sei'st, du bist auf Erden
Mir die Erscheinung einer Himmelskraft,

Ich will auf keinem Wege müde werden,
Der Einblick in dein Wesen mir verschafft.
O könnt' ich mir von dir ein Bildniß machen,
Es anzuschau'n und betend vor zu knien,
Mit meiner Gluth ihm Leben anzufachen
Und in ein Paradies mit ihm zu fliehn!
Doch du verbirgst dich meinem blöden Sinne,
Bist bräutlich nur des Glücklichen Genoß,
Und irrend such' ich immer noch die Minne
Wie damals in dem Avellenzer Schloß.
Nur nicht verzagt! hat Eine mich betrogen,
Fluch' ich noch nicht dem ganzen Frau'ngeschlecht,
Wer sagt, daß meiner Mutter Traum gelogen?
Der Minne Sang und Sehnen bleibt mein Recht!"

Da schlug — Tannhäuser war's ein Wink von oben —
Das Schwert des Glaubens dröhnend an den Schild,
Der Zukunft Schleier schien empor gehoben,
Und sieh, da lag ein sonniges Gefild.
Zu einem großen Kreuzzug rief zusammen
Der heil'ge Vater seine Christenheit,
Fulko von Neuilly schürte Gluth und Flammen,
Und Frankreichs Adel war zuerst bereit.
Das mächtig blühende Venedig stellte
Die Schiffe für das Heer und sein Geräth,
Doch eh' der Wind der Flotte Segel schwellte,
Wuchs eine Ernte, die noch nicht gesät.
Tannhäuser jubelte: „Gott will's! zu Pferde!
Sperrvogel sattle und die Fiedel streich!
Speer! Speere her! des Ritters ist die Erde,
Die Erde hier und dort das Himmelreich!"
Ein Gottesdegen und gebenedeiter
Kreuzfahrer sein erfaßt' er mit Begier
Und fand nicht Ruh, bis er als ein Geweihter

Trug auf der Brust des rothen Kreuzes Zier.
Ins Morgenland, ins heil'ge, hochgelobte,
Ins Land der Wunder und der Märchenpracht,
Wo Abenteuerlust den Muth erprobte,
Wo Ruhm und Ehre winkten in der Schlacht,
Ja, dahin zog ihn langen Wunsches Streben,
Nun endlich war's vergönnt ihm vom Geschick,
Sein Wort zu lösen, das er einst gegeben
Dem Abt von Adamunt, Herrn Isenrik.
Und als er seinen Abschied nun genommen
Vom Herzog und wer sonst ihm lieb und werth,
Stieg er zu Roß auf spätes Wiederkommen,
Und ihm zur Linken hing des Abtes Schwert.
Die Sanggenossen gaben ihm Geleite
In frohem Zug und prächtig reicher Wat,
Herr Hartmann von der Au ritt ihm zur Seite
Und gab ihm aus Erfahrung Wink und Rath.
Spervogels Rauflust war nun nicht zu dämmen,
Weit übers Meer nach Syrien mußt' er mit,
Der Heiden Köpfe mit dem Schwert zu kämmen,
Und nach der Markusstadt ging nun ihr Ritt.

XI.

In den Lagunen.

Die beiden Kreuzgeschmückten ritten
Nun ihres Weges ganz allein.
Der Semmernik war überschritten,
Und weiter ging es bergauf, thalein,
Durch Steiermark und Kärnthen zogen
Bald gradeaus sie, bald im Bogen,
Wie es der Alpen hohe Wände,
Thalkrümmung, Flußbett und Gelände
Zuließen ohne nah und fern
Den Durchlaß trotzig zu versperrn.
Es hatten, bis von den Karawanken
Sie niederstiegen nach Friaul,
Für manchen Spornstich zu bedanken
Sich Ritterroß und Spielmannsgaul.
Auf alten Römerstraßen fuhren
Sie durchs Gebirge, wo die Spuren
Der weltbeherrschenden Cäsaren
In Trümmern noch die Zeugen waren
Von Krieg und Handel, Wandern, Wohnen,
Zeitweiligem Standort der Legionen,

Wo noch Castell und Tumulus
Vom Heldenstamm des Romulus.
Und als sie über das Zollfeld ritten,
Das längs des Glanbachs sich erstreckt
Und ringsumher auf Schritt' und Tritten
Ruhmredige Erinnrung weckt,
Da sahn sie an des Weges Rand
Von Marmor einen Grabstein ragen,
Darauf Virgo venusta stand,
Der Name darüber war zerschlagen.
Tannhäuser gab dem Gefährten die Zügel
Und ging zu dem verwehten Hügel,
Die Inschrift deutlicher zu lesen.
Sie sprach von einem holden Wesen,
Das einging in des Hades Nacht,
Von Liebe nur in Leid gebracht.
Denn also hieß es auf der Stele:
Sie hing mit ihrer ganzen Seele
An einem Jüngling früh und spät,
Doch ihre Liebe ward verschmäht,
Kein Wort mehr ihr Lippe sprach,
Der Tod die schöne Blume brach.
So übersetzte das Latein
Tannhäuser, das noch wohl erhalten;
Darunter waren in den Stein
Auch eingegraben die Gestalten
Amors und Psyches. Sinnend stand
Der Ritter vor dem Bildwerk lange,
Bis er wohl eine Lösung fand
In reihender Gedanken Gange.
Dann sprach er vor sich hin und nickte:
„Verschmähte Liebe! ja, das ist Tod!"
Schwang sich aufs Roß, ritt ab und blickte
Zurück doch, wo im Abendroth

Noch treue Liebe über dem Grab
Verlaßener Liebe ein Denkmal gab.
Tannhäusers tiefes Schweigen wagte
Spervogel nicht zu unterbrechen,
Doch endlich fing er an zu sprechen,
Als er den Stillgewordnen fragte:
„Herr! sagt mir, waren das Engelein
Die Zwei mit Flügeln auf dem Stein?"
„Nein, Freund! das Mägdlein mit den Schwingen,
Wie Du sie siehst an Schmetterlingen,
Das stellt die menschliche Seele vor,
Die in der Liebe sich selbst verlor.
Der Knabe, der sich zu ihr drängt
Und sie mit seinem Arm umfängt,
Das ist der Liebesgott der Alten,
Der kann mit der Seele schalten und walten
Nach seinem Belieben frank und frei, —
Amor und Psyche heißen die Zwei.
Der Menschenseele kommt allzumal
Die höchste Lust und die größte Qual
Nur von der Liebe im Leben her,
Ich habe selbst die seltne Mär
Von Apulejus einst gelesen."
So sprach der Ritter und versank
Bald wieder in ein träumrisch Wesen.
Spervogel sprach: „Ich wüßt' es Dank
Dem, der die Sache mir erklärte,
Wie sich das zutrug mit den Zwei'n."
Und willig weihte der Gefährte
Ihn in den schönen Mythus ein
Und schloß damit: „Siehst Du, da oben
Da schlummert so ein armes Herz,
Das auch von Hoffnung einst umwoben,
Doch brach in seinem Sehnsuchtsschmerz.

Wird auch wohl einst, wie's in der Sage
Von Psyche heißt, die unterm Stein
In jenen Höhn nach Pein und Plage
Mit dem Geliebten selig sein?
Wenn ich mich dahinein versenke:
So wonnenreich, so freudengroß
Wie Liebesglück, so furchtbar denke
Ich mir verschmähter Liebe Loos."
Still in Gedanken ritten Beide
Und hatten kaum des Weges Acht,
Der Wind strich über Moor und Heide,
Und leise sank herab die Nacht.

Wie endlich sie an ihrem Ziel
In der Lagunenstadt nun waren,
Da gab's für Beide Staunens viel
Ob all' dem Fremden, Wunderbaren.
Wie überragt von bunten Pfählen,
Die Straße unter Wasser stand,
Und wie die Fluth in den Kanälen
Sich durch's Gewirr der Häuser wand.
Hier keines Rosses Hufschlag schallte
Und keines Menschen Wanderschritt,
Der Schiffer Rufen klangvoll hallte,
Wo lautlos ihre Gondel glitt.
Mit Söllern spiegelten und Logen
Die Häuser sich im Wasserstrom,
Die Brücken, der Palast des Dogen
Und Glockenthurm und Markusdom.
Neu war es und fast sinnverwirrend,
Als ob ihr Auge sie betrog,
Wenn sie's von dem Rialto irrend
Hin nach der Piazzetta zog.
Sie sahen dort am Hafendamme

In Trachten, nie vorher geschaut,
Manch einen Sohn von fernem Stamme
Und hörten fremder Sprachen Laut.
Schwarzbärt'ge, schlaue Griechen knüpften
Mit gelben Mauren Handel an,
Und schachernde Hebräer schlüpften
Durch das Gedräng von Mann zu Mann.
Als Beide Herberg nun genommen,
Erforderte des Ritters Stand
Die Meldung, daß er angekommen
Zur Fahrt in das gelobte Land,
Und andern Tages ohne Hast
Schritt er zum fürstlichen Palast.
Der Doge, der Venedigs Ehre
Und seines Handels stolze Macht
Und seine Herrschaft auf dem Meere
Zum höchsten Blüthenglanz gebracht,
Enrico Dandolo, an Jahren
Ein vierundneunzigjähr'ger Greis,
In Staats- und Kriegskunst gleich erfahren,
Empfing in einem kleinen Kreis
Von Nobile und schönen Frauen
Den deutschen Ritter ernst und mild,
Stand hoch und aufrecht, anzuschauen
Wie ein ehrwürdig Königsbild.
Er gab ihm kund, wie ihn erfreue
Des Ritters Ankunft, dessen Lob
Von Tag zu Tage sich erneue,
Sich schon zu Ruhmesklang erhob.
„Laß fühlen," sprach er und trat näher,
„Wie Deines Antlitz's Züge sind,
Statt Auges ist die Hand mir Späher,
Die tastend forscht, — ich bin ja blind.
Wie bist Du groß und schlank an Gliedern!

Und welcher Stirne Fug und Bau!
Hast lange Wimpern an den Lidern
Und eine schön gewachsne Brau.
Darunter mußt Du Augen tragen —!
Mir ist, als fühlt' ich ihre Gluth,
Ich glaube, ich muß Frauen fragen,
Wenn sie hineinzuschau'n den Muth.
Die Nase scharf und leicht gebogen,
Ein kräftig Kinn, nicht allzu rund,
Die Wangen nicht zu voll gewogen,
Und ach! wozu, wozu den Mund?!
Und diese dichten, weichen Locken,
Die sind wohl blond? sagt mir's, ihr Frau'n!"
„Nein, edler Herr!" sprach ohne Stocken
Der Schönen eine, „sie sind braun."
„Ja, lichtbraun!" stimmte dieser Einen
Schnell eine Andre zu. „Nicht doch!"
Sprach eine Dritte, „mir erscheinen
Sie dunkelbraun, ja dunkler noch,
Als der Kastanie glatte Schale."
Die Erst' entschied mit klugem Wort:
„Es glänzt in seinem eignen Strahle
Hier hell das Haar und dunkel dort."
Der Doge lächelte der Streiter, —
„Du nimmst Quartier hier im Palast,
O weigr' es, Sohn, nicht!" bat er heiter,
„Der Sänger sei des Dogen Gast!" —
Tannhäuser mußte sich bequemen,
Weil schwer des Greises Bitte wog,
Hier wohnliches Gemach zu nehmen,
Und als er's bald darauf bezog,
Fand eine kaum erblühte Rose
Er auf dem Tisch, doch welk und blaß,
Im Kelch die Blätter matt und lose;

Er nahm sie, that sie in ein Glas
Und netzte ihr die bleichen Wangen,
Und sieh, schon nach der ersten Nacht
Sah er sie wieder herrlich prangen
In duftig frischer Blüthenpracht.
Ihn freute dieses gute Zeichen,
Das deutungsvoll ihn rathen ließ,
Was für ein Glück wohl ohne Gleichen
Der kleine Vorfall ihm verhieß.

Kreuzfahrer kamen zu Fuß, zu Roß,
Reisige Haufen, Pilger und Troß
Und Ritter auch von fern und nah,
Viel neue Sporen klangen da.
Die Einen kamen in frommem Glauben,
Die Andern aus Lust am Plündern und Rauben,
Der hoffte Vergebung seiner Sünden,
Der wollte den eigenen Ruhm verkünden,
Dem ging es mit Welfen und Ghibelinen
Zu friedlich noch her im deutschen Reich,
Er hoffte, sich Besseres zu verdienen
Im heil'gen Lande mit Schwertesstreich,
Und Alle trugen sie stolz bewußt
Das rothe Kreuz doch auf der Brust.
Es wuchs noch täglich das Gedränge,
Man sperrte die unzähl'ge Menge,
Daß in der Stadt nicht Unheil geschah,
Bald auf die Insel San Nicola
Und ließ sie warten in Geduld,
Denn Einer schob auf den Andern die Schuld,
Verhandlung schwebte mit dem Rath,
Es fehlte an Geld zur großen That.
Aus Eifersucht und Aengstlichkeit
War man in Pisa und Genua

Zum Unternehmen nicht bereit;
Da schloß der Graf von Montferrat
Vertrag ab mit der Signorie
Venedigs, daß zur Kreuzfahrt sie
Die Schiffe stellte. Im Arsenal
Ward schon gerüstet Tag und Nacht,
Doch wurde zu der Harrenden Qual
Das Werk noch nicht zu Ende gebracht,
Weil man die Summe, die bedungen,
Trotz Steuer und Ablaß nicht erschwungen.
Tannhäuser lag in träger Ruh
Und sah dem Treiben mürrisch zu.
Er hätte gern sein Schwert gezogen
Und seine Lanze eingelegt
Und wäre auf den blauen Wogen
So gern zu Schiffe dahin gesegt.
Nun mußt' er warten doch mit Allen
In lästig aufgezwungner Hast,
Ließ widerwillig sich gefallen
Des edlen Dogen Gastfreundschaft.
In seinem üppigen Gemache
War eine zweite Thür, doch schloß,
Als ob ihn Argwohn überwache,
Man drüben ab, was ihn verdroß.
Bewohnt war auch dies Nebenzimmer,
Jedoch erfuhr er nicht, von wem,
Denn seinem Fragen wich man immer
Vorsichtig aus als nicht genehm.
Da griff er denn zur Harfe wieder,
An ihren Tönen sich zu freu'n
Und mit dem Klange seiner Lieder
In Einsamkeit sich zu zerstreu'n.
Doch nicht im Zimmer mocht' er singen,
Er ließ der Stimme süßen Braus

Fern auf dem Wasser nur erklingen,
Ein Gondolier fuhr ihn hinaus.
An jedem Abend im Gestühle
Der Gondel ruht' er dann und sang,
Wie in dem Wechsel der Gefühle
Leid oder Lust sich ihm entrang.
Noch war ihm weich und warm zu Herzen,
Da er Jukunden draus vertrieb,
Und in dem Nachklang jener Schmerzen
Fühlt' er die Leere, die dort blieb.
Er wünschte sich davon genesen
Und wäre doch für Trost und Rath
Niemals empfänglicher gewesen,
Als wenn jetzt Minne ihm genaht.
O wie verlangt' ihn, sich zu lehnen
An eine dargebotne Hand,
Nach einem Wesen, das sein Sehnen
Und seines Geistes Zug verstand!
Doch ach! würd' er wohl jemals finden
Ein Herz wie seins so reich und voll,
Das wie das Kommen und das Schwinden
Der Fluth dort ihm entgegen schwoll? —
Gleich einem Flammenschilde legte
Sich auf das Meer des Mondes Glanz,
Und wie das Wasser sich bewegte
In kleiner Wellen Spiel und Tanz,
Gab das ein Funkeln und ein Blitzen
Und Blinken durch die stille Nacht,
Ein leuchtend, züngelnd Farbenflitzen
In spiegelnder Perlmutterpracht.
Bald war's ein bläulich Silberflimmern
Wie Schuppenringeln, Flossenkleid,
Und bald ein glitzernd goldig Schimmern
Wie Königskrone und Geschmeid,

Wenn hinter dünnem Wolkenschleier
Des Mondes Antlitz halb verschwand
Und wieder dann zur nächt'gen Feier
In ungetrübter Klarheit stand.
Die Wellen rauschten leise, leise,
Ein Gurgeln und ein Glucksen kaum
Umrieselte des Kieles Gleise,
Der leicht dahin floß wie ein Traum.
Das Ruder klang, ganz heimlich tauchte
Es plätschernd in die laue Fluth,
Und kühler Wellenathem hauchte
Nach des erloschnen Tages Gluth.
Die tiefe Stille nur belebte
Tannhäusers reiner Harfenklang,
Und wie mit Mörenfittig schwebte
Weit übers Wasser sein Gesang. —

Der Fiedelvogt, der wie geboren
Zur Kundschaft jeder Heimlichkeit,
Als hörte er mit seinen Ohren
Ein Spinneweben meilenweit,
Der hatte noch in Wien vernommen,
Daß Frau Jukunde Rache sann,
Und glaubte nun die Zeit gekommen,
Zu warnen seinen Rittersmann.
Tannhäuser hatt', obwohl er staunte,
Ein spöttisch Achselzucken nur,
Sperrvogel blieb dabei und raunte:
„Ich glaub', ich habe eine Spur!
Saht Ihr noch nie bei Mondeshelle,
Wenn Ihr hinausfahrt auf die Fluth,
Daß einer andern Gondel Schnelle
Der Euren folgt? seid auf der Hut!
Sie kommt aus dem Kanale stündlich,

Sobald Ihr fahrt, und lenkt Euch nach,
Doch wen sie trägt, ist unergründlich,
Denn ihn verbirgt ein schützend Dach.
Gebt Acht und habt das Schwert zu Handen,
Dann bin ich wohl um Euch in Ruh,
Es giebt hier feile Mörderbanden,
Den Weibern trau' ich Alles zu!" —
Grund hatten schon des Spielmanns Sorgen,
Und jener zweiten Gondel Fahrt
Blieb auch dem Ritter nicht verborgen,
Er hatte ihrer oft gewahrt,
Wie sie bald nahe und bald ferne,
Bescheiden bald und balde dreist,
Jetzt vor dem Bug und jetzt am Sterne
Sein eigen Fahrzeug stets umkreist.
Doch hatt' er ihrer nicht geachtet,
Versunken in sein Harfenspiel,
Was kümmert's ihn, womit befrachtet
Auf stiller Fahrt ein fremder Kiel!
Die nächste Nacht, das Schwert zur Seite,
Fuhr er weit weg die feuchte Bahn
Und sah bald auch als sein Geleite
Die andre Gondel wieder nahn.
Er sang wie sonst und gab durch Zeichen
Dem Gondoliere zu verstehn,
Allmählich jene zu erreichen
Und Bord an Bord mit ihr zu gehn.
Sie trug gleich einem Baldachine
In ihrer Mitte ein Verdeck
Mit vorgezogener Gardine
Als undurchdringliches Versteck.
Als kaum die Richtung war genommen,
Ersahn's die Andern, wichen aus
Und suchten heimwärts zu entkommen,

Doch war's fast Stunden bis nach Haus.
Nur einen kurzen Vorsprung hatte
Der Gegner auf dem Weg zur Bucht,
Und es begann nun die Regatte,
Hier war es Jagd und dort nur Flucht.
Die Gondeln flogen auf den Wellen,
Hoch sprudelte am Kiel der Schaum,
Im Wettkampf galt's dahin zu schnellen
Durch den einsamen Wasserraum.
Tannhäuser nahm am Vordertheile
Ein zweites Ruder, lang und groß,
Und half damit zur Windeseile
Mit seines Armes Druck und Stoß.
Und als sie Seite nun an Seite,
Schwang er, das Schwert blank in der Faust,
Sich auf das andre Boot zum Streite:
„Heraus jetzt, wer im Dunkeln haust!"
Da vor ihm, um ins Meer zu springen,
Floh eine weibliche Gestalt,
Kaum konnte er sie noch umschlingen
Mit augenblicklicher Gewalt.
Sie brach in seinem Arm zusammen,
Und selber bebend hielt er sie,
Erkannte in des Mondlichts Flammen —
Gräfin Ricchezza Montparis!
Schnell trug er die Besinnungslose
Zurück auf ihres Polsters Pfühl
Und blickte auf die bleiche Rose
Mit tief erschüttertem Gefühl.
Den Vorhang hatt' er aufgezogen,
Da wiegte sich des Mondes Licht
So friedlich auf den sanften Wogen,
Und deutlich sah er ihr Gesicht.
Gefesselt hielt noch ihre Glieder

Nur einer leichten Ohnmacht Band,
Er kniet' an ihrer Seite nieder,
Nahm ihre Hand in seine Hand.
Als ob das tröstlich sie ermannte,
Schlug sie die Augen langsam auf
Und gab, wie sie den Freund erkannte
Dem Strom der Thränen freien Lauf.
Tannhäuser ließ sie still gewähren,
Statt daß er sie zur Ruh beschwor,
Weil sie mit ihren heißen Zähren
Auch ihrer Seele Angst verlor.
Sie sah voll Innigkeit und Bangen
Mit feuchtverklärtem Blick ihn an,
Und wieder rollten ihre Wangen
Hinab die edlen Perlen dann. —
Bestrickender von allen Gaben
Sind keine auf dem Erdenrund,
Als Frauenthränen, ach! es haben
Weinende Augen süßen Mund.
Ihm schwoll das Herz, sehnsüchtig zogen
Ihn ihre Augen zum Entschluß,
Bis daß er sich hinab gebogen
Zu einem langen, langen Kuß. —
Sie kehrten heim, und es bekannte,
Ricchezza, nun von Aengsten frei,
Daß sie die nahe Anverwandte
Des Dogen von Venedig sei.
Sie wohnte auch in dem Palaste
Und, wie erröthend sie gestand,
Im Zimmer neben ihm, dem Gaste,
Mit ihrem Retter Wand an Wand. —
Wie vordem so noch immer fuhren
Allabendlich zwei Gondeln aus
Die eine auf der andern Spuren,

Und kamen auch getrennt nach Haus.
Doch Mond und Sterne sahen sie liegen
Da draußen balde Bord an Bord,
Die treuen Gondoliere schwiegen,
Sperrvogel sprach nicht mehr von Mord.

Tannhäuser und Ricchezza ruhten
In sichern, seegewohnten Planken
Mit spielenden Wonnen und Gedanken.
Und wenn die windbewegten Fluthen
In weichen Linien schwangen und rauschten
Und ihre Wellengrüße tauschten,
Am Bord hinhüpften lauschig lüstern,
So stimmte der Umschlungenen Flüstern
Mit Meeresmelodien zusammen
Wie Rosen, die auf Wellen schwammen.
Auf blauer Tiefe leise geschaukelt,
Von seligen Träumen lockend umgaukelt,
Nichts Festes, als über sich die Sterne
Und hinter sich das schwindende Land,
So nahe gerückt aus neidischer Ferne
Und ein sonniges Glück in vertrauender Hand —
Da strömte über von Mund zu Mund
Das Erste und Letzte aus Herzensgrund;
Sonst Alles vergaßen sie, Eins nur nicht:
Wie Liebe schweigt und wie Liebe spricht.
Da wurde gestanden und aufgeklärt,
Was Einer noch nicht vom Andern wußte,
Was man nur Auge in Auge erfährt
Und Einer dem Andern doch sagen mußte.
Tannhäuser sprach: „Und Du hast mich geliebt!"
„Ach, angebetet!" klang es entgegen,
„Wie meine Liebe es keine giebt!
Auf meinen Knieen hab' ich gelegen

Und Leib und Seele und Seligkeit
Verschworen um Dich in des Herzens Streit.
Wo ich Dich wußte, da war ich auch,
Dein Leben war meines Odems Hauch,
Wenn ich Dich hörte, zittert' ich schon,
Wenn ich Dich sah, stiegst Du vom Thron
Des Herzens mir hoch in die Wolken hinauf
In unerreichbarem Sternenlauf,
Und meine Seele beugte sich
Vor Dir, vor Dir und umschwebte Dich.
Ich konnte nichts denken, konnte nichts sprechen
Und war in Aengsten oft dran und drauf,
Zu Deinen Füßen zusammenzubrechen
Mit dem einzigen Schrei: O hebe mich auf!
Oder bin ich Deiner Liebe nicht werth,
So stoße mir in den Busen das Schwert!
Ich habe in schlummerlosen Nächten
Mit himmlischen und mit irdischen Mächten
Gekämpft und gerungen, in Thränen geschwommen,
Und war einmal über mich gekommen
Der Stolz des Weibes, der Trotz der Verschmähten,
Die Liebe mir aus dem Herzen zu gäten,
Rief's wieder: Was Alles ein Weib auch kann,
Es soll nicht stark sein wider den Mann!"
Tannhäuser zog sie an seine Brust,
Da ruhte sie mit unsäglicher Lust.
Dann aber lächelt' er: "Liebes Lieb!
Was Dich zu mir, zu Dir mich trieb,
Das ist wohl stärker als Weib und Mann,
Und Niemand es messen und wägen kann.
Ihr haltet, an hohen Kräften reich,
Mit Händen, wie Lerchenflügelein weich,
Herzzwingend uns Alle in eurem Bann
Und jubelt, wenn euch der stolze Mann

Ist unterthänig mit Seele und Leib,
Denn herrschen will auch das liebendste Weib."·
„Ich nicht! ich nicht! wir Frauen leben
Ja nicht für uns, all unsre Zeit,
All unser Denken und unser Streben
Und all unser Fühlen ist euch geweiht,
Des Mannes Hoheit und Ritterschaft,
Den Wagemuth und die freudige Kraft,
Sein standhaft Mühn und mannhaft Siegen
Mit Liebeshuld ihm aufzuwiegen.
Für eurer Thaten Glanz und Ruhm
Sind wir eu'r eigenes Eigenthum,
Was euch gefällt an uns schwachem Geschlecht,
Das zu besitzen ist euer Recht.
Möchtet ihr uns in den Himmel erheben
Sind wir doch euch in Demuth ergeben,
Und wenn Frau Minne euch Kränze flicht,
Ist's unser Dank nur und unsre Pflicht.
So hab' ich von Jugend auf gedacht,
Und als Du in Deiner Macht und Pracht
Mich Arme kaum nur angesehn,
Da war's um all mein Glück geschehn.
Ich floh von dannen in fernes Land,
Und als ich doch hier Dich wiederfand,
Versteckte ich mich, ganz hoffnungslos,
Ob meine Sehnsucht auch sterbensgroß.
Ich sah Dich schweben auf Meereswogen
Und bin verlangend Dir nachgezogen,
Weil Deine Stimme, Dein süßer Gesang
Mein Herz ergriff, meine Seele zwang.
O Du mein stolzer, mein wilder Schwan,
Du hast mir ja zuviel Leides gethan!
Und hätte mich von des Schiffleins Rand
Zurückgerissen nicht Deine Hand,

Nie hätt' ich an Deiner Brust geruht,
Ich schliefe wohl dort in der kalten Fluth."
Er sprach kein Wort, er hielt sie fest
An seine klopfende Brust gepreßt.
Von seiner und ihrer Küsse Gluth
Brannte ihr in den Wangen das Blut,
Und wie die Rose, die er gepflegt,
Die sie nur auf seinen Tisch gelegt,
So blühte nach kurzer Tage Lauf
Im Glanz der Liebe sie selber auf.

Die reichsten Worte schildern nimmer
Ricchezza's Glück; es lag die Welt
Um sie in einem Rosenschimmer,
Und das azurne Himmelszelt,
Wo Sterne in der Zeiten Flug
Aufgingen und zu Nichts zerrannen,
Schien ihr nicht hoch, nicht weit genug,
Dies All der Liebe zu umspannen.
Sie mußte manchesmal sich fragen:
„Ja, wach' ich denn? träum' ich denn nicht?
Hat wirklich dieses Herz geschlagen
An seinem Herzen nah und dicht,
Wie Welle sich an Welle schmieget
Und wie die buhlerische Lust
Sich in den Blumenkelchen wieget
Und schwelgend sich berauscht am Duft?
Bin ich es werth, in Liebesbanden
Der Heldenkraft Gespiel zu sein?
Um den sich die Gedanken wanden
Wie Epheu, — der, der ist nun mein?
Wie dank' ich ihm? könnt' ich bereiten
Auch ihm, der mich in Freuden liebt,
So namenlose Seligkeiten,

Wie er mir überschwänglich giebt!"
So klang es ihr in Herzensgrunde,
Erwartungsvoll ihr Busen flog,
Bis daß er kam zu guter Stunde
Und sie in seine Arme zog,
Bis athemzitternd, traumumsponnen
Sie fühlte des Geliebten Hand
Und sprachlos in dem Rausch der Wonnen
Erinnrung ihr und Denken schwand.

Tannhäuser trank mit vollen Zügen
Vom Becher in Ricchezza's Hand,
Den sie zu füllen kein Genügen,
Zu leeren er kein Ende fand.
Nun waren sein zwei rothe Lippen,
Die nicht aus Gnade nur und Glimpf
Vergönnten ihm ein dürftig Nippen,
Nein, allzeit froh zu Scherz und Schimpf.
Sein war ein Weib, wie er's verlangte,
Das an die Brust ihm stürmisch flog,
In seinen Armen bebt' und bangte,
Und glühend seine Küsse sog,
Das hingegeben und erschlossen
Mit voller Seele sich ihm bot,
In Liebesglück und Lust zerflossen
Wie Mondenglanz im Morgenroth.
Und doch — die Alles ihm gegeben,
Was für den Mann ein Weib vermag,
Sie konnt' ihm nicht den Schleier heben,
Der über dem Verborgnen lag.
Er wollte in ihr Innres blicken
Und der Gefühle Macht verstehn,
Wie sie die flinken Boten schicken,
Die stumm von Herz zu Herzen gehn.

Sie sollte sich auf Flügeln schwingen
Mit ihm in jenes Geisterreich,
In das nur die Gedanken dringen,
Dem keines Sinnes Herrschaft gleich.
Dem Körperlichen weit entrücket,
Wo das, was sichtbar ist, erlischt,
Begehrt' er sich mit ihr beglücket,
Zu eines Odems Hauch vermischt.
„Ricchezza, kannst Du mir verkünden,"
So frug er, „was sich in Dir regt,
Wenn mit der vollen Gluth Entzünden
Mein Mund sich auf den Deinen legt?
Wie ist Dein Denken, Dein Empfinden
In jenes Augenblickes Spur?
Fühlst Du Dein eignes Selbst nicht schwinden,
Als wären wir ein Wesen nur?
Sag mir, wie sich in Dir gestaltet
Der Liebe höchste Seligkeit,
Was in Dir lebt und webt und waltet
Mit des Gefühles Trunkenheit!"
Doch sie verstand nicht sein Verlangen,
Verwundert blickte sie ihn an
Und schmiegte zärtlich und befangen
Sich an den heißgeliebten Mann.
Sie zitterte, ihn innig schmeichelnd,
Und ihrer Wangen Röthe stieg,
Doch ihr die dunkeln Locken streichelnd
Küßt' er sie auf die Stirn und schwieg. —
Da schlug die bitterste der Stunden,
Die meldet, daß mit ihrem Klang
Des Glückes längster Tag entschwunden
In unaufhaltsam flücht'gem Gang.
O scheiden müssen und sich meiden,
Was nie begreift ein liebend Herz

Und dennoch tragen muß und leiden,
Das ist der Minne größter Schmerz.

Herbst war es, und die Schiffe lagen
Gerüstet, segelfertig dort,
Das Kreuzheer übers Meer zu tragen
Zu Palästinas heißem Port.
Feldherr war auf dem Zug zur Ferne
Held Dandolo, der blinde Greis,
Sein stolzes Schiff lag mit dem Sterne
Nah dem Palast auf sein Geheiß.
Es sollte auch den Ritter tragen
Mit seinem treuen Sanggeselln,
Zeit war es, Fahrewohl zu sagen,
Schon manches Segel sah man schwelln.
Tannhäuser aber hielt zum Letzten
In seinem Arm ein schluchzend Weib,
Sein Antlitz ihre Thränen netzten,
In wildem Schmerze zuckt' ihr Leib.
„Lebwohl!" sprach sie, „und was geschehen,
Aus lauter Liebe war ich Dein,
Ich weiß nicht unser Wiedersehen,
Vergiß um keine Seele mein!" —
Er fuhr an Bord auf leichtem Kahne,
Die Anker stiegen aus der Fluth,
Ricchezza blickte vom Altane
Hinüber mit gebrochnem Muth.

Die Flotte zog dahin; es schallten
Von den bekränzten Schiffen her
Kreuzlieder, aber sie verhallten
In der Entfernung mehr und mehr.
Ricchezza stand und hielt noch immer
Die Hand den Augen vor als Dach,

Durch Sonnenglast und Wellenflimmer
Sah sie nur einem Schiffe nach.
Sie unterschied es lange, lange,
Weil es mit Flaggen reich geschmückt,
Doch Er, den's trug im Wogengange,
War ihren Augen längst entrückt.
Er stand wohl auch so da und schickte
Rückwärts den Blick; sie wußt' es kaum,
Daß sie, als säh' sie ihn, ihm nickte,
Und weiter ward der Trennung Raum.
Des Schiffes Rumpf schwand in den Wellen,
Daß sie es öfter ganz verlor,
Man schien die Segel umzustellen,
Und wieder taucht' es dann empor.
Sie spähte mit des Blicks Gewalten
Ins Blaue, Graue weit hinaus,
Um mit den Augen festzuhalten
Des Heißgeliebten schwimmend Haus.
Und sieh! die Segel blinken, blenden
Jetzt weiß wie Schnee auf dunkler Wand,
Als wollt' er einen Gruß noch senden,
Als winkt' er selber mit der Hand.
Doch weiter, immer weiter fliehet
Des kleinen Bildes matter Schein,
Und wie's allmählich schwindet, ziehet
Es ihre Seele hinterdrein.
Sie sieht es gehen und verschweben,
Dämmrung verwischt die letzte Spur —
Nun ist er fort! wie soll sie leben?
Vor Sehnsucht sterben kann sie nur. — —

Als sich entfernt schon eine Strecke
Das Schiff in den Lagunen, sahn
Spielmann und Ritter vom Verdecke

Ricchezza stehn auf dem Altan.
Spervogel fragte: „Herr, wie hießen
Doch jene Zwei dort auf dem Feld,
Die sich in Liebesleid verließen?"
„Amor und Psyche!" sprach der Held.
Der Fiedelvogt zum Altan zeigend
Sprach: „Psyche!" — wie ein Bild von Stein
Starrt' ihn Tannhäuser an erst schweigend,
Sprach dann nachdenklich: „Psyche? — nein!!"

Grote'sche Sammlung
von
Werken zeitgenössischer Schriftsteller.

Dreizehnter Band.

— ❦ —

Julius Wolff, Tannhäuser.

Zweiter Theil.

Tannhäuser.

Ein Minnesang

von

Julius Wolff.

Mit Porträtradirung nach einer Handzeichnung von Ludwig Knaus.

Zweiter Band.

Zweite, unveränderte Auflage.

Berlin,
G. Grote'sche Verlagsbuchhandlung.
1881.

Uebersetzungsrecht vorbehalten.

Druck von B. G. Teubner in Leipzig.

Inhalt.

I.	Der Fiedelvogt	1
II.	Der Parcival	35
III.	Auf der Wartburg	49
IV.	Das Wiedersehen	65
V.	Auf Burg Scharfenberg	86
VI.	Tristan und Isolde	110
VII.	Vor dem Kampfe	136
VIII.	Der Sängerkrieg	155
IX.	Hohe Minne	183
X.	Der Hörselberg	198
XI.	Auf der Pilgerfahrt	205
XII.	Rom	220
XIII.	Im Lateran	235
XIV.	Unter Trümmern	256
XV.	Auf Burg Kürenberg	260
	Minneschweig	278

Tannhäuser.

Zweiter Band.

I.

Der Fiedelvogt.

Auf der großen, feuchten Wiese,
Die am Flusse sich dahin streckt,
Wimmeln Hunderte von Störchen.
Alles weiß, man sieht kaum Grünes,
Weiß und schwarz mit langen Schnäbeln
Und noch längern rothen Beinen.
Und ein Klappern ist's und Plappern
Und ein Nicken, Hüpfen, Schütteln,
Hälserecken, Flügelschlagen
In der flattrigen Versammlung,
Daß kein einz'ger Bruder Langbein
Noch sein eigen Wort verstehn kann.
Must'rung halten sie und Heerschau,
Pflegen wichtige Berathung
Ueber Wanderung und Abzug.
Nicht wohin, — das wissen Alle,
Doch den Führer gilt's zu küren,
Einen Aldermann und Häuptling,

Dessen tiefer Schnabelweisheit
Alle Anderen gehorchen
Der beschwingten Karawane.
Herbstlich wird es schon am Rheine,
An der Elbe und der Weser,
Und der Wandertrieb im Blute
Regt sich mit dem Drang nach Süden.
Doch, ihr klugen Klapperstörche,
Sagt, wer hat euch einberufen,
Daß ihr zur bestimmten Stunde
Und an der bestimmten Stelle
All' auf einmal eingetroffen?
Wer trug euch von Nest zu Neste
Durch das ganze Land die Briefe?
Habt ihr Boten und Gesandte?
Hat's der Wind euch zugeblasen?
Oder zog durch Dorf und Heide
Mit der Wandermär ein Spielmann?
Wie ihr's macht, ist eu'r Geheimniß,
Aber abgesehen haben
Euch das andre Wandervögel,
Federleicht wie ihr und flügge
Und wie ihr verstreut im Lande,
Ohne Heimat, ohne Habe,
Ueberall zu Haus und nirgend.
Schwingt, ihr Störchlein, an der Weser
Euch empor nur in die Lüfte;
Wenn ihr dann gen Süden steuert,
Fliegt ihr jenen andern Streichern
Graden Weges übern Kopf hin.
Werdet sie schon sehn und hören,
Denn es sind wohl laute Gäste
Als ihr selbst, und es gehöret
Klappern auch zu ihrem Handwerk.

Da erhoben sich die Störche,
Und als sie in ihrem Fluge
Hoch jetzt überm Spessart schwebten,
Sahen aus der Vogelschau
Sie tief unter sich im Walde
Gar ein seltsam Abenteuer.
An dem Fuß des Geierberges
Unter hohen, alten Eichen
War ein Lager aufgeschlagen.
Zelte standen dort und Hütten,
Größre, kleinre, festgefügte,
Und auch andre, die nur lose
Sich mit wenig grünen Zweigen
Als ein dürftig Dach erwiesen
Gegen Wind und Regentropfen
Für den einen harten Schläfer,
Der darin sich bergen konnte.
Wagen hielten auch und Karren,
Mit geflickten griesen Plünen
Ueberspannt, und drangebunden
Esel oder Hund als Zugthier.
Auch ein Bär lag an der Kette,
Hochgelehrte Pudel leckten
Sich das Maul und rochen Braten,
Und dort hockten langgeschwänzte,
Ruppig, struppig magre Affen,
Die sich unaufhörlich kratzten.
Und die Menschen? O des Bildes,
Das sie boten! Männer, Weiber,
Mädchen, Buben, schrei'nde Bälger,
Ins Gesammt wohl an vierhundert
Und im wunderlichsten Aufzug.
Jede Form und jede Farbe,
Die nur möglich, die nur denkbar,

War an Hauben und Gewändern.
Lederwams und Lodenkoller,
Kettenhemd und Zwillichjoppe,
Fischhaut und zerfress'nes Pelzwerk,
Scharlach und verschossne Seide,
Schillernd, scheckig, fadenscheinig,
Mit geschwärzten Silberborten.
Fetzen, Lappen hier und Lumpen
Und dort wohlgepflegte Kleider
Manches aufgeputzten Burschen,
Mancher eitlen, schmucken Dirne.
Und besetzt, behängt war Alles
Mit dem tollsten Tand und Flitter,
Bändern, Schleifen, Schellengürteln,
Starren oder eingeknickten,
Hängenden, zerzausten Federn,
Spangen, Ketten oder Schnüren
Aus den wunderlichsten Stoffen.
Und dazu nun die Gestalten!
Trotzig stämmige Gesellen,
Bärtig, bettelstolz, bewaffnet,
Und in Tanz und Sprung geübte,
Jugendlich geschmeid'ge Glieder.
Kurzgeschorne Igelborsten,
Lange Locken, dicke Flechten;
Schlanke, schlangenrunde Leiber
Und anmuthige Gesichter
Mit geschweiften rothen Lippen,
Die zu lächeln wohl verstanden
Und verliebtem Räubermunde
Einen Kuß nicht stets versagten.
Alle trugen in den Zügen
Eigenthümliches Gepräge.
Derbe, ungebundne Freiheit,

Leichter Sinn und Schelmenlaune
Blitzte Allen aus den Augen,
Allen von der Stirne glänzte
Angeborene Begabung.
Dabei waren doch die Meisten
Ehrliche und biedre Menschen,
Die nicht grämlich oder mühsam,
Sondern allzeit flott und lustig,
Sorglos sich durchs Leben schlugen,
Die das Herz auf rechter Stelle,
Ueberall zusammen hielten
Und sich halfen, wo sie konnten.
Doch was waren's denn für Menschen?
Ja! was waren's! Spielleut waren's!
Fahrend Volk und Gauklerbanden,
Und hier mitten unter ihnen,
Alle mächtig überragend
Mit dem ausdrucksvollen Haupte
Wie ein Patriarch der Bibel
Stand der Fiedelvogt als Hauptmann.

Seit Spervogel mit dem Ritter
Von Venedig fuhr zu Schiffe,
Waren just vier Jahr vergangen.
Damals gab's im Spielmannsvolke
Viel Kopfschütteln und Verwundern,
Daß der Graubart sich entschlossen,
Noch auf seine alten Tage
Ins gelobte Land zu pilgern,
Und es hieß: er muß der Sünden
Mehr auf dem Gewissen haben,
Als uns kund ist; Wen'ge kannten
Seine Dankbarkeit und Liebe
Zu dem Ritter, Viele gaben

Ihn auf Nimmerwiedersehen
Schon verloren, und das schmerzte
Alle Fahrenden im Reiche;
Denn er hatte unter ihnen
Fast ein königliches Ansehn
Neben unverbrüchlich treuer
Herzensbrüderschaft; sein Anhang
Starb auch nimmer aus und wurde
Von den Alten an die Jungen
Noch vererbt und überliefert.
Sonderlich so lang er fern war
Oder vielmehr schon für todt galt,
Wuchs durch Dichtung und Beschreibung
Riesengroß und heldenmäßig
Die Gestalt ins Sagenhafte.
Als sein Abgang mit dem Kreuzheer
Ruchbar wurde, gab es Trauer,
Und man hörte schon die Klage,
Allen frohen Spielmannslebens
Kumpanei und Zucht und Satzung
Müsse nun zusammenbrechen,
Da der Hauptmann ging verloren.

Um so unermeßlich größer
War die Freude und der Jubel,
Als es hieß: der Fiedelvogt
Ist vom heil'gen Land lebendig
Und gesund zurückgekommen!
Alle wollten ihn nun sehen,
Jeder frug: wo denn? wo ist er?
Und wie sieht er aus? was macht er?
Und die Jüngsten, die den Fiedler
Nur von Hörensagen kannten,

Waren nun erst recht begierig,
Ihm leibhaftig zu begegnen.
Auch er selber hatte Sehnsucht,
Alle seine lieben Kinder,
Wie die Fahrenden er nannte,
Wieder um sich zu versammeln,
Und bestimmte ihnen schließlich
Eine Gorenanz und Anfahrt
Auf den Tag der Kreuzerhöhung
Unterm Geierberg im Spessart.
Da frohlockte und fiebrirte
Alles Spielmannsblut im Lande,
Als wenn es von einem Herzen
Durch ein ganzes Netz von Adern
Weitverzweigt bis in des Reiches
Allerfernste Winkel strömte.
Und wenn jemals Spielmannsbeine
Botendienste willig thaten,
Frohe Märe freudig trugen,
So geschah es dieser Botschaft.
In der Luft lag's und im Wasser,
Wie's in kleinen Quelln und Bächen
Von den Bergen rinnt in Flüsse,
Aus den Flüssen in die Ströme
Sich ergießt, stets wachsend, schwellend,
Also war's mit dem Gerüchte
Von des Fiedelvogtes Rückkehr.
Wie es Alle, die es anging,
Gleich erfahren, wußte Niemand;
Doch sie waren nun zur Stunde
Und zur Stelle da im Spessart
Wie die Störche auf der Wiese,
Um ein herzig Wiedersehen
Und dem Fiedelvogt zu Ehren

Unter sich ein echtes, freies,
Frohes Spielmannsfest zu feiern.

Als er fürbaß selbst dahinzog,
Traf er unterwegs schon manche
Seiner fahrenden Genossen.
Täglich wuchs die Schaar, und wahrlich!
Wie ein Held und Sieger schritt er
An der Spitze seiner Treuen
Auf dem alten Eselspfade
Hin zum Stelldichein im Walde.
Berg' und Thäler hallten wider
Von dem Freudenschrei der Vielen,
Die schon auf dem Lagerplatze
Sein gewartet, als er eintraf,
Und fast in Gefahr des Lebens
Kam er, als in wildem Ansturm
Sich die Meute auf ihn stürzte,
Ihn zu drücken und zu herzen.
In den alten, grauen Augen
Ward es feucht bei so viel Liebe,
Und es fehlten ihm die Worte.
Um der Rührung Herr zu werden,
Deren er in seiner Würde
Vor dem jüngern Volk sich schämte,
Nahm er Fiedel schnell und Bogen
Und begann aus Leibeskräften
Lustig darauf loszufiedeln,
Wie's nur er, der Meister, konnte.
Das gab Luft, ihm und den Andern.
Eine Weile lauschten Alle,
Aber balde hingerissen,
Kamen außer Rand und Band sie
Und erfaßten wie besessen

Bei den Hüften sich und Armen,
Tanzten, sprangen, sangen, jauchzten.
Wie ein wilder Hexensabbath
War die Hatz, das Drehn und Wirbeln
In dem bunten Durcheinander,
Bis sie Alle nicht mehr konnten
Und der Alte lachend dastand,
Seinen Zauberbogen senkte
Und die heiße Stirn sich wischte.

Das war gestern, heute waren
Sie schon ruhiger geworden.
Eine große, dichte Laube
Hatten sie dem lieben Alten
Aufgeschlagen und sein Lager
Sorglich, prächtig drin bereitet.
Viele brachten ihm Geschenke,
Zierliche und seltne Sachen,
Die auf ihren weiten Fahrten
Sie erworben und gesammelt.
Unter einer alten Eiche,
Die auf einem freien Platze
Um ein Weniges erhöht stand,
Hatten sie zum Ehrensitze
Ihm aus Zweigen, Moos und Farren
Einen wahren Thron errichtet
Und darüber in die Aeste,
Die sich wölbend niederbogen,
Rothe Decken, Tücher, Fahnen
Wie zum Baldachin gehangen.
Dahin ward er nun geleitet,
Und nachdem er Platz genommen,
Führten sie vor seinen Augen
Ihm ein Schauspiel auf wie nimmer,

Nicht für reichlichste Belohnung
Andre Augen es gesehen.
In den festlichsten Gewändern
Und mit ihrem ganzen Schmucke
Zeigten sie ihm ihre Künste.
Einzeln oder in Parteien
Traten sie hervor und ließen
Sich in ihrem Glanz bewundern.
Welche wußten Vogelstimmen
Trefflich, täuschend nachzuahmen,
Andre aber überboten
Sich in Uebungen des Leibes
Mit Geschicklichkeit und Stärke.
Wieder Andere vollführten
Sinnige Geberdenspiele,
Ließen wie lebend'ge Menschen
Puppen reden und hantiren
Oder staunenswerthe Stücklein
Ihrer klugen Thiere sehen,
Und zuletzt kam noch das Beste.
Eine Schaar der schönsten Mädchen
Führte Tänze auf und Spiele
Leidenschaftlich und entzückend.
Und hier unter sich, wo Alle
Ja zur großen Zunft gehörten,
Gönnten einmal ihres Gleichen
Gerne sie den frohen Anblick
Ihrer jugendlichen Schönheit.
Alle waren kranzumwunden
Und in fliegend freien Haaren,
Kurzen Röckchen, kurzen Miedern,
Bloßen Armen, bloßen Hälsen
Oder nur von dünnen Schleiern
Kaum verhüllt und leicht umflattert.

Ach! sie bogen, wanden, schwangen
Sich in reizendster Bewegung
Zu berauschend süßen Weisen,
Die auf Geige, Flöte, Sumber
Von geübten Spielern klangen.
Und sie lächelten so lockend,
Und sie zeigten ihre Körper
In so wundervollen Linien,
Daß den Jungen und den Alten
Schier das Herz im Leibe hüpfte.

Nach der wechselreichen Spiele
Ueberraschend schönem Ende
Sollt' es nun ans Schmausen gehen.
Rings im Walde brannten Feuer,
Von den Frau'n geschürt, gehütet,
Kessel dampften dran und Töpfe,
Pfannen brodelten und schmorten.
Dort am Spieße stak ein Hammel,
Dort ein Hase, hier ein Rehbock,
Und die Federn in dem Grase
Zeigten auch, wieviel gerupft war.
Alle hatten sich bemüht,
Etwas Leckres aufzutreiben
Und das Beste zu bewahren
Für den Schmaus, wie er so üppig
Selten ihren Gaumen letzte.
An Getränk war auch kein Mangel,
Und Sperrvogel war verlegen,
Wie er all die guten Bissen,
All die vielen tiefen Trünke,
Die ihm zugetragen wurden,
Schaffen und bewält'gen sollte.
Nach dem Schmause rückten Alle

Unter Bäumen und vor Büschen,
Deren Laub schon leise gilbte,
Auf dem Rasen mehr zusammen,
Und wie sie dahin gelagert
Nun in malerischen Gruppen
Und den bunten Trachten ruhten,
War's ein lebensfroher Anblick.
Eines warmen Herbsttags Sonne
Malte greller noch die Farben,
Brennend rothe, schreiend gelbe,
Blaue, braune, hell und dunkel,
Blitzte auch auf blanken Knöpfen,
Schnallen, Schellen und Vorbüren.
Die beweglichen Gesichter
Auf den kernigen Gestalten
Leuchteten im Sonnenscheine;
Die gebräunten sahn noch brauner,
Narben glühten, Falten, Furchen
Schatteten sich tief und markig,
Junge, frische, runde Wangen
Glänzten rosenroth und blühend.
Alte feste Fiebelstreicher
Saßen da mit Krug und Becher,
Um die nimmersatten Kehlen
Auch noch mit den letzten Neigen
Zu befeuchten und zu waschen.
Andre würfelten und wagten
Manchen hohen Satz im Spiele,
Stritten, jubelten und fluchten
Beim Gewinnen und Verlieren.
Andre plauderten und frugen
Sich nach ihren Abenteuern,
Trieben Possen, wußten Mären,
Suchten auch mit Räthselsprüchen

Oder Taschenspielerkünsten
Manch verquickten Strang zu flechten.
Frauen saßen bei einander,
Horchten, schwatzten oder zeigten
Schmuck und Zierrath sich zum Tauschen.
Mädchen hielten sich umschlungen
Arm in Arm, und wie die Köpfe
Kichernd sie zusammensteckten,
War es lieblich anzuschauen,
Wie das Hellblond sich vom Braunen,
Rabenschwarz vom Fuchsroth abhob.
Pärchen fanden sich zusammen,
Und aus diebisch dunkeln Augen
Sprühten zauberstarke Blicke,
Scherz und neckisch Lachen tönte.
Halte hier sein Haupt ein Bursche
In der Liebsten Schoß gebettet,
Stützte dort auf ihres Trauten
Knie sich eine junge Schöne.
Mitten drin auf einer Decke
Lag der Fiedelvogt und blickte
Mit Gefühlen stolzer Freude
Auf sein lustig Volk im Kreise.

Eintracht, Fried' und Freundschaft herrschte,
Und die leicht erregten Geister
Wechselten im Widerspiele
Schimpf und Schelmerei zur Kurzweil.
„Fiedelvogt, sag' an," sprach Wickpot,
Einer von den wackern Zechern,
„Gab's da hinten bei den Heiden
Manchmal auch so pricken Spießer?"
„Niemals nicht, du alter Grimbart!"
Lachte Fiedelvogt, „den Wildzahn

Mußten wir uns ausziehn lassen,
Meistens gab's nur schmale Brocken."
„Nun, dann kann ich es nicht loben,
Das gelobte Land!" rief Mutkolf,
Der den Bären mit sich führte.
„Aber schöne Frauen, hört' ich,
Leben unter den Ungläub'gen,"
Sprach der Tänzerinnen eine.
„Hab' mich nicht darum gekümmert,
Rothe Hazika! sie gingen
Auch verschleiert unsern Blicken,"
Sprach Sperrogel und erhob sich.
Mit dem Aeltesten im Haufen,
Düring, einem greisen Spielmann,
Der ihm wie ein Freund vertraut war,
Schritt er in des Waldes Schatten.
„Würd' es Dir gefallen, Freuga,"
Fragte Starkhand, „wenn Dein Frowin,
Wie's dort üblich, statt des einen
Zwanzig solcher Liebchen hätte?"
„Zwanzig solcher Liebchen giebt's nicht,"
Meinte Winli, der Floitirer;
„Nicht die Erste, nicht die Letzte,
Wisset, wär' ich unter zwanzig!"
Sagte stolz die schöne Freuga.
„Das wär' was für Dich, Zachäus!"
Lachte Siebenhaar, ein Geiger,
Feist und blauroth im Gesichte,
Doch sehr dürftig auf dem Scheitel.
„Warum flogst Du denn nicht selbst mit,
Alter Truthahn?" frug Zachäus,
„Wirst doch Deiner vielen Sünden
Hier nicht quitt, und wenn meinswegen
Auch ein Bischof für Dich betet."

„Das besorge ich schon selbsten,"
Sagte Siebenhaar, „ich pfeife
Siebenmal das Vaterunser
Jeden Abend, ausgenommen
Freitag, weil ich da vom Fasten
Gar zu schwach bin, um zu pfeifen."
„Fasten? Du? seit wann denn?" lachte
Hiltrud mit den schwarzen Augen
Und den blendend weißen Zähnen.
  „Freitags fasten, Sonntags lesen,
Sprach der Mönch, und das macht selig!"
  „Doch exceptis excipiendis!
Sprach der Mönch und brach die Fasten,"
Höhnte von der andern Seite
Enzemann, der Würfelmeister,
Der nur noch ein einzig Auge
Und dafür drei Schultern hatte,
„So ein alter Fegdenbeutel,
So ein Bohrtenschink und Rührmost
Spricht auch noch von Seligwerden?
Lesen kannst Du nicht, und fasten
Hab' ich Dich in meinem Leben
Nur ein einzig Mal gesehen,
Das war, als in Stock und Eisen
Wir im Loch zu Boppard lagen."
  „Richtig, Buckelchen! ich weiß es
Noch wie heute, Deine Würfel
Halten uns hineingeknöchelt,
Und ich denke mir, ich fiedle
Dich noch mal treppauf die Leiter
Und erleb' es, daß die Krähe
Dir die Haare strählt und scheitelt."
  „Na, nur ruhig Blut! ihr werft euch
Kletten in den Bart!" rief Krasto,

Einer von den starken Springern,
„Mancher nennt Gott seinen Vater
Und will mich zu seinem Bruder
Doch nicht haben; denn der Pfennig
Ist ein Ehrendieb, mit Sünden
Lockt er Einen in die Hölle.
Goldgeschriebne Seelenmessen
Kann nicht Jeder gleich bezahlen,
Denn das Gold wächst nicht auf Bäumen,
Und aus Nesseln fließt kein Honig.
Doch wenn Unsereins gekränkt wird,
Kriegt er eines Mannes Schatten
Nur als Buße, Fahrende
Sind ja vogelfrei auf Erden."
„Ja es ist ein Recht, das krumm steht
Wie die Sichel," sprach Zachäus,
„Sonderlich die Pfaffheit denket,
Daß das Kränzlein an der Platten
Einem Heil'genscheine gleichkommt,
Und die Kirche rafft zusammen,
Was von Käufer und Verkäufer
Gleich geschätzt wird als das Beste.
Das viel dumme Volk der Bauern
Läßt das Aergste sich gefallen
Und verneigt sich schon vorm Winde,
Wenn er von dem Kloster herweht.
Greift ein Spielmann mal daneben
Oder findet, was dem Aermsten
Keinen Wachtelgeier werth ist,
Schreit das wie der Mönch im Chore,
Läuft zum Richter, klagt und heischet
Rechten Arm und linkes Bein
Gleich vom Leibe wegzuhauen.
Hälte man nicht bei den Weibern

Etwas Rückhalt, wär's gefährlich."
„O Zachäus! mit dem Rückhalt,
Den die Weiber uns gewähren,
Steht es mißlich," sagte Mukkolf,
„Weiber hassen graue Haare,
Lassen unterstunden lange
Auf ihr letztes Wort uns warten."
„Letztes Wort? die Frauen sprechen
Nie ihr letztes Wort," rief Starkhand,
„Sehn uns an mit ihren Augen,
Gleich als wären sie im Grunde
Aller Falschheit Widersasse,
Thun gar schämlich und sind unstät
Doch wie See und Sand und Alles,
Was der Wind bewegt, das glaubt mir!"
„Und wer ist dran schuld? die Männer!"
Sprach der jüngern Frauen eine,
„Ja die Männer! nur die Männer!"
Rief es laut von allen Seiten.
„Wort und Weise muß man kennen,
Wie ihr's mit uns treibt von Kinde.
Sind wir Einem holdgewogen,
Ist's ein Reden und ein Raunen
Nur von eitel Wonn' und Wunder,
Und mit gar geschwinden Blicken
Wollt ihr uns zur Handhaft bringen,
Schwört und lügt, man sei die Erste
Und die Einzige, und fragt uns,
Wie wir über Minne dächten;
Doch ein witzig Weib vertrauet
Nicht gleich Jedem ihr Geheimniß."
Winli lachte: „Hübsche Lüge
Ist nicht große Sünde, mein' ich,
Darum braucht ihr uns nicht Alle

Gleich zur Strafe in der Minne
Fasten und verschmachten lassen."
„Reicher Gott im Himmel!" barmte
Eine Alte jetzt und stemmte,
Mitten in den Kreis sich stellend,
Beide Arme in die Seiten,
„Hört doch endlich auf mit streiten!
Jung ist jung! so lang ihr jung seid,
Taugt ihr Alle nichts, die Männer
Taugen auch nichts, wenn sie alt sind,
Sprecht besonders nicht von fasten!
Denkt doch, Kinder! heut' ist Freitag,
Und nun seht, wie ihr gefastet!
Seid ihr denn noch Christenmenschen
Oder baare, blanke Heiden?"
Da scholl Jauchzen und Gelächter,
Und sie riefen durch einander:
„Sie hat Recht! Heil Mutter Wilwirk!
Mutter Wilwirk, wir sind Heiden!
Spielleut sollen gar nicht fasten,
Spielleut brauchen nicht zu fasten,
Spielleut wollen auch nicht fasten!"

Jetzo wieder aus dem Walde
Kam der Fiedelvogt mit Düring
Und trat in den Kreis der Seinen.
„Höre, Jonas," sagte Wickpot,
„Könntest uns von Deiner Kreuzfahrt
Wohl etwas zum Besten geben."
Alle stimmten zu; Spervogel
Ließ sich nieder und erzählte:
„Nun, wir fuhren von Venedig
Endlich ab, viertausend Helme,
Aber zehnmal mehr an Streitern,

Die nicht ritterbürtig waren,
Sammt den Knechten und der Pilger
Ganzem Troß. Die Venetianer,
Schlaue Handelsleute, nutzten
Aber jetzt zum eignen Vortheil
Unsre Macht; wir mußten ihnen
Erst die feste Stadt Jadera
Unter ihre Botschaft bringen
Und darauf den ganzen Winter
In Dalmatien liegen bleiben.
Erst im Frühjahr ging es wieder
Seewärts, aber Syrien sollten
Wir noch lange nicht erreichen.
Durch den Hellespont hin segelnd
Landeten wir in Abydos,
Uns zu sammeln und zu rüsten,
Fuhren dann in die Propontis,
Wo vor unserm Blick allmählich
Sich ein Paradies enthüllte.
Aus den blauen Wogen tauchte
Dort Byzanz mit seinen Kuppeln,
Vielen Thürmen, hohen Mauern,
Kirchen, Gärten und Palästen
Als ein unvergleichlich Wunder.
Dahin wurde nun gesteuert.
Isaak Angelus, der Kaiser,
Der von seinem eignen Bruder
Abgesetzt war und geblendet,
Bat durch seinen Sohn um Hülfe
Gegen die empörten Griechen,
Und es wurden starke Stürme
Ausgefochten, eh' das Kreuzheer
Einig ward, Konstantinopel
Anzugreifen und zu zwingen.

Erst nach einem vollen Jahre
Heißen Kampfs zu See, zu Lande
Und mühseliger Belag'rung
Ward die Stadt mit Sturm genommen,
Ausgeplündert und verwüstet
Und Graf Balduin von Flandern
Ruhmvoll zum latein'schen Kaiser
Ausgerufen und gekrönet.
Unsre Siege hatten Schrecken
Und Bestürzung rings verbreitet,
Und den Fürsten und Baronen
Ward es leicht, mit wenig Streitern
In den nahen Küstenstrichen
Land und Herrschaft zu gewinnen.
Daduch ward das Heer verzettelt
Und zerstreut, nur Wen'ge kamen
Noch nach Syrien, unter ihnen
War auch ich; in Antiochien
Ward der Ueberrest fast gänzlich
Von des Sultans Macht vernichtet.
Nur mit Müh dem Tod entronnen,
Schifften wir uns ein nach Frankreich,
Und nach viert'halb Jahren endlich
Sahn den Rhein wir wieder fließen."

Als der Fiedelvogt geendet,
Sprach nach einer kleinen Weile
Siebenhaar: „Nun sag' mir Einer,
Ob das lieblich ist und lockend,
Sich um nichts so anzustrengen,
Stets die Hände in den Haaren
Sich zu raufen und zu balgen.
Das giebt Kopfschmerz, daß den Himmel
Man für kupfern halten könnte."

„Siebenhaar, mit Kahlen raufen
Ist ein Kunststück," sprach Zachäus,
„Und Du sagtest mir ja, Montags
Thät' Dir's Köpflein weh gewöhnlich."
„Der das Meer gesalzen hat,
Wird um kleine Schuld und Fehle
Mild und gnädig sein mir Armen,"
Meinte Siebenhaar, „doch fragt nur,
Was der Fiedelvogt erlangt hat, —
Hitze, Hunger, Durst und Hiebe."
„Na, und gute Beute, hoff' ich!
Wie gesätes Geld ist Plündrung,"
Lachte Enzemann und schielte
Lauernd nach dem Fiedelvogte,
Während er tief in der Tasche
Seine Würfel schon liebkoste.
„Fiedelvogt! und nun erzähle
Auch von Ritter Osterdingen,
Dem Tannhäuser, der als Ritter
Und als Sänger hochberühmt ist,"
Sprach die blonde Smaragdine.
„Frägst nach dem, Du holde Schlange?
Möchtest ihn wohl gern umringeln?"
Lachte Fiedelvogt, „ei, Mädchen!
Wenn Du ihn nur sähest, würde
Dir das Blut zum Herzen stürzen.
Was ich euch von mir erzählte,
Paßt genau auch auf den Ritter,
Denn wir waren unzertrennlich.
Wo er war, da fehlt' ich auch nicht,
Hab' ihm Helm und Schild getragen,
Ihm sein Roß gepflegt, im Zelte
Oder unter freiem Himmel
Ihm das Lager stets bereitet

Und für ihn gesorgt nach Kräften,
Wie er auch für mich bedacht war.
Und ich sag' euch: solche Lanze
Hat die Christenheit nicht viele.
Als ob ihm das Leben nichts wär',
Hat er wie ein wilder Löwe
Ueberall voran gestritten.
Bei dem fürchterlichen Sturme
Auf Konstantinopel war er
Einer von den Allererſten
Auf der Mauer, und da wurden
Wir getrennt, denn ganz unmöglich
War mir's, dabei ihm zu folgen.
Flügel ſchienen an die Rüſtung
Ihm gewachſen, und gleich Blitzen
Fuhr ſein Schwert in das Getümmel.
Doch ich fand ihn balde wieder,
Aber wie auch! an der Spitze
Der Verwegenſten von Allen.
Lendner, Rüſtung und Gewaffen
Starrten, troffen ihm von Blute,
Theils von eignem, mehr von fremdem,
Und hier gab's ein hart Stück Arbeit.
Im Palaſt, genannt Blachernä,
Der mit Thürmen und mit Zinnen
Stark geſchirmet und geſchützt war,
Saßen viele hundert Feinde
Scharf mit Pfeilen, Wurfgeſchoſſen,
Siedend Oel und Feuerbränden
Uns von dorther überſchüttend.
Den Palaſt mit Sturm zu nehmen
Galt es, und ein grauſig Streiten,
Wie ich nie geſehn mein Lebtag,
Hob ſich da von beiden Seiten.

Mit den Feinden war Verzweiflung,
Mit den Unsern Trotz und Rachgier.
Immer wieder kühn gewaget,
Immer wieder abgeschlagen
Ward der Ansturm, daß sich schwimmend
Schon im Blut die Todten häuften.
Endlich drangen wir ins Innre
Schritt vor Schritt den Weg erkämpfend
Unterm Wuthgeheul der Griechen.
Als in einem großen Saale
Wir die Letzten nun erreichten
Brust an Brust mit ihnen ringend,
Schallte draußen ein Getöse,
Und jetzt waren wir gefangen.
Eine Uebermacht von Feinden
Kam den Ihren jetzt zu Hülfe
Und Entsatze, tausend, tausend.
Was wir mühevoll erobert,
Mußten wir nun selbst vertheid'gen,
Und von Neuem nahm das Schlachten
Seinen fürchterlichen Fortgang.
Raum zu schaffen zur Bewegung,
Schleppten wir die vielen Todten
Aus dem Saal heraus und thürmten
Sie als Schutzwall auf am Eingang.
Aber ob wir uns auch wehrten
Wie die angeschoss'nen Eber,
Stets an der Gefallnen Stelle
Sprangen wieder neue Feinde,
Und jetzt stieg die Noth am höchsten.
Rauch drang ein mit dickem Qualme,
Denn der Palast stand in Flammen,
Angezündet an vier Ecken.
Immer näher kam das Feuer

Schon dem Saale, knisternd, knatternd;
Durch des Rauches dunkle Wolken
Loderten die gelben Flammen,
Leckten gierig an den Pfosten,
Daß die Wände krachten, knackten
Und der Boden untern Füßen
Und die Balken brannten, schwellen.
Durch das Brausen, Rauschen, Toben
Und das Sieggeschrei der Griechen
Klang der Unsern tapfrer Schlachtruf
Immer schwächer schon und dumpfer.
Muth und Hoffnung wär' uns Allen
Längst entwichen, wenn der Ritter,
Unser Ritter Osterdingen
Wie ein Engel mit dem Schwerte
Riesengroß und riesenmächtig
Nicht mit stets erneutem Zuruf,
Fest zu stehen, drein zu schlagen,
Uns so heldenhaft geführet
Und des großen Saales Eingang
Todeskühn vertheidigt hätte.
Ich hielt aus bei ihm in Nöthen,
Und mit meinem Fiedelbogen
Zog ich lange, rothe Streiche,
Daß von Takt und Ton des Spielmanns
Mancher hinsank an der Thüre.
Endlich, endlich kam uns Rettung.
Fortgetrieben von den Unsern,
Die in Ueberzahl jetzt nahten,
Wurden die Mordbrenner draußen;
Was noch drinnen Athem hatte,
Rettete so Leib und Leben
Aus dem brennenden Palaste. —
Als der Ritter und ich selber

Unsrer Wunden kaum genesen,
Fuhren Beide wir nach Syrien,
Kämpften heiß in Antiochien,
Denn er war darauf versessen,
An des Auferstandnen Grabe
In Jerusalem zu beten;
Doch es war nicht zu erreichen.
Auch die Rückfahrt machten Beide
Wir auf einem Schiff, und jetzo
Ist er bei dem König Philipp,
Um zu streiten und zu kämpfen
Für das Recht der Hohenstaufen.
Aber ich erbat mir Urlaub,
Spürte Sehnsucht, liebe Kinder,
Ja nach euch in meinem Herzen,
Wollte sehn, ob gut gepflegt noch
Spielmannskunst und Sangessitten,
Wie ich's liebe, rief zusammen
Euch zum Spechtshart, — und da bin ich!"
„Fiedelvogt, Du Alter, Treuer!
Wir sind Dein mit Leib und Leben!"
Riefen sie ihm zu und drückten
Ihm mit Herzlichkeit die Hände.
„Fiedelvogtchen!" lachte schelmisch
Hazika, „ich hörte sagen,
Der Tannhäuser, — Gott beschütz' ihn! —
Habe Glück bei schönen Frauen;
War er bei den Griechenmädchen
Auch so siegreich in der Minne
Wie beim Sturme mit dem Schwerte?"
„Weiß ich nicht! und wenn ich's wüßte,
Sagt' ich's nicht!" sprach kurz der Alte,
Hazika indessen lachte.

Auf dem Eselspfade nahte
Jetzt ein Wagen, hochbeladen;
Rundgebauchte Tonnen waren's,
Angefüllt mit starkem Biere,
Die das wackre Fuhrwerk brachte.
Als der Fiedelvogt vor Tagen
Auf der Wanderung zum Spessart
Nach Aschaffenburg gekommen,
Hatt' er dort das Bier erstanden
Und den Fuhrmann auch gedungen,
Daß es der zur rechten Stunde
Nach dem Geierberge brächte,
Um den Fahrenden und Freunden
Einen guten Trunk zu bieten.
Hochwillkommen war die Gabe
Und mit Jauchzen und Gejodel
Dicht umschwärmt, umtanzt, umsprungen.
Jeder wollte Hand anlegen,
Flugs die Fässer abzuladen,
Und zum Vorschein kamen plötzlich
Soviel leere Trinkgefäße,
Als ob alle von den Bäumen
Sie wie Eckern oder Eicheln
Abgefalln; die Tonnen wurden
Gruppenweis vertheilt im Walde
Und von Trinkern bald umlagert.
Aber gute Ordnung herrschte
Ohne Ungebühr und Drängen
Um die Zapfer, die am Hahnen,
Ihres frohen Amts zu walten,
Keine Ruheposten hatten.
Siebenhaars Gesicht erglänzte,
Und die kleinen Augen wurden
Immer größer, als er zusah,

Wie die Andern sich bemühten,
Um die vollen, schweren Fässer
An den rechten Platz zu schaffen.
„Kinderchen," begann er schmunzelnd,
„Diese Herbstluft trocknet grausam
Alle Feuchtigkeit im Menschen,
Und ich habe in der Kehle
Eine Straße, glatt und fahrbar,
Doch abschüssig, und da pustet
Bruder Wind mir in den Magen,
Also füllet mir das Krüglein;
Fiedelvogt, Dir soll es gelten!
Heil dem König aller Fiedler!"
Durch den Wald hin hallte, schallte
Lauten Jubelrufs Getöse;
Dann auf einmal tiefste Stille,
Während Alle, Alle tranken.
Seinen grünumlaubten Hochsitz
Wieder jetzt bestieg der Alte,
Und ein schön beschlagnes Trinkhorn
In der hoch erhobnen Rechten
Stand er da, ein wahrer König
Ueber seinem Volk, und weithin
Tönte seine mächt'ge Stimme:
„Diesen Trunk in hohen Ehren
Unsrer Zunft! Was frei wie Luft
Auf der Straße fährt und wohnt,
Was kein Heim und keine Sorge,
Aber warmes Blut im Herzen,
Und was Saft und Kraft zum Leben,
Und was irgend Sang und Klang hat,
Sei geliebt, gelobt, gegrüßet! —
Und jetzt, Spielleut, wer kann singen?"
Hei! da wirbelten und schwirrten

Hunderte von Instrumenten
Schmetternd, rasselnd durch einander.
Hüte flogen hoch und Kappen,
Hände reckten sich und Köpfe,
Fiedelbogen fochten winkend
In der Luft, und Alles jauchzte:
„Ich hier! ich! und ich kann singen!
Alte Weisen, neue Töne,
Hier ein Minnelied, hier Reien,
Hier ein Trinklied, hier Balladen!
Spielleut sangen schon im Lande,
Eh's die Ritter von uns lernten!
Fiedelvogt, laß mich beginnen!
Nein, laß mich! ich kann die schönsten!
Aber ich die allerneusten!"
„Sachte, Kinder!" rief der Alte,
„Immer hübsch in Reih und Ordnung!
Und zu kurz soll Keiner kommen."
Nun begann ein lustig Singen
Unverfroren, unermüdlich;
Bald den Einen, bald den Andern
Rief mit Namen auf der Meister,
Daß es sprudelte von Liedern;
Doch die besten sang er selber.

Boten sendet aus der Mai,
Ob wir's nicht vergaßen,
Ladet uns zum Ringelrei,
Ruft in alle Straßen.
Spielmann setzt die Geig' ans Kinn,
Horche, liebes Magedin!

Lege dich an meine Brust,
Will schon fest dich halten,

Bei der Jungen Lieb' und Lust
Freuen sich die Alten.
Leichter Fuß hat leichten Sinn,
Springe, liebes Mägedin!

Einen Kuß auch, Mündel roth,
Darfst du nicht versagen,
Wirst um kleine Herzensnoth
Mich nicht gleich verklagen.
Gieb ihn her und nimm ihn hin,
Lache, liebes Mägedin!

Fischlein gut
In der Fluth,
Hätt' es fast gefangen,
Aber schnell
Wie die Well'
Ist's davon gegangen.

Vöglein braun,
Das im Zaun
Hin und wider hüpfet,
Auf dem Nest
Hielt ich's fest,
Ist mir doch entschlüpfet.

Mägdelein,
Auf zwei Bein
Hab' ich dich erhaschet,
Kommst nicht los,
Straf ist groß,
Denn du hast gepaschet.

Nahmst im Scherz
Mir mein Herz,
Und das ist nichts Kleines,
Schaff' es schnell
Mir zur Stell
Oder gieb mir deines!

———

Ich hab' einmal ein Mägdlein gekannt,
Die konnte gar Rosen lachen,
Wo immer sie ging, wo immer sie stand,
Sie wußte das Wunder zu machen.
Sie lächelte nur, und Berg und Thal
Blühten voll Rosen mit einem Mal,
Die Blättlein flogen mir zu
Bis über, bis über die Schuh.

Ich sah sie einmal alleine gehn
Und bin ihr nachgeschlichen,
Ich wollt' ihr meine Minne gestehn,
Doch wie das Wort mir entwichen,
Was thut sie da? eh' ich's gedacht,
Hat sie da Rosen um mich gelacht,
Drin stand ich, so stumm wie nie,
Bis über, bis über die Knie.

Sie lachte und lachte und hörte nicht auf
Vor meinen flehenden Blicken,
Es wuchs um mich der Rosenhauf,
Als sollt' ich darin ersticken.
Mir ward vor den Augen ganz rosenroth,
Es stiegen mir in meiner Noth
Die Rosen und Dornen mit Schmerz
Bis über, bis über das Herz.

Wo sie erschien, gab's überall
Ein Klingen in der Runde
Wie tausend silberner Glöcklein Schall
Vom rosenlachenden Munde,
Und Männiglich, wo's Rosen giebt,
War in die Lacherin verliebt
Bis über, bis über — o Graus!
Bis über die Ohren hinaus.

Es war ein armes Minnerlein
Im Herzen sterbenskrank,
Ihm bot die Allerliebste sein
Nicht Gruß noch Habedank.
Sie war so hart wie Kieselstein
Und wollt' ihn nicht verstehn, —
O weh! du armes Minnerlein,
Nun kannst du betteln gehn!

Er schlich betrübt von Haus zu Haus,
Ach, daß sich Gott erbarm'!
Kommt denn kein schönes Kind heraus
Und nimmt mich in den Arm?
Da klopft es leis ans Fensterlein
Und winkt ihm mit der Hand, —
Schau, schau! du kluges Minnerlein,
Mägdlein giebt's mehr im Land!

Die Zweite Gruß und Kuß ihm bot,
Die Erste hört's mit Gram
Und weinte sich die Aeuglein roth,
Bis daß er wiederkam.
Nun wußt' er nicht mehr aus und ein,
Welch' ihm die liebste sei, —
Juchhe! du lustig Minnerlein,
Jetzt hast du ihrer zwei!

Nur das Leben frisch gewagt
Ohne viel Besinnen!
Wer beim Ankerlichten zagt,
Bringt das Schiff nicht binnen.
Heute Herr und morgen Knecht
Und ein Trunk dazwischen,
Bunt wie Karten will ich recht
Mir die Loose mischen.

Schüppendaus bringt Schuldendrang,
Eckernbube Hiebe,
Schellenkönig Kling und Klang,
Herzendame Liebe.
Böse Sieben, gute Drei,
Fünf ist auch mal grade,
Schwarze Kunst macht Hexerei,
Roth sticht ohne Gnade.

Fragest Du mich: welches Stamms?
Vom Stamm Nimm, Geselle!
Und ich hab' ein Loch im Wams
Lieber, als im Felle.
Eines goldnen Schäfchens Schur
Heißt mein Morgensegen,
Meines grimmen Durstes Kur
Ist mein Abendsegen.

Gießt mir voll mein Reisenglas,
Das gebauchte, grüne,
Seht ihr, solches Thränennaß
Ist die beste Sühne.
Trinkers Ablaß möcht' ich schier
Aller Welt verkünden,
Bei dem Glas vergeb' ich mir
Siebenundsiebzig Sünden.

Itzt hört ein neues Lieblein an,
Gar eine frumme Weise,
Und wenn's nicht stehn und gehen kann,
So dreht es sich im Kreise.
Voll loser Lieb' und festem Haß
Klopft mir das Herz im Leibe
Wie junger Wein im alten Faß,
Dem ich die Bände treibe
 Um und um
 Frumm und krumm,
Sitzt du gut, so bleibe!

Und wollet ihr mich recht verstehn,
Hab' ich seit Menschendenken
Noch Keinen gehn und kommen sehn
So gerne wie den Schenken.
Denn wenn er geht, so holt er was
Wie eine Bien' im Fluge,
Und wenn er kommt, so bringt er das,
Was plätschert in dem Kruge
 Um und um
 Frumm und krumm,
Bleibt nur hübsch im Zuge!

Den Filzhut werf' ich in die Luft,
Kann auch die Schuh' entbehren,
Wie Schmetterling vom Blumenduft
Will ich von dem mich nähren.
Schau' ich ihn an, schaut er mich an:
Duzbruder, wie magst heißen?
Und wenn ich dich nicht schneiden kann,
So kann ich doch dich beißen
 Um und um
 Frumm und krumm,
Rothen oder Weißen.

Und fragt ihr mich um Lieb' und Haß,
So bin ich balde schlüssig,
Ich bin nun mal verliebt ins Naß,
Was feucht ist und was flüssig.
Wer mich im Trocknen sitzen läßt,
Verdurstet und verklommen,
Potz Pestilenz und nochmal Pest!
Es soll ihm schlecht bekommen
　　Um und um
　　Frumm und krumm,
Bächlein, komm geschwommen!

Mit dem Frühroth ward's lebendig
Rings im Lager. Alles packte,
Alles rüstete zum Aufbruch
Und zog frohen Muthes wieder
In die Ferne, in die Fremde.
Kurzer Abschied ward genommen,
Keine weiche Thräne rollte,
Keiner frug: wohin des Weges?
Wie gekommen und versammelt,
So geschieden und gemieden
Und verstreut in alle Winde.

II.

Der Parcival.

Noch immer wandelten feuerumflossen
 Wolken und Stürme durchs teutsche Land,
Noch immer schauten trotzig geschlossen
Die Helme über den Schildesrand.
Die Heere kämpften, die Fürsten stritten,
Bischöfe versagten das Sakrament,
Herüber, hinüber die Boten ritten
Mit manchem besiegelten Pergament.
Schon zogen am unbesetzten Throne
Zehn Jahre vorüber mit ehernem Klang,
Und immer noch ging um die Kaiserkrone
Die Fehde der Könige ihren Gang.
Hie Philipp, dort Otto! hie Hohenstaufen,
Hie Welfen! war immer noch Feldgeschrei,
Es ließ mit Versprechen und Gelde erkaufen
Sich Ritteradel und Klerisei.
Rom aber blieb zäh und fischte im Trüben
Und spielte wie immer sein falsches Spiel
Und bannte und segnete hüben und drüben,
Die Herrschaft der Welt war sein einziges Ziel. —

Da endlich knüpfte an die Fahnen
Des Hohenstaufen sich der Sieg
Und warf aus blutgetränkten Bahnen
Mit einem Schlag den grimmen Krieg.
Der fiel um Köln; mit Bundsgenossen,
Die Geld von England ihm gebracht,
Lag Otto ringsum eingeschlossen
Von König Philipps Heeresmacht.
Bei einem Ausfall lockte weiter
Den Feind man mit verstellter Flucht
Bis Wassenberg, wo Philipps Streiter
Aufs Haupt ihn schlugen mit solcher Wucht,
Daß Otto's Sache nun verloren,
Er selber sich nach England stahl
Und Köln mit gastlich offnen Thoren
Des Siegers Gnade sich empfahl.
Die hellen Osterglocken klangen
Zum Friedensfest, das man beging,
Und Philipp hielt, als Herr empfangen,
Hoflager in der Mauern Ring.
Ein König ganz von Kopf zu Füßen
War er von Antlitz und Gestalt,
Der blauen Augen freundlich Grüßen
Von blondem Lockenhaar umwallt.
Aus seinem anmuthreichen Bilde
Sprach eines freien Geistes Gluth,
Sein Größtes aber war die Milde
Und seines Herzens Edelmuth.
Und läßt sich eine Krone schmücken
Mit Köstlicherm, als Demantschein,
Ist noch ein König zu beglücken,
Wenn alles Reichthums Fülle sein,
Dann sicher war's Philipp von Schwaben,
Denn ihm zur Seite wunderhold

Schritt eine Königin, an Gaben
Viel werther, denn gediegen Gold.
Die „Rose ohne Dorn", Irene,
Ein Königskind aus Morgenland,
Umschlang wie seines Thrones Lehne
Mit ihrer treuen Liebe Band
Zärtlich den Mächtigsten auf Erden.
Sie kam, — da fand die Seele Ruh,
Ein Sünder konnte selig werden,
Sie ging, — der Himmel schloß sich zu.
Sie waren Sonne, Mond und Sterne,
Die Zwei in ihrer Königspracht,
Und glorreich strahlte in die Ferne
Ihr sanftes Leuchten Tag und Nacht.

Im Glanz des Hofes und der Feste,
Bei Reientanz und Ringelspiel,
Im Schwarm der Ritter und der Gäste
War Einer aller Blicke Ziel.
Der König ehrt' ihn und die Fürsten,
Die Männer suchten seinen Bund,
Die Frauen schienen gar zu dürsten
Nach einem Wort aus seinem Mund.
Das war der Ritter Osterdingen,
Deß Name überall erklang,
Als wenn auf unsichtbaren Schwingen
Sein Ruf in jeden Winkel drang.
Wie er am Bosporus gestürmet,
In Antiochien sich gewehrt
Vor Wall und Schanze, hoch gethürmet,
Und wie er endlich heimgekehrt,
Für König Philipp sich geschlagen
Und unterm Herzog von Brabant
Bei Wassenberg davon getragen

Des Tages Ehre, war bekannt.
Dazu war solchen Namens Träger,
Der Glück wie Sporen an sich band,
Ein Sänger und ein Harfenschläger
Wie wenige im deutschen Land.
Tannhäuser nahm, was ihm gebührte
Nur lächelnd und gelassen hin,
Doch die Bewundrung Aller schürte
Noch mehr den hochgetragnen Sinn.
Er hatte großen Ruhm errungen,
Und Stolz erfüllte seine Brust,
Weil noch kein Gegner ihn bezwungen,
Was Wunder, daß er selbstbewußt
Sich immer höh're Ziele steckte
Und jede Schranke fast vergaß,
Wenn er die Hand nach Dingen streckte,
Selbst über seiner Kräfte Maß.
Er hatt' in den fünf letzten Jahren
Im Kreuzzug und im deutschen Krieg
So viel Gewaltiges erfahren,
Feldschlacht und Sturm, Drangsal und Sieg,
Was ihm noch jetzt mit ernsten Tönen
In der Erinnrung widerklang,
Daß ihm's schwer ward, sich zu gewöhnen
An Hofgepräng' und Müßiggang.
Den Männern war er überlegen
An Geist wie in der Waffen Kunst,
Die Frauen kamen ihm entgegen
Mit einer unverhohlnen Gunst.
Er trieb nach Laune und Gefallen
Mit Mancher wohl ein tändelnd Spiel,
Doch da war keine unter allen,
Die recht von Herzen ihm gefiel.
Noch anspruchsvoller kehrt' er wieder,

Als einst er von Ricchezza schied,
Ihm sang und klang durch Haupt und Glieder
Des Minnesehnens altes Lied.
Im Ausruhn fand er kein Genügen,
Rastloser Ehrgeiz trieb ihn an,
Er wollte, daß in großen Zügen,
In raschem Strom sein Leben rann.
Er mußte kämpfen, mußte wagen
Und überall der Erste sein
Und spann, gab's keinen Feind zu schlagen,
Sich einsam in Gedanken ein.
Und was ihm lang versagt in Waffen,
Das that er jetzt: im Losament
Wußt' er sich Bücher zu verschaffen
Und las Geschrift und Pergament.
Dort stand sein Schwert, der Schild daneben,
Den Helm jedoch, an Beulen reich,
Hatt' er zum Waffenschmied gegeben;
Im Friedenskleide, leicht und weich,
Schritt er nun heftig auf und nieder,
Von dem Gelesnen tief erregt,
Sah nach dem Buche immer wieder,
Das er dort offen hingelegt,
Und trat zum Tische endlich, ballte
Die Faust in hellen Zornes Brand
Und drückte in des Buches Spalte
Sie auf die Schrift von Mönches Hand:
„Das Größte ist's, was je geschrieben,
Was jemals Menschengeist erdacht,
Ich muß ihn hassen oder lieben
Den Einen, der dies Buch gemacht!
Konnt' ihm so Herrliches gelingen,
Daß Eifersucht mein Herz beschleicht?
Und selber sollt' ich nichts vollbringen,

Was seinem Heldenschicksal gleicht?
Aus diesem Liede tönt ein Schmettern
Wie Schlachtruf und Drommetenklang.
Mich trifft's aus den geschriebnen Lettern
Wie Lanzenstich im Fehdegang.
Ich muß ihn sehn, der das gesungen,
Den Wettkampf biet' ich seiner Kraft
Scharf wie ich je mein Schwert geschwungen,
Wem der Gesang den Sieg verschafft."
Und der Gedanke ward sein Dränger,
Spornt' und verfolgt' ihn überall:
Wolfram von Eschenbach der Sänger
Und dieses Buch — der Parcival!

Er nahm Urlaub vom Herrscherpaare,
Und König Philipp sagte mild:
„Wie ich Euch Huld und Gunst bewahre,
Gedenket mein bei Helm und Schild!
Ich laß' Euch ungern ziehen, Ritter,
Das Wort, das Ihr zum Abschied sprecht,
Klingt nicht so gut, als wenn in Splitter
Ihr meiner Feinde Lanzen brecht.
Mit Euch sei Gott als Schirm und Retter
In Noth und Angst und Ungemach!
Und unsern lieben Freund und Vetter,
Herrn Hermann, grüßt in Eisenach."
Die Königin Irene neigte
Ihm sanft das Haupt: „Den Wunsch nehmt mit,
Daß Euer Herz den Weg Euch zeigte
Zu Eurem Glück, Herr, auf dem Ritt!"
Er schied, beklagt von Hof und Heere,
Doch frohen Muthes stieg er ein
Und setzte in des Schiffers Fähre
Mit Roß und Rüstung übern Rhein.

Im tiefen Walde, frühlingsprächtig,
Ertönte laut der Vöglein Schall,
Tannhäuser hört' es nicht, zu mächtig
Ging durch den Sinn ihm Parcival.
Nun ruhte er in einem Thale,
Den Sattel unters Haupt gelegt,
Und sah im Abendsonnenstrahle
Grüngoldne Wipfel windbewegt.
Da wiegte ihn des Laubes Schwanken
In sinnende Betrachtung ein,
Und Worte gebend den Gedanken
Sprach er im Wald mit sich allein:
„Wolfram! in allen Lebenssäften
Neid' ich Dir Deines Wortes Macht,
Die hohe Kunst in Meisterkräften,
Mit der so Großes Du vollbracht.
Mein halbes Leben ist verflossen,
Ich steh' erröthenden Gesichts,
Gestritten hab' ich und genossen,
Geschaffen aber hab' ich nichts.
Mich dünkt, ich schau' in einen Spiegel,
Aus dem ein Abbild zu mir spricht,
Wenn Deines tiefen Sinnes Siegel
Mein Herz nur ahnend, zögernd bricht.
Dein Held sucht in dem heil'gen Grale
Des wandelreinen Glaubens Muth,
Den ausströmt die smaragdne Schale,
Gefüllt mit des Erlösers Blut.
Ich blättre in dem Lebensbuche
Nach einem andern Zauberwort,
Und wie ich trachte, wie ich suche,
Irr' ich in Einfalt fort und fort.
Ich habe nirgends noch gefunden,
Was meines Herzens Zweifel löst,

Dacht' ich's zu halten, war's entschwunden
Und neues Leid mir eingeflößt.
Was aber soll mir ohne Dauer
Ein Glück, das kaum geboren, stirbt?
Was soll Genuß und Wonneschauer,
Den schon ein Augenblick verdirbt?
Beschwichtigt das die flammenheiße
Sturmwilde Sehnsucht? nein! die glüht
Stetig, wie unter Schneees Weiße
Des Aetnas rothes Feuer sprüht.
Umsonst forsch' ich im Drang der Sinne,
Der trügerisch mich reizt und quält,
Wo ist der heil'ge Gral der Minne,
Der selber sich den König wählt?
In seiner tapfern Pfleger Kreise,
Dem seine Obhut anvertraut,
Wär' ich der gläubigste Templeise,
Der sein Gefunkel je erschaut.
Wenn eine Urepanse ihn trüge,
Blieb' ich nicht stumm wie Parcival,
Ich spränge wohl empor und früge:
Ist dies die Burg? ist dies der Gral?
Denn wie Amfortas siecht an Wunden
Von jener blut'gen Lanze Schaft,
So kann mein Herz allein gefunden
Von Liebesnoth durch Liebeskraft.
Doch eine arme Herzeleide
War wohl auch die, die mich gebar,
Wohin ich zieh' im Eisenkleide,
Genesung find' ich nimmerdar.
Könnt' ich nach meinen Plänen schaffen
Die Welt, ich ließ' ihr die Gestalt,
Doch all dem Suchen, Hasten, Raffen
Macht' ich ein Ende mit Gewalt.

Ich wollte leben, was ich dichte,
Gedanken, flüchtig wie die Zeit,
Die sollten mir vorm Angesichte
Erstehn zu schöner Wirklichkeit.
Mir aber ist auf dieser Erde
Das Köstlichste die Lust am Weib,
Und bis sie ganz mein eigen werde
Ist meines Friedens kein Verbleib.
Ich will ein König aller Minne,
Ein Herrscher sein in ihrem Reich,
Und was ich siegend mir gewinne,
Sei nicht gemeinem Loose gleich.
Mit kühnem Hoffen, süßen Träumen
Ist mein Begehr nicht abgespeist,
Mir soll ein Meer von Wonnen schäumen,
Von Kraft durchstürmt, von Lust umkreist.
Ich ruhe nicht, bis ich im Leben
Erkannt der Liebe tiefsten Grund,
Und will der Himmel mir's nicht geben,
So such' ich's in der Hölle Bund!" —

Die Sterne waren aufgegangen,
Im Busche sang die Nachtigall,
Tannhäuser sann, halb schlafbefangen,
Noch immer über Parcival.
Dann schlief er ein im grünen Walde,
Er und sein Schimmel unterm Baum,
Und über seine Seele balde
Zog hin ein wundersamer Traum.
Es war von einem Glanz erfüllet
Das Thal, und über Gras und Thau
Kam göttergleich, nur halb verhüllet,
Daher geschwebt die schönste Frau.
Sie schaut' ihn an mit heißen Blicken

Und winkte rückwärts mit der Hand,
Er sah sie lächeln, sah sie nicken,
Bis sie in Dunst und Nebel schwand. —
Früh Morgens legt' er Zaum und Zügel
Dem edlen Rosse wieder an,
Doch als in Sattel er und Bügel,
Trug ihn der Schimmel nicht hindann.
Nicht von der Stelle wollt' er weichen,
Er bäumte sich und schnob und blies,
Bis er von scharfen Sporenstreichen
Sich endlich überreden ließ.
Und als sich unterm Laub der Wipfel
Durch das Gebüsch der Reiter wand,
Zupft' ihn nochmal am Mantelzipfel
Der wilden Rose Dornenhand.
„Was soll's? liegt hier ein Schatz vergraben,
Bewacht von einem Traumgesicht?
Will darum nicht der Schimmel traben?
Es schmerzt, wenn eine Rose sticht;
Doch weiter nur in flinken Sätzen,
Lieb Rößlein, das mich fürbaß trägt,
An Rosen mehr, als goldnen Schätzen
Hängt Einer, der die Harfe schlägt."
So lacht' er sorglos und ritt weiter
Im hellen Frühlingssonnenschein
Und athmete erfrischt und heiter
Thüringer Waldluft freudig ein.
Bald kam er in der Ruhl zur Schmieden
Ludwig des Eisernen: „Grüß Gott,
Mein Handwerk, das ich lang gemieden!
He, Meister! leih' zu Spaß und Spott
Mir Deinen Schurz und laß zur Stelle
Jetzt einmal mich am Amboß stehn,
Ein ritterlicher Schmiedgeselle

Ist etwas, was Du nie gesehn."
So rief er, faßte mit der Zange
Das rothe Eisen kunstgerecht
Und schmiedete mit hellem Klange,
Daß Meister lächelte und Knecht.
„Da nehmt's! mit Lust hab ich erprobet,
Was einstens mich die Noth gelehrt,
Das Handwerk aber sei gelobet,
Das euch ernährt und mich bewehrt!"
Mit diesem Gruß stieg er zu Roße,
Und eh' die nächste Stunde schwand,
Kam er vorüber einem Schloße,
Das auf belaubtem Kegel stand.
Es sah da oben aus den Zweigen
So gastlich, ritterlich hervor
Und lud und lockte ihn so eigen
Zu seiner Einsamkeit empor, —
Doch weiter ritt er stets zur Seiten
Dem muntern Erbstrom durch das Thal,
Und als sich's aufschloß, sah er breiten
Sich einen Berg dort öd' und kahl.
Daß der allein so baumlos ragte,
Sein langer Rücken nackt wie Stein,
Däucht' ihm doch seltsam, und er fragte
Am Weg ein altes Mütterlein.
„Den kennt Ihr nicht?" versetzt' die Alte,
„Ei, Herr! der lohnt schon einen Gang,
Der lebt! aus einer Felsenspalte
Tönt immerwährend Sang und Klang.
Das ist der Hörselberg, da hauset
Frau Venus drin und tollt und lacht
Mit ihrem Volk, da saust und brauset
Der Minne Lust bei Tag und Nacht."
„Frau Venus?!" — und der Ritter starrte

Bald nach dem Berg, bald ins Gesicht
Der Alten, ob sie ihn nicht narrte,
Dann ritt er fort und dankt' ihr nicht.
„So wär' ich ihrem Zauberkreise,"
Sprach er, „so nahe schon gerückt,
Daß wohl aus meinem Lebensgleise
Ein Sprung zu ihr hinüber glückt?
Wenn ich's versuchte! wenn ich's wagte!
Sie hat mir diese Nacht gewinkt;
Bekäm' ich Antwort, wenn ich fragte,
Wo man am Quell die Minne trinkt?"
Des Berges finstres Aussehn warnte
Sein Herz vor dem verwegnen Schritt,
Doch stärker ward, was ihn umgarnte,
Je näher er dem Berge ritt,
Der sich so breit und hoch da baute
Und in dem hellen Sonnenlicht
Unheimlich doch und trostlos graute
Verwitternd in Geschieb' und Schicht.
Dort Regenrinnen, Risse, Brüche, —
Wo mag der Tiefe Oeffnung sein?
Und welches Zaubers, welcher Sprüche
Bedarf es wohl zum Gang hinein?
So frug Tannhäuser im Betrachten
Des Berges, den er unverwandt
Im Blick hielt, ohne zu beachten,
Daß auf der Straße rechter Hand,
Die sich verband mit seinem Wege,
Wo eines Bächleins Wasser floß,
Zwei andre Ritter sich dem Stege
Gewappnet nahten, hoch zu Roß.
Jetzt sah er sie schon dicht, sie trugen
So wie er selbst rücklings den Schild,
Nicht konnten sie, nicht er erlugen

Das gegnerische Wappenbild.
Die Fähnlein flatterten mit Rauschen,
Die Hengste waren reich geschirrt,
Es hingen an den Sattelbauschen
Die blanken Helme, stahlumklirrt.
Sie schienen wackre Kämpen beide,
Zumal der Aeltre groß an Kraft
Und wie ein Schwert in seiner Scheide
Unnahbar stolz und heldenhaft.
Von sorgenden Gedanken zeugten
Die Furchen der gewalt'gen Stirn,
Es traf der Augen dunkles Leuchten
Wie doppelt strahlendes Gestirn.
Sie hielten, ob's nun wohl zum Streite
Und an ein scharfes Stechen ging,
Da sahen sie, daß an der Seite
Des Fremden eine Harfe hing.
Froh grüßten sie mit Lanzenschwingen
Den Sänger, und er sprach sogleich:
„Ich bin Heinrich von Osterdingen,
Mein Heimatland ist Oesterreich."
„Tannhäuser!!" — wie aus einem Munde
Erklang der Beiden Jubelruf,
„Gelobt, gesegnet sei die Stunde,
Die uns so hohe Freude schuf!"
„Ich heiße Biterolf," erklärte
Der Jüngre unter Schildesdach,
„Und ich," sprach klangvoll sein Gefährte,
„Bin Wolfram von Eschenbach."
Da stieg und sprang Tannhäusers Schimmel,
Weil seines Reiters Sporn ihn stach,
Als wie ein Sonnenstrahl vom Himmel
Hervor der große Name brach.
Tannhäuser sah den Sängerfürsten

Vor sich, den Schöpfer Parcivals,
Wie stillt' er nun der Neugier Dürsten!
Wie flög' er gern ihm an den Hals!
Ihm stets ins Auge mußt' er sehen,
Gebannt von seines Blickes Macht,
Und wagte nicht, ihm zu gestehen,
Daß er auf Kampf mit ihm bedacht.
„Laßt mich in Euch, Herr Wolfram, grüßen,"
Rief er, „Eu'r schönes Bayerland,
Wo früh schon zu der Alpen Füßen
Des deutschen Sanges Wiege stand!" —
Herr Biterolf und Wolfram kamen
Zurück von einem Waffenspiel,
Und die drei edlen Ritter nahmen
Nun ihren Weg zum gleichen Ziel.
Viel Fragen gab es und Belehren,
Und Jeder war mit Höflichkeit
Bestrebt, den Andern hoch zu ehren,
Im frohen Plaudern schwand die Zeit.
Und endlich bei der Sonne Sinken
Sahn sie in goldnem Abendglanz
Vom waldumrauschten Berge winken
Der Wartburg stolzen Zinnenkranz.

III.

Auf der Wartburg.

Ein Waldeskleinod im Thüringerland,
Blinkt wie ein Helm, von Eichen umlaubt,
Mit zinnengekröntem Mauerband
Die Wartburg von des Berges Haupt.
Palas und Thürme, felsengetragen,
Der steile Wall und das dunkle Thor,
Die Giebel und die Söller ragen
Ueber dem grünen Laube empor.
Weit sichtbar von erhöhtem Stand
Funkelt's wie lichter Schildesrand,
Wenn Abends in der Fenster Reihn
Goldroth sich spiegelt der Sonne Schein.
Hornruf ertönt und Heroldsgruß,
Es scheiden und es kommen wieder,
Das Schwert am Gurt und Sporn am Fuß,
Viel edle Gäste auf und nieder.
Sie kommen aus allen Winden gefahren,
Die Einen zu Fuß, die Andern zu Roß,
Ritter und Sänger und Spieler in Schaaren,
Und alle sind sie willkommen im Schloß.

Der Landgraf Hermann war stets bedacht
Auf seines Hauses selbständige Macht,
Geehrt, gefürchtet im deutschen Reich
Als unabhängig und stark zugleich,
Doch Freund der Sänger, der für und für
Ihnen geöffnet hielt Thor und Thür,
Freigebig, verschwenderisch über die Maßen,
Daß seiner Huld sie nimmer vergaßen.
Die Größten und Besten um sich zu haben
War seine Freude, sein Stolz und Ruhm,
Ihm däuchten des Sängers göttliche Gaben
Wohl mehr, als Adel und Ritterthum.
Er war zu Paris auf der hohen Schule
Mit jeglichen Wissens Nahrung gespeist,
Nie saß auf einem Herzogsstuhle
Ein feinerer und gepflegterer Geist.
Er gab aus fremden Mären und Sagen
Den Sängern manchen willkommenen Stoff
Zu dichten, zu bilden, zu übertragen,
Daß auf der Burg viel Tinte troff.
Verborgen hielt er in seiner Truhe
Geschriebene Schätze, die er besaß,
Nie schloß er die Augen zur nächtigen Ruhe,
Eh' daß er lange in Büchern las.
Landgräfin Sophie, sein zweites Gemahl,
Von vierzig Edelfrauen umgeben,
War ihm nach seines Herzens Wahl
Genossin in seinem hohen Streben.
Sie hielten Hof mit fürstlichem Glanze,
Es sonnte in der Beiden Gunst,
Gehegt, geschmückt mit jedem Kranze
Sich meisterliche Sangeskunst.
Und Meister auch von Gottes Gnaden,
Ob ritterbürtig oder nicht,

Waren allzeit zur Burg geladen,
Gastrecht des Sängers war Fürstenpflicht.
Hier hatte Heinrich von Veldeck gesungen,
Der „impfete das erste Reiß
In unsre deutschen Liederzungen,"
Draus Blumen sprossen reihenweis.
Nun war er todt und fehlte im Bunde,
Doch hauste unter dem schirmenden Dach
Noch eine stattliche Tafelrunde.
Vor Allen Wolfram von Eschenbach
Und Walther von der Vogelweide,
Reinmar von Zweter und Biterolf,
Ein Thüringer, der im Jägerkleide
Am liebsten pirschte auf Eber und Wolf.
Herr Heinrich, auch vom Ritterstande,
Der „tugendhafte Schreiber" genannt,
Doch wie als Sänger im ganzen Lande
So auch als strenger Wappner bekannt.
Der Herzog von Anhalt, der Enkel des Bären,
Albrecht von Halberstadt, der Scholast,
Der die Verwandlungen und Mären
Ovidii Nasonis deutsch verfaßt.
Herbort von Fritzlar, der vom Rauben
Gesungen der schönen Spartanerfrau
Das Lied von Troje, und Botenlauben,
Graf Otto, vom Grabfeld im Hennegau.
Und Manche noch aus deutschen Landen,
Gar hochversippt mit altem Geschlecht,
Die sich auf Strophenbau verstanden
Wie auf Turnier und Fehderecht.
Doch litten auch Spielleut und fahrende Singer
Mit Fiedel und Laute keine Noth,
Und jeder lustige Liederbringer
Fand da sein reiches Botenbrot.

Es regnete Spenden und gute Tage,
Bald klang die Harfe, bald krachte der Speer,
Es drängten sich Feste und frohe Gelage,
Und niemals wurden die Becher leer.

Tannhäuser kam zu rechter Stunde,
Auf Du und Du sogleich begrüßt
Von dem erfreuten Sängerbunde,
Doch mit dem Vorwurf auch gebüßt,
Daß er der Ihre nicht seit Jahren,
Denn Alle wünschten ihn herbei,
Aus eignem Urtheil zu erfahren,
Ob seines Ruhms er würdig sei.
Er sprach: „Ich bin daher geritten,
Um Einen unter Euch zu sehn,
In Tag und Traum hab' ich gestritten,
Nur diesen Einen zu bestehn.
Wolfram, Du bist's! was Du geschaffen,
Dein Parcival läßt mir nicht Ruh,
Bis wir versucht mit gleichen Waffen,
Wer stärker ist, ich oder Du!
Dich preis' ich, doch vor Dir erniedern
Will ich mich nur nach hartem Strauß,
Wenn Du mir obsiegst nun in Liedern,
Und Alle fordr' ich euch heraus!
Kommt an! laßt uns zum Kampfe schreiten
Um Sängerruhm! hoch ist der Kauf,
Für den wir im Gesange streiten,
Der Handschuh liegt! wer nimmt ihn auf?"
Sie blickten finster; Wolfram sagte:
„Tannhäuser, das sei Gottbewahrt!
Du weißt, daß ich den Kampf schon wagte,
Denn Schildesamt ist meine Art.
Doch hört' ich nimmer, daß man fechte,

Sei's Schimpfes halb, sei's ernst gemeint,
Um sichere, unbestrittne Rechte,
Nach denen kein Gekränkter weint.
Freu' Dich der leicht gepflückten Rosen,
Die Dir zum Kranz die Minne flicht,
Den meinen dank' ich dunklern Loosen,
Und Du entwindest ihn mir nicht." —
Der Minne Kränze, leicht geflochten!?
Ward ihm hier Spott und Hohn zu Theil?
Sein Wappenspruch ihm angefochten?
Und stecken blieb der bittre Pfeil.
Doch Walther von der Vogelweide
Bot herzlich ihm die Freundeshand,
Daß nach dem zugefügten Leide
Gemach des Unmuths Wolke schwand:
„Wir weigern Dir die hohe Wette,
Doch unsre Massenie gebeut,
Daß uns bei froher Sangeswette
Jedweder Liedermund erfreut.
Doch laß Dich anschau'n, Mauernstürmer!
Mir klang's wie Ahnung, als es blies
Und mit des Hornes Gruß der Thürmer
Uns einen neuen Gast verhieß.
Hast Dir erkämpft ein tüchtig Leben
Und baß gelernt die Welt durchziehn,
Seit Du bei Leutold auf Burg Seben
Schriebst Deinen prächtigen Luarin.
Mich dünkt, Du wurdest stärker, größer,
Im Antlitz ernster, mehr gebräunt,
Der sieggewohnte Lanzenstößer
Vergaß doch nicht den alten Freund?"

„O Walther! Deiner zu vergessen!
Du sorgst wohl, daß man Dein gedenkt,
Wenn sich wie Schwertschwang wohlgemessen

Dein Lied auf Papst und Pfaffe senkt!
Mit beiden Händen will ich's schwören:
Mein Herz hielt Dir der Treue Wacht,
Und hier von Reinmar kannst Du hören,
Wie Deiner ich in Wien gedacht."
„So warm, so mit der Liebe Schwingen,"
Sprach Reinmar, „und in Wort und Lied,
Wie seiner wir, als Osterdingen
Vom Babenberger Hofe schied."
Auf Herzog Leopold nun kehrte
Sich das Gespräch, Tannhäuser pries
Ihn hoch und höher und belehrte,
Warum er gloriosus hieß.
„Er ist wie Blumenglanz auf Matten,"
Sprach er, „an jeder Tugend reich,
Vor ihm sind alle Fürsten Schatten,
Er aber ist der Sonne gleich."
Die Sänger hörten in dem Bilde
Des Lobes Uebermaß nicht gern
Und traten ein für Hermanns Milde
Und rühmten sein Thüringens Herrn.
Herr Walther sprach: „Wie Tag des Maien
Scheint Hermanns Milde fern und nah,
Die Pfaffen sagen's und die Laien
Und aller Lande Chronica.
Wie vor dem hohen, lichten Tage
Der Schein der Sonne stumm und bleich,
So unserm Herrn steht in der Wage
Auch nach der Held von Oesterreich."
Sie kamen schärfer noch ins Streiten,
Da trat der Landgraf selbst herzu
Und bracht' ihr heftig Ueberschreiten
Mit lächelndem Gesicht zur Ruh.

Der Sänger und sein Schimmel fanden
Bei einem Wirth in Eisenach,
Vor dessen Hause Linden standen,
Herberg und wohnliches Gemach.
Von da konnt' er die Wartburg sehen
Und ließ nun, ruhend auf der Bank,
Im Geist an sich vorüber gehen
Wort und Begegniß beim Empfang.
Fast reut' ihn, daß er aufgelodert
Im Kreis der edlen Sängerzunft
Und daß er sie herausgefodert
Gleich in der Stunde seiner Kunst.
Doch war er nicht daher gekommen
Zu einem Wettkampf und Gericht?
Hatt' ihm nicht Fried' und Ruh genommen
Wolfram von Eschenbachs Gedicht?
Sollt' er den Größern anerkennen
In seiner Kunst und Meisterschaft,
So mußt' er sich den Kleinern nennen
In seiner selbstbewußten Kraft.
Das mocht' er nimmer sich gestehen
In ruhmesstolzem Widerstreit,
Ihn sollte Sturm und Blitz umwehen
In höchsten Gipfels Einsamkeit.
Eh' wollt' er Blut und Leben wagen,
Unsieg und Schmach und Untergang,
Als in der Brust den Zweifel tragen,
Ob überwindlich sein Gesang.
Er mußte sich mit Jenen messen
Sobald gelegen Zeit und Ort,
Aufs Neu beschloß er's, unvergessen
War ihm im Herzen Wolframs Wort.
Wie wies ihn der mit seinem Singen
In Schranken, die er kaum geahnt,

Und die er doch zu überspringen
Seit seiner Jugend schon geplant!
Noch lockte ihn ein Ziel auf Erden:
Ein Minnesänger war er nur,
Ein Heldensänger wollt' er werden,
Und vor ihm lag des Weges Spur.
Wie Zwerge Riesen nicht erreichen,
Ließ Luarin in keinem Fall,
Der Zwergenkönig, sich vergleichen
Mit dem Gralkönig Parcival.
Doch was in seines Busens Falten
Noch ungeboren, schlummernd lag
Mit traumhaft dämmernden Gestalten,
Das drängte mehr und mehr zu Tag.
Schon wob und keimt' es in der Hülle,
Gemischt aus aller Mären Saat
Und seines eignen Lebens Fülle
Zur großen, dichterischen That.
Doch immer schob er's noch ins Weite,
Vor dem sein Auge noch getrübt,
Als wär' ihm zu dem höchsten Streite
Die Kraft noch nicht genug geübt.
Und Wolfram hatte Recht mit Schelten,
Ließ er wie bunten Blüthenstaub
Die kleinen Minnelieder gelten,
Wenn oben rauscht der Eiche Laub.
So freudig hatt' er sie gesungen,
Sie waren ihm in Lust und Leid
Wie Rosenknospen aufgesprungen,
Er sah sie an wie Schmuck am Kleid.
Sollt' er den eignen Ton verklagen?
Sollt' er sein holdes Saitenspiel
Am harten Felsblock nun zerschlagen,
Weil's einem Andern nicht gefiel?

Er war derselbe doch geblieben,
An dessen hohem Schildesrand
Um eine Rose ja geschrieben
„Der Minne Sang und Sehnen!" stand.
Das Sehnen war ihm noch zu eigen
In unersättlich heißem Drang,
Und also wollte er verschweigen
Auch nicht der Minne süßen Sang,
Bis er geschaffen und gesungen
Das eine große, letzte Lied,
Und wäre ihm dabei bedungen,
Daß aus der Welt er damit schied.
War selbst aus einer Göttin Munde
Der sel'gen Mutter doch vertraut
Prophetisch seines Schicksals Kunde;
Wußt' er noch jener Worte Laut?
„Was einst er schafft, wird noch bestehen
In später Nachwelt riesengroß,
Des Schöpfers Name wird verwehen,
Und dem Kometen gleicht sein Loos."
Schon glaubte er an das Gelingen
Mit fester, stolzer Zuversicht,
Auf ferne Nachwelt wird' er's bringen,
Das Werk, — doch seinen Namen nicht?
War's Götterwille denn, daß weder
Er selbst seh' seines Ruhmes Glanz,
Noch eines armen Schreibers Feder
Spät einst ihm rette seinen Kranz?
Ihm ward in weiterer Betrachtung
Bei ruhigerem Blute klar,
Wie man mit Freundlichkeit und Achtung
Ihm auf der Burg begegnet war.
Das wollt' er herzlich auch erwiedern
Den Sängern und den Bund erneu'n

Und unverkümmert sich an Liedern,
Den ihren und den seinen freu'n.
Zeit war's, zur Burg hinan zu steigen,
Die schon von Dämmrungshauch umschwirrt,
Wo ihn zu frohen Festes Reigen
Erwartete der edle Wirth.

Er wandelte mit langem Schritte
Nachdenklich über Moos und Stein
Und schaute von des Berges Mitte
Zurück ins grüne Thal hinein.
Das zog sich dort um die Gelände
Und krümmte sich in tiefer Bucht,
Verengt durch schroffe Felsenwände,
Zur grausig wilden Drachenschlucht.
Tannhäuser spähte nach dem Grunde,
Von Abenteuerlust bewegt,
Ob nicht versteckt im finstern Schlunde
Ein Lindwurm, den er gern erlegt,
Ob nicht im unterhöhlten Berge
In neidisch eifersücht'ger Hut
Der starken unsichtbaren Zwerge
Ein Hort von rothem Golde ruht.
Und wandte er den Blick zur Linken,
Sah fern er über Stadt und Damm
Gespensterhaft herüber winken
Des Hörselberges öden Kamm.
Dort hauste sie, die aller Liebe
Und aller Schönheit Königin,
Ihn zog's mit einem dunkeln Triebe
Zu dem verwunschnen Berge hin.
Wüßt' er die rechten Losungsworte,
Vor denen Ring und Riegel bricht,
Er klopfte dreist an ihre Pforte

Und träte vor ihr Angesicht,
Um sich die Augen voll zu schauen
An ihres Leibes Götterpracht
Und an der Brust der schönsten Frauen
Zu ruhn, zu träumen Tag und Nacht.
Dann würde wohl von ihrem Munde
Manch Räthsel lächelnd ihm gelöst
Und flüsternd die geheimste Kunde
Vom Weibesherzen eingeflößt.
In glühnden Bildern sich verlierend,
Die die Erinnrung ihm geweckt,
Blieb er zum Berg hinüber stierend,
Bis ein Geräusch ihn aufgeschreckt.
Da sah er nahe seinen Wegen
Bergauf, daß Wolfram wartend stand,
Und eilend ging er ihm entgegen
Und bot ihm freundlich Gruß und Hand.
„Du blicktest in das Thal hernieder,"
Sprach Wolfram, „wie ich oft schon that,
Und auf dieselben Fragen wieder
Fehlt mir die Antwort und der Rath.
Siehst Du den ersten Stern dort schimmern,
Im unermeßlich tiefen Blau
An seinen Ort gehängt beim Zimmern
Des ewig großen Weltenbau?
Die Erde grünt, Planeten weben,
Und endlos spinnt sich fort der Traum,
Sag' mir: an welchen Fäden schweben
Die Sterne in dem Himmelsraum?
Glaubst Du, daß dort auch Wesen wohnen
Auf jenem Eiland in der Luft,
Sich Untreu rächen, Liebe lohnen,
Ihr Haus sich bauen und die Gruft?
Daß Freuden blühen, Schmerzen wüthen

In Daseinsluft und Lebenslast
Und Menschenhirne einsam brüten,
Was doch kein Menschengeist erfaßt?
Meinst Du, daß sie den Schöpfer kennen
Von Erd' und Himmel, Pflanz' und Thier,
Auf ihren Knie'n ihn betend nennen
In Glaubensdemuth so wie wir?
Ja? oder müssen sie erwerben
Das Reich durch Christus, unsern Herrn?
Schwingt, um millionenmal zu sterben,
Sich Gottes Sohn von Stern zu Stern? —
Denk' aus die schauernden Gedanken,
Und wenn Du je darüber sannst
Fuß fassend in des Grundes Schwanken,
So gieb mir Antwort, wenn Du kannst.
Doch was Du riethest auch und fandest,
Der Sinn ist aller Welt zu tief,
Vielleicht, daß während Du dort standest,
Dir Gleiches durch die Seele lief."
Tannhäuser staunte fast verwirret;
Ihm diese Fragen! dessen Geist
Sich eben noch so weit verirret,
Von üpp'ger Weltlust nah umkreist.
„Wer bringt in Gottes Heimlichkeiten?
Ein weiser Engel könnte nur,"
Sprach er, „die Antwort Dir bereiten,
Doch Keiner, der auf ird'scher Flur
Einherstürmt ohne Zaum und Zügel,
Vom Trost des Augenblickes lebt
Und mit dem staubbedeckten Flügel
Dem Falter gleich um Blüthen schwebt.
An Allem hast' ich, was die Erde
Schmückt und umkränzet lebensvoll,
Und frage nicht, woher das Werde

Am ersten aller Tage scholl.
Hier mit gewachsnen Wurzeln stehen
Die Blumen, wo die Quelle springt,
Hier mit geschwinden Schritten gehen
Die Menschen, wo der Vogel singt.
Hier trägt mich hochgemuth zum Streite
Mein Roß, hier winkt mir Dank und Lohn,
Hier klirrt und klingt mir an der Seite
Des Schwertes Wucht, der Harfe Ton.
Ich freue mich der goldnen Siegel,
Die auf das dunkle Blau gedrückt,
Wie ihres Glanzes holder Spiegel
In schönen Augen mich entzückt.
Und jedes freundliche Begegnen,
Womit das Glück die Stunde ziert,
Und jede Freude will ich segnen,
Die mir ein Erdentag gebiert.
Hier, wo die Bäume Schatten geben,
Und nicht auf luft'gem Wolkensteig
Ruft mich die Kunst, grüßt mich das Leben
Und grünet in der Sinne Zweig."
„So trennen früh sich unsre Pfade,"
Sprach Wolfram, „meiner endet dort
Am Urquell aller Kraft und Gnade,
Du klebst am Staube fort und fort,
Bedenkst nicht, daß wo Feuer lodert,
Ein Häuflein Asche balde liegt,
Und daß der Leib schon morgen modert,
Der gestern Dich in Lust gewiegt.
O folge mir! auf's Höchste richte,
Auf's Unvergängliche den Blick,
An Gottes Thron, in seinem Lichte
Ruht Dein unsterbliches Geschick."
„Geblendet würd' ich von dem Strahle,

Träf' er mich hier im Erdenthal,
Du suchst noch immer nach dem Grale
Wolfram, Du selbst bist Parcival,
Ein reicher König, glanzumflossen,
Dein Wissen ist wie Adlerflug,
Vergeblich wirbst Du um Genossen
Zu Deines Geistes Himmelszug."

„Ich kann nicht lesen, kann nicht schreiben,
Und hohes Wissen ist mir fern,
Mein Glaube aber soll mir bleiben,
Und ich vertraue meinem Stern."

„Das thu' ich auch! wer soll entscheiden,
Ob Du Recht hast in unserm Streit,
Hier zu entsagen und zu leiden
In Hoffnung künft'ger Seligkeit,
Ob ich das beßre Loos gezogen,
Wenn reichlich mir des Schicksals Hand
Des Lebens Schönheit zugewogen
In der Frau Minne Zauberland."

„Das wird entschieden an dem Tage,
Da laut der Engel Blasen klingt
Und Jeder seine Schuld und Klage
Vor den langmüth'gen Richter bringt.
Dann hörst Du seine Stimme sprechen,
Die überbraust der Hörner Schall,
Vom Gegenstoß die Felsen brechen,
Die Wolken donnern Widerhall.
Ein Feuer kommt, die Luft verbrennet,
Und Stürme rasen durch das Rund,
Die ganze Erde wird getrennet,
Die Berge stürzen in den Grund.
Doch ruhig stehen die Gerechten,
Die seiner Lehre nach gethan,
Dem Allbarmherzigen zur Rechten

Und schau'n des Himmels Wonne an.
Dann wehe, wenn Du ausgeschieden
Und bei der Seligkeit Verlust,
Von allen Heiligen gemieden,
Des Urtheils Spruch vernehmen mußt,
Daß Du in Ewigkeit verdammet,
Weil Du die Welt zu sehr geliebt,
Dein Herz in Sünden hast entflammet,
Für die es keine Buße giebt!" —
Tannhäuser schwieg, ein heimlich Grauen
Fühlt' er vor dem gewalt'gen Mann,
Der ohne wieder aufzuschauen
Schritt neben ihm den Berg hinan.
Er war im Innersten betroffen
Von Wolframs überlegnem Ton,
Und wie der Höllenrachen offen
Stand ihm des Weltgerichtes Droh'n.
Gedanken fingen an zu rütteln
An seines Fahrzeugs hohem Mast,
Und er versuchte abzuschütteln
Der drückenden Beklemmung Last.
Was hatt' er denn so schwer gesündigt,
Was denn so Großes zu bereu'n,
Daß alle Gnad' ihm aufgekündigt,
Daß er gerecht Gericht zu scheu'n?
Glich er dem leicht gelenkten Knaben
Beim Klausner noch im wilden Tann?
War er nicht selbst voll Kraft und Gaben
Ein kampfgestählter Rittersmann?
Wer wollt' ihn noch zu fürchten machen
Vor Arglist und Gefahr der Welt?
Sollt' er jetzt wie beim Traumerwachen
Noch auf den Scheideweg gestellt,
Die lustgeschwellten Segel streichen

Vor eines Andern rauher Bahn,
Der auch nur Mensch und seines Gleichen,
Wie er dem Irrthum unterthan?
O nimmermehr! noch Vieles schuldig,
War ihm die Welt, und er bestand,
Ein Gläub'ger, hart und ungeduldig,
Auf Zahlung aus des Schicksals Hand.
Und nicht Almosen zu empfangen
Wollt' er beim Glücke betteln gehn;
So weit wie seine Wünsche drangen
In seines Minnegehrens Lehn,
Wollt' er sich selbst den Sieg erstreiten
Mit stolzer, rücksichtsloser Kraft
Und Alles vor sich niederreiten,
Was hemmte seine Leidenschaft.

Tannhäuser grübelte nicht länger,
Verflogen war, was ihn umbangt,
Als mit einander die zwei Sänger
Am hohen Burgwall angelangt.
Sie schauten um; am Hörselberge
Stieg feuerroth der Mond empor, —
Da öffnete des Wächters Scherge,
Und beide schritten durch das Thor.

IV.

Das Wiedersehen.

Bunt wogt es in der Wartburg Hallen,
In Prunkgemach und Rittersaal
Die Geigen und die Flöten schallen,
Und festlich glänzt der Kerzen Strahl.
Von Rittern, Sängern, holden Frauen
Ist da ein reich geschmückter Kreis,
Die blonden und die schwarzen Brauen
Bestreiten sich der Schönheit Preis.
Es schillert und es rauscht in Falten
Scharlach, Pfellel, Siglat und Sammt,
Truchseß und Seneschall verwalten
Und Schenk ihr vielgeschäftig Amt.
Fürstlichen Hofes Ingesinde
Vermischt sich mit der Gäste Schwarm,
Und Edelknaben, blühende Kinde,
Kredenzen, Kann' und Krug im Arm.
Es tönt ein Summen und ein Klingen
Von Plaudern, Lachen, wohlgethan,

Als Eschenbach und Osterdingen
Nun als die beiden Letzten nahn.
Doch da verstummt's in weitem Kreise,
Und Jeder reckt sich im Genick,
„Der ist es!" heißt es ringsum leise,
„Der mit dem tiefen, heißen Blick!"
Der tugendhafte Schreiber sagte:
„Ei nun, ihr Herrn! woher so spät?
Schon manches Rosenmündlein fragte
Nach euch und that ein Stoßgebet.
Habt ihr am Himmel nachgemessen,
Wie Stern an Stern vorüberrauscht?
Habt ihr in süßem Selbstvergessen
Dem Lied der Nachtigall gelauscht?"
Bedeutsam schauten die Gefragten
Einander bei dem Gruße an;
Tannhäuser lächelte: „Wir jagten
Ein edles Wild, das eilend rann.
Durch Felsgeklüft der Eine spürte
Auf hohen Gipfeln, schroff und kahl,
Den Andern in die Blumen führte
Die Fährte wonniglich zu Thal."
„Ein Räthsel!" rief der Tugendhafte,
„Nun, Biterolf, der Du Waidmann bist,
Wie lösest Du aus diesem Hafte
Der fährtekund'gen Jäger List?"
„Mich dünkt," sprach Biterolf, „sie taugen
Zur Jagd nicht auf dasselbe Wild,
Ein Jeder sieht's mit seinen Augen
Wie ein nur ihm geträumtes Bild."
„Getroffen, Schütze! Jeder kürte
Sich selbst den Weg," fiel Wolfram ein;
Der tugendhafte Schreiber führte
Tannhäuser durch der Gäste Reihn.

Wie stattlich floß ihm um die Glieder
Und um des Körpers schlanken Bau
Der Rock weit übers Knie hernieder
In lichtem, farbensattem Blau,
Kostbar mit Marderfell umzirkel,
Gefüttert ganz mit Hermelin,
Die Aermel aber, golddurchwirkel,
Von safrangelbem Baldekin.
Am breiten Gurt mit edlen Steinen
Hing ihm das Schwert und rechts der Dolch,
Schön sah er aus, und sein Erscheinen
Hatt' Aller Blicke im Gefolg.
Der Schreiber nannte ihm die Namen
Der Herrn, von Festeslust umrauscht,
Und wo die Zwei vorüberkamen,
Ward ritterlicher Gruß getauscht.
Der Landgraf winkte schon dem Sänger,
Darauf bedacht mit allem Fleiß,
Hinfort den stolzen Schlachtengänger
Zu fesseln in des Hofes Kreis.
„Ich hab' Euch immer schon geliebet,
Es war, als fehlte mir ein Stern
Im Kranze," sprach er, „denn Ihr bliebet
Zu lange schon der Wartburg fern.
Doch jetzt seid Ihr der Unsern Einer,
Ich halt' Euch, Ritter, wie ich kann,
Und jeder Wunsch von Euch ist meiner
In Freuden, daß ich Euch gewann."
Tannhäuser mußte nun berichten
Von der zwei Kön'ge letztem Krieg,
Und ob der Papst, den Streit zu schlichten
Geneigter sei nach Philipps Sieg.
Der Landgraf sagte, daß er lange
Von Philipps Freundschaft sich entwöhnt,

Bis sie nach heißem Waffengange
Zu Ichterhausen sich versöhnt,
Nachdem die Gärten Erfurts büßten,
Zertreten war Thüringer Land,
Denn schrecklich hauste mit Verwüsten
Des Böhmen räuberische Hand.
„Drum," fuhr er fort, „kann ich's nicht hindern,
Daß Manche noch aus meinem Lehn,
Von meinen lieben Landeskindern
Auf König Otto's Seite stehn."
Tannhäuser gab dem Fürsten Kunde,
Wie freundlich Philipp ihm gewillt
Und daß im festen Friedensbunde
Der alte Groll durchaus gestillt.
Deß war der Landgraf froh, und dankend
Entließ er den willkommnen Gast,
Der sich im Saale umsah, schwankend,
Wohin sich wenden im Palast.
Zur Fürstin lenkte er die Schritte,
Die von der schönsten Frauen Schaar
Umgeben war nach höf'scher Sitte;
Doch wie er auf dem Wege war,
Trat auf ihn zu ein Edelknabe
Und raunte: „Herr, gebt mir Bescheid,
Ob Ihr, an den ich Botschaft habe,
Der Ritter Osterdingen seid."
Und weiter, als der Ritter nickte,
„Dann folgt mir ohne Aufsehn nach,
Denn eine Frau ist's, die mich schickte
Und Eurer wartet im Gemach."
Tannhäuser lachte: „Kind, Du irrest!
Ich kenn' am Hofe keine Frau,
Wenn suchend Du den Saal durchschwirrest,
So halte beßre Minneschau!"

„Ich soll Herrn Heinrich Ofterdingen,
Der auch Tannhäuser zubenannt,
Zu der viel edlen Fraue bringen,"
Sprach noch einmal der junge Fant.
„So sage mir, wer ist die Dame,
Die meiner heimlich hier begehrt?"
Der Knabe lächelte: „Der Name
Bleibt Eurer Neugier noch verwehrt."
Der Ritter schüttelte verwundert
Und sah den Knaben forschend an:
„Ein Irrthum ist's, eins gegen hundert!
Doch meinetwegen, — geh voran!"

Tannhäuser wurde in ein Zimmer
Geleitet, das entlegen gar
Dem Festsaal und von Kerzenschimmer
Fast tageshell erleuchtet war.
Hier sah er einer schönen Frauen
Sich plötzlich gegenüber stehn,
Die, durft' er seinen Augen trauen,
Er — aber wo? wo? — schon gesehn.
Sie kam ihm keinen Schritt entgegen,
Sie bot ihm weder Sitz noch Hand,
Wie sie da ohne sich zu regen,
Ein lebend Bild so vor ihm stand.
Im Anschaun rinnet die Sekunde,
Da Keiner von sich selber weiß,
Und endlich tönt's von ihrem Munde:
„Heinrich!" — ihn überläuft es heiß, —
    „Irmgard!! O Gott in Himmelsräumen!
Iringard! Du bist's! — noch einen Blick!
Nur noch ein Wort! daß nicht in Träumen
Zerfließt dies sonnige Geschick!
O Wiedersehn und Findenmüssen —!"

Er preßt sie jubelnd an die Brust
Und Mund auf Mund in heißen Küssen,
Daß sie erglüht in voller Lust.
Sie macht aus seinen starken Armen
Verwirrt sich und erröthend los
Und lächelt: „Heinrich, hab' Erbarmen!
Die Schwester ist nun alt und groß."
  „O alt! Du alt! wie Rosenflammen
Bist Du erblüht, Du holde Maid!"
Da schreckt sie leis' in sich zusammen,
Durchzuckt von einem scharfen Leid.
Er merkt es nicht, zieht sie hernieder
Zur weichen Ruhbank an der Wand,
Sich in die Augen sehn sie wieder
Und sitzen beide Hand in Hand.
Und Fragen stürzen über Fragen,
Eh' eine Antwort mal geschehn,
Es ist nicht, was sie sich zu sagen,
Anfang und Ende abzusehn.
„Was macht Erwin? wo weilt, was treibet,"
Frug er, „mein lieber Raufgenoß?"
„Erwin ist Ritter, ist beweibet
Und sitzt auf unsrer Väter Schloß,"
Sprach Irmgard, „aber Du gieb Kunde,
Wie sich empor Dein Leben schwang,
Stets war Dein Ruhm in Aller Munde
Auf seinem schnellen Siegesgang.
Das mußt Du Alles mir erzählen
Bei guter Weile weit und breit,
Jetzt aber will ich mit Dir schmählen
Um schlimmen Streich aus alter Zeit.
Daß beiden euch tollkühnen Jungen
Der Ueberfall auf Dürrenstein
So fehlgeschlagen und mißlungen,

Ist eure eigne Schuld allein.
Es wäre anders wohl gekommen,
Hätt' ich gewußt um euren Plan,
Ich hätt' euch ins Gebet genommen
Und ausgetrieben euren Wahn."
„Du ins Gebet uns? ach! wir wußten,
Daß, sagten wir ein Wörtlein Dir,
Wir Dich auch mit uns nehmen mußten,
Das ging nicht, darum schwiegen wir."
„Doch heimlich von der Burg zu schleichen,
So mir nichts Dir nichts weg und fort!
Nicht einmal noch die Hand zu reichen
Und ohn' ein einzig Abschiedswort!"
„Hast Du die Rose nicht gefunden
An Deinem Bett und auch das Lied,
Die in der letzten noch der Stunden
Ich selbst Dir brachte, eh' ich schied?"
„Du selbst? Du warst in meinem Zimmer?"
„Des Morgens früh war's, als ich kam,
Ich seh' es und ich fühl's noch immer,
Wie ich da Abschied von Dir nahm.
Es dauerte, bis ich gegangen,
Ach! Irmgard, warst Du schön und hold,
Wie Du so ruhtest, schlafbefangen,
Umspielt vom ersten Sonnengold!
Durchs Fenster, durch das bunt bemalte,
Drang glühend rothes Licht herein,
Grad' über Deinem Bett umstrahlte
Es ganz das Kreuz von Elfenbein.
Mich lockte wie ein Zauberbecher
Dein Mund, und wie ich zitternd stand —"
„O schweige!" rief sie, „schweig', Verbrecher!"
Und hielt ihm vors Gesicht die Hand.
Doch wie den Arm er um sie legte,

Berührt' er schmeichelnd ihr das Kinn
Mit sanftem Drucke und bewegte
Ihr Antlitz wieder zu sich hin:
„Was hast Du denn nun angefangen
Mit Roß' und Lied? Du weißt es doch?"
Und sie mit purpurrothen Wangen:
„Heinrich, ich hab' sie beide noch!"
Da küßt' er wieder sie geschwinde:
„O Wonn' und Wunder! ich zog ein
Zu einem Kampfe hier und finde
Mein liebes, trautes Schwesterlein!"
Irmgard erhob sich von dem Pfühle:
„Wir dehnten schon zu lang die Frist,
Komm, daß man bei dem Festgewühle
Uns beide nicht im Saal vermißt.
Geh' Freund! ich folge ohne Zaudern
Und werde bei der Fürstin sein,
Dort können wir ja weiter plaudern,
Erst aber wollt' ich Dich allein."
Tannhäuser sprach: „Daß Gott Dir's lohne!"
Und ging; sein Herz in Freuden schlug,
Als ob er eine Königskrone
Auf hocherhobnem Haupte trug.
Irmgard, als sie allein, verhüllte
In Schmerz beseligt, ihr Gesicht,
Das sich mit hellen Thränen füllte,
Und mit durchschütterndem Gewicht
Erseufzte sie aus tiefstem Grunde,
Die Hand auf ihre Brust gepreßt,
Und nur gehaucht von ihrem Munde
Rief's: „Armes Herz, sei fest! sei fest!"

Tannhäuser kam zurück zur Halle,
Die strahlt' ihm jetzt noch mal so hell,

Es däuchte in der Gäste Schwalle
Jetzt Jeder ihm ein Gutgesell.
Ihm blickte aus den Augen beiden
Das überfrohe Herz, er fand
Herrn Walther von der Vogelweiden
Und drückt' ihm mit Gewalt die Hand.
„Auweh!" rief Walther, „trägst Du immer
Den Eisenhandschuh an der Faust?
Und Deiner Augen Freudenschimmer, —
Heinrich, wie Du so seltsam schaust!"
„Sturm! Sturm!" rief Heinrich da mit Schalle,
„Ich habe wieder sie gesehn!
Die Minne winkt von hohem Walle
Mit tausend bunter Fähnlein Wehn!"
Doch Walther kräuselte die Lippen
Und blickte dem Entwischten nach:
„Wie's wieder braust da untern Rippen
Und unter seines Hirnes Dach!
Wen mag er denn gefunden haben?
Und wieder zwar? Sturm! rief er, Sturm!
Daß doch an seinen hohen Gaben
Noch immer nagt der alte Wurm!"
Noch wußt' er nicht den Mädchennamen
Der Frau, die bei der Fürstin stand,
Und die vor allen andern Damen
Den Freund an ihre Seite band.
Kein Blick, kein Wort ging ihm verloren,
Er frug und fand, als er erfuhr,
Daß sie auf Kürenberg geboren
Und Irmgard hieß, die rechte Spur.
Sie sagte: „Hohe Frau, hier ist er,
Der meiner Kindheit Spielgesell,
Wir wuchsen auf wie zwei Geschwister,
Was Einem je gefiel, war schnell

Schon darum auch genehm dem Andern,
Der Dritt' im Kleeblatt war Erwin,
Beim Reiten, Jagen, Baizen, Wandern
Vergaßen wir der Jahre Fliehn."
„Doch," sprach Tannhäuser, „kühner, dreister
Noch als wir Zwei, war Irmengard,
Die über unsre Spiele Meister
Wie über unsre Herzen ward."
Die Fürstin lächelte: „So gebet
Euch fröhlicher Erinnrung hin,
Und Euch, Herr Ritter, bitt' ich, lebet
Als Gast hier ganz nach Eurem Sinn."
Tannhäuser neigte sich in Züchten
Und faßte Irmgard bei der Hand,
Mit ihr aus dem Geräusch zu flüchten,
Wo sich ein stilles Plätzchen fand.
In einer Fensterlaube boten
Zwei kleine Bänke Platz dem Paar,
Allwo ihm keine Lauscher drohten
Und wo's doch sichtbar Allen war.
Sie blickten tief sich in die Augen,
Und Einer war des Andern Ohr,
Ihm jedes Wort vom Mund zu saugen,
Daß bald sich Herz in Herz verlor.
Da sah die Beiden Walther sitzen,
Und wie von jähem Schreck durchbebt,
Sprach er zu sich mit Zornesblitzen:
„Ja, Sturm ist's, was sich da erhebt!
Was Kinderspiele! so verkündet
Sich nicht der Freundschaft Wiedersehn,
Was sich verräthrisch da entzündet,
Das ist der Minne Flammenwehn."
Heinrich entrollt' in raschen Strichen
Vor Irmgard seinen Lebenslauf,

Seit er vom Kürenberg entwichen,
Bis er zur Wartburg ritt hinauf.
Jedoch verweilte er beim Schildern
Des Kreuzzugs etwas längre Zeit
Und zeichnete in großen Bildern
Ihr die geschaute Herrlichkeit,
Die Seefahrt mit der Wogen Brandung
Auf sturmgepeitschter Meeresfluth,
Die Ankunft und die kühne Landung,
Des Heeres Noth, des Kampfes Wuth,
Vor allem aber Drang und Wagen
Bei der Erstürmung von Byzanz,
Und wie er selber dreingeschlagen
Auf der erstiegnen Mauern Kranz,
Und all die grausen Abenteuer
Der Plündrung ohne Gnad' und Rast,
Den Schreckenskampf in Blut und Feuer
Um jenen brennenden Palast.
Die Augen des Erzählers sprühten,
Wie's ihm so durch die Seele zog,
Und seiner Hörerin erglühten
Die Wangen und ihr Athem flog.
Was er noch weiter ihr zu melden,
Vernahm nur halb ihr trunken Ohr,
Zum Sieger wuchs er ihr und Helden
In ihres Herzens Lust empor.
Doch als er von dem letzten Kriege,
Wo er in Philipps Heer sich schlug,
Und von dem Wassenberger Siege
Erzählte, schrak sie auf und frug
Nach jedem Treffen und Gefechte
Und nach dem Ausgang jeder Schlacht,
Und wieviel Ritter, wieviel Knechte
Verwundet oder umgebracht.

Tannhäuser aber sprach am Ende:
„Wenn ich das Leben je verstand,
So ist mir's eine Schicksalswende,
Daß ich Dich, Irmgard, wiederfand.
Ich habe Deinen Wunsch erfüllet
Und Dir erzählt, wie sich's gebührt,
Fräulein von Kürenberg, enthüllet
Jetzt mir: was hat Euch hergeführt?"
„So darfst Du nimmermehr mich nennen,
Ich trage andern Namen jetzt,"
Sprach sie mit raschem Wangenbrennen.
Tannhäuser starrte bleich, entsetzt,
Als ob er nicht verstanden hätte
Und müßt' es hören noch einmal,
Das Unheil an des Glückes Stätte.
„Kurt Scharfenberg heißt — mein Gemahl,"
Sprach Irmgard klanglos. Heftig klirrte
Tannhäusers Schwert, gepackt am Knauf,
Vor seinem wilden Blicke schwirrte
Der ganze Burgsaal ab und auf.
„Und lebt!?" — in schwer verhaltnem Grimme
Stieß er das eine Wort hervor
Mit halb erstickter, heiserer Stimme, —
Noch immer bebte Schwert und Spor.
„Laß ruhn das Schwert, Du hast's geschwungen,"
Sprach sie, „schon wider ihn im Streit,
Und keine Kunde ist gedrungen
Von ihm zu mir seit langer Zeit.
Er kämpft in König Otto's Heere;
Ob er mit ihm nach England floh,
Ob er erlegen einem Speere,
Ob er noch seines Lebens froh,
Ich weiß es nicht; nie hat er länger
Mir einen Botengruß versagt."

„Liebst Du ihn, Irmgard?" frug der Sänger.
„Danach hat man mich nie gefragt;
Gefreund' und Waffenbrüder waren
Er und mein Vormund, und so nahm
Er mich zum Weib, doch in den Jahren
War's selten, daß er heimwärts kam.
Der Ritter steht in Dienst und Lehen
Landgrafen Hermanns, hier vom Saal
Kannst unsre kleine Burg Du sehen,
Den Scharfenberg im Erbstromthal."
„Die Burg in jenes Thales Mitten
Auf hohem, grünem Bergesstuhl?
Da bin ich ja vorbei geritten,
Als ich daher kam von der Ruhl!
Es führt der Weg durch Weid' und Wünne
So kurz; — Irmgard, ich bleibe hier!
Herzfreude heißet meine Brünne,
Und Hoffnung ist mein Helmzimier!"

Die Spielleut mußten endlich schweigen,
Als huldvoll lächelnd mit Bedacht
Nun Frau Sophie dem bunten Reigen
Einhalt gebot in später Nacht.
Sie selber mit den Frauen allen,
Der Landgraf und die größre Zahl
Der Gäste, Ritter und Vasallen
Verließen bald darauf den Saal.
Tannhäuser, der im Schleifschrittgehen
Mit Irmgard manchen Tanz gewagt,
Hatt' ihr auf baldig Wiedersehen!
Und freundlich gute Nacht! gesagt.
Man rief ihn an, noch zu verweilen,
Allein er mochte Saus und Braus
Bankfester Zecher jetzt nicht theilen

Und schritt glückvoll zur Thür hinaus.
Um breiten Tisch zusammen rückte
Ein auserlesner Kreis sich nah,
Und wer sich niederließ, dem drückte
Die Hand der Schenk von Vargula.
Die Sänger waren's und von Rittern
Manch einer mit schnurgradem Strich,
Den niemals blasse Furcht und Zittern
Vorm größten Trinkgeschirr beschlich.
Gern sitzt der Sänger bei dem Schenken,
Gern füllt der Schenk dem Sänger ein,
Zungüber geht beim Becherschwenken
Heraus das Herz, hinein der Wein.
O Wartburgkeller, langer, tiefer!
Landgrafensaß, voll bis zum Spund!
Wer sog euch aus? Bohrwurmgeziefer,
Kriegsgurgel oder Spielmannsschlund?
Auch heute hattet ihr zu leiden,
Die Kanne lief dem Kruge nach,
Und Wen'ge waren so bescheiden
Wie Vogelweid' und Eschenbach.
Truchseß von Schlotheim rief: „Ihr Sänger,
Sagt mir, ist unser neuer Gast
Ein Trockenmund und Grillenfänger,
Der einen vollen Humpen haßt?"
Mit seiner treuen Augen Blinken
Sprach Walther: „Im Tyrolerland
Sah ich mit einem Bischof trinken
Dereinst ihn, und dem hielt er Stand."
„Dann alle Achtung seiner Kehle!
Mit einem Bischof! wer das kann,"
Rief Bitrolf, „der ist ohne Fehle
Ein wohlgezapfter, sichrer Mann."
„Dann tapp' ich wohl nicht ganz im Dunkeln

Mit dem Verdacht, daß er verliebt,
Denn Augen sah ich heute funkeln,
Wie Hammerschlag vom Amboß stiebt,"
Der Kämmrer Hermann Fahner lachte,
„Hätt' unser Bärbeiß das gesehn,
Herr Kurt von Scharfenberg, — es krachte
Kernholz und Eisen zwischen Zween."
„Wie Euch gleich die Gedanken springen!"
Rief Walther, „macht Euch Eines klar:
Frau Irmgard und Herr Ofterdingen
Sind halbwegs ein Geswisterpaar
Und sind von Kinde sich gewogen,
Der Ritter ist den Enkeln gleich
Beim alten Kürenberg erzogen
Auf dessen Burg in Oesterreich."
Herr Reinmar sprach: „Merkt Euch daneben,
Er läßt in einem Minnestrauß
Nicht leicht sich aus dem Sattel heben,
In Wien focht er solch Stücklein aus."
„Wenn ich ihn mir so recht besehe,"
Der Tugendhafte nun begann,
„Ist er vom Wirbel bis zur Zehe
Ein echter, wackrer Rittersmann.
Ich hab' ihn wahrlich lieb gewonnen,
Hört doch nur seiner Stimme Klang,
Seht seine Augen, tief wie Bronnen,
Und seinen leichten, stolzen Gang!"
Wie das nun Jeder ihm bezeugte,
Erklang Tannhäusers Lob im Chor,
Nur Wolfram schwieg dazu und beugte
Halb flüsternd sich zu Walthers Ohr:
„Ich ehre seine Rittertugend,
Ich achte seine Sangeskunst,
Und ich verzeihe seiner Jugend,

Er steht bei mir in hoher Gunst;
Denn wunderbar in ihm vereinigt
Ist Himmelsglanz mit Erdenhaft,
Wär' von den Schlacken er gereinigt,
So wäre göttlich seine Kraft.
Doch brennt ihn ein dämonisch Feuer,
Der Minne Gier, der Ehre-Geiz,
Ihm ist ein lustig Abenteuer
Das Leben in der Sinne Reiz.
Doch laß ihn wildern nur und toben,
Gemeines Ende nimmt der nicht,
Tief sinkt er oder steigt nach oben
Zu einem ungeahnten Licht.
In Frieden werden wir nicht fertig
Mit ihm, der wie ein Irrwisch schwirrt,
Ich bin des Kampfs mit ihm gewärtig,
Er will ihn haben und er wird!"
„Wenn Ihr nicht besser trinkt, Ihr Herren,"
Rief jetzt des Schenken kräft'ger Baß,
„So lasse ich den Hahn versperren,
Ich mein', es ist kein schlechtes Faß."
Sie hoben auf und setzten nieder,
Sie tranken aus und tranken mehr,
Die Buben liefen hin und wieder,
Bis einer sprach: „Das Faß ist leer!"

Tannhäuser war, derweil gestritten
Ward über ihn, in raschem Gehn
Schon von der Burg zu Thal geschritten
Kaum selber wissend, wie's geschehn.
Denn ihn umwucherten Gedanken
Und lugten ihm ins Herz hinein
Wie kletternd eines Weinstocks Ranken
In blattumlauschtes Kämmerlein.

Und weil sie ihm gar heimlich däuchten
Und von so lieblicher Gestalt
Und allen Schlummer ihm verscheuchten,
Ging er mit ihnen in den Wald.
Der war erfüllt von tiefem Schweigen,
Darin nun ruhte Berg und Thal,
Nur flimmernd unter dunkeln Zweigen
Lag fein gesiebt des Mondes Strahl.
Wie wohl auf unbetretnen Wegen
That ihm der einsam stille Gang!
Wie kam ihm Schritt um Schritt entgegen
Ein alter, halb vergeßner Drang!
Die grünen Arme ausgebreitet
Streckt' ihm der Wald so lockend hin,
Und wie der Wald ward ihm geweitet,
Empfänglich jedem Hauch, der Sinn.
Was blitzschnell flirrte, träumrisch schwebte
Im matten Silberglanz der Luft,
Was bläulich dämmernd wogt' und webte
In Thaugespinnst und Nebelduft,
Was sich in Wipfeln wispernd wiegte,
Um Gräserspitzen lispelnd rann,
Der Mondnacht ganzer Zauber schmiegte
Sich an des Sängers Seele an.
Die Wolke, die vorüber wallte
Weißgelblich von des Mondes Schein,
Der Schatten in der Bergesfalte,
Das grelle Licht am Felsgestein,
Das Alles hatte Geist und Leben,
Wie's einzig seine Augen sahn,
Weil der Empfindung hingegeben
Sein eigen Herz war aufgethan.
Wie damals wieder fühlt' er's schlagen,
Als seiner Freundin, der Natur,

Zuerst in seinen Jugendtagen
Er nachschlich auf verborgner Spur,
Damals, als ins Gemüth des Knaben
Und in des Jünglings reine Brust
Sie ihre Wunderschrift gegraben,
Eh' von der Welt er was gewußt.
Und sich in jene Zeit versenkend,
Der sorgenlosen Jugend Lauf,
Des Waldes an der Donau denkend,
Stieg ihm ein holdes Bild herauf.
Ein Mädchen war's von fünfzehn Jahren
Von schlank gewachsnem, kräft'gem Bau,
Mit schönen bräunlich blonden Haaren
Und großen Augen, dunkelblau.
Von Blüthenschmelz wie Sammt umschlossen
War ihrer Wangen zartes Rund,
Von Liebreiz zaubersüß umflossen
Ihr schwellend rother Märchenmund.
Die Knospe war's der wilden Rose,
Die schon dem Kelche sich entrang,
Im grünen Wald aus Laub und Moose
Als ein holdselig Wunder sprang.
Und dieses Mädchen, das beim Streifen
Sich wie sein Schatten an ihn hing,
In wangenglüh'ndem Wildnißschweifen
Durch alle Wetter mit ihm ging,
Das mit ihm jagte, mit ihm tollte
Abweisend wankenden Entschluß,
Bald füßchenstampfend mit ihm schmollte,
Bald ihn umschlang mit raschem Kuß,
Irmgard — sie trat ihm hier entgegen
Wie strahlend Licht in finstern Raum
Und mit ihr wie ein Blüthenregen
Sein waldumrauschter Jugendtraum.

.

Was ihm in Kampf und Streit entschwunden,
Erinnrung bracht' es ihm zurück,
Ach! tausend freudenreiche Stunden,
Ein ahnungslos genossnes Glück,
Denkwürdige Begebenheiten,
Von Vogelaugen nur gesehn,
Geheime Herzenswichtigkeiten,
Die unter dichtem Laub geschehn.
Ob sie wohl auch noch daran dachte,
Was beide damals sie gehegt?
Ob sie wohl jetzt darüber lachte,
Was einstmals sie und ihn bewegt?
Sie hatt' ihn schwesterlich empfangen,
Zur stolzen Rose aufgeblüht,
Und dennoch waren ihr die Wangen
In jungfräulicher Scham erglüht.
Ihr war, die nun zur Frau gereifet,
Doch durch der Jahre leichten Druck
Nichts von der Anmuth abgestreifet,
Die aller Jugend schönster Schmuck.
Und doch — war dieses Wiedersehen
Und dieser Freude Sturmerguß
Und Brust an Brust dies Athemwehen
Nur Brudergruß und Schwesterkuß?
Erst war er doch so froh gestimmet,
Da er sein Leben ihr erzählt,
Was war er denn so tief ergrimmet,
Als er erfuhr, daß sie vermählt?
Wenn er sie keinem Andern gönnte,
Hatt' er schon je daran gedacht,
Daß sie die Seine werden könnte,
Von seiner Eifersucht bewacht?
Hatt' er ihr je davon gesprochen?
War sie gebunden durch ein Wort?

War er nicht heimlich ausgebrochen,
Halb Knabe noch, aus sicherm Port?
Sie war vermählt; ihr Gatte lebte;
Nun heischte Schweigen seine Pflicht,
Doch Eines war, wovor er bebte:
Zufrieden, glücklich war sie nicht.
Es schmerzte ihn schon ihretwegen;
Doch wenn in Liebe sie beglückt
An jenes Mannes Brust gelegen,
Ihn hätte Gram und Neid erdrückt.
Nur keinem Andern Irmgards Liebe!
Wenn sie auch nicht sein eigen sei,
Ob auch die Hand gebunden bliebe,
Ihr Herz, wußt' er, ihr Herz war frei!
Doch wollt' er ihr, der Edlen, Reinen,
Nicht ruchlos wirrn die Lebensbahn,
Er wollte ruhig sein und scheinen
Und nur als Freund der Freundin nahn.
Sie sollte ihm die Schwester bleiben,
Denn einsam stand er in der Welt,
Es hatte sich in all dem Treiben
Kein andres Herz ihm zugesellt.
Er wollte wieder mit ihr reiten,
In Büchern lesen Tage lang,
Mit ihr gedenken ferner Zeiten
Und sie erfreuen mit Gesang.
Im Walde wollt' er mit ihr gehen,
Beglückt von einem Druck der Hand,
Ihr in die blauen Augen sehen,
Wenn sie ein Sträußchen für ihn band.
Vielleicht erschlösse ihm die Gute
Ihr volles, reiches Frauenherz,
Daß er erschaute, wie drin ruhte
Versagte Lust, verhüllter Schmerz.

So sinnend saß er auf dem Steine;
Hoch dort im dunkeln Wartburghaus
Erglänzte noch mit rothem Scheine
Ein Fenster in die Nacht hinaus.
War sie es, die dort oben wachte
Wie unten er an Berges Fuß?
Ob sie wohl sehnend seiner dachte?
Er sandt' ihr scheidend einen Gruß:
„Schlaf' wohl, lieb Schwester, und in Frieden!
Ich bin Dir ferne und doch nah,
Geschieden heißt noch nicht gemieden,
Heil mir, daß ich Dich wiedersah!"

V.

Auf Burg Scharfenberg.

Im Fraungemach, das hoch behangen
Mit schönen Decken und geschmückt
Mit reichen Hausraths Zier und Prangen,
Saß Irmgard einsam, still beglückt.
Hier hatte sie wie eingemauert,
Verlaßner Schwalbe gleich im Nest
Auf ihrer Burg manch Jahr vertrauert
Noch zehrend an der Jugend Rest,
Der Zeit, die sich von Wünschen nähret
Und nie das Hoffen ganz verlernt,
Und wäre auch, was sie begehret
Unwiederbringlich weit entfernt.
Nun aber war ihr schüchtern Hoffen,
Des Jugendfreundes Wiedersehn,
Wie Lenz vorm Winter eingetroffen;
Kaum wagte sie, sich zu gestehn,
Wie es sie innerlich ergriffen.
Das hatt' ihr vor drei Tagen noch
Der Vogel Bülow nicht gepfiffen,
Der gelbe, und er wußt' es doch,

Denn heute rief so laut sein Flöten
In stillen Sonnenschein hinaus:
Bier hol! Bier hol! als käm' in Nöthen
Ein mächtig großer Durst ins Haus.
Ach! Pfingstvöglein, dem kühlen Tranke,
Den ihr dein rother Schnabel nennt,
Ist nicht die Lauscherin zu Danke,
Ein andrer Durst ist's, der sie brennt.
Sie saß am offnen Fenster nähend,
Doch nein, das Nähzeug ruht' im Schoß,
Sie saß dort in die Ferne spähend,
Nachsinnend ihrem Wittwenloos.
Frühsommerliche Lüfte strichen
Duftbringend ihr gewelltes Haar,
Und dunkle Epheuranken schlichen
Am Fenster um das Säulenpaar.
Rings krauser Wald und grüne Matten,
Der Himmel ach! so himmelblau,
Im ganzen Thal kein Wolkenschatten
Bis zu des Hörselberges Grau.
Vor ihr lag auf dem Tischchen lose
Ein halb vergilbt, beschrieben Blatt
Und eine ganz verwelkte Rose,
Vertrocknet, mumienbraun und platt.
Auch diese hatte, halb erschlossen,
Einst schön und jugendlich geblüht,
Von Farbenfluth und Duft umflossen,
Von hellem Morgenthau umsprüht,
Als aus gesunden Schlafes Tiefe
Erwachend sie das Mädchen fand
Mit jenem pergamentnen Briefe
Und was darin geschrieben stand:

Hab ein Röslein Dir gebrochen
Frühlingsfrisch vom Strauch
Und geheim mit ihm gesprochen
Hehl und Flüsterhauch.

Tief im Kelche ruht verschwiegen
Gar ein schüchtern Wort,
Hundert rothe Blättlein biegen
Sich um güldnen Hort.

Drück' es leise an die Lippen
Wie ich auch gethan,
Darfst am Thaubenetzten nippen
Und den Duft empfahn.

Mit des Herzens Gruß und Neigen
Will ich von Dir gehn,
Rosen welken, Wünsche schweigen,
Hoffe Wiedersehn!

Als jetzt die Schaffnerin Beate
Ins Zimmer trat, verhüllte risch
Irmgard mit bangschigem Bliate
So Lied wie Rose auf dem Tisch.
„Hab's doch gesehn!" die Andre neckte,
„Und wenn Ihr noch so heimlich thut."
Der Herrin Angesicht bedeckte
Bis an die Stirne Purpurgluth.
Des alten Hawart Kind war jene,
Des Marschalks auf dem Kürenberg,
Ihr sel'ger Gatte stand im Lehne
Und Dienst des Ritters Scharfenberg.
Irmgard an Jahren überlegen,
Folgt' ihr Beat' ins ferne Land

Mit dem ihr angetrauten Degen,
Der seinen Tod bei Erfurt fand.
Erinnrung also hielt gebunden
In Einsamkeit die beiden Frau'n,
Die fast wie Schwestern sich gefunden
In gegenseitigem Vertrau'n.
Wieviel an Heinz von Ofterdingen
Gedachten sie und sprachen's aus,
Wenn seinen Ruhm in Sieg und Singen
Ein Spielmann trug von Haus zu Haus.
Beate hatte längst gelesen
In Irmgards Herzen, welcher Art
Für Heinrich das Gefühl gewesen,
Das sie in Treuen ihm bewahrt.
Und als am Tage nach dem Feste
Dann von der Wartburg heimgekehrt
Irmgard und auf's Genau'st und Beste
Erzählt, welch Glück ihr dort beschert,
Da brach die letzte dünne Kruste,
Die über dem Geheimniß lag,
Und die verschwiegne Liebe mußte
Im Thau der Wangen an den Tag.

Drei Nächte waren schon vergangen,
Seit wieder sie den Freund gewann,
Mit Hoffen trug sie sich und Bangen:
Ob er wohl kommt zur Burg hinan?
Sie wünscht' es kaum, denn ach! es graute
Ihr vor des eignen Herzens Drang,
Und doch ins Thal hinunter schaute
Sie früh und spät den Weg entlang.
Wär' es, statt wieder ihn zu sehen,
Nicht baß gethan, vor ihm zu fliehn?
Wie sollte sie ihm widerstehen,

Wenn er sie liebte wie sie ihn?
Ein Blick allein, der ihm verrathen,
Wie es im Herzen um sie stand,
Wär' schon der Sämann jener Saaten,
Daraus sich Sünde Garben band.
Sie sprach's und dacht' es nicht in Worten,
Doch es berauschte sie wie Duft,
Als lagerte vor allen Pforten
Gewitterschwüle Frühlingsluft.
Wenn's aber doch nur Freundschaft wäre,
Nicht Liebe, was er ihr gezeigt?
Wenn in dem trauten Tannhusäre
Ihr nur ein Bruderherz geneigt?
Ja dann — dann wollte sie es tragen
Mit jenem Muthe, den allein
Ein Weib besitzet im Entsagen,
Und ihm auch eine Schwester sein.
Sie wehrte von sich die Gedanken
Gestalt kaum gebend ihrem Sinn,
Und in der Stimmung stetem Schwanken
Sang sie halbleise vor sich hin.
Bald klang es fröhlich, hoffnungwerbend,
Wie wenn sie jede Sorge mied,
Und balde schwermuthvoll ersterbend
Wie stiller Liebe Schwanenlied.
Sie, eine Kürnberg, und nicht singen!
Herr Konrad hatt' es sie gelehrt,
Und zwei von seinen Harfen hingen
Ja dort, ihr von Erwin verehrt.

Die Schaffnerin nahm Platz und führte
Mit fleiß'ger Hand die Nadel auch,
Still war es im Gemach, es rührte
Sich in vier Wänden kaum ein Hauch.

Man hörte nur im Seidenpacken,
Der sich beim Nähn in Falten schlug,
Ganz leises Rauschen, Knistern, Knacken
Von Nadelstich und Fadenzug.
Der beiden Frau'n Gedankenwandern
Ging gleichen Wegs zum gleichen Ort,
Das wußte jede von der andern,
Doch keine fand das erste Wort.
Es hätte jede gern gesprochen
Und jede lieber noch gehört,
Was, wenn das Schweigen erst gebrochen,
Ein liebend Herz zumeist bethört.
Wenn Eine nur den Namen nannte,
Der dies Versteckenspielen schuf,
Der jeder auf den Lippen brannte,
Es klänge wie Erlösungsruf.
Da draußen in der Vöglein Singen,
Das aus dem grünen Laube scholl,
Klang's: „Osterdingen! Osterdingen!"
Als wären alle Zweige voll
Von seinen Boten; fern der Häher
Rief: „Heinrich! Heinrich!" und der Fink,
Der nahe flatterte und näher:
„Tannhäuser kommt! schließ auf! flink, flink!"
Sein Name klang im Zwitschern, Summen,
Als wär' die Luft damit erfüllt,
Nur nicht im Frauenmund, dem stummen,
Der tief ins Herz ihn eingehüllt.
Beate trug geraume Weile
Des widerwill'gen Schweigens Last,
Bis endlich sie an ihrem Theile
Zum Reden sich den Muth gefaßt.
Sie sprach und spitzte schon die Ohren
Für Irmgards Antwort: „Saget mir,

Ist nicht das Leben halb verloren
Für so zwei Wittwen, Frau, wie wir?"
Zwei Wittwen so wie wir? die Frage
Schwebt' auf Irmgards erstauntem Blick;
Die Andere fuhr fort: „Ich trage
Nun schon drei Jahre mein Geschick,
Ihr habt Euch auch wohl drein ergeben,
Was doch mal nicht zu ändern geht,
Daß Ihr gewiß in diesem Leben
Den gnäd'gen Herrn nicht wiederseht."
„Das steht in Gottes Hand alleine,"
Sprach Irmgard, „wie er's fügt und lenkt."
„Ja," sprach Beate, „doch ich meine,
Wenn man so an den Ritter denkt,
Was für ein Stürmer er gewesen,
Deckt ihn wohl längst die Erde zu,
Ich rathe Euch, laßt Messen lesen
Für seiner armen Seele Ruh."

„Du ordnest schon die Todtenfeier
Für Einen, der vielleicht noch lebt,
Noch trag' ich nicht den Wittwenschleier,
Den Deine Hand voreilig webt."

„Der Ritter ruht in Gottes Frieden,
So lange blieb er niemals aus
Und ließ uns nie, wenn er geschieden,
So lange ohne Kund' im Haus.
Wollt Ihr noch Jahre auf ihn warten?
Ihr würdet selber grau dabei,
Ei, schöne Ros' im Lebensgarten,
Blüht nur und glüht, denn Ihr seid frei!"

„Beate! laß dies in mich Dringen!
Mein Gatte ist dem Krieg geneigt,
Doch jede Stunde kann ihn bringen,
Daß er im Hof vom Rosse steigt.

Still! — horch! — Hörst Du des Thürmers Rufen?
Es schmettert und frohlockt sein Horn,
Da naht ein Gast auf Rosses Hufen,
Ein Edler ist's mit goldnem Sporn!"
„Ein Gast, jawohl! von edlen Rittern
Der liebste, der Euch kommen mag!
Ihr werdet blaß, ich seh' Euch zittern,
Wen meldet Euch des Herzens Schlag?
Auf, Irmgard! wer auch angekommen,
Nur Einer kann's von Zweien sein,
Frisch in die Arme ihn genommen!
Ich geh' und führ' ihn Euch herein."
Beate ging, doch Irmgard pochte
Das Herz, daß sie nach Willens Kür
Sich zu bewegen nicht vermochte,
Bildsäulengleich, fest auf die Thür
Den Blick geheftet; wer von Beiden
Tritt aus der Zukunft Nacht hervor?
Minuten haben zu entscheiden,
Und wie's ihr summt und saust im Ohr,
Vernimmt sie kaum des Schrittes Schnelle,
Von ihm getrennt nur durch die Wand,
Bis auf der offnen Thüre Schwelle
Heinrich von Osterdingen stand.

Irmgard blieb vor dem Fensterfache,
Zum Licht gewandt den Rücken, stehn,
So im halb dämm'rigen Gemache
Konnt' es der Ritter wohl nicht sehn,
Wie ihre todesbleichen Wangen
Jetzt helle Röthe überfloß,
Und wie statt scheuen Blickes Bangen
Ihr Auge Freudenstrahlen schoß.
Doch als sie sich entgegen regte

Dem Freunde und mit stummem Gruß
In seine Hand die ihre legte,
Da bebte ihr noch Hand und Fuß.
Und er, der ruhig scheinen wollte
Und sein, wenn er sie wiedersah,
Wußt' auch nicht, was er sagen sollte,
Als nur: „Irmgard, nun bin ich da!"
Sie aber faßte sich geschwinder,
Denn seine Nähe gab ihr Kraft,
„Sind wir denn immer noch wie Kinder?"
So sprach sie lächelnd, „oder schafft
Die Trennung durch so lange Zeiten,
Von keiner Botschaft Trost versüßt,
Uns beiden nun Verlegenheiten,
Wenn Bruder sich und Schwester grüßt?"
Nun mußt' er über sich doch lachen:
„Du hast wohl Recht, mir geht es so,
Du mußt erst wieder Muth mir machen,
Ich bin bei Frau'n sonst frei und froh."

„Das warst Du schon, als wir uns beide
Austobten in der Jugend Brans
Und unzertrennlich Wald und Haide
Durchstreiften um das Vaterhaus.
Heinz, denkst Du noch an all das Wagen,
Wenn oft Erwin nicht bei uns war,
Wie Du mich durch den Bach getragen,
Bald löstest mir, bald flochtst das Haar?"
„Und wie wir auf die Klippen stiegen
Und Hütten bauten uns von Moos
Und Du Dich konntest an mich schmiegen,
Zum Kranze Blumen auf dem Schoß."
„Und wie Du stets mich, wenn wir ritten,
Vom Sattel hobst und auch hinauf,
Ich hab' es gar zu gern gelitten,

Stieg oft nur darum ab und auf."
„Und, Irmgard, ich that's allerwegen
Zu gern, und wenn es langsam ging,
An meiner Kraft hat's nicht gelegen,
Nur weil ich Dich so gern umfing."
„Du denkst wohl, daß ich das nicht merkte?
Hat's doch der Falbe eingesehn,
Er war's, der uns darin bestärkte,
Denn er blieb recht geduldig stehn."
„Ist jetzt Dein Roß auch so geduldig?
Ich bin zwar nicht in Uebung mehr,
Doch sind wir den Versuch uns schuldig,
Ob Du für meine Kraft zu schwer."
Sie sah ihn schelmisch an und nickte
Und ward dabei ein wenig roth;
Da kam Beate: „Ich beschickte
Für Euch ein leichtes Morgenbrot,"
Sprach sie geschäftig und bescheiden
Und prüfte, eh' sie wieder schied,
Mit einem raschen Blick die Beiden,
Den ihre Frau jedoch vermied.

Als Gast und Wirthin in der Halle
Beim Imbiß nach Beatens Wahl,
Sprach Irmgard: „So es Dir gefalle,
Heinrich, gestehe jetzt einmal,
Wo Du am glücklichsten gewesen."
Tannhäuser blickte auf zu ihr:
„Du könntest mir's im Herzen lesen,
Am glücklichsten war ich bei Dir
Auf Kürenberg in jenen Jahren —"
Sie unterbrach ihn: „Nein, danach,
Mein' ich, seit Du umhergefahren
Zu Roß und unter Schildes Dach."

„Du sagst es, unter Schildes Dache
War mir am wohlsten und im Krieg,
Im Kampfgewühl und Speergekrache,
Im Kreuzzug und beim Ungarnsieg.
Wohin ich wie von Sturmes Besen
Gefegt, Glück hatt' ich überall,
Recht glücklich bin ich nie gewesen.
Nur wenn der eignen Lieder Schall
In Einsamkeit mir Tröstung brachte,
Wenn mir von Bildern schwoll die Brust
Und ich dann schrieb und sann und dachte,
Empfand ich sel'ge Schaffenslust.
Sonst aber fühlt' ich mich beglücket
Nur einmal in des Lebens Lenz,
Von einem Herzensrausch berücket,
Am Minnehof zu Avellenz,
Als ich der Freiheit goldne Flügel
Im Stift mir an die Schultern band
Und über Thal und Berg und Hügel
Die Minne suchend zog durchs Land."
„Die Minne suchend?" frug betroffen
Irmgard, gespannten Blicks, erregt,
„Und dort sahst Du erfüllt Dein Hoffen,
Das Du Dir in den Sinn gelegt?"
„Irmgard, ich hatte nichts im Sinne,
Mit ahnungslosem Wunsch bewehrt,
Kannt' ich das Wort nur, bis die Minne
Mich eine schöne Frau gelehrt."
Er schwieg; sie schlug die Augen nieder,
Blickt' ihn dann wieder innig an,
Schnell ging ihr Athem hin und wider,
Bis daß von Neuem er begann:
„Irmgard, Du sollst es Alles wissen.
Von Leidenschaft und Liebeslust

War ich berauscht und hingerissen
An dieses blüh'nden Weibes Brust.
Unschuldig noch, im Ueberschäumen
Der Jugendkraft sog ich den Trank,
Den mir in Paradiesesträumen
Kredenzt Delianens Minnedank.
Und einmal noch in spätern Jahren,
Eh' ich des Dogen Schiff bestieg,
Hab' ich im Ueberschwang erfahren
Der schmachtenden Begierde Sieg.
Heiß wie ein Sonnenkuß im Süden
Entflammte mich Ricchezza's Mund
In Wonnen schwelgend ohn' Ermüden,
Doch wob sich nicht der Seelen Bund.
Noch forscht' ich nach der Liebe Künden
Am Busen mancher schönen Frau,
Ihr tiefstes Wesen zu ergründen
Im edlen, reizumflossnen Bau.
Allein umsonst war all mein Fragen
Gleichwie nach unentdecktem Land,
Es wußt' es Keine mir zu sagen,
Was sie in Liebeslust empfand.
Noch also, was ich auch beginne,
Hab' ich den Urquell nicht entdeckt,
Ich suche immer noch die Minne,
Wie ich sie mir als Ziel gesteckt.
Den letzten, heimlichsten Gedanken
Will ich auf Herzensgrunde sehn,
Im Schau'r der Lust, im Sinnewanken
Das innerste Gefühl verstehn.
Was Wonnen hier auf Erden sprießen,
Vom Weibe kommen sie allein,
Ich will sie suchen und genießen,
Und Alles oder nichts sei mein! —

Verzeih', was Du herauf beschworen!
Nie wieder frag nach meinem Glück,
's ist nicht gemacht für Schwesterohren,
Lebwohl! ich komme bald zurück."
Er stürmte fort, und traumverloren
Stand sie mit glühendem Gesicht:
„'s ist nicht gemacht für Schwesterohren, —
Bei dir sucht er die Minne nicht."

Es hatte ihn hinaus getrieben,
Die Thür fiel hinter ihm ins Schloß,
Doch war ihr, als ob er geblieben,
Als ob sein Hauch sie noch umfloß.
Sie sucht' ihn fast, ob er zur Stelle
Nicht vor ihr, neben ihr noch war,
Sein Körper überschritt die Schwelle,
Sein Geist blieb bei ihr, unsichtbar.
Noch tönte in der weiten Halle
Nachzitternd seiner Stimme Klang,
Der ihr mit seinem Glockenschalle
Durchrieselnd in die Seele drang.
Noch sah sie seiner Augen Leuchten,
Als er von Liebeswonnen sprach,
Und seine heißen Worte däuchten
Ihr Donnerrolln am Frühlingstag.
Sein Innres hatte sie ereilet,
Schnell einen Blick hinab gethan,
Wie wenn der Rauch sich plötzlich theilet
Am offnen Krater des Vulkan.
Mit Grau'n sah sie die rothen Gluthen,
Mühsam gedämpft und eingeengt,
Schon züngelnd, lodernd um sich fluthen,
Davon geblendet und versengt.
Weh! wenn auch ihr Herz er durchschaute,

Wie er sein eignes ihr enthüllt,
Und sähe, was dort Hoffnung baute
Auf einen Grund, den Sehnsucht füllt.
Sie war ein Weib und auch geboren
Mit Liebesglückes Wunschgewalt; —
„'s ist nicht gemacht für Schwesterohren —"
Ach, Schwesterliebe, bist du kalt!

Es ward aus Abend und aus Morgen
Ein andrer Tag, und als er stieg,
Versanken nächtig schwere Sorgen,
Und Irmgards heimlich Bangen schwieg.
Sie hatte noch mit tiefem Kummer
Viel über Heinrich nachgedacht
Und war erquickt nach spätem Schlummer
Zu neuer Hoffnung aufgewacht.
Was gestern in des Freundes Beichte
So fremd ihr gegenüber trat,
Erschreckend feindlich fast, dem reichte
Sie heut' die Hand im Herzensrath.
Bewundrung wuchs im jungen Lichte
Und hatte den Entschluß genährt,
Nicht mit gewöhnlichem Gewichte
Zu wägen dieses Mannes Werth.
Er, der im Zauber der Erscheinung
So heldenmäßig vor ihr stand,
Daß sie in ihrer hohen Meinung
Nicht Mal und Makel an ihm fand,
Mit seines Wesens Macht und Walten,
Das keine Erdenschranke litt,
Durch die mitlebenden Gestalten
Wie ihr Gebieter einsam schritt,
Der vornehm stolz auf eignen Wegen
Nicht rathen sich und leiten ließ

Und die fischblütig, schläfrig Trägen
Wie Staub verachtend von sich stieß,
Er durfte fordern und begehren,
Was einzig hoher Muth nur wagt,
Ihm mußte das Geschick gewähren,
Was es Millionen streng versagt.
Sein feurig großes Herz umfaßte
Wie Meerfluth der Gefühle Welt,
Und keines liebte oder haßte
Wie seines unterm Sternenzelt.
So dachte Irmgard in dem Triebe,
Daß sie den Freund nur so geehrt,
Wie es sein Ruhm und ihre Liebe
Von ihm zu denken sie gelehrt.
Doch sah sie ihres Glückes Schranken
Und auch die Lockung, die Gefahr
Und wollte in der Pflicht nicht wanken,
Die sie dem Gatten schuldig war.
Gefahr? wo war die? Heinrich nannte
Sie seine Schwester ohne Zwang,
Und einer Schwester nur bekannte
Er Sehnsucht, die nicht sie umschlang.
So mit dem Vorsatz sich zu fügen
Ins Schwesteramt, sprach sie sich Muth:
Herz, lerne schweigen, Zunge lügen,
Und Augen, seid auf eurer Hut!
Und doch! kam denn nicht wie gerufen
Der Freund in ihre Einsamkeit,
Daß sie sich wieder Kurzweil schufen
Nach ihrer langen Trennungszeit?
War es nicht Schicksals Gunst und Walten,
Ein Wink von oben und Bescheid
Zum innigen Zusammenhalten,
Zum Theilen so von Lust wie Leid?

Gewiß! sie wollte alle Schmerzen,
Schwermuth und Zweifelsinn zerstreun
Und sich in Fröhlichkeit und Scherzen
Auch ungeliebt des Freundes freun
Wie einst, da sie in jungen Tagen
Sich wunschlos und voll Jugendlust
Mit Sorgen beide nicht getragen
Und nichts von Lieb' und Leid gewußt.
Erst gestern hatten sie der Zeiten
In traulichem Gespräch gedacht
Und all der kleinen Heimlichkeiten, —
Sie hört' es noch, wie sie gelacht.
So schien zuletzt ihr ungefährdet
Und ungetrübt das neue Glück,
Und was sich erst so ernst gebärdet,
Ließ heitern Nachklang nur zurück.

Die Tage gingen wie sie kamen,
Der Sommer band den Blumenstrauß,
Und Irmgard saß am Fensterrahmen
Und blickt' auf Wald und Thal hinaus.
Sie hoffte still auf Heinrichs Kommen,
War doch sein Wort bei ihr in Schuld,
Nur hatte sie sich vorgenommen,
Ihn zu erwarten in Geduld.
Doch als vom Thurm des Wächters Schnarren
Anrief das dritte Morgenroth,
Ward aus dem Hoffen schon ein Harren,
Und die Geduld kam bald in Noth.
Am nächsten Tag war sie zu Ende,
Und aus dem frohen Harren stieg
Wie ein Gewölk bei Wetterwende
Ein Sehnen, das sie zwar verschwieg,
Das aber wuchs mit Windeseile,

Den Funken bald zur Flamme blies
Und in der Burg ihr nirgend Weile
Und nirgend Rast und Ruhe ließ.
O warten! warten und sich sehnen!
Das ist, wie endlos in der Zahl
Minuten sich zu Stunden dehnen,
Der Liebe eine Folterqual.
Wo blieb er nur? was hielt ihn länger
In Eisenach noch von ihr fern?
War es der Landgraf und die Sänger?
Band ihn dort gar ein neuer Stern?
Am Hofe gab es schöne Frauen,
Und wenn ein Minnesucher kam,
War es schon Mancher zuzutrauen,
Daß sie sein Herz gefangen nahm.
Doch nein! sie zürnte dem Gedanken,
Zürnt' auf sich selbst und zürnt' auf ihn
Und wollte, käm' er, mit ihm zanken,
Wenn nicht, ihm selbst entgegen ziehn.
Beate merkte bald die Launen
Der Herrin, wußte auch den Grund,
Schwieg aber still und sah mit Staunen
Und schlauem Lächeln um den Mund,
Wie Irmgard, deren ganzem Wesen
Gefallsucht weit abseiten lag,
Sich reicher Schmuck und Kleid erlesen,
Als sonst sie die Gewohnheit pflag.
Irmgard saß in der Kemenate
Spätnachmittags, als halb zur Thür
Den Kopf hinein gesteckt, Beate
„Jetzt kommt er!" rief und schnell hinfür
In Küch' und Keller schaffend eilte,
Indeß in froh erschrockner Hast
Irmgard aufsprang, jedoch verweilte,

Bis Ruh und Sammlung sie gefaßt.
Nun kam er, herzlich warm empfangen,
Nicht ausgezankt und nicht geschmählt,
Kein Wort verrieth ihr sehnend Bangen,
Womit die Stunden sie gezählt.
Nachdem er von dem Wartburgleben,
Wo Tag um Tag in Freuden schwand,
Viel lust'ge Kunde ihr gegeben,
Nahm er die Harfen von der Wand:
„Irmgard, wie ist's? kannst Du noch singen?
Wird uns, durch Jahre ungetrübt,
Ein Zwiegesang wohl noch gelingen,
Wie wir sie früher oft geübt,
Als uns Dein lieber Ahn sie lehrte
Und uns die Lust und den Genuß
Noch durch sein Geigenspiel vermehrte
Der brave Burgpfaff Sumidus?"

„Jawohl! und die Erwin so gerne
Noch Abends hörte vor dem Schlaf,
Umsonst bemüht, daß er sie lerne,
Weil er beim Doppelsang nicht traf.
Mir, Heinrich, sind sie nicht verklungen,
Die Lieder aus der Jugendzeit,
Ich habe sie noch oft gesungen,
Stimm' an! stimm' an! ich bin bereit."

„Hier dieses Lied schrieb meine Feder,
Bekannt wohl ist die Weise Dir,
Zwei Zeilen singt allein erst Jeder
Und wir zusammen dann die vier."
Und horch! Großvaters Harfen klangen
In Enkelhänden, als ob so
Aus jeder, darin sie gefangen,
Sich eine Seele rang und froh,
Daß sie erlöst, zur andern strebte

Anschmiegend sich mit süßem Fug,
Ein' in die andre sich verwebte
Ein' um die andre Flügel schlug.
So die zwei Stimmen, die nun sangen
Geschieden bald und bald verschränkt,
Sich wechselnd hoben und umschlangen,
Wohllaut gesättigt und getränkt.
Zu reinen Höhn empor getragen
Jedwede ihren Aufschwung nahm,
Es strömt' und schwoll wie Herzensfragen,
Darauf auch Herzensantwort kam.
Tannhäusers Stimme hoch und helle
Und Irmgard tief und voll hinein
Wie eine mondbeglänzte Welle
Und er wie goldner Sonnenschein,
Das rollte hin und floß zusammen
Und stand wie funkelndes Geschmeid,
Wie eines Feuers lichte Flammen,
Wie einer Seele Lust und Leid.
Die Töne schlugen freie Brücken,
Darauf ging Herz zum Herzen ein,
Die Augen strahlten von Entzücken,
Drin spiegelte sich Mein und Dein!
Da war's, als ob es um sie lebte
Und herbeschworen, hergespielt,
Der Geist des Alten um sie schwebte
Und über sie die Hände hielt.

Ich möchte schweben über Thal und Hügel,
Mit meiner Liebe Leid allein zu sein.

Und nähmest Du der Morgenröthe Flügel,
Ich holte Dich mit meiner Sehnsucht ein.

Die Winde sausen und die Wipfel rauschen,
Und von den Zweigen klingt das alte Lied,
Dem alle Herzen auf der Erde lauschen,
Daß nie von Leide sich die Liebe schied.

Ich möchte auf das Meer hinaus mich wagen,
Wo niemals tönet eines Menschen Wort.

Und würdest noch so weit Du auch verschlagen,
Die Hoffnung fände Dich im fernsten Port.

Der Himmel blauet und die Sterne blinken,
Nur leise wogt es auf der stillen Fluth,
O meiner Wünsche Ziel, dahin zu sinken,
Wo's sich in süßen Träumen selig ruht!

So will ich nun das bange Schweigen brechen
Und meine Lust und Liebe Dir gestehn.

Und wie im Frühling alle Knospen brechen,
Soll Dir und mir ein Wunder nun geschehn.

In Blumen steht der Wald, die Vöglein singen,
Es glänzt und schäumt des Baches Silberlauf,
Und wenn wir uns mit Armen nun umschlingen,
Jauchzt um uns her die Welt in Freuden auf.

Zwei goldne Becher sind mir Deine Augen,
Darinnen funkelt aller Liebe Lust,
Was soll der Tag mir, was die Nacht noch taugen,
Als nur zu athmen noch an Deiner Brust.

Irmgard nahm, als er weggeritten,
Die Harfe, dazu Heinrich sang,
Noch einmal ihre Finger glitten
Darüber hin, daß laut sie klang:
„Ihr Saiten, sagt es mir! was blühte
In eurem und in seinem Ton?
Was war's, das ihm vom Auge sprühte
Mit selig sehnsuchtsvollem Drohn?
War's Liebe? — o ich fühl' euch zittern!
Nicht Liebe? — Saiten, nur ein Wort!
Daß wie in leuchtenden Gewittern
Ein Blitz mir zeigt den fernen Port!"
Als aber von den unbewegten
Sie keiner Antwort Hauch verspürt,
Im Kuß sich ihre Lippen legten
Auf Saiten, die der Freund gerührt.

Am zweiten Tage kam er wieder,
Ersehnt, doch nicht erhofft so bald;
Sie stiegen in das Thal hernieder
Und gingen in den tiefen Wald.
Da war es in den kühlen Schatten
Der Laubgewölbe, drin sie sich
Fortwandelnd bald verloren hatten,
Gar kirchenstill und feierlich.
Wie durch vielköpfiges Gedränge
(Ein Königspaar bewundert geht
Und schauend, ehrfurchtsvoll die Menge
In tiefem Schweigen seitwärts steht,
So all das Waldvolk und Gesinde
Auf Stiel und Stengel, Stamm und Stock
Mit glatter, mit bemoster Rinde,
In buntem Staat und grünem Rock.
Die Aeste reckten sie und blickten

Mit allen Blättern lauschend vor,
Die Blumen schauten auf und nickten,
Und jedes Hälmchen spitzt' ein Ohr,
Als freudenfroh durch Wald und Weide
Vorüber schritt das edle Paar,
Heinrich in ritterlichem Kleide,
Irmgard mit fliegend freiem Haar,
Um das den Zweig der jungen Eiche
Die Stirn beschattend sie sich band,
Die Blüthenstolze, Anmuthreiche,
Im sommerleichtesten Gewand.
Sie schwiegen auch; in Schweigen hüllte
Sich Alles heut im Waldeshaus,
Was Jedem ganz die Seele füllte,
Das „Liebst Du mich?" kam nicht heraus.
Sie dachten nur, was sie nicht sprachen,
Und waren sich auch schweigend nah,
Und aus Verlegenheit nur brachen
Sie sich ein Blümchen hier und da.
Doch Einer schaute zu dem Andern;
Wie Sonnenblitz im Laub sich fing
War's, wenn verstohlner Blicke Wandern
Herüber und hinüber ging.
Und traf sich Aug' in Auges Helle,
Erröthete, erschrak beinah
Jedeiner, weil er sich zur Stelle
Ertappt auf Herzenseinbruch sah.
Und lag doch für den lieben Hehler
So recht bequem der ganze Schatz,
Ließ doch für seinen Raub der Stehler
Gleich großen Reichthum auf dem Platz.
Wahrheitgestehend offnes Schweigen,
Irrthumbereitend dunkles Wort, —
Du machst das Ferne dir zu eigen,

Du aber scheuchst das Nahe fort!
Das weiß gar wohl die kluge Minne,
Und eh' zum Sturm sie Bresche legt,
Sorgt sie, daß sich in Schweigen spinne,
Was liebbeladnes Herz bewegt.
Frau Minne aber ungesehen
Schritt zwischen Zweien Hand in Hand,
Daß rechts und links in ihrem Lehen
Der Ritter und die Fraue stand.
Wie Rosen blühten Irmgards Wangen
Von ihres Herzbluts raschem Lauf,
Und tausend frische Knospen sprangen
Hoffnung bedeutend in ihr auf.
War auch in langen Zwischenräumen
Ein zweckloss Wörtlein mal gefalln,
Sprach doch weit mehr das stumme Träumen
Und Blicken von des Herzens Walln.
Sie wußten längst nicht, wo sie waren
Im Wald und sahen ihren Weg
Plötzlich versperrt vom Bach, dem klaren
Seicht zwar, doch breit und ohne Steg.
Und als sie sich davor befanden,
Schaut' er sie an, und sie ward roth,
Sie hatten lächelnd sich verstanden
Und wußten Rath in dieser Noth.
Ob er zuerst in schnellem Heben
Empor die schöne Freundin schwang,
Ob sie zuerst in halbem Schweben
Den Arm um seinen Nacken schlang,
Das wußte Keiner von den Beiden,
Denn kaum gedacht, war's schon geschehn,
Ein Waldvöglein nur könnt's entscheiden,
Das ihre Lust mit angesehn.
Er trug sie hoch auf seinen Armen,

Sein Haupt war, von dem Platz beglückt,
An ihrem Busen, dem viel warmen,
Halb angeschmiegt, halb angedrückt.
Denn innig hielt sie ihn umschlungen,
Auf seine Stirn geneigt ihr Kinn, —
Das Bächlein war gar bald bezwungen,
Noch immer trug er sie dahin,
Als wenn sie beide es nicht wüßten,
Daß längst er schritt auf trocknem Rain
Und daß sie doch nun enden müßten
Dies Tragen und Getragensein.
Doch als er sanft sie niedersetzte,
Ließ sie nicht los, hielt er noch fest,
War nicht der Erste, nicht der Letzte,
Als Mund nun lag auf Mund gepreßt.

Kein Wort! kein Abschied ward genommen,
Noch einmal drückte Hand die Hand,
Dann schnell zu Fuß, wie er gekommen,
Floh in den Wald er und verschwand.
Ihr schlug das Herz bis zum Zerspringen,
Nun wußte sie's, was sie gefragt,
Nicht seine Worte, nicht ihr Singen,
Sein Schweigen hatt' es ihr gesagt.
Da quollen Thränen durch die Lider,
Nur ihn im Walde sah sie noch,
Aufjauchzend warf sie sich danieder
In Gras und Moos: „Er liebt dich doch!"

VI.

Cristan und Isolde.

Auf dem Scharfenberge wieder
Saßen im Gemach der Burgfrau
Jene Drei, vom Donauufer
Ihrer österreich'schen Heimat
Herverschlagen, froh zusammen,
Und Tannhäuser trug den Frauen
Sein Gedicht von Luarin vor.
Irmgard hatt' ihn drum gebeten
Und erlaubt, ja selbst gewünscht,
Daß Beate auch dabei sein
Und die Lesung hören durfte;
Denn des Herzens Wunsch bezwingend
Suchte jetzt sie das Alleinsein
Mit dem Freunde zu vermeiden
Und Beate stets als Dritte
Festzuhalten, eine Absicht,
Die die Schaffnerin erkannte
Und nach Möglichkeit durchkreuzte,
Denn sie hatte ihre Pläne
Mit der Herrin, die sie liebte,

Deren Glück sie einzig wollte.
Irmgard schämte sich, der Trauten
Ohne Umschweif zu befehlen:
„Laß mich nicht allein mit Heinrich!"
Aber Winke, halbe Worte
Wollte jene nicht verstehen
Und erhaschte keck und findig
Jeden Vorwand zu entschlüpfen,
Um die Zwei allein zu lassen.
Jetzt nun saß sie bei dem Paare,
Und Tannhäuser las mit Freuden
Sein Gedicht vom Rosengarten.
Er verstand sich auf das Lesen;
Vor den Hörerinnen wurden
Die Gestalten und der Hergang
Bis ins Kleinste so lebendig,
Daß gefesselt von dem Vortrag
Sie mit größter Spannung lauschten.
In Beatens Händen ruhte
Oft die leichte Nadelarbeit
Bei der Schilderung des Kampfes
Im Tyroler Zauberberge.
Irmgard horchte, in den Sessel
Sanft gelehnt, und ihre Augen
Hingen an des Lesers Zügen,
Um durch diese Doppelthore
So des Sehens wie des Hörens
Innigst in sich aufzunehmen,
Was in des Geliebten Seele
Einst gekeimt, geblüht, gerungen
Und mit seines Mundes Klange
Doppelt liebwerth ihr und reizvoll
Nun in ihre überströmte.
Als er mit den letzten Worten

„Hier nun hat das Buch ein Ende,
Gott uns seine Hülfe sende!"
Seine Lesung schloß, blieb's stille,
Lautlos stille im Gemache,
Denn der schöne Eindruck wirkte
Noch so mächtig auf die Frauen,
Daß nicht eine sprechen mochte,
Und der Sänger wandte selber
Lächelnd sich zuerst zu Irmgard.
Doch bevor noch seinen Lippen
Nur ein Wort entfloh, ertönten
Nahe vor des Zimmers Thüre
Plötzlich laute Geigenklänge,
Flinke, sichre Bogenstriche,
Daß erstaunt die Drei sich ansahn.
Ei! das fiedelte so lustig,
Meisterlich und übermüthig,
Daß sie gern ein Weilchen lauschten.
Aber dann von seinem Sitze
Sprang Tannhäuser lachend, jubelnd:
„Wenn's der Fiedelvogt nicht selber,
Ist's sein Geist, der fiedelnd umgeht!"
Riß die Thür auf, — und wahrhaftig!
Da — da stand der alte Graubart
Hochgewaltig wie ein Hüne,
Geigt' und geigte immer weiter.
„Komm herein, Du alter Eisbär!"
Rief der Sänger, „bist willkommen!"
Packte selber ihn am Arme,
Und mit langen, steifen Schritten
Trat der Alte ein und lachte
Mächtig laut im tiefsten Basse,
Daß die langen, grauen Locken
Schüttelnd um das Haupt ihm tanzten.

Allen Drei'n von ganzem Herzen
War der alte liebe Spielmann
Auf der Ritterburg willkommen,
Ward begrüßet und geehret
Wie ein Gast von Stand und Würden.
Vor ihm auf dem Tische schäumte
Bald ein Humpen besten Bieres,
Den er wahrlich nicht zurückschob,
Und dann mußte er erzählen,
Wo er herkam, was er schaffte,
Und wie's ihm seither ergangen.
„Na, ich hatt' ein leidlich Leben,"
Sprach der Alte mit Behagen,
„Bin die Kreuz und Quer gewandert,
Hab' im heil'gen Röm'schen Reiche
Manchen Fußstapf wieder stehen,
Seit wir uns am Rheine trennten,
Habe auch nach Herzenslust
Mich mal wieder ausgefiedelt,
Kriegt' es aber mit der Sehnsucht
Dann nach Euch und spürte stöbernd,
Wo in aller Welt Ihr stecktet.
Leicht war's nicht, Euch hier zu finden,
Denn ich sucht' Euch ganz wo anders."
„Und doch findet Mancher manchmal,
Was er nicht gesucht; nicht, Irmgard?"
Sprach der Ritter, „siehst Du, Jonas,
Kennst doch diese edle Fraue
Und auch diese lust'ge Wittib?
Sind vom Kürenberge beide."
„Weiß schon, weiß schon, weiß schon Alles,"
Sprach der Fiedelvogt, „ich komme
Graden Wegs von Isenach,
Hab' bei Meister Hellegrefe,

Eurem Wirthe zu den Linden,
Mir auch schon Quartier bereitet,
Und so hausen wir nun wieder
Denn zusammen wie zu Wiene."
„Bist willkommen!" sprach der Ritter,
„Wenn ich nichts zum Pfühle habe,
Als den Sattel, so gehöret
Mir vielleicht die eine Seite,
Aber Dir gewiß die andre;
Haben Scheitel gegen Scheitel
Manchesmal schon so gelegen,
Ich nach Süden, Du nach Norden,
Und auf Deiner Sattelhälfte
Schnarchtest Du gleich einem Bären."
Dröhnend aus der rauhen Kehle
Donnerte des Alten Lachen.
„Komm' auch nicht mit leeren Händen,"
Sprach er dann, „bring' Euch was Neues
Und was Schönes mit im Rucksack,
Was? ja was! ein herrlich Lied ist's,
Wie noch nimmer eins geschrieben;
So ein Lied von Ritterwesen
Und von süßer Frauenminne,
Tristan und Isolde heißt es,
Und der's schrieb, heißt Meister Gottfried,
Reichen Bürgers Sohn in Straßburg
Und des hohen Rathes Schreiber."
„Gieb! gieb her! nie hört' ich davon,"
Sprach der Sänger, „laß mich's sehen!"
„Ja, in Isenach beim Wirthe
Liegt es, liegen sie," sprach jener,
„Denn in Doppelabschrift bring' ich's,
Eine schenk' ich Euch, die andre
Wird ja wohl der Landgraf kaufen

Und die Eure mitbezahlen
Bei dem Handel, denk' und hoff' ich."
„Wirst doch handeln nicht und schachern,
Du, ein Spielmann?" sprach der Ritter,
„Schenkst Du mir die eine Abschrift,
Kauf' ich selber auch die andre
Und verehre sie Herrn Hermann."
„Meinetwegen! mir soll's recht sein,
Und Ihr sollt sie bill'ger haben,
Als der Landgraf; was sie kostet,
Zahlt Ihr mir, mehr keinen Pfennig!"
Sagte Fiedelvogt, Euch aber,
Edle Frau vom Scharfenberge,
Die ich als ein Kind schon kannte
Sammt der lustigen Beate,
Ehren=Hawarts kluger Tochter,
Sag' ich Dank für diesen Tropfen!"
„Doch wie wär' es," lachte Irmgard,
„Mit noch einem zweiten Tröpflein?"
„Na, ich schwör's nicht ab, 's ist staubig
Allenthalben auf der Landstraß,
Wann die Mücke tanzt, ich meine
Vatersschwester Brudersohne
Wird ein zweiter nicht gleich schaden."
„Sicher nicht!" rief schnell Beate,
„Kommt nur mit und zapft ihn selber."
Leise mit dem Ellenbogen
Stieß sie ihn und blinzt' und winkte.
„Ja doch! ja doch! hab's verstanden,
Hol' ihn nur! ich sitze gut hier!"
„Wollt Ihr ihn nicht selber zapfen
Frisch vom Faß in unserm Keller?"
„Ja warum denn? was — was trittst Du
Mich nur immer mit den Füßen?"

„Mit in Keller kommen sollt Ihr!"
Sprach sie mit den Brauen winkend
Und dem Ellenbogen puffend.
„Ach, ja so! hm! hm! ja freilich!
Ja natürlich! dann! dann komm nur!
Frisch vom Faß, da geht nichts drüber!
Alter, merkst du was?" Jetzt ging ihm
Erst ein Licht auf und er schielte
Nach dem Ritter und der Fraue,
Welche, mit sich selbst beschäftigt,
Nichts von diesen Zaunpfahlwinken
Merkten oder merken wollten.
Schaffnerin und Spielmann gingen;
Aber kaum die Thür im Rücken,
Blieb Spervogel stehn und zeigte,
Höchst verschmitzt ein Auge schließend,
Pfiffig schmunzelnd, mit dem Daumen
Rückwärts über seine Schulter:
„Hm??" — „Hmm!! also endlich!" machte
Nun die Schaffnerin und klopfte
Mit der Faust an ihre Stirne,
„Bärenschädel!" — „Wieder Eine!"
Sprach der Alte. — „Na warum nicht?
Sie ist schön und reich und Wittib,
Wenn sie's auch nicht glaubt, sie ist es,
Und zu jung noch, um als Nonne
Ohne Liebeslust zu seufzen;
Helft nur, daß ein Paar sie werden."
„Wenn es Minne galt und Frauen,
War dem Ritter meine Hülfe
Nie von Nöthen," sprach der Alte,
„Aber wollen's überlegen,
Brau' ihr doch ein Liebestränklein,

Habe so was jüngst gelesen."
Und sie stiegen in den Keller.

Irmgard und Tannhäuser waren
Doch allein nun mit einander.
Ein gebietend Wort der Burgfrau
Hätte leicht den durst'gen Spielmann
Auf dem Platze festgehalten
Und Beatens List vereitelt;
Doch sie ließ den Schalk gewähren,
Der allstunds in jener steckte,
Um nicht ängstlich zu erscheinen
Und dem Freunde eine Schwäche
Nicht zu zeigen, die entweder
Zur Benutzung ihn ermuth'gen
Oder ihn verletzen mußte.
Wußte er's, daß sie ihn liebte?
Hatt' es ihm der Kuß im Walde
Nicht verrathen, zu dem selber
Redlich sie die volle Hälfte
Wonnetauschend beigetragen?
Ach! er war so süß gewesen!
Und doch reute er sie beinah'.
Aber von dem Lustgefühle,
Auf des Freundes Arm zu schweben
Und an seinem Halse hängend
Sich von ihm geliebt zu wissen,
Ueberwältigt, hatte selbst sie
Reicher Liebe rothe Blüthe
Voll gegeben, rasch genommen.
Er schien ihr seit jenem Tage
Ruhig und in stetem Gleichmuth,
Doch sein Auge weilte prüfend
Und voll tiefer Gluth oft auf ihr,

Und sie fühlte von dem Blicke
Wie berührt sich und umfangen.
Wußt' er's nicht, daß sie ihn liebte?
Ganz undenkbar war's ihr anders,
Als daß er, der Frauenherzen
Zu ergründen sehnlichst suchte
Und wohl zu ergründen wußte,
Auch das ihre schon erforschte
Oder bald erforschen würde,
Vielleicht, ohne daß sie's merkte,
Vielleicht mit der offnen Frage:
Irmgard, liebst Du mich? Das war es,
Was sie kommen sah mit Fürchten,
Diese Frage und die Antwort,
Die sie darauf geben mußte,
Geben würde, — und was dann?
Ach! gemischt in dieses Fürchten
War ein unbesiegbar starkes
Und beseligendes Hoffen.
Keinen Klang im weiten Weltall,
Keines andern Glückes Kunde
Hätte halb so gern gehört sie,
Als von Heinrichs Mund gesprochen
Minniglich das Wort der Liebe.
Nichts auch wünschte sie so sehnlich,
Als es selbst ihm zuzuflüstern.
Und doch bangte ihr im Herzen
Vor dem wonnigen Geständniß.
Dem mit zugedrückten Augen
Abgeschossnen Pfeil verglich sie's,
Dessen Flug nicht mehr zu lenken,
Dessen Tragkraft weit hinaus wohl
Ueber Ziel und Rechnung ginge.
Und der Bogen war gespannt,

Doch die Hand des Schützen bebte,
Weil das Herz in Zweifeln schwankte.
Gestern wollte dem Geliebten
Sie entfliehn, in Klostermauern
Betend, büßend und entsagend
Sich verriegeln und vergraben,
Vor der Liebe sich zu retten,
Heute ihm im Sehnsuchtsdrange
In die offnen Arme stürzen,
Voller Inbrunst ihn umschlingen,
Nie mehr, nie mehr von sich lassen.
Doch wie drohenden Gefahren,
Unabwendlich schwerem Loose
Gern die Furcht des Herzens ausweicht
So lang möglich, also schaudert
Lange auch des Herzens Hoffnung
Vor dem sel'gen Augenblicke,
Der das Uebermaß des Glückes
Endlich, doch nur einmal, spendet.
Also Iringard; sie auch drängte
Stets zurück noch die Entscheidung,
Und die drohte ihr am nächsten
Beim Alleinsein mit dem Freunde,
Wo des kleinsten Schweigens Ende
Leicht des Sprechens Anfang wurde
Von dem Einzigen und Allen,
Was die Seele ihr durchwogte.
Darum schnell, als die zwei Andern
Eben sich zum Gehen schickten,
Knüpfte sie so fest den Faden
Des Gespräches an die Dichtung,
Die Tannhäuser vorgelesen,
Fand soviel daran zu loben
Und nach allen Einzelheiten

Unerschöpflich viel zu fragen,
Daß gefesselt von dem Inhalt
Nie die Wechselrede stockte,
Bis der Sänger selber aufbrach
Und den Fiedelvogt herbei rief,
Ihm nach Eisenach zu folgen.
Denn ihn spornte die Begierde
Nach dem Lied des Meister Gottfried,
Das der Spielmann hergetragen
Und so hoch ihm angepriesen.

Als Sperwogel mit dem Ritter,
Der sein Roß am Zügel führte,
Durch das grüne Thal dahin schritt,
Sprach der Spielmann: „Herr, gedenkt Ihr
Noch des Tages, da wir beide
Auch so mit einander gingen
Nah' beim Adamunter Stifte?
Ihr in langer, schwarzer Kutte,
Weil ein Mönch Ihr werden wolltet,
Und wie ich da auf Euch einsprach,
Daß dem Kloster Ihr entfliehen
Und ein Ritter werden solltet?
Wißt Ihr's noch? und that ich Unrecht,
Euch die Lust der Welt zu pred'gen?"
„Nein, Du hattest Recht, mein Alter!"
Sprach Tannhäuser, „und ich dank' es
Dir zeitlebens, aber glaube!
Ausgehalten hätt' ich's nimmer,
Wäre früher oder später
Ihnen doch davon gelaufen,
Wenn auch mit geschorner Platte."
„Wißt Ihr auch noch," sprach der Alte,
„Wie den Traum von Eurer Mutter

Ihr mir da im Wald erzähltet?
Seht den Berg! da drinnen hauſt ſie,
Die Ihr für die heil'ge Jungfrau
Damals in der Einfalt hieltet.
Dort im Berge wohnt Frau Venus,
Und wenn's Euch gelüſten ſollte
Eines Tags, ſie zu beſuchen,
Unſres Wirthes alte Muhme
Weiß, wie man zum Berg hinein kommt
Und heraus, doch die Erlöſung
Läßt dann lange auf ſich warten.
Nämlich eine reine Jungfrau
Muß im hellen Vollmondſcheine
Schweigend eine Eichel pflanzen.
Wenn daraus ein Baum gewachſen
Und ſein Stamm ſo dick geworden,
Daß davon aus einem Stücke
Eine Wiege iſt zu zimmern,
Dann erſt wird der Held geboren
Und muß in der Wiege ſchlummern,
Der Euch, wenn er Mann geworden,
Aus dem Berg erlöſen könnte."
„Was Du doch nicht Alles weißt ſchon!"
Lachte frohgemuth der Ritter,
„Andre fordern ſoviel Tage
Wie Du Stunden kaum zur Kundſchaft,
Doch ich brauche und begehre
Keiner alten Muhme Weisheit.
Aber für Dich ſelber wüßt' ich
Einen Botendienſt, — es eilt nicht,
Ruhe Dich erſt ein paar Tage."

In der Herberg gab der Spielmann
Seinem ungedulb'gen Ritter

Gleich die beiden Lied=Abschriften,
Und des Schwertes kaum entgürtet,
Setzte sich Tannhäuser nieder
Voll Begierde, es zu lesen.
Schlaf kam nicht in seine Augen,
Denn je mehr und mehr er lesend
Sich darin vertiefte, wuchs ihm
Auch Bewundrung und Entzücken
An dem unvergleichlich schönen,
Meisterlich vollkommnen Kunstwerk.
Dieses hohe Lied der Liebe
Voll der tiefsten Herzenskenntniß
Fand in seiner eignen Seele
Einen Widerhall, der mächtig
Ihn erregte und daneben
Neid ihm und Beschämung weckte.
Wieder hatt' er hier vor Augen
Eines großen Zeitgenossen
Strahlend hohe Meisterschöpfung,
Die gleich Wolframs Parcival
An sein Zaudern ihn gemahnte.
Doch wie anders war der Inhalt,
Weltanschauung, Lebensdeutung
Hier in Tristan und Isolde,
Als in jenem Lied vom Grale!
Wolframs Kraft und dunkle Tiefe,
Die erschütternd, sprachgewaltig
Einer Heldenseele Ringen
Mit des Zweifels Grauen schildert
Und in demuthsvollem Glauben
Grübelnd nach Erlösung trachtet,
Die mit mythischem Geheimniß
Alles Daseins Ziel und Sehnsucht
In der reinen Gottesminne,

Ritterlich erkämpft, sich aufbaut, —
Welch ein Gegensatz zu Gottfried!
Hier im Lichtgewand der Schönheit
Zweier Herzen heiße Liebe,
Minnedrang und Minnefreuden,
Minneschuld auch, Leidenschaften,
Die, geweckt vom Zaubertranke,
Menschensatzung, Gottesordnung
Ueberspringen und durchbrechen.
Eine Fluth von klarem Golde
War das Lied im großen Ganzen,
Doch auch Kleinstes mit der Sorgfalt
Wahrer Meisterkunst gezeichnet
Und geschmückt, die Lust der Sinne,
Des Verlangens Ungestüm,
Muth und Wagniß, Trug und Listen
In verwegnen, argen Thaten
Aufgedeckt, darüber aber
Aller Sonnenglanz der Dichtung,
Alle Blüthenpracht der Sprache
Mit verführerischer Anmuth
Unerschöpflich ausgegossen.
Vor dem Riesengeiste Wolframs
Stand Tannhäuser voll Verwunderung,
Aber Meister Gottfried hatte
Aus der Seele ihm geschrieben,
Alle rücksichtslosen Gluthen
Seines eignen Minnesehnens
Aus der Tiefe 'raufbeschworen,
Und sich selbst sah er in Tristan.
Und Isolde? ach! er brauchte
Nach der Blonden nicht zu suchen;
Für Brangäne sogar fand er
Die Vertretrin, wen'ger schön zwar,

Doch vielleicht so dienstbeflissen
Und verschwiegen wie die Niftel;
Nur den Liebestrank verschmäht' er.
Aber Gottfrieds große Dichtung
Mußte die Geliebte lesen,
Und schon an dem nächsten Tage
Sandt' er ihr die eine Abschrift
Durch den Fiedelvogt zur Burg hin.
Auf den Umschlag aber schrieb er
Eigenhändig mit Bedeutung
So: „Tannhäuser seiner Irmgard
Tristans und Isoldens Liebe!"
Und die gleichen Anfangszeichen
Von den Namen der zwei Paare
Malte er mit bunten Lettern,
Wie's ihn Sumidus einst lehrte.

Landgraf Hermann nahm mit Freuden
Des Gedichtes zweite Abschrift
Aus Tannhäusers Hand entgegen
Voll Erwartung und Erstaunen
Ob des unbegrenzten Lobes,
Das der Held dem Werke zolle.
Um's den Andern auch auf einmal
Unverzüglich mitzutheilen,
Sollte es in seinem Beisein
Allen vorgelesen werden,
Und bald saßen auch die Sänger
Und die Ritter seines Hofes
Um den Fürsten, während wechselnd
Einer las. Am dritten Tage, —
Denn man las nur wenig Stunden
Jeden Tag — als es beendet,
Sprachen Alle voll Begeistrung

Von der wunderbaren Schönheit
Und dem Anmuthreiz des Liedes.
Auch der Landgraf stimmte freudig
In den ungetheilten Beifall
Und begab sich mit dem Buche
Dann zur Landgräfin Sophie,
Daß auch sie es kennen lerne.
Jetzt erhob im weiten Kreise
Sich Tannhäuser mit dem Vorschlag,
Ob man nicht Gottfried von Straßburg,
Dieses Liedes großen Meister,
Nach der Wartburg laden solle,
Ihn von Angesicht zu sehen,
Aller Sanggenossen Freude
An dem Werk ihm zu verkünden
Und mit Ehren ihm zu lohnen.
Alle stimmten diesem Vorschlag
Jubelnd zu, nur Walther blickte
Erst zu Eschenbach hinüber,
Der mit düsterm Stirnefalten
Schweigsam grollend saß, und frug ihn:
„Wolfram, bist Du einverstanden,
Daß wir Gottfried herberufen?"
„Nein! bei Helm und Schild!" rief Wolfram
Und erhob sich, „ich verbiet' es!
Thut ihr's doch, so räum' ich selber
Burg und Land, denn nicht begegnen
Mag ich ihm, der mich verhöhnte
Und im Liede schmählich angriff."
„Dich verhöhnte?" fragte Reinmar,
„Wo denn? wie nur? Deinen Namen
Hört' ich nicht im ganzen Liede."
„Habt ihr sie denn nicht verstanden
Jene Stellen," zürnte Wolfram,

„Die auf mich allein gemünzt sind?
Alles das von «Sprung des Hasen»,
«Wahnhoffnung», «mit Worten würfeln»
Und von «wilde Mären bildern»,
Von «des Strunkes dürrem Schatten»
Geht auf mich in Gift und Galle."
„Warum soll's' denn just auf Dich gehn?"
Frug der tugendhafte Schreiber.

„Weil im Parcival zu Anfang
Ich von einem Hasen rede,
Der am Wanderer vorbeispringt
Wie des Liedes Sinn an Thoren,
Die mich nimmerdar verstehen;
So der Schreiber da in Straßburg."
„Nicht zu leugnen ist es, Freunde,"
Ließ sich Biterolf vernehmen,
„Wolfram ist der Angegriffne
Und Gekränkte ohne Zweifel;
Laßt die Beiden mit einander
Mannhaft in die Schranken reiten,
Ihren Span dort auszufechten."
„Er ist ja nicht ritterbürtig,
Nennt sich Meister," sagte Wolfram,
„Soll ein schildgeborner Sänger
Mit dem Ersten Besten tjosten?"
„Noch ein ander Mittel weiß ich,"
Sagte Walther, „Euch versöhnen
Werdet ihr, wenn Mann dem Manne
Gegenübersteht, der Gottfried,
Der dies Lied schuf, ist ein Sänger
So wie wir von Gottes Gnaden."
„Siehst Du da noch Gottes Gnade."
Herrichte Wolfram, „wenn ein Sänger
Gottes heiligen Geboten

Also Hohn spricht, daß er rühmend
Treubruch, Minneschuld und Schandthat
Mit verführerischen Worten
Prunkend malt in seinem Liede?
Wenn er buhlerische Künste,
Liebeszauber, üpp'ge Weltlust
Und die frevle Gluth der Sinne
Lüstern, selbstgefällig schildert,
Wie Verrath und Trug und Arglist
Das Vertrauen bricht und schändet?
O es muß die Welt ihn scheuen,
Und wenn ihm die Hand zu reichen,
Engel mich und Heil'ge bäten,
Ich versagt's, so lang ich lebe!
Doch es giebt so Minnesinger,
Die mit leichtem, weitem Herzen
Stets von Minne überschäumen,
Irdisch Fühlen, irdisch Sehnen
Ueber Christenthum und Demuth
Und des Glaubens heil'ge Vesten
Mit Entzücken frech erheben,
Die, wenn sie ihr Liedlein klingeln,
Einen, der in Ernst und Wahrheit
Nur nach göttlich Hohem ringet,
Einen «Finder wilder Mären»,
Eines «Strunkes Schatten» nennen."
Wolfram hatte auf Tannhäuser
Unverwandt den Blick geheftet,
Als wenn seiner Rede Grollen
Er an ihn gerade richte.
Dieser hatte noch geschwiegen;
Jetzt trat er hervor, und mühsam
Die Erregung niederkämpfend
Sprach er mit erzwungner Ruhe:

„Eschenbach, Du schmähst ein Können,
Das Dir Stolzem selbst versagt ist,
Schmähst es, weil es Dir versagt ist.
Deinen Parcival kann Niemand
Höher preisen, mehr bewundern,
Als ich selber, und den Angriff
Meister Gottfrieds muß ich tadeln.
Doch laß Andern ihr Verdienst auch,
Die statt dumpfer Glaubensschwermuth,
Statt des Tiefsinns dunkler Worte,
Unfruchtbarer Zweifelskämpfe
Heitre Götter sich erkoren;
Die mit holder Anmuth Zauber,
Mit den Freuden des Genusses
Jede Lebenslust bekränzen,
Mit dem süßen Klang der Saiten,
Mit der Sprache reichsten Blüthen
Liebeswonnen schmückend schildern
Und von sel'ger Minne singen,
Wie Du selbst es nicht kannst, Wolfram.
Und ich sag' es und behaupt' es:
So wie dieser Meister Gottfried
Hier in Tristan und Isolde
Kann es Keiner doch von Allen."
„Ausgenommen Osterdingen!
Nicht? so meinst Du's," höhnte Wolfram,
„Möchtest gern vom blauen Himmel
Dir zum Kranz die Sterne pflücken
Und Genuß und Liebeswonnen
Dir ersingen und ertrotzen,
Wie kein Sterblicher sie ahnet."
„Ja! und ja! und tausendmale
Ja, das will ich!" rief Tannhäuser;
„Eine alte Märe weiß ich

Vom Prometheus, der das Feuer
Sich vom Sitz der Götter holte;
Der gefällt mir, diesem folg' ich,
Will mir auch etwas gewinnen,
Was kein Andrer noch besessen,
Und wer mir dabei in Weg tritt,
Der versuch' es! Keinem weich' ich,
Keinem beug' ich mich auf Erden;
Mit dem Trotze des Titanen
Will die Brust ich Jedem bieten,
Der mir widersteht im Streite!"
„Thor Du!" lachte Wolfram bitter,
„Meinest Du, mit Minneliedern
Den Olymp Dir zu erstürmen?
Schau! dort wohnen Deine Götter,
Wüst und öde und verworfen
Wie der Berg, darin sie hausen!
Ihrem schnöden Götzendienste
Ist Dein üppig Herz verfallen;
Steig hinan zum Hörselberge,
Wirf der list'gen Valandinne,
Dich in die verbuhlten Arme
Und versink in ihre Hölle,
Gnadenlos von Gott verdammet!"
„Waffen, Wolfram! Kampf ist kommen!
Decke Dich!" so schrie Tannhäuser,
Und die blanke Klinge blitzte.
Doch sie sprangen schnell dazwischen,
Mahnen, Schelten, Drohn und Murren
Wurde laut und wild Getümmel.
Marschall Heinrich Eckartsberge
Rief gebietend: „Osterdingen!
Fort das Schwert in Hermanns Namen!
Ein verlorner Mann ist Jeder,

Der der Burg den Frieden störet!"
Walther aber sprach zum Freunde:
„Heinz, bei Deiner Ritterehre!
Zähme Deines Blutes Wildheit,
Hier sind dreißig gute Klingen,
Widerstand ist Dir unmöglich.
Was gesagt ist und gestritten,
Unsre Meisterkunst betraf es,
Und es ist nicht Sangessitte,
Statt der Worte und der Gründe
Scharfes Eisen zu gebrauchen,
Sängerruhm wird nun und nimmer
Mit dem bloßen Schwert erfochten,
Deine Lieder führ' ins Treffen!"
„Walther! Du hast Recht! Dir dank' ich!"
Rief Tannhäuser, „denn ich kam ja
Nur zum Streit mit Sang und Saiten,
Also sei es nun und gelte!
Alle fordr' ich euch zum Kampfe
Noch einmal, in höchster Wette
Mich mit Liedern zu besiegen
Oder mir den Kranz zu lassen,
Und ein Schelm ist, wer sich weigert!"
„Angenommen!" sagte Wolfram,
„Aber nicht zum eitlen Spiele,
Hohe Kunst dient nicht der Kurzweil,
Es sei Ernst auf Tod und Leben,
Und ein Schelm ist, wer sich weigert!"
Jäher Schrecken packte Alle,
Lag auf Aller Angesichten.
Blut'ger Zweikampf in den Schranken,
Scharfes Stechen, Tod in Schlachten,
Davor graute nie den Tapfern,
Doch ein Liederstreit ums Leben

Dünkt' auch die Beherzten furchtbar.
Aber wie der große Donnrer,
Unerschütterlich, unnahbar
Stand da der gewalt'ge Wolfram,
Kalt und fest auf Osterdingen
Seines Blickes Pfeil gerichtet.
Fürchterliche Stille herrschte,
Keiner wagt' ein Wort zu sprechen,
Auch nicht Walther, Alle starrten
Auf die Zwei; Tannhäusers Antlitz
Schien ein wenig bleich geworden,
Doch ihm zuckte keine Wimper,
Als von seinem Mund die Antwort
Fest erklang: „Auf Tod und Leben!"
Wolfram wandte sich dann wieder
Stolz den Andern zu und sagte:
„Wir sind hier der Sänger fünf
Gegen einen, doch ich stehe
Für euch Alle ein; Du, Walther,
Setzest fest den Tag der Wette
Wie des Kampfes Recht und Ordnung,
Und bis dahin walte Frieden!"

Unbeschreibliche Bestürzung
Gab's am Hof, in Burg und Stadt
Bei der kaum geglaubten Kunde
Von der Ausfordrung zum Kampfe
Im Gesang, auf dessen Ausgang
Eines großen Sängers Tod stand.
Nicht die Frauen bloß erbebten
Vor dem unerhörten Wagniß,
Schicksalsschwer wie Gottesurtheil,
Auch den Männern selbst und Rittern
War dabei nicht wohl zu Muthe.

Hell in Zorn gerieth der Landgraf;
Hier auf seiner hohen Wartburg,
Die des Friedens edlen Künsten,
Sangeslust und Lebensfreuden,
Jedem gottbegabten Sänger,
Jedem armen, braven Spielmann
Allezeit ein Hort und Heim war,
Sollte solch Gericht geschehen?
Einer sich den Tod ersingen?
Niemals! er verbot den Wettkampf.
Als die Sänger aber drohten,
Dann auf anderem Gebiete
Sich die Walstatt zu bereiten,
Sucht' er zwischen den Parteien
Zu vermitteln, wie er konnte,
Mildere Bedingung heischend
Für den wirklich Ueberwundnen,
Jede Sühne, nur den Tod nicht.
Doch vergeblich, Ritterwort
War gegeben und genommen,
Keine Macht der Erde tilgt' es,
Wenn die Streiter es nicht thaten.
Osterdingens Trotz und Kampfgluth,
Eschenbachs unbeugsam stolze,
Felsenfeste Willensstärke
Ließen aber keine Hoffnung.
Hermann konnte selbst von Walther,
Der für beide Vollmacht hatte,
Nur erreichen, daß er selber
Als des Wettkampfs erster Schiedsherr
Vier Grieswärtel küren durfte
Auf sein Fürstenwort gelobend,
Strenge und gerecht zu richten.
Und der Fiedelvogt! er zankte

Ohne Maßen mit dem Sänger,
Schalt ihn aus wie einen Knaben,
Der auf dummem Streich ertappt war,
Nannt' es tollkühn und vermessen,
Sündhaft, schändlich, unvernünftig,
Eine gottvergeßne Welte.
„Hätt' ich nur das unglückfel'ge
Lied nicht mitgebracht aus Straßburg,
Das den Handel angestiftet!
Rächt sich Lust und Schuld der Minne
Nicht allein an ihren Thätern?
Müssen's auch noch die entgelten,
Die davon nur lesen?" rief er.
„Hast nicht gar so Unrecht, Alter!"
Sprach Tannhäuser, „in der Minne
Steckt ein Geist mit starken Kräften,
Guten, edeln, doch auch bösen,
Und wer sich der Minne freu'n will,
Sehe zu, daß ihm des Geistes
Gute Kräfte dienstbar werden;
Andernfalls mit seinen bösen
Wird der Dämon übermächtig,
Treibt in Schuld den Unterjochten
Und spinnt daraus ein Verhängniß,
Das sich fort erbt durch Geschlechter
Und auch die, die seitwärts stehen,
Wohl noch trifft mit seinen Folgen.
Doch sei ruhig! ich beherrsche
Jenen Geist, und mir gehorchen
Willig seine guten Kräfte
Und, wenn's sein soll, — auch die bösen.
Darum sehe ich dem Kampfe
Muthig und getrost entgegen,
Und für Dich giebt es zur Stunde

Wichtiger's zu thun, als schelten.
Mach' Dich flugs auf Deine Füße
Nach Burg Scharfenberg, bestelle
Meinen Gruß und Dienst Frau Irmgard,
Und sie möchte mich entschuld'gen,
Daß so lang ich fern geblieben,
Meine Sehnsucht schwebte um sie,
Und ich käme nächster Tage. —
Dieses diene Dir zum Vorwand;
Doch der Zweck ist, zu verhüten,
Daß vom Wettstreit sie erfahre.
Zieh Beaten ins Vertrauen,
Sag' ihr Alles, eh' von Andern
Sie es hört und weiter plaudert.
Nimm ihr einen schweren Eid ab,
Ihrer Herrin gegenüber
Unbedingt davon zu schweigen
Und zu wachen und zu sorgen,
Daß kein Anderer Frau Irmgard
Etwa Nachricht davon bringe,
Niemand auch vom Burggesinde
Es der edlen Frau verrathe,
Bis ich selbst es ihr verkünde. —
Hast Du mich verstanden, Alter?
„Sollt' es meinen!" brummte nickend
Und gedankenvoll der Spielmann;
„Habt Ihr das so lang geplant schon,
Daß Ihr es im Voraus wußtet,
Als Ihr neulich spracht, Ihr hättet
Einen Botendienst für mich?"

„Nein, das war ein andrer Auftrag,
Ungleich schwieriger und größer,
Magst ihn auch gleich mit vernehmen:
Du mußt mir Gewißheit schaffen

Zweifellos, ob Irmgards Gatte,
Ritter Kurt von Scharfenberg,
Annoch lebet oder todt ist.
Unter König Ottos Fahnen
Kämpfte er, und keine Kunde
Kam von ihm seit vielen Monden.
Nicht um mich ist's, mußt Du wissen,
Sondern mehr um Irmgards willen,
Daß sie endlich es erfahre,
Ob sie Gattin noch, ob Wittwe."
„Dies begreife ich noch besser,"
Sprach der Alte, „und verspreche,
Euch Gewißheit zu verschaffen;
Werde meine lieben Kinder,
Alle Spielleut, die im Reiche
Frei wie wilde Bienen schwärmen,
Dazu in Bewegung setzen,
Daß sie fragen, forschen, horchen;
Doch ich weiche nicht von hinnen,
Eh' nicht Eure Sangeswette
Auf der Wartburg sich entschieden;
Dann sogleich geht's auf die Wandrung,
Wenn die alten, morschen Knochen
Nur nicht manchmal schon versagten!"

„Gut! so hast Du noch sechs Tage,
Dich zu ruhen und zu pflegen;
Doch nun fort zum Scharfenberge,
Lose Zungen dort zu binden!"

VII.

Vor dem Kampfe.

Jede Morgenröthe brachte
Näher schon den Tag des Kampfes,
Und es drang davon die Kunde
Schnell in immer weitre Kreise.
Auf den Burgen rings im Lande
Machten Ritter, sich und Frauen
Schon bereit, dem großen Feste,
Das man in den glanzgewöhnten,
Gastlich offnen Hall'n der Wartburg
Sich erhoffte, beizuwohnen.
Bald auch unterm Ingesinde
Auf dem Scharfenberg ward's ruchbar,
Und Beate hatte Mühe,
Daß etwa kein Zufallswörtlein
An der Herrin Ohr gelangte.
Doch schon leid war's ihr geworden,
Daß sie es dem Fiedelvogte
Hoch und heilig zugeschworen,
Von der Ausfordrung zu schweigen.
Alle ihre Sorge drehte

Sich um Irmgards Glück und Zukunft,
Und wenn ihr sie's sagen dürfte,
Welches grauenhafte Schicksal
Ihrer stillen Liebe drohte,
Hätte jene Macht und Mittel
Wohl gefunden, von dem Freunde
Und sich selbst es abzuwenden.
Doch er hatte ja versprochen,
Es der Herrin selbst zu sagen,
Und dann wollte sie, Beate,
Keinen Augenblick verlieren,
Um zu schüren und zu warnen. —
Auch im Kreis der Sänger herrschte
Peinliche, gedrückte Stimmung.
Wolfram, der zwar nicht die Fordrung,
Doch den Streit veranlaßt, wollte
Für die Andern alle einstehn
Und allein im Liederwettkampf
Tod verhängen oder leiden.
Niemand aber dachte daran,
Daß des Parcivals Erzeuger
Irgend einem andern Sänger
Weichen könnte, Niemand mocht' auch
Dem Gedanken sich ergeben,
Diesen Hohen zu verlieren.
Aber auch für Osterdingen,
Dessen große Kunst die Andern
Mehr noch ahnten, als erkannten,
Hegten die vier Kampfgenossen
Theilnahmsvolle Gunst und Meinung.
Alle fühlten sie für Wolfram
Mehr Bewunderung und Ehrfurcht
Und für Osterdingen Alle
Mehr des Herzens warme Neigung,

Und es dünkte sie unmöglich,
Schier an Mit= und Nachwelt frevelnd,
Einen der zwei edlen Sänger
In des Lebens reichster Blüthe,
In der Vollkraft seines Schaffens
Für des Ruhms Phantom zu opfern.
Aber ach! da war kein Ausweg
Aus dem Labyrinth der Sorgen.
Rathlos saßen sie zusammen,
Denn vor jeden neuen Vorschlag
Schob unlöslich, unverrückbar
Immer sich der Ehre Riegel.
Biterolf, Reinmar von Zweter
Und der tugendhafte Schreiber
Hatten nur noch eine Hoffnung:
Walther von der Vogelweide
Sollte noch einmal zu beiden
Als Vermittler sich begeben,
Ob nicht mildere Bedingung
Füglich zu erreichen wäre.
Walther sprach: „Ihr glaubt es selbst nicht;
Wenn ihr fordertet, ich sollte
Von dem Berge dort die Wartburg
Auf den Inselsberg versetzen,
Wär' kaum schwieriger der Auftrag,
Als es der ist, Wolframs Willen
Und Tannhäusers Trotz zu lenken.
Doch ich gehe, um noch einmal
Wunsch und Worte zu verschwenden;
Hoffnungslos ist's, doch ich thu' es,
Mein Gewissen zu beruh'gen
Und nichts unversucht zu lassen."

Walther, der als Gast des Fürsten
Selber auf der Wartburg wohnte,
Traf den Freund in seiner Wohnung
Die er sich bei einem Wirthe
Namens Gottschalk eingerichtet.
Wolfram schritt in dem Gemache
Auf und nieder und dictirte
Seinem Schreiber in die Feder,
Den er nun sogleich entließ,
Weil er's seinem edlen Freunde
Auf den ersten Blick schon ansah,
Daß er nicht um Kleines komme.
Aber als ihm ohne Umschweif
Walther vorgelegt die Frage,
Ob denn er nicht Rathes wüßte,
Wie man wohl den Liederwettstreit
Noch zu leidlich gutem Ende
Und mit Ehren bringen könnte,
Schüttelt' er sein mächtig Haupt
Und sprach finstern Angesichtes:
„Osterdingen hat uns Alle
Zu dem Kampf herausgefordert,
Und wir haben's angenommen,
Oder ich that's für uns Alle;
Dabei bleibt es, ich beharre.
Nicht zum Spiel, in bitterm Ernste
Gehe ich hinauf zur Wartburg
Zweifelhaftem Loos entgegen
Und nicht wissend, ob den Rückweg
Ich lebendig wieder wandle;
Aber Wort ist Wort, unbiegsam
Grade wie der Schaft am Pfeile."
„Du hast ihn gekränkt," sprach Walther,
„Hast mit scharfen, schlimmen Worten

Ihn zum Aeußersten getrieben,
Weil Du selbst vom Angriff Gottfrieds
Auf das Heftigste erregt warst."
„So! ich ihn gekränkt!" rief Wolfram,
„Du mit Deinem Kindesherzen
Siehst nicht ein, daß Osterdingen
Jenes Tages Schimpf und Schande
Recht mit Absicht mir bereitet?
Er, der Einzige von Allen,
Kannte Tristan und Isolde,
Wußte also, wie sein Sänger
Hieb auf Hiebe mir versetzte,
Und das freute Osterdingen,
Neid und Schadenfreude trieb ihn,
Mich dem Spotte preiszugeben."
„O des schmählichen Verdachtes!"
Sagte Walther, „nimmer glaub' ich's!
Unbedacht, nicht hinterlistig,
Auch nicht neidisch ist Tannhäuser,
Heißes Blut rollt ihm in Adern,
Treibt das Herz ihm auf die Zunge
Und die Hand zum Griff des Schwertes.
Er, ein Mann an Muth und Ehre,
Ist an Rath und Sinn ein Jüngling
Und dazu ein viel verwöhnter,
Dem bei Fürsten wie bei Frauen
Stets das Glück die Wege bahnte,
Dem die Führung weiser Freundschaft
Wohlthat ist und auch Bedürfniß."
„Brich erst seinen Trotz und Hochmuth,"
Grollte Wolfram, „denn nicht früher
Ist er fügsam und gelehrig.
Hast ja selbst ein Lied gesungen,
Daß man nicht mit schwanker Gerte

Knabenwildheit zähmt und bändigt;
So bei ihm; nur Keulenschläge
Von der schweren Hand des Schicksals
Beugen diesen Uebermüth'gen,
Und deß will ich ihn getrösten,
Denn wie Blitz und Hagelsturm
Soll mein Lied ihn niederschmettern."
„Wohl! durch Deines Zornes Dröhnen
Hör' ich wie aus weiter Ferne
Einen Ton von Milde, Wolfram,"
Sagte Walther, „ich verstehe,
Du willst Osterdingen beugen
Ohne ganz ihn zu vernichten,
Und ich geh' nicht ohne Hoffnung."
„Hoffe nichts von mir!" rief Wolfram,
„Es giebt alt' und junge Stämme,
Die man knickt und bricht beim Beugen."

Walther ging nun zu Tannhäuser
Und fand ihn in freister Stimmung.
Mit dem Fiedelvogte saß er
In des Wirthes Gartenlaube,
Und vor ihnen auf dem Tische
Standen eine hohe Kanne
Und zwei Becher, draus sie tranken;
Auch des Fiedelvogtes Geige
Fehlte nicht, sie hatten wechselnd
Drauf gespielt und froh gesungen.
„Gottwillkommen!" rief Tannhäuser
Walthern freudevoll entgegen,
„Kommst wie stets zur rechten Stunde,
Hier ist Wein, und hier sind Lieder,
Rücke her, Du Lieber, Guter!
Alter, hole einen Becher

Für den werthen Gast, geschwinde!
Blanker Meißner ist es, Walther!
Rein und klar, ich darf ihn loben."
Walther aber sprach: „Ich finde
Dich in voller Freude, Heinrich,
Könnt' ich nur auch Freude bringen!
Ernste Zwiesprach mit Dir such' ich."
 „Bringst Du Dich doch selbst, mein Walther!
Und das ist mir hohe Freude.
Was Du sonst noch hast zur Zwiesprach,
Das die freie Stirn Dir wölket,
Kann ich allenfalls errathen.
Was wird's sein? noch eine Klausel,
Nicht des Nennens werth, zum Wettkampf.
Muß ich's wissen, sag' es kurz nur!
Muß ich nicht, so schweige lieber!
Denke ich doch an den Festtag
Schon mit Freuden, denn Du weißt ja,
Daß ich so nichts Andres liebe,
Daß mich so nichts lockt und reizet,
Als wie alles das, was Kampf heißt;
Und der größte Kampf, den jemals,
Außer mit mir selbst, ich ausfocht,
Steht jetzt vor mir; welche Waffen!
Lieder, höchste Kunst des Sängers!
Welcher Gegner! keinen bessern
Fänd' ich auf dem ganzen Erdkreis,
Und des Kampfes Preis? das Leben!
Nun, Dich selber frag' ich, Walther:
Lohnt sich's nicht, den Kampf zu kämpfen?
Leichtgerüstet, stolz und freudig
Gehe ich hinein und wage
Kraft und Ehre, Ruhm und Leben;
Wie er enden wird, — wer weiß es?!

Doch genug! voll sind die Becher
Wie mein Herz voll Muth und Hoffnung,
Laß sie schwenken uns und leeren,
Komm! weil wir noch leben, Walther!
Und will's Gott, sei's nicht der letzte!"

Beide Sänger und der Spielmann,
Den die Zwei wie ihres Gleichen
Hoch in Gunst und Ehren hielten,
Stießen fröhlich an und tranken.
Vor Tannhäusers lautem Jubel
War mit seinem Auftrag Walther
Gar noch nicht zu Wort gekommen,
Und er sagt' es sich schon selber:
Da war jedes Wort vergeblich.
Hier war Einer, der voll Kampflust
Auf's verhängnißvolle Tagwerk
Wie auf ein Turnier sich freute,
Das dem Sieger einen Thron gab.
Sollt' er dem mit seiner Sorge
Muth und Hoffnung erst verschüchtern,
Kraft und Selbstvertrauen kürzen?
Nimmermehr! drum schwieg er weislich
Und ward balde bei den Freunden
Und beim Weine froh und heiter.
„Fiedelvogt, Du Vielgetreuer,
Sahen uns ja lang nicht," sprach er,
„Alter Strich= und Wandervogel!
Sage, fließt der Rhein noch immer
An dem alten Worms vorüber?"
„Ja, das thut er, Herr, noch immer,
Kann nicht stillstehn," sprach der Alte,
„Grad wie wir, wir Heimatlosen;
Nur daß er, der ewig junge,

Niemals müde wird im Laufen,
Aber Unsereins gebrechlich,
Kaum noch schleppt des Alters Bürde."
„Und er weiß doch, wo er hinfließt,"
Sagte Walther, „kennt sein Ende
In den reichen Niederlanden,
Aber wo ist unser Ausgang?"
„Ruhmlos Ende!" rief Tannhäuser,
„So zersplittert, sanglos, klanglos
Sich im Sande zu verlaufen!
Wäre ich der Rhein, ich stürzte
Mich vom steilsten, höchsten Felsen
Donnernd in des Meeres Brandung,
Brausend, jauchzend wollt' ich enden,
Mich verlieren im Endlosen!"
„Nein, da kriegt' ich keine Grabschrift,"
Rief der Fiedelvogt, „Herr Walther,
Wenn Ihr meinen Stein mal findet,
Schreibt mir drauf ein sinnig Sprüchlein."
„Sieh die liebe Eitelkeit!"
Lachte Walther, „will ein Denkmal
Und darauf als löblich Scriptum
Ehrenbrief und Tugendquittung!
Nun, was meinst Du, wenn es hieße:
Hier ruht eine treue Seele —"
„Seele? wollt doch meine Seele
Nicht mit untern Stein verpacken?"
„Nein! das geht nicht," sprach Tannhäuser,
„Die muß erst ins Fegefeuer,
Alte Sünden auszuräuchern."
„Freilich! 's war ein kleiner Irrthum,"
Sagte Walther, „nun, so heiß' es:
Hier ruht eine alte Fiedel,
Lustig, treu, biderb und nothhaft,

Aller Spielleut Vogt und Meister;
Die nach ihr gesprungen, ruhen
Alle auch einst so und schweigen."
„Dank Euch, Herr! und Ihr, Herr Heinrich,
Merkt es Euch und sagt's bei Zeiten
Einem wackern Meister Steinmetz."
„Nun mach' mir mein Epitaphium,"
Sagte Walther, „sprich, wie denkst Du?"
„Das ist leicht gemacht, ich schriebe:
Knieet hin! hier ruht der Sänger
Walther von der Vogelweide!
Weiter nichts, Eu'r Name meldet
Größern Ruhm, als alle Worte."
„Füg' hinzu: Im Leben kniete
Keiner vor ihm, auch er selbst nicht,
Freund des Kaisers, Feind der Pfaffen
Und der Vöglein Liebling war er,
Dieses kleine Fleckchen Erde
Ist sein einzig Erb' und Eigen.
Einverstanden? gut! nun aber
Nimm all Deinen Witz zusammen,
Daß wir hier dem Tannhusäre
Auch ein Sprüchlein noch ersinnen."
„O Ihr lust'gen Todtengräber!"
Lachte Heinrich, „spart die Mühe!
Wenn ich selber mir im Leben
Nicht ein ewig Denkmal setze,
Soll es auch kein Meister Steinmetz."
„Müßt's Euch schon gefallen lassen,"
Sprach der Fiedelvogt, „gebt Obacht:
Unterm Stein hier ruht ein Ritter,
Der beinah' ein Mönch geworden,
Werth, daß er ein Bischof wäre,
Doch zu kalt war ihm das Mönchsbett,

Und zu krumm war ihm der Krummstab."
„Ei, Du Erzschelm!" drohte lächelnd
Ihm Tannhäuser, „hast Du selber
Mich nicht von dem Pfad des Heiles
Weggeschwatzt und weggefiedelt?"
„Herr, auf meinem Sterbebette,
Drauf ich mich wohl bald strecke,
Will ich das noch nicht bereuen,
Und ich wünsche Euch so viele
Und so freie, frohe Tage,
Wie ich selber zählen könnte;
Ehre sei Eu'r Schildknecht, Sälde
Eures Herzens Maienbuhle!"
„Gut gebetet!" sagte Walther,
„Höret nun auch meinen Vorschlag:
Hier stieg Einer in die Tiefe, —
Um vom Leben auszuruhen,
Meint ihr? nein! er sucht die Minne
Jetzt da unten, weil hier oben
Er sie nicht nach Wunsch gefunden."
Herzlich lachten die Genossen,
„Heinz, komm an!" sprach Walther freundlich,
„Fiedeln, fechten, minnen, meinen
Hat ja seine Zeit und Weile,
Und das Beste jetzt ist trinken;
Keine Grabschrift den Lebend'gen,
Doch Dein eigner Trinkspruch klinge
Noch einmal, zum Becher greife,
Kommt! weil wir noch leben, Freunde!
Und will's Gott, sei's nicht der letzte!" —
Also plauderten und scherzten
Sie beim Wein, bis Walther aufbrach
Der erfahr'ne Spielmann aber

Sattelte des Ritters Schimmel,
Und Tannhäuser ritt zu Irmgard.

War der hochgemuthe Sänger
In Betracht des Liederwettkampfs
Wahrhaft innerlich so sorglos
Oder gar so siegessicher,
Wie er Walther glauben machte?
Manchmal war er's, manchmal schwankt' er,
Wolframs hoher Kraft gedenkend.
Das, was ihn zunächst emporhielt,
War der Glaube an sein Schicksal,
Denn die Weissagung der Göttin
Galt ihm fast wie eine Bürgschaft.
Aber eine andre Macht noch
Leitete ihm die Gedanken
Abseits von der Zukunft Sorgen
Und hielt ihn mit weichen Armen
In der Gegenwart, — die Liebe.
Hinter ihm lag halb verblassend,
Was ihn einst berauscht, gefesselt, —
Leidenschaft war's, heiße, wilde,
Nicht die königliche Liebe,
Nebensonnen, Strahlenabglanz,
Nicht sie selbst, die eine, hohe,
Die in reiner Urkraft leuchtet.
Doch was jetzt in unzählbaren
Flaumenden Gedankenblitzen
Und verlockend süßen Bildern
Sich wie Augenblicke wechselnd
Oder wiederkehrend, bleibend
Durch sein Hirn und Herz bewegte,
Bald wie seiner Seele Schöpfung
Tief aus seinem Innern tauchte,

Bald wie eine Lichtgestalt
Von den Sternen niederschwebte,
Mit ihm wandelnd, mit ihm ruhend,
Ihn umschlingend, ihn durchdringend,
Nannt' er nur mit einem Namen,
Faßt' er nur in einem Wesen —
Irmgard! Irmgard Eins und Alles!
Sie, sie war das holde Wunschbild,
Das er sich so oft erträumet,
Das er mit der Liebe Augen
Endlich vor sich sah und das ihn
Ueber aller Frauen Schönheit
Herrlich und erhaben dünkte.
Aber zu dem Reiz der Sinne,
Der ihn mächtig zu ihr hinzog,
Trat des Geistes Wunsch und Wille,
Seiner Seele Kraft und Sehnen
Ihrem Geist und ihrer Seele
Auf das Innigste zu einen.
Nie empfand er dieses Streben
Noch so rein und so gewaltig,
Es erschien ihm hehr und heilig,
Ueberirdisch, unvergänglich.
Und das gab ihm die Gewißheit,
Daß allein und einzig Irmgard
Von dem Schicksal auserwählt sei,
Seines Herzens Glück und Ruhe,
Seiner Sehnsucht Ziel zu werden.
Jene hochvermessne Liebe,
Die er herrisch, eigensüchtig
Für sich ganz allein verlangte,
Gleichenlos und unerreichbar
Wie ein Gott sie zu genießen,
Hoffte er bei ihr zu finden

Und mit ihr, mit ihr zu tauschen.
Eines nur blieb ihm noch fraglich:
Noch hatt' ihm kein Wort verrathen,
Kein untrüglich sichres Zeichen,
Ob ihn Irmgard wiederliebte
Mit derselben Gluth und Allmacht
Wie er sie, ob sie gewillt sei,
Jede Schranke zu durchbrechen,
Sein um jeden Preis zu werden.
Doch auch diesen letzten Zweifel
Hofft' er bald und leicht zu lösen,
Wenn die Stunde erst gekommen.
O der Seligkeit, wenn Irmgard
In der Liebe Lust und Freuden
Ihres Herzens Grund ihm aufthat
Und der heimlichsten Gedanken
Und der traulichsten Gefühle
Heiligthum ihm offenbarte!
Wenn der Liebe tiefstes Wesen,
Wenn er Weibes Sinn und Seele
An der Heißgeliebten Busen
Schönheitsvoll erkennen sollte!
Denn ihm war es klar bewußt doch,
Daß er nie und nimmer fähig,
Sie von ferne anzubeten,
Irmgard lieben hieß Tannhäuser
Sie begehren und besitzen. — —

Das Gedicht Gottfrieds von Straßburg
Hatte Irmgard längst gelesen,
Und in ihrem reinen Herzen
Stritt Entzücken und Bewundrung
Ueber dieses Werkes Schönheit
Mit dem Widerwill'n und Schrecken

Vor der Pflichten Missewende
Und der schweren Schuld der Minne,
Die der Sänger ohne Rückhalt
Farbenglühend dort geschildert.
Heinrich hatte ihr die Abschrift
Selbst gesandt, und seine Widmung
Mit den großen Anfangslettern
Der vier Namen, die sich bildlich
Paarweis gegenüberstanden,
Konnte sie nicht anders deuten,
Als daß er mit ihr verbunden
Sie mit Tristan und Isolde
In Gedanken schon vergliche.
Das erfüllte sie mit Bangen,
Denn sie sah in dieser Widmung
Heinrichs Billigung des Frevels
Und der Hingebung Isoldens
Unzweideutig ausgesprochen;
Sie verstand, daß, was man billigt,
Ohne Scheu auch nachzuahmen
Man geneigt sei und entschlossen.
Ja, sie mußte sich gestehen,
Daß die Einbildung der Sinne,
Solch verführerisches Beispiel,
Mit der reizumblühten Schönheit
Höchster Kunst geschmückt, vor Augen,
Selbst das regste Pflichtbewußtsein
Einzuschläfern wohl vermöchte.
Liebeleer war ihr das Leben,
Ungestillt des Herzens Sehnen,
Und jetzt lächelte und lockte,
Sang und winkte ihr die Minne:
Gieb und nimm! — ja, wenn sie frei wär'!

Heinrich kam, und beide waren
Bei dem Wiedersehn befangen;
Jeder merkte es vom Andern,
Wie auch Jeder sich bemühte,
Es dem Andern zu verbergen.
Vieles wurde weit gesucht
Zum Gespräch herbei gezogen,
Nur nicht das, was ganz zunächst lag.
Lang' um Tristan und Isolde
Gingen sie herum im Kreise,
Brennende Berührung fürchtend,
Bis der Zirkel immer enger,
Dürft'ger stets die Unterhaltung
Und ein längeres Vermeiden
Peinlicher noch ward, als Angriff.
Heinrich also fragte endlich
Nach dem Werk wie ganz bei Seiten
Und gelegentlich, schnell eilte
Drüber hin der Strom der Rede,
Beide lobten es und priesen's,
Doch nur flüchtig, Keiner sagte
Seines Herzens ganze Meinung.
Aber was der Mund dem Ohre
Fest verschwieg noch, das vertrauten
Unverhohlen sich die Augen,
Hoher Minne Unterhändler,
Die an Stelle kluger Vorsicht
Gleich bestochenen Gesandten
Ihres Herrschers strengen Auftrag
Eigenmächtig überschreiten
Und mit weitem Zugeständniß
Ein geheimes Bündniß schließen.
Tannhäuser und Irmgard blickten
Fort und fort sich an mit Augen

So voll schrankenloser Liebe,
So voll tiefen, heißen Sehnens,
Als ob beide von Brangänens
Liebestrank nicht bloß gelesen,
Sondern schon genossen hätten.
Warum schwiegen, die sich liebten?
Irmgard hielt mit schweren Ketten
Eine harte Pflicht gefesselt,
Und Tannhäusers Loos und Leben
Hing an seiner Harfe Saiten;
Ließ ihn ihre Kraft im Stiche,
War es aus mit Lieb' und Leiden.
Darum schwieg er, eh' sein Schicksal
Auf der Wartburg sich entschieden.
Aber von dem Liederwettstreit
Mußte er doch Irmgard sagen,
Und er that's gezwungen heiter,
Suchte ihr den ganzen Vorfall
Als nichts Wichtiges und Großes
Leicht und scherzhaft darzustellen,
Bis durch ihr begierig Fragen
Unter wachsendem Erstaunen
Der Geliebten von der Wahrheit
Mehr und mehr doch an den Tag kam.
„Freund, das ist kein kleines Wagniß,"
Sprach sie, Schweres noch nicht ahnend,
„Mit dem hochgewalt'gen Wolfram
Dich im Wettgesang zu messen."
„Jeder thut sein Bestes," sprach er,
„Und verschieden sind die Kräfte
Je nach Ton und Form der Lieder."
„O ich traue Dir das Höchste
Freudig zu, und wenn Du obsiegst,
Will ich Dich als Sieger grüßen

Wie kein Andrer," sprach sie leuchtend,
„Denn ich komme zu dem Feste,
Will Dir ein Geweihtes geben,
Das Dir hilft und Kräfte zuführt;
Was ist denn der Preis des Siegers?"
„Um die Stirn ein Kranz von Golde,"
Sprach er zaghaft und beklommen,
Schon die nächste Frage fürchtend.

„Fürstlich lohnt der Landgraf immer,
Doch wenn auch der Kranz nicht Dein wird,
Bleibt es Dir doch unvergessen
Und ein Ruhm für alle Zeiten,
Mit dem größten deutschen Sänger
Um den Sieg gekämpft zu haben;
Ihm allein zu unterliegen,
Ist nicht Schande, ist noch Ehre;
Was erhält der Ueberwundne?"

„Wirst es wohl erfahren, Irmgard."
„Wie? Du willst es mir verhehlen?
Sag', was ist's? Du wirst verlegen!
Was erhält der Ueberwundne?
Rede!" — „Tod von Henkershänden!"

„Heinrich!!" — eines Herzens Aufschrei
Gellte durch die Kemenate.
Diesen Ton hat nur die Liebe,
Die ihr Liebstes in Gefahr sieht,
Und wenn noch kein Blick der Augen,
Worte nicht, nicht Kuß noch Handdruck
Irmgards Liebe ihm verkündet,
Dieser Schrei hatt' es Tannhäuser
Zugerufen jetzt: sie liebt dich!
Zitternd, todesbleich stand Irmgard
Mit tieftraurig stummem Blicke:
Konntest Du mir Solches anthun?

Doch sie fühlte augenblicklich,
Daß sie selbst sich ihm verrathen,
Und in höchster Ueberwindung
Sich ermannend bat sie leise:
„Geh! laß mich allein jetzt, Heinrich!
Alle Engel Gottes mögen
Dich beschützen und beschirmen!"
Er versuchte sanften Zuspruch,
Doch mit ängstlicher Geberde
Flehte sie, zog aus dem Mieder
Mit der Schnur ein beinern Heilthum,
Rosenblattgeformt, und gab's ihm.
Selig drückt' er's an die Lippen,
Ach! es war — mit Wonnen fühlt' er's —
Warm von ihres Busens Wärme.
Und dann ging er, Glück im Herzen,
Zwiefach seinen Sieg vor Augen.

VIII.

Der Sängerkrieg.

Nun seine Klauen durch die Wolken schlug
Der Tag und stieg herauf mit großer Kraft.
Noch aber streckt, des Schlummers Frieden hütend,
Die Dämmerung den schattengrauen Fittig
Weit über Berg und Thal und Waldesruhe,
Von Morgenluft und Zwielicht schon umwittert.
Schon ziehen Grenzen Himmel sich und Erde,
In matten Linien scheiden Bergesrücken
Sich von einander, aus dem Dunkel ragend;
In trüber Masse, mit der Formen Umriß
Von Thurm und Palas sich der Nacht entwindend
Taucht aus dem Nebeldunst die Wartburg auf
Gespenstisch, grausig wie ein Hochgericht,
Das schreckend von des Berges Scheitel droht.
Im Osten setzt sich langsam in Bewegung
Das lagernde Gewölk und drängt und schiebt sich,
Hier rund geballt, dort breit gedehnt, gespalten
Von fahlem Schein, von röthlich blassem Schimmer
Kaum angehaucht, doch balde rosig spielend,
Durchzogen mehr und mehr von bunten Streifen.

Die Farben fließen, wechseln, mischen sich,
Purpur will herrschen, schon bekämpft vom Golde,
Das funkelnd die zertheilten Wolken säumet.
Die Schanze sinkt, Lichtbäume schießen auf,
Die hoch im Bogen auf des Aethers Grau
Gleich einem Strahlenfächer sich entfalten,
Und endlich Bresche legend in den Damm,
Der wie in Feuersbrunst entzündet steht,
Bricht dunkle Gluth hindurch und flammt und blitzt,
Und in des Schweigens hoheitsvoller Größe
Steigt blutroth übern Horizont die Sonne.
Die Berge leuchten und die Wipfel glänzen
Im Morgenthau, freudig erwacht das Leben,
Die Hähne krähen, und die Lerchen wirbeln,
Des Waldes frühe Stimmen werden laut
Und grüßen froh der Finsterniß Besieger.
Der Tag ist da und schreitet lächelnd vorwärts,
Sein Angesicht auch dem geringsten Wesen
In aller Herrlichkeit und Gnade zeigend.

Auf hohem Burgwall an der Mauerbrüstung
Stand Landgraf Hermann und sah ernsten Blickes
Ins sonnenüberströmte Thal hernieder.
Er athmete mit langen, tiefen Zügen
Die frische Waldluft, doch ihr würzig Wehen
Macht' ihm das sorgenschwere Herz nicht leichter
Und scheucht' ihm nicht die Wolken von der Stirne.
Zur Sonne schaute er, die unaufhaltsam
Schon übern Bergwald höher stieg und höher.
Er hätt' ihr gerne stillzustehn geboten,
Daß an der Uhr dort nicht der Schattenweiser
Die Stunde zeigen konnte, deren Ziffer
Ihn schrecklich ansah wie mit Blut geschrieben;
Denn der Gedanke füllte seine Seele:

Wenn dieses hohen Tages Licht verlösche,
War ausgelöscht auch eines Sängers Leben,
Ein liederfroher Mund auf ewig stumm.
Sein war dies Land, dies schöne, reiche Land,
Viel weiter, als sein spähend Auge reichte;
Thüringer wohnten noch in seinem Leben
Auch hinter jener Berge grünen Wellen,
Die lang gestreckt sich nach einander hoben.
Dem Kaiser hatte er getrotzt in Waffen,
Mit einem Heere seine Macht behauptet
So unabhängig wie kein Fürst des Reiches;
Und hier auf seiner Burg, vor jener Stunde,
Zween Sängern gegenüber war er machtlos,
Durch sein gegebnes Fürstenwort gebunden,
Vor seinen Augen hier geschehn zu lassen,
Was grausam ihm das Herz im Busen kehrte.
Unmuthig, hastig schritt er auf und nieder,
Nicht achtend auf das sommerliche Blühen,
Das duftumwoben Berg und Thal erfüllte,
Nicht achtend auch auf das geschäft'ge Treiben,
Das sich geräuschvoll in den Hall'n und Höfen
Mit Emsigkeit und Unruh schon bewegte,
Um heut ein Fest zu rüsten, wie's die Wartburg
Noch keinem Wirth und keinem Gaste zeigte.
Der Landgraf selber hatt' es anbefohlen,
Dann aber von dem Lärm sich abgewendet
Und sich zum fernsten Burgwall hier geflüchtet,
Wo gerne einsam er zu wandeln pflegte,
Wenn er mit störrischen Gedanken kämpfte
Und wichtige Entschlüsse in ihm reiften.
Da trat zu ihm die Landgräfin Sophie,
Und ihre Hand ihm reichend sprach sie lächelnd:
„Ich wußt' es, Freund, wo ich Dich suchen mußte;
Du gehst des Tages Anstalt aus dem Wege,

Verschlössest gerne die bedrängten Sinne
Und kannst doch die Gedanken nicht verscheuchen,
Die ich auf Deiner finstern Stirne lese."
„Daß ich geboren bin, dies zu erleben!
Mir selber könnt' ich fluchen," rief der Landgraf,
„Zu rasch gab ich mein Wort, bin nun gefangen,
Bin nicht mehr Herr in diesen starken Mauern!"
„Du bist es, Hermann!" sprach die edle Fürstin,
„Kein Vorwurf trifft Dich, hast Dir nichts vergeben,
Was Deiner Macht und Hoheit Abbruch thäte.
Bedenke, daß zeitlebens Du den Sängern
Ein Freund gewesen bist und treuer Helfer;
Wo immerhin im Land ein Lied erschallet,
Wo eines Meisters kunstgerechte Schöpfung
Von alten Mären singt, der Thaten Ruhm,
Der Minne Glück, des Maien Lust und Leben
In reichen Bildern, holden Tönen schildert,
Hast Du Dein Theil daran; im ganzen Reiche
Pflegt Keiner so wie Du die edle Kunst.
Die Sänger strömen her aus allen Winden,
Du nimmst sie auf als Deine liebsten Gäste,
Zeigst ihnen ihren Werth und hebst ihr Ansehn
Und überschüttest sie mit Gunst und Ehren.
Da wächst ihr Muth, da fühlen sie im Busen
Die hohe Kraft, von Gott hineingepflanzet,
Die Papst und Kaiser nicht verleihen können.
Wenn es im Reiche hieß: der Landgraf Hermann
Herbergt die Sänger, ehrt und liebt die Sänger,
Da horchte Mancher auf und that Dir's nach,
Doch Keiner so wie Du mit ganzem Herzen.
Du sorgest, daß sie länger nicht verrufen,
Landfahrend karge Bettlergabe heischen,
Du schenkst und schenkst und machst sie reich und fröhlich,
Der letzte Spielmann geht nicht habelos,

Nicht ohne warmen Dank von unsrer Schwelle."
„Du rühmst, Sophie," lächelte der Landgraf,
„Daß ich das thue, was mir Freude macht!"
„Daß Dir es Freude macht, das ist es eben,
Drum preisen Dich die Sänger allerwege
Und sehn in Dir den Freund und den Beschützer,
Der sie versteht, mit ihnen denkt und fühlt
Und jedem giebt, was jeglichem gebühret.
So lange Kunde bleibt von ihren Liedern,
So lange wird man Deinen Namen nennen
Hermann von Thüringen als Freund der Sänger!"
„Und Deinen, liebes Weib! Die volle Hälfte
Davon ist Dein Verdienst, die Edlen wissen's
Und halten Dich drum hoch; doch ach! Sophie,
Das Alles löscht nun aus der eine Tag
Und heftet statt des Wohlthuns schönen Nachruhm
Verwünschungen und Schmach an unsre Namen."
„Nein, Freund! ich habe besseres Vertrauen;
Ist's Gottes Wille, daß es traurig ende,
So weiß die Welt, Dein Fehler war es nicht;
Der Sängerfreund wird keinen Sänger tödten,
Was menschlich Thun vermochte, es zu hindern,
Das war geschehn, Dein Name bürgt dafür."
„Gott segne Dich, Du Liebe, Kluge, Edle!
Du flößest neue Hoffnung mir ins Herz."
„Ich wußt' es wohl; doch komm, viellieber Freund!
Es harren unser schon die Festgewänder,
Laß uns die traute Zwiesprach hier beenden
Und zu der Wirthe und der Herrscher Pflichten
Die Fürstenmäntel um die Schultern nehmen."

Derweilen tummelte sich überstürzend
Ein lautes Hasten, eifriges Hantiren
Der Hofbeamten und des Ingesindes

Zu allen Räumen auf der Burg, um sinnig,
Erfindungsreich des Festes Glanz zu fördern
Und überall das Auge zu erfreuen.
Der Seneschall Herr Gerhard Atze trabte
Mit kurzen Beinen und mit kurzem Athem
Im Schweiße seines Angesichtes keuchend,
Anordnend, schellend, Alles besser wissend,
Zur Eile spornend auf und ab die Stiegen,
Um Knechten, Mägden, Buben zu gebieten,
Die diesen kleinen Gerngroß, wenn er polternd,
Blitzblau vor Zorn mit Höllenstrafen drohte,
Die er noch nie verhängte, wenig scheuten
Und hinter seinem Rücken gar verlachten.
Man pflanzte vor die Thüren junge Tannen,
Bekränzte alle Bögen, Pfeiler, Pfosten,
Schlang um die Säulen dichte Laubgewinde,
Verstreute Sand und Blumen auf die Wege
Und wandelte in Gärten um die Höfe.
Auf Gäng' und Treppen breitete man Decken,
Mit Waldesgrün umstellte man die Stufen,
Hing lange, bunte Tücher aus den Fenstern
Und Teppiche von den Altanen nieder.
Sinnsprüche prangten über Thor und Thüre,
Willkommensgrüße, Bilder, Blüthenzweige,
Und Bänder flatterten und Fähnlein wehten.
In Sälen und Gemächern standen Bänke
Mit schönen Kissen und gestickten Polstern,
Und auf den Sesseln lagen Rückelaken.
Rüstungen schimmerten an allen Wänden,
Mit Helm und Schild und mancher fremden Waffe
Als Siegesbeute aus dem Morgenlande.
Der große Silberschatz der Hofburg prunkte,
Zierrate, Schaugefäße und Kredenzen,
Schnitzwerk und Schmuck auf Tischen und Tresoren.

Es blinkt' und blitzte von Metall und Farben,
Von Blumen, edlen Stoffen und Gesteinen,
Und rastlos mühten sich gewandte Diener
In Palas, Ritterhaus und Küch' und Keller
Und flinke Zofen bei den Kleidertruhen,
Und keine Hand war müßig oder lässig.
Da gab es Lachen wohl und Schimpf und Kurzweil,
Gerede auch, Kopfschütteln und Geraune,
Denn Mancher wußte wunderliche Dinge
Von dem, was heute sich ereignen würde.
Bemerkbar auf der heitern Vorbereitung
Lag fröstelnd ein geheimnißvolles Grauen,
Und unter einem ungewissen Drucke
Kam Scherz und Schelmerei nicht recht von Herzen.
Allein die Arbeit ging mit Fug von Statten
Und war rechtzeitig bis zum Sesselrücken
Und bis zum letzten Hammerschlag beendet,
Auch Alles rein gefegt und blank und sauber,
Und Jeder eilte nun, sich selbst zu schmücken
Und sich ins allerschönste Kleid zu werfen.
Die Wartburg leuchtete ins Thal hernieder
Im hellen Sonnenschein so festlich glänzend
Mit Tücherwallen und mit Fahnenwehen,
Als winkte Jedem freudig sie Willkommen,
Ob er geladen oder nicht geladen.
Bald nahten auch von fern die ersten Gäste
Auf reich geschirrten Rossen, tapfre Ritter
Mit ihren stolzen Frau'n und schönen Töchtern
Und im Geleite Knappen und Garzune.
Schon kamen mehr und mehr, die Herbergställe
In Eisenach mit ihren Pferden füllend,
Wenn sie nicht selber durch das Burgthor ritten.
Sie wandelten den Weg hinauf zum Berge
Wie eine große, bunte Karawane

Und wurden oben würdevoll empfangen.
Am äußern Thor war eine Ehrenwache
Gepanzerter postirt in Wehr und Waffen,
Herolde leiteten die Angekommnen
Zum Ritterhaus und in die feste Dirnitz,
Die bei den Thürmen an der Vorburg waren,
Und hier begrüßten in der Wirthe Namen
Truchseß und Seneschall, Marschalk und Kämmrer
Die edlen Gäste, und der Schenk kredenzte
Den Willkommstrunk mit jugendlichen Pagen.
Man plauderte und frug erwartungsvoll,
Der Rede Flüstern und das Spiel der Augen
Vertrieb die Zeit, bis Alle sich versammelt
Zum feierlichen Zuge in den Palas.
Im Vorhof, um den Marstall und im Rüsthaus
Wies man den Knechten ihre Plätze an,
Und um den Berg herum lag Spielmannsvolk,
Schlich sich zur Brücke und ins Thor hinein,
Und Niemand durfte den Bescheidnen wehren,
Wenn sie gesellig in den Troß sich mischten.
Der Fiedelvogt jedoch, der seinen Ritter
Mit schwerem Herzen in die Burg begleitet,
Ward von den Bläsern ehrend aufgenommen,
So daß er jedes Vorgangs Zeuge wurde.
Die Sänger, deren Zahl durch Zugereiste
Vergrößert, harrten schon, des Rufs gewärtig,
Mit ihren Saitenspielen in der Dirnitz
Und blieben in gesondertem Gemache.
Wolfram von Eschenbach und Osterdingen
Begrüßten schweigend sich wie beim Turniere
Die Kämpfer, ehe sie die Speere senken.

Bei Frau Sophie in der Kemenate
Und von der Fürstin selber herbeschieden,

Saß Irmgard, und die beiden Frauen waren
Wohl angethan mit prächtigen Gewändern,
Kronreif und Schapel blitzend auf den Häuptern
Und Perlenschnüre in das Haar geflochten.
Die Wangen Irmgards deckte tiefe Blässe,
Und Schatten lagen um die großen Augen,
Die Folgen sorgenvoll durchwachter Nächte;
Ihr edles Antlitz mit den feinen Linien,
Das stets so aufgeweckt durchgeistet schaute,
War wie verschleiert von des Kummers Ausdruck,
Den Frau Sophie bald genug erkannte.
Kaum waren Kammerfrau und Gürtelmägde
Mit Schmücken fertig und des Diensts entlassen,
Als sie mit innig theilnahmsvollem Blicke
In Irmgards bleichen Zügen lesend sagte:
„Du bangst mit uns dem Urtheilsspruch entgegen,
Der zwischen Zweien heut entscheiden soll,
Doch sei getrost! es walten gute Mächte."
„Ach, hohe Frau —!" doch Irmgards Lippen bebten
Von einem Seufzer, der die Sprache hemmte,
Verstummend mußte sie die Augen trocknen.
„Irmgard, wir sind allein jetzt," sprach die Fürstin,
„Was soll die hohe Frau in Deiner Rede?
Bin ich Sophie nicht, Deine beste Freundin,
Der immer Du Dein volles Herz erschlossest?
Schütt' es auch jetzt aus! Deine Thränen deuten
Auf mehr als bloße Angst vor einem Kampfe,
Wie Du ihn oft schon blutiger gesehen,
Nur daß die Waffen Lieder sind statt Lanzen."
Da rief, der Fürstin Hände fassend Irmgard:
„Sophie, kannst Du ihn retten?! kannst Du's nicht,
So werf' ich selbst dem Sieger mich zu Füßen,
Mich mag statt seiner dann der Henker packen!
Und ist auch das umsonst, hab' ich geschworen,

So sterb' ich mit ihm in derselben Stunde!"
Sophie sprang auf: „Unselige! was hör' ich?
Du liebst ihn! und ich brauche nicht zu fragen,
Wen, wen Du retten willst mit Deinem Leben;
Wolfram ist's nicht, für den Du sterben möchtest,
Der Andre ist's, Tannhäuser Dein Geliebter!"

„Ja denn! ich liebe ihn! magst Du es wissen,
Was er nicht weiß und Niemand außer mir!"

„Er weiß es nicht? Irmgard, er weiß es nicht?"
Die Fürstin stand hochaufgerichtet da
Und sah der Freundin forschend in die Augen,
„Wohlan! ich werde den zu retten suchen,
Der unterliegt, — Du hast mir nicht zu danken,
Ich rette ihn nicht Dir; Du bist vermählt!
Und nur die reine, unbescholtne Frau
Darf meine Freundin sein, — vergiß das nicht!"

„Du sollst mich allzeit Deiner würdig finden,
Doch dieses Herz hat seinen eignen Schlag;
Rett' ihn, und mach' mit mir dann, was Du willst!"
Es klopfte an der Thüre, denn gekommen
War jetzt die Stunde zu des Festes Anfang.

Nun reihte sich der Zug vom Ritterhause
Und von der Dirnitz aus nach der Kapelle,
Um vor des Wettkampfs wagendem Beginnen
Die heil'ge Messe weihevoll zu hören.
Herolde schritten vor mit ihren Stäben
In rothen, goldgestickten Wappenröcken;
Dann kam, hochragend mit dem Greisenhaupte,
Der Fiedelvogt vor einer Schaar von Bläsern,
Die eine feierliche Weise spielten,
Und wandelte so festen, stolzen Schrittes,
Als wahrte er allein des Tages Ehren.
Den Bläsern folgte, lieblich anzuschauen,

Der Jugend frische, hoffnungsvolle Blüthe,
Erst Edelknaben, mit den schlanken Gliedern
In kleidsam enger Tracht mit langen Aermeln,
An leichten Speeren bunte Fähnlein tragend,
Jungfrauen dann, Stirnbinden um die Locken,
Die frei herab von weißen Nacken flossen;
Kostbar gegürtet waren all die Süßen
Und hielten in den Händen Blumenstäbe,
Von schmalen Bändern farbenhell umflattert.
An ihre Fersen schlossen sich die Sänger;
Vor diesen aber schritt die schönste Maid,
Zu jeder ihrer Seiten einen Knappen
Mit blankem Schwert, die trug auf seidnem Kissen
Den goldnen Kranz daher als Preis des Sieges.
Die Sänger waren all in reicher Wat,
Umwallt von weißen, goldumsäumten Mänteln,
Sie trugen ihre Harfen in den Armen
Und alle auf den Häuptern Rosenkränze.
Die beiden Gegner gingen mit einander
Schweigsam voran, die Andern folgten ihnen
Paarweis, und Walther von der Vogelweide
Beschloß mit Otto Graf von Botenlauben
In flüsterndem Gespräch die stolze Reihe.
Nun kam, geführt von Kämmerer und Truchseß,
Der lange Zug der Ritter und der Frauen,
Je Hand in Hand ein Paar, und Niemand strebte
Nach einem Vorrang in des Zufalls Ordnung.
Da gab es Glanz und Kostbarkeit zu schauen,
Denn was die Burgen und die Edelhöfe
An Schmuck und Kleiderpracht, Pelzwerk und Federn,
An Gold und Silber, Perlen und Gesteinen
In ihren erzbeschlagnen Truhen bargen,
Das breitete sich hier in Hüll' und Fülle
An Ehrenkleid und Waffenzier der Ritter

Und an der Frauen herrlichen Gestalten
Das Auge blendend und entzückend aus.
Um Hals und Brust, um vollen Arm und Nacken
Lag manch Geschmeide, manches Ringlein blitzte
An weißer Hand, und an Gewand und Gürtel
War manche Spange, Stickerei und Borte
An Schuh und Schapel, Haube oder Schleppe,
Die lang einher in schwerer Seide rauschte.
Den Rittern reihten sich die Knappen an,
Stattliche Jünglinge und junge Männer,
So wohlgeübt im Tanzen wie im Fechten.
Sie bildeten den Schluß des Zuges freilich,
Doch nicht sein Ende, denn es hängten Viele
Sich hinten noch daran vom Spielmannsvolke,
Von Leuten, die zu schauen nur gekommen,
Von Kindern aus der Stadt und aus dem Walde.
Sie wußten, auf der Wartburg herrschte Milde
In allen Dingen, da war nichts verboten,
Was wider göttliches Gebot nicht fehlte;
Und so stolzierten sie vergnüglich mit,
Als zählten sie zu den geladnen Gästen,
Und wußten ferner, hungrig oder durstig
Ging Keiner jemals diesen Berg herunter.
Im Burghof machte einen großen Bogen
Der lange Zug, daß sich begegnen mußten,
Die darin wandelten, sich anschau'n konnten
Und lächelnd grüßen, doch in der Kapelle
Ward eng der Raum, nicht Alle fanden Plätze,
Und ihrer Viele mußten draußen bleiben.
Es nahte nun der Hof mit dem Gefolge
Der Ehrendamen und der nächsten Ritter;
Das landgräfliche Paar, im Fürstenschmucke
Der langen Hermeline, grüßte huldvoll,
Doch ernst die Gäste, die sich tief verbeugten,

Auf seinem Gange zu den hohen Stühlen,
Und es begann die gottgeweihte Messe. —
Dann nach dem „Ite, missa est" bewegte
Der Zug sich wieder in derselben Ordnung,
Wie er gekommen, endlich in den Palas,
Doch vor den Sängern schritten Fürst und Fürstin.
Im großen Saal, der ganz bestreut mit Blumen,
Erhielt nach seines Standes Rang und Würden
Jedweder seinen Platz nun angewiesen.
Auf räumigem Empore, um drei Stufen
Erhöht vom Saale, ließen auf den Sesseln
Der Landgraf und die Landgräfin sich nieder,
Umringt von den Vertrautesten des Hofstaats;
Sophie hatte ihre Frauen um sich,
Doch ihr zunächst auf ihr Geheiß war Irmgard,
Im Innersten bewegt von Angst und Hoffnung.
Unweit von Hermann lag auf einem Dreifuß
Blutroth das Kissen mit dem goldnen Kranze.
Vor ihnen blieb im Saal ein großer Halbkreis,
Um den im Bogen vorn die Sänger saßen,
Als freier Kampfplatz für die Wettgesänge,
Und in dem weitern Raum stand Bank an Bank
Und Stuhl an Stuhl, besetzt mit edlen Gästen.
Ein heimlich Schauern wogte durch die Reihen,
Und dumpfe, bängliche Erwartung schwebte
Schwer wie Gewitterluft ob Aller Häuptern,
Ein Jeder fühlte seines Herzens Klopfen.

Jetzt pochte mit dem Stab der Seneschall,
Und stille ward's; der Landgraf selbst erhob sich,
Und Alle standen auf, sein Wort zu hören.
Er aber sprach:
„Hochedle Herrn und Frauen!
Wir luden Euch zur Burg auf einen Tag,

Den aus der Menschen hegendem Gedächtniß
Ich gerne tilgte, sollt' ich selber auch
Mit Wucherzins von meinem Lebensstocke
Ihn der betrognen Zeit zurückerstatten.
Wir baten Euch zu Gast bei einem Kampfe,
Wie ihn noch keine Chronika uns meldet.
Das Lieblichste, das Freudigste und Reinste,
Was Menschenherz und Menschengeist erquicket,
Die Lust verdoppelt und das Leid verscheuchet
Und zwingend selbst den Feind zum Freunde wirbt, —
Gesang und Saitenspiel, die Macht des Liedes,
Das sind, dem Frieden abgeborgt, die Waffen
In dieser Wette um des Ruhmes willen.
Zwei edle Sänger ringen um den Preis,
Umsonst war alle Müh', sie zu vergleichen,
Des Sieges Ehre oder Tod will Jeder,
Und Keiner will dem Andern lebend weichen.
Ich übernahm das Amt, gerecht zu richten,
Doch sei vor allen diesen werthen Zeugen
Der Sühne noch ein letztes Wort gesprochen.
Wolfram von Eschenbach, ich frage Dich,
Und Dich, Heinrich von Osterdingen frag' ich:
Wißt Ihr ein Mittel, Euren Kampf zu hindern?
Was es auch sei, steht es in meiner Macht,
So fordert es von mir, ich will's gewähren!" —
Es blieb wie regungslose Meeresstille
Lautlos im Saal; die beiden Gegner schlugen
Die Augen nieder, keiner sprach ein Wort.
Tannhäuser warf nur einen schnellen Blick
In der Geliebten angsterfülltes Antlitz,
Dort seines Schweigens Billigung zu lesen
Und sich aus ihrem Lächeln Kraft zu schöpfen;
Wie Engelschutz erschien ihm ihre Nähe,
Doch fand er nicht bei ihr jetzt, was er suchte.

Nun aus des Bogens Mitte nahte Walther,
Der zwischen den zwei Kämpfern Platz genommen,
Verneigte sich und sprach:
„Mein hoher Herr und fürstlicher Gebieter!
Dein Wort ist wie ein Stern am dunkeln Himmel,
So unverrückbar fest, so milde leuchtend,
Verheißungsvoll dem hoffenden Vertrauen.
Zwar überflüssig ist's, doch nach der Wahrheit
Bezeug' ich Dir vor allen Deinen Gästen:
Du hast gethan, des Kampfes Noth zu hindern,
Was Fürstenmacht, was Menschenkraft nur möglich,
Und keines Vorwurfs Streiflicht kann Dich treffen.
Doch überflüssig ist auch jede Mahnung
Zu Sühne und Vertrag der beiden Sänger;
Sie wollen ihre Kunst im Streite messen,
Laß sie — ich bitte Dich, o Herr! — gewähren,
Und der Allwissende dort lenk' es gnädig,
Daß Keiner siege, Keiner unterliege!"
„So sei's in Gottes Namen!" sprach der Landgraf,
„Werft ihre gleichen Loose in die Urne,
Und unsrer lieben Fürstin Hand entscheide,
Wer in dem Wettgesang den Anfang macht."
Des goldnen Kranzes schöne Trägerin
Schritt auf die Sänger zu mit dem Gefäße,
Und jeder warf sein Handmal in die Urne.
Zur Fürstin ging sie dann, und diese tauchte
Die Hand nun in die schicksalsdunkle Tiefe
Und griff ein Loos und hielt es hoch empor, —
Es war das Mal Wolframs von Eschenbach.
Der Landgraf rief es aus mit lauter Stimme
Und sagte weiter: „Ich gebiete Frieden
Für Männiglich in meiner Wartburg Ringwall
Bis zu des Kampfes ausgesprochnem Ende!
Wolfram von Eschenbach, jetzt fange an!"

Der Sänger trat mit hoheitsvoller Würde
Um wenig Schritte vor, sich still verneigend;
Aus seinen Zügen sprach entschloss'ne Kraft
Und eines tiefen Ernstes Weihestimmung.
Allein noch zögert' er mit dem Beginnen,
Stand fest und regungslos wie erzgeschmiedet,
Und Allen jetzt, die den Gewalt'gen schauten,
Umklammerte die Brust ein drückend Schweigen.
Doch endlich glitten von des Sängers Harfe
Die ersten Töne; voll und voller klang es,
Und Wolfram sang:

Nun Waffena! geöffnet sind die Schranken,
Reit' ein, mein Lied, zum kampflichen Turnier!
Gleich edlen Rossen steigen die Gedanken,
Aufleuchtend blitzt des Sinnes Helmzimier.
 Leg' ein den Speer
 Um Sieg und Ehr
Und sitze fest im Sattel ohne Wanken!

Dir, reicher Gott auf goldnem Himmelsthrone,
Singt meines Mundes Treue Lob und Preis,
Dir, reine Magd Marie, und Deinem Sohne
Beugt sich mein Herz vor des Gesangs Puneiß;
 Löst mich in Huld
 Von aller Schuld
Und laßt in Eurem Lehen mich und Lohne.

Die Sterne wandeln ihre festen Bahnen,
Die Stürme schreiten über Meer und Land,
Die Blumen blühn, und tausend Wunder mahnen
Auf allen Wegen an die höchste Hand.
 O daß mein Geist,
 Was ihn umkreist,
Erfassen könnte nur mit leisem Ahnen!

Der Mensch ist haltlos auf der grünen Erde,
Sieht von der Zeit nur einer Welle Schaum,
Baut sich die Hütte, sorgt an seinem Herde
Und spinnt sich ein in seines Schicksals Traum,
  Und wenn er ruht,
  Rollt doch die Fluth
Weit über ihn hinweg ihr ewig Werde!

Zu Kampf und Streit, zum Siegen oder Leiden
Sind wir von unsrer Tage Licht erweckt,
Was Du Dir nicht erringst, das mußt Du meiden,
Die Hoffnung trügt, und die Verzweiflung schreckt.
  Mein oder Dein
  Kann es nur sein,
Drum will ich kämpfend nur vom Leben scheiden.

Der schönste Schmuck, der mir auf Erden winket,
Ist Schildesehre, mannhaft Rittertum,
In heißen Schlachten hat mein Helm geblinket,
Auf meinem Schwert steht meines Namens Ruhm.
  Annoch gewagt
  Sei's unverzagt,
Bis meine Seele Gott zu Füßen sinket.

Nach höfischer Verbeugung rückwärts schreitend
Begab sich langsam und in sichrer Ruhe
Auf seinen Platz zurück der edle Sänger.
Sein Lied, das er umrauscht vom Spiel der Saiten,
Mit vollem Klange markig vorgetragen,
Fand Widerhall auf jedes Herzens Grunde,
Und übern Saal hin ging es wie ein Windstoß,
Der durch den Herbstwald seinen Umzug hält.
Ein leises Flüstern hob sich aus der Ferne
Und schwoll zum Sausen und erstarb allmählich,
Und wieder lagerte des Schweigens Spannung

Auf Aller Sinnen, jedes Auge blickte
Auf den, der dieses Lied besiegen sollte.
Der Landgraf winkte schon; Tannhäuser schnellte
Beinah mit Ungestüm von seinem Sitze,
Und frohe Kampfesgluth im Angesichte,
Trat er stolz grüßend auf dieselbe Stelle,
Wo eben Wolfram noch gestanden hatte.
Er hob die Stirne, schüttelte die Locken
Und warf den Mantel rückwärts nach den Schultern,
Zum Harfenschlag die Arme frei zu haben.
Dann griff mit raschem Schwung er in die Saiten,
Ließ sie im Vorspiel klingen, schwirren, jauchzen
Und setzte endlich ein mit hoher Stimme,
Die mehr und mehr in hellem Jubel strömte.
So klang sein Lied:

>Ich weiß wohl eine Rose stehn,
>Dran Niemand kann vorüber gehn,
>Bis er gesehn
>Ihr sommerliches Blühen.
>Wenn schämelich die Knospe bricht
>Im thaubesprühten Purpurlicht,
>Man glaubt es nicht,
>Wie ihr die Wänglein glühen.
>Doch wer sie sieht in voller Pracht,
>Weiß kaum sich noch zu fassen;
>Wie vor dem jungen Tag die Nacht
>Ist balde er in ihrer Macht,
>Eh' er's gedacht,
>Und kann nicht von ihr lassen.

>Sie schaut das Weib und schaut den Mann
>Mit ihren spielenden Augen an,
>Schlägt All' in Bann,
>Eine fiere Königinne.

Sie spinnt und webt, wo Menschen sind,
Ist aller Herzen Ingesind,
Sanft wie ein Kind,
Holdselige Frau Minne!
Sie fliegt um's weite Erdenrund,
Kommt grüßlich angegangen,
Mit ihr sind Sonn' und Mond im Bund,
Und jeder rosenlachende Mund
Thut lieblich kund
Ihr inniges Verlangen.

Sie ist in jeder Hütte Raum
Beglückend wie des Armen Traum,
Wie Schwanenflaum
An ihrer Brust erwarmen
Läßt sie den Schläfer auf dem Stein
Und läßt in Wüsten nicht allein,
Ach! Noth und Pein
Vergehn in ihren Armen.
Der Sehnsucht heißem Durste reicht
Sie einen Trunk vom Bronnen,
Dem keines Weines Würze gleicht,
Wie Liebeshauch die Stirne streicht,
So süße schleicht
Er tief sich ein mit Wonnen.

O Frauenliebe — Feuersgluth!
O Frauenschönheit — Rosenbluth!
Ihr habt den Muth
Mir himmelhoch getragen.
Ich will in meines Herzens Drang
Mit Schwertesschwang und Harfenklang
In jedem Gang
Für euch mein Leben wagen.

Doch eh' will ich mein Saitenspiel
Nicht in den Winkel lehnen,
Und strandet hie mein stolzer Kiel,
Zerbricht der Sturm mir Mast und Stiel,
War doch mein Ziel
Der Minne Sang und Sehnen!

Wie eine Welle auf das Ufer brauset
Und Gischt und Schaum ergießt in breitem Fächer
Und wieder rückwärts rollend sich verliert,
So rauschte durch den Saal ein lebhaft Murmeln,
Das fast zu freudig lautem Beifall stieg
Und mehr und mehr gedämpft sich wieder senkte,
Bis auch das leiseste Geräusch verstummte.
Tannhäuser hatte während des Gesanges
Zumeist auf Irmgard seinen Blick gerichtet,
Doch wagte sie kaum einmal aufzuschauen;
Jetzt aber, als sein schmetternd Lied beendet,
Traf minniglich sich ihrer Augen Grüßen,
Und voller Hoffnung sanft erröthend nickte
Sie leise und den Andern unbemerklich
Dem lieben Sänger zu, dem siegvertrauend
Ein stolzes Lächeln um die Lippen schwebte.
Wolfram bewegte leise nur das Haupt
Und hob nach kurzem Sinnen sich zum Streite,
Doch milde fast klang seine ernste Weise.

Ich zog in alle Lande aus
Und frug: wo ruht der Frieden?
Ich fuhr durchs weite Erdenhaus
In Sommerglanz und Winterbraus
Und fand ihn nirgend hienieden.

Ich ritt ihm nach im Eisenkleid
Und wußte mein Roß zu spornen,
Mir gab nicht Freund, nicht Feind Bescheid,
Ach! überall nur Kampf und Leid
In Blumen und in Dornen.

Viel Wege führen ab und zu,
Doch Niemand weiß ihr Ende;
Von lichten Kränzen träumest Du
Und suchst umsonst des Herzens Ruh'
In Trug und Missewende.

Die Minne schafft nur sehnende Noth
Mit ihrem heißen Gelüste,
Das flackernd Dir im Busen loht,
Die Lüge gleißt, die Reue droht
Wie Schlangen um Weibesbrüste.

Drum merke, ehrbegier'ger Mann,
Daß Dir in Deinen Tagen,
Was die viel reiche Sälde sann,
Kein Heer von Engeln geben kann,
Du mußt es in Dir tragen.

Nur weisem Sinn, dem nimmer bangt,
Ist noch der Trost beschieden,
Der wie ein Stern am Himmel prangt
Und nichts auf Erden mehr verlangt,
Als Gottes sel'gen Frieden.

Still blieb's umher, auch nicht das kleinste Zeichen
Gab eine Kunde von des Liedes Wirkung.
Die Sänger schauten sich verwundert an,
Als fragten sie: Will er den Gegner schonen?
Will er in falsche Sicherheit ihn wiegen

Und alle Kraft zum letzten Schlage sparen?
Irmgard griff tastend nach der Freundin Hand
Und in des Mantels Falten sie erhaschend
Und leise drückend sagte sie mit Beben:
„Sophie, ich hoffe!" dann schlug sie die Augen
Zur Decke auf, ein Seufzer ward Gebet:
Jetzt gieb ihm Kraft, Allgnädiger im Himmel!
Der Landgraf aber wechselte mit Walther
Nur einen Blick, — sie hatten sich verstanden
Und deuteten sich Wolframs tiefe Ruhe
Als unheilvolle Stille vor dem Sturme.
Von Allen ahnte Keiner nur von ferne,
Was in des großen Sängers Seele vorging.
Tannhäuser ward's unheimlich schier zu Muthe;
Ihn reizte seines Gegners dunkles Wesen,
Und wie den trägen Stier in der Arena,
Der mürrisch zögert mit der Wucht des Stoßes,
Beschloß er, stachelnd ihn herauszufordern.
Keck trat er vor, und seine Augen blitzten,
Als er voll Uebermuth die Stränge rührte.

  Schaffet die Minne mir sehnende Noth,
  Schafft sie auch schwelgende Wonnen,
  Locket und blicket so freudenroth,
  Von der Erwartung umsponnen.
  Süß wie im Thaue
  Blumiger Aue
  Mit der Geliebten verträumen die Zeit,
  Das ist mir Sälde und Seligkeit.

  Feige mögen der Ruhe sich freu'n,
  Zweifel bezwingen den Schwachen,
  Ruhelos will ich ohne Bereu'n
  Dich und den Frieden verlachen.

Leuchtend in Gluthen
Taucht aus den Fluthen
Athmend und schwellend ein blühender Leib,
Und mich umwoget der Kampf um das Weib.

Alle Geheimnisse werden mir kund,
Was sich die Herzen erzählen,
Wenn sie zum wonneberauschenden Bund
Sich in Gefühlen vermählen.
Offen erschließet,
Flammend ergießet
Seele in Seele sich, fesselbefreit,
Nur in der Liebe Zweieinigkeit.

Frauen und Freude! heißet mein Wort,
Sie will ich singen und sagen,
Daß in der Minne beglückenden Port
Segelnde Wünsche mich tragen.
Weißt Du dem Leben
Schön'res zu geben?
Einsam im Finstern vergräbst Du Dein Leid,
Endlos gepeinigt vom nagenden Neid.

Zwiespältige Bewegung ward lebendig
In weiter Runde; viele Herzen schlugen
Dem Minnesänger sehnsuchtsvoll entgegen,
Manch schönes Auge blickte heiß in seines,
Das trotzig spähend durch die Menge irrte.
Doch deutlich Murren auch ließ sich vernehmen,
Denn alle Hörer nahmen Theil am Kampfe,
Als würde um ihr Schicksal hier gerungen.
Der Landgraf wahrte seine feste Ruhe,
Die Fürstin aber sah voll trüber Sorge
Auf Irmgard, die erregt und zitternd bangte,

Wehmuth und Schmerz beschatteten ihr Antlitz.
Die Sänger raunten eifrig unternander,
Die Einen priesen Osterdingens Lied,
Die Andern schalten seines Hohnes Schärfe.
Wolfram von Eschenbach saß düster schweigsam;
Durch sein Gesicht ging flüchtig hin und wieder
Ein unwillkürlich Zucken, als ob's innen
Ihm in der Seele heftig wogt' und gährte,
Und Walther mußte ihn daran gemahnen,
Sich wieder zum Gesange zu erheben.
Da stand er auf und wandte sich zum Sänger
Mit Augen so voll feierlicher Trauer,
Als wär's der letzte lange Blick im Leben,
Mit dem man stummen Abschied nimmt von Einem,
Dem man des Todes Schrecken gern verbirgt.
Den Andern graute schier von diesem Blicke,
Sie fühlten Alle, die Entscheidung nahe;
Tannhäuser aber deutet' ihn sich feindlich
Und gab ihn so zurück dem großen Gegner,
Der nun sich an des Bogens Seite stellte,
Zornmuthig, grollend seine Harfe schlug
Und machtvoll sang:

 Die Eiche dröhnt und braust,
 Wenn Sturmeshand sie schüttelt,
 Des Menschen Seele graust,
 Wenn Zweifelskampf an ihrer Wurzel rüttelt.
 Wie Wetterschlag soll Dir mein Lied erklingen,
 Ich will Dich zwingen,
 Aus süßem Thau in heiße Gluth zu springen.

 Nicht in den Äther reicht
 Die Ohnmacht Deiner Sinne,
 Der Nebelwolke gleicht,
 Die vor der Sonne schwindet, Deine Minne.

Vor ihrem Glanz die Augen aufzuschlagen
Darfst Du nicht wagen,
Sieh zu, wohin Dich Deine Wünsche tragen.

Der Traum der Liebe führt
Zur Seligkeit auf Erden,
Was ihre Flammen schürt,
Von keinem Munde darf's gesprochen werden.
Bis in den Himmel kann die Sehnsucht steigen,
In tiefem Schweigen
Muß sich das Herz vor der Geliebten neigen.

Nie kann bei wilder Lust
Des Schaffens Kraft bestehen,
Sie streiten in der Brust,
Wie Sterne feindlich sich vorüber gehen.
Zu Boden zieht Dich zügellos Begehren,
Vom Staube nähren
Willst Du den Geist, statt ihn im Licht zu klären.

Streich' aus, was Leben heißt,
Und Alles ist vergessen,
Ein Nichts ist, was Du weißt,
Zu gipfelhoch hat sich Dein Muth vermessen.
Zusammenstürzt die leicht gebaute Brücke
Zum falschen Glücke,
Und alle Deine Hoffnung bricht in Stücke.

Wenn Du am Ende stehst,
Von Todeshauch bezwungen,
Wenn Du hinüber gehst
Zur Ewigkeit, was hast Du Dir errungen?
Verloren bist Du! sündig war Dein Leben,
Umsonst Dein Streben,
Und nichts kann Deiner Seele Ruhe geben.

So herrlich hatte dieser Gottbegabte
Noch nie gesungen, nie so tief erschüttert
Mit seiner Stimme wundervollem Klange.
Tannhäusers Angesicht ward bleich und bleicher
Bei Wolframs Lied, und bei den letzten Tönen
Erhob er sich vom Sitz mit mattem Blicke.
„Ich bin verloren!" hauchte er und wankte
Zur breiten Bühne, wo der Landgraf thronte,
Und auf den Stufen niederknieend sprach er:
„Er hat gesiegt, reich' ihm des Lebens Kranz!"
Dann stützte er das Haupt auf seine Harfe
Und blieb auf seinen Knieen regungslos.
Im weiten Saale herrschte Grabesstille,
Zu athmen wagte Niemand, Schrecken malte
Sich auf der Sänger und der Gäste Zügen.
Entschieden war der Kampf vor Aller Augen,
Tannhäuser selber weihte sich dem Tode.
Der Landgraf starrte blutlos auf den Sänger,
Der sich verloren gab, die Fürstin aber
Saß wie zum Sprung bereit, des Sessels Lehne
Mit einer Hand umspannend, mit der andern
Irmgard, die Wankende, am Arme fassend,
Um sie vom Aeußersten zurückzuhalten.
Wolfram von Eschenbach stand unbeweglich.
Hermann erhob sich und nach langem Zögern
Nahm er den goldnen Siegeskranz vom Kissen
Und stieg damit die Stufen sanft hernieder.
Als er vorüber kam an Osterdingen,
Hob der das Haupt und sah, es langsam wendend,
Wie geistabwesend, wie im tiefsten Traume
Dem Fürsten nach, der jetzt auf Wolfram zuschritt.
Nachtwandlergleich hob er sich von den Knieen,
Und ganz ein Träumender, der seines Handelns
Kein Wissen hat, von Sinnesnacht umfangen,

Griff wie mit Geisterhand er in die Harfe
Und ließ die Saiten leise, leise klingen.
Fremd wie aus andrer Welt die Töne schwebten,
Als er so stand, den Beiden gegenüber,
Die jetzt den Kranz zu reichen und zu nehmen
Schon im Begriff, voll Staunen auf ihn blickten.
Sein Auge war erfüllt von einem Glanze,
Der Allen überirdisch, göttlich däuchte,
Sein Antlitz strahlte, und es leuchtete
Die hohe Stirn, wie seine Harfenklänge
Nun lauter quolln; die Lippen regt' er endlich,
Und als den Kranz Wolfram in Händen hielt,
Begann Tannhäuser ein ergreifend Singen:

Es kam auf blauen Wogen   einsam auf seiner Bahn
Von Süden hergezogen   ein ritterlicher Schwan.
Der hatte einst vernommen   von eines Adlers Fliegen
Und war daher geschwommen,   im Flug den Adler zu besiegen.

Sie hoben ihre Schwingen   zum lichten Morgenroth,
Einander zu bezwingen   um Leben oder Tod,
Sie zogen Kreis' um Kreise   mit rauschendem Gefieder,
Da von der kühnen Reise sank flügellahm der Schwan hernieder.

Doch eh' sein Blick gebrochen,   eh' er vom Leben schied,
Hat er noch mal gesprochen: „Nun hört mein Schwanenlied,
Ihr dürft mir's nicht versagen,   es ist gar bald verklungen."
Da hörten sie sein Klagen,   und also hat der Schwan gesungen:

Fahrt wohl, ihr reinen Lüfte,   du hochaufbrausend Meer,
Ihr holden Blumendüfte   und ihr, mein Schild und Speer,
Mein wiehernd Roß im Streite,   mein lieblich Harfenspiel,
Du Schwert an meiner Seite!   euch allen setz' ich hier ein Ziel.

Um Eine ist mir's leide, daß ich von hinnen muß,
Sie nehme, wenn ich scheide, den letzten Gruß und Kuß,
Ich ruf's in alle Winde: sie war mir lieb vor Allen,
Sie kennt mein Herz von Kinde, vor ihren Augen will ich fallen.

Ich dachte noch zu nehmen gar einen hohen Flug
Und muß mich scheu'n und schämen, daß ich so stolz mich trug.
O könnt' ich euch vererben, was ich im Herzen habe!
Das löscht nun aus mein Sterben und ruht mit mir in
            meinem Grabe.

Pflanzt mir auf meinen Hügel nur einen Rosenstrauch,
Frau Minne wob mir Flügel, Frau Ehre that es auch.
Nun laßt den Tod mir geben, nichts Andres fordr' ich mehr,
Fahr' hin, du süßes Leben! ach! machst du mir das Scheiden
            schwer!

 Jetzt aus der Sänger und der Gäste Reihen
Brach leises Weinen und verhaltnes Schluchzen,
Der Landgraf selber preßte sich die Lippen,
Und Wolframs Brust ging wallend auf und nieder.
Er schritt zum Gegner, und den Kranz ihm bietend
Sprach er: „Nimm hin den Kranz! ich geb' ihn Dir!
In Deinem Sange ruht noch ungeboren
Ein Göttliches; auf! lebe, es zu schaffen!
Und andre Kränze werden noch Dein eigen."
Tannhäuser trat zurück mit stolzem Blicke:
„In Deiner Gnade leben? nimmermehr!"
 „Auch nicht in meiner Liebe, Osterdingen?" —
Zu Boden fielen tönend da zwei Harfen,
Und in den Armen lagen sich zwei Sänger
Und hielten lange, lange sich umschlungen.
Endloser Jubel brauste durch die Halle,
Die Sänger ließen alle Saiten stürmen,
Der Landgraf blickte dankend auf zum Himmel,
Und Irmgard weinte an der Fürstin Busen.

IX.

Hohe Minne.

Der Sommer schuf an seinem Segen
Und brauchte seine Zeit und Macht,
Den rollenden Gewitterregen,
Des Tages Glanz, den Thau der Nacht.
Die Früchte reiften an den Zweigen,
Und es verkündete im Plan
Der vollen Aehren sanftes Neigen
Des Erntetages fröhlich Nahn.
Da schlug in einer Brust auch Wogen
Hochaufgeschossen eine Saat,
Die sich aus Sehnsucht Kraft gezogen,
Und ihre Frucht ward reif zur Mahd.
Tannhäuser sah nicht länger Schranken
Vor seiner stillen Liebe Gluth,
Und unter fliegenden Gedanken
Schritt er mit thatentschlossnem Muth.
Der große Kampf war ausgefochten,
Und war ihm auch des Sieges Preis
Nicht selber um die Stirn geflochten
In rühmlicher Genossen Kreis,

Nannt' ihn doch Niemand überwunden,
Freiwillig hatt' er sich gebeugt;
Und kam es über ihn in Stunden,
Was streitend wider ihn gezeugt,
Das Urtheil, das er sich gesprochen,
Mit dem erdrückenden Gewicht,
Daß er sich selbst den Stab gebrochen
Vor der Geliebten Angesicht,
Ließ doch der Trost sein Herz genesen
Und macht' es wieder froh und leicht,
Daß Wolfram grade es gewesen,
Der ihm den goldnen Kranz gereicht.
Bald kehrte das ihm fast geraubte,
Das Selbstvertrauen ihm zurück,
Und mit gestärkter Hoffnung glaubte
Er wieder an ein künftig Glück.
Der Landgraf stand ihm treu zur Seite
Und blieb ihm nach wie vor geneigt,
Ja, hatte seit dem Sängerstreite
Nur größre Huld noch ihm gezeigt.
Noch näher hielten die Genossen
Sich ihm verbunden, und zumeist
Hatt' ihm in Freundschaft sich erschlossen
Wolframs weitblickend tiefer Geist.
Nun wieder füllte seine Tage
Die Freude und die Zuversicht,
Mit ungebrochnem Flügelschlage
Schwang er sich auf im Morgenlicht.
Geehrt, geliebt in seinem Stande
Und bei den Edelsten in Gunst,
Vom Ruhm getragen durch die Lande
In Ritterthum und Sangeskunst,
So auf der Sonnenhöh' des Lebens
Stand er in seiner Mannheit Kraft,

Wo mit dem freien Muth des Strebens
Der Wille einzig herrscht und schafft.
Wo sah Tannhäuser seines Gleichen?
Wo war auf aller Wünsche Bahn
Ein Ziel für ihn nicht zu erreichen
In seines stolzen Herzens Wahn?
Ihm fehlte nichts, als nur das Eine,
Doch seiner Sehnsucht Heil und Hort,
Daß Irmgard schrankenlos die Seine,
Und das auch hing an einem Wort.
Kein Zweifel irrte ihn, er wußte
Von der Geliebten sich geliebt,
Und daß sie ihm sich geben mußte
Wie man auf Frage Antwort giebt.
Schon fühlte er in Lust und Wonnen,
Drin Welt und Wirklichkeit vergeht,
Von ihren Armen sich umsponnen,
Von ihres Athems Hauch umweht.
Verkörpert und verklärt sein Ringen
Sah er in diesem holden Weib,
Die Schönheit mit des Geistes Schwingen,
Psyche im staubgebornen Leib.
Er aber dachte sich als Eros,
Der sie aus hartem Loos befreit
Und aufwärts trägt, der Liebe Heros
Zu ihrer Beider Seligkeit.
Ihn hielten Frauen nicht gebunden,
So viele auch ihm nachgestellt,
Nur Eine konnt' es, und gefunden
Hatt' er sie endlich in der Welt.
Nie konnte sein Verlangen heilen
Wohlfeiler Herzenssiegerruhm,
Mit einer Einz'gen wollt' er theilen
Der Minne ganzes Königthum.

Mit Hoffnungglühn und Freudebeben
Flog er zu ihr, sah nicht zurück,
Vor sich ein götterähnlich Leben,
Ein überwältigendes Glück.

Und Irmgard mit der Sehnsucht Triebe
Dacht' an den Freund in süßem Weh,
Es wuchs und stieg in ihr die Liebe
Wie eine sturmdurchwühlte See.
Noch sah sie knie'n ihn an dem Tage,
Da er das Leben fast verlor,
Doch ging er aus der Niederlage
Nur größer, herrlicher hervor.
Noch wandelte durch ihre Sinne
Einschmeichelnd seiner Lieder Klang,
Wie er vom Glück holdsel'ger Minne
In vollen Herzenstönen sang.
Dann wieder dröhnte Wolframs Warnen
Wie jüngsten Tags Posaunenton,
Als er vom sündigen Umgarnen
Der Minne sang mit finsterm Drohn.
Und wie die beiden Sänger kämpften
Um Tod und Leben im Gesang,
So in ihr selber stritten, dämpften
Sich die Gefühle, jedes rang,
Dem andern Unsieg zu bereiten
Mit starken Gründen, wohlgezählt,
Und wie ein Ruf drang in das Streiten
Der Fürstin Wort: „Du bist vermählt!"
Erschüttert bis zum tiefsten Grunde
War Irmgard, denn ihr war bewußt,
Tannhäuser hatte sichre Kunde
Von Lieb' und Leid in ihrer Brust.
Sie hielten's länger nicht verborgen,

Das Schicksal hatt' es so gelenkt,
Als wären sie nach Angst und Sorgen
Zu neuem Leben sich geschenkt.
Bei Tafel nach dem Sängerkriege
Fand unterm Tische Fuß den Fuß,
Ein Herold ihrer Herzenssiege
War jeder Blick ein Minnegruß.
Wenn er nun kam mit offnen Armen,
Wie sollte sie ins Aug' ihm sehn?
„Herr Gott im Himmel, hab' Erbarmen
Und gieb mir Kraft, zu widerstehn!"

Er kam, und siegesstolzer hebet
Kein Herr der Welt sich auf den Thron,
Machtfroher, hochgemuther schwebet
Zum Staub herab kein Göttersohn,
Als jetzt Tannhäuser auf den Flügeln
Der Hoffnung seine Wege fand
Und kaum im Burghof aus den Bügeln,
Bald vor der Heißgeliebten stand.
Es war die stille Kemenate
So recht verschwiegner Liebe Port,
Dem keines Merkers Mißgunst nahte,
Sel'ger Erhörung trauter Ort.
Irmgard mit purpurrothen Wangen
Sah auf den ritterlichen Mann,
In ahnungsvoller Scheu befangen,
Als selbst bewegt der Held begann:
„Ich sehe Deiner Blicke Fragen,
Was ich Dir bringe, was ich will, —
Irmgard, ich kann's nicht länger tragen,
Es hält im Herzen nicht mehr still.
Es quillt, wie aus Gewölk am Morgen
Der goldne Strahl der Sonne bricht,

Aus meiner Seele Drang und Sorgen
Ein glühend Wort, erräthst Du's nicht?"
„Freund, laß es ungesprochen bleiben,
Geheimniß hütend trag' das Herz
Verbotener Gedanken Treiben,
Und seine Sühne sei der Schmerz."
„Nein, Irmgard —
 Zagen und Klagen
 Mag ich nicht leiden,
 Fragen und Wagen
 Soll es entscheiden.
 Sieh mir ins Auge, sag' ob Du mein,
 Kurz wie ein Herzschlag: ja oder nein!

 Dich zu besiegen
 Ist mein Verlangen,
 Wiegen und Schmiegen
 In heißem Umfangen.
 Flieg' an die Brust mir mit jauchzendem Muth,
 Zehrend wie Feuer ist sehnende Gluth.

 Bist Du zu geben
 Alles gesonnen,
 Schweben und beben
 Sollst Du in Wonnen.
 Zaudre nicht, wäge nicht, rufe nicht Halt!
 Stark wie der Sturm ist der Liebe Gewalt!"

Dahin, daher die Blicke schossen,
Und freudetrunken, glückbethört,
Lag sie von seinem Arm umschlossen,
Kaum wissend, was sie denn gehört.
Wie weit hinweg im Weltenraume
Von ihm entführt mit Seel' und Leib
Und übermannt vom holden Traume
Ruht' aufgelöst das schöne Weib.

Wie sie von seinen heißen Küssen
Erdrückt, entzückt nach Athem rang,
In liebetauschenden Ergüssen
Sie ihn, er sie wohl an sich zwang.
Mit feuchter Augen Glanz und Schimmer
Sprach sie: „Du Hochgeliebter mein!
Wie süß es ist, noch wußt' ich's nimmer,
Zu lieben und geliebt zu sein!"
„Mir wird," sprach er, „mein Trautgeselle,
An Deinem schönen Busen kund —"
Doch sie verschloß in Blitzesschnelle
Mit einem Kusse ihm den Mund.
Und wie er den erwidern wollte,
Entfiel ihr aus dem blonden Haar
Der Schildkrotpfeil, und üppig rollte
Es ihr den vollen Nacken dar.
Da lag die lieblichste der Mähnen
Um Stirn und Wangen hoch gebauscht,
Von langgelockten, dichten Strähnen
War sie goldwellig ganz umrauscht.
Darin vergrub er seine Hände,
Sie blickt' ihn schelmisch blinzelnd an;
„Wer mich mit solchen Ketten bände,
Dem wär' ich ein gefangner Mann,"
So lächelt' er; nun warf sie neckend
Um seine Schulter rings das Haar,
Daß wie mit einem Mantel deckend
Es ganz umschloß das stolze Paar.
Und wie sie sich so an ihn schmiegte,
Die hohe, blühende Gestalt,
Ihr Haupt auf seinem Arme wiegte,
Drückt' er mit zärtlicher Gewalt
Sie fester an sich, strich ihr leise
Das weiche Lockenhaar empor

Und flüsterte verstohlner Weise
Heimliche Worte ihr ins Ohr.
Da schrak sie auf mit Angst und Beben,
Mit einem Male ward ihr klar,
Daß willenlos sie hingegeben
Auf pflichtvergeßnen Wegen war.
Unsagbar traurig, tief beschämet,
Daß sie vor dem Geliebten nicht
Des Glückes Ueberschwang bezähmet,
Sprach sie mit bleichem Angesicht:
„Ich darf nicht zürnen, darf nicht klagen,
Verzeihe mir das Mißverstehn,
Mein ist die Schuld, ich will sie tragen,
Wir dürfen uns nicht wiedersehn."
„Irmgard! Du schwankst? kannst Dich besinnen?"
Rief er erstaunt, „bist Du nicht mein?
Soll unsrer Seligkeit Beginnen
Auch ihr trostloses Ende sein?"

„Ich schwanke nicht, mich irrt kein Flehen,
Du forderst Schreckliches von mir,
Was Du begehrst, kann nie geschehen,
Zu viel, zu viel schon gab ich Dir."

„Irmgard! Du schläfst in meinen Liedern,
Du wachst in meiner Träume Spiel,
Schwebst mit der Hoffnung Goldgefiedern
Vor mir als meines Lebens Ziel.
Ich liebe Dich wie unter Sternen
Und über ihnen nie geliebt!
Wenn vor des Weltalls letzte Fernen
Die Ewigkeit den Riegel schiebt,
So bist von den lebend'gen Wesen,
Die je gebar, begrub die Zeit,
Du das geliebteste gewesen,
Unfaßlich jeder Endlichkeit.

Ja! schaue mich nur an mit Augen
So freudenstolz, so voll von Glanz,
Laß alle Deine Sinne saugen
Mein jubelnd Wort, Du hast mich ganz!
Und keine Fiber, keine Falte
Und kein Gedanke in mir lebt,
Als daß ich Dich im Herzen halte,
Wie Licht und Schall die Luft durchwebt.
Was Worte! Worte sind nur Schellen,
Und hätten sie des Donners Klang,
Mehr wie des Ozeanes Wellen
Umwogt Dich meiner Liebe Drang.
Und Du? — ich brauche nicht zu fragen,
Was in Dir selber gährt und quillt,
Ich fühl's an Deines Herzens Schlagen,
Wenn Deine Brust an meiner schwillt.
Du liebst mich, Irmgard! all die Gluthen,
All der Gefühle Wunsch und Macht,
Die meine Seele überfluthen,
Sind auch in Deiner hell entfacht.
Was hindert uns, daß wir genießen,
Was Sehnsucht heischt und Liebe weiht,
Zu einem Strom zusammenfließen
In namenloser Seligkeit?
Könnt' ich wie Rosendüfte streicheln,
Wie Schilfgeflüster zu Dir flehn,
Wie Koselüfte Dich umschmeicheln,
Wie Mondesflimmer Dich umwehn!
Ach! mit dem Zauber alles Schönen
Möcht' ich berauschend Dich umsein,
Die schmelzendsten von allen Tönen
Wie Perlen klingend um Dich streun.
Irmgard! mit aller Sterne Grüßen
Strahlt meine Liebe auf Dich ein

Und ringt und kniet zu Deinen Füßen
Und bangt und bittet Dich: sei mein!"
„Herzlieber Freund! laß alle Worte,
Du machst mir namenlose Qual,
Wir stehn vor festverschloffner Pforte,
Und Dir und mir bleibt keine Wahl.
Bis in den Tod will ich Dich lieben,
Doch bis zur Todessünde nicht,
Uns auseinander hat getrieben
Das Schicksal und die herbe Pflicht.
Die Herzen halten sich die Treue,
Meins geht mit Deinem einen Weg,
Doch lauert hinterm Glück die Reue,
Und übern Abgrund führt kein Steg."
„Ja, hat denn Deine Liebe Schranken?
Wohnt sie so eng, ist sie so schwach,
Daß ihre Wünsche und Gedanken
Anstoßend an das niedre Dach
Der Tugend pflichtgetreu sich bücken
Und sein empfindlich Sünde! schrein?
Wer nicht den Muth hat, zu beglücken,
Verdient auch nicht, beglückt zu sein. —
Irmgard! bei dieser Thränen Blinken,
Die Dir mein rauhes Wort erpreßt!
Laß nicht ins Bodenlose sinken
All meine Hoffnung, die sich fest
Mit tausend Armen an Dich klammert,
Daß, wenn Du unerbittlich bleibst,
Nicht einst Dich des Verlornen jammert;
Du weißt nicht, wohin Du mich treibst.
Bedenk! was Du zu weigern wagest,
Ist mein tiefinnigstes Begehr,
Ich such's, wenn Du es mir versagest,
Bei keiner Erdentochter mehr.

Soll immer ich das Glück nur träumen?
Erhaschen nie in seinem Lauf?
Beim Blut! ich hol's aus seinen Räumen
Herab mir — oder auch herauf.
Ich will es halten, will es zwingen,
Bis meiner Sehnsucht Gluth gekühlt,
In das Geheimniß will ich bringen,
Wie Weibesliebe lebt und fühlt.
Mit Flammen will ich Dich umwinden,
Vom Sturm geschürt in meiner Brust,
Und meine Lust nicht bloß empfinden,
Ich will auch fühlen Deine Lust!"

„Die Lust! die suchst Du, nicht die Liebe;
Was sich vor Deinen Wünschen thürmt,
Ist Reiz, der mit selbstsücht'gem Triebe
Ins Heiligthum der Liebe stürmt.
Was unlängst Du mir hier gestanden,
Das Minnegehren, das Dich plagt
Und Dich, umstrickt von seinen Banden,
Ruhlos von Weib zu Weib gejagt,
Hast Du aufs Neu heraufbeschworen
Vor mir jetzt, damals warfst Du's hin
Als nicht gemacht für Schwesterohren,
Doch jetzt versteh' ich Wort und Sinn.
Das eben ist es, was uns scheidet,
Und bände mich auch keine Pflicht,
Was Liebe nur gewährt und leidet,
Unmögliches vermag sie nicht!"

Tannhäuser stand, ins Herz getroffen,
Kaum fassend, was ihm hier geschah,
Als er sein Glück und all sein Hoffen
In Trümmern vor sich liegen sah.
Da brach zum Kampf mit dem Geschicke
Geharnischt all sein Trotz hervor,

Und mit aufblitzend heißem Blicke
Reckt' er sich drohend hoch empor:
„Wie Du Dich sträubst, es ist vergebens,
Und wärst von Engeln Du bewacht,
Ich bin das Schicksal Deines Lebens,
Mit mir ist eine stärkre Macht.
Denn wisse: dort von jenem Berge
Schaut eine Andre auf uns her,
Ihr Wort ist meines Wunsches Scherge,
Sie tränkt mit Wonnen mein Begehr.
Frau Venus stand an meiner Wiege
Und sprach den Segen über mich,
Ihr danke ich des Herzens Siege,
Sie giebt mir in die Arme Dich!"
Irmgard sprang auf, sich von ihm kehrend
Und mit weit ausgestreckter Hand
Sich gegen die Berührung wehrend,
Angstflüsternd, was er nicht verstand.
Dann aber trat sie ihm entgegen,
Stolz, hoheitsvoll empor gerafft,
Und sprach in edlen Zornes Regen,
Walkyrenschön in ihrer Kraft:
„Der Hölle Macht bist Du verfallen?
Die Valandinne ist Dein Trost?
Sie, sie hat Dich in ihren Krallen,
Du bist von ihr umgarnt, umtost
Und wagst es noch, mit ihr im Bunde,
In dieser Sonne Licht zu stehn?
Und wirbst mit schuldbeflecktem Munde,
Wo reine Himmelslüfte wehn?
Zurück! hinweg von dieser Schwelle,
Die Dein verruchter Tritt entweiht!
Da drüben finde Deine Stelle,
Von schnöder Teufelskunst umfeit!"

Tannhäuser keuchte athemwallend,
Er zitterte am ganzen Leib
Und knirschte beide Fäuste ballend:
„Du bringst mich noch zum Wahnsinn, Weib!"
Zwar wußt' er schnell sich zu bezwingen,
Doch wollte im gedämpften Ton
Der Groll aus jedem Worte springen:
„Dò vò benle! ich gehe schon.
Und so — so schüttle ich entschlossen,
Den Staub des Tages von den Schuhn
Und eile, um von Nacht umflossen
An einer Göttin Brust zu ruhn.
Du denkst noch an den Sehnsuchtsatten,
Der niemals wiederkehren darf,
Der weithin seines Daseins Schatten
In Dein vereinsamt Leben warf!"
Schon wandt' er sich, da plötzlich wieder
Hing sie an seinem Halse jetzt,
Hielt' er sie nicht, sie sänke nieder,
Von Herzeleid in Tod gehetzt.
„Heinrich! gesteh's, Du willst mich schrecken,"
So flehte sie, „es ist nicht wahr!
Sie darf nicht ihre Hände strecken
Nach dem, der mein Gespiele war.
Nein, sag' ich, nein! so nimmer scheiden,
Kannst Du von Leben, Ruhm und Sang,
Heinrich! um Jesu Christi Leiden!
Geh' nicht den fürchterlichen Gang!"
„Laß mich! was hülf' es, wenn ich bliebe?
Die Kluft ist zwischen uns zu groß,
Du hast ein Maß in Deiner Liebe,
Die meinige ist grenzenlos."
„So hast Du sie noch nicht verstanden,
Die Liebe, die sich an Dich schmiegt,

Hier bangt ein Weib in Deinen Banden,
Das ist im Innersten besiegt —"
„Und mein?! ach! Engelsflügel fächeln
Mir in die Seele Trost und Ruh,
Irmgard! Irmgard! von Dir ein Lächeln
Schließt heilend alle Wunden zu.
Ich wußt' es ja; nun ist's gelungen,
Die Göttin selbst tritt für mich ein,
Und ihre Macht hat Dich bezwungen,
O sag' es endlich! bist Du mein?"
Sie fuhr zurück, von Grau'n geschüttelt
Und wie von Unholdsnäh' umkreist,
In allen Tiefen aufgerüttelt —
„Niemals! bei meiner Mutter Geist!"
„Irmgard!! — — hahahaha! Du weinst?
Lache doch, Liebchen! statt daß Du greinst!
Bei Deiner Mutter hast Du geschworen?
Halt' auch eine Mutter, — hab' sie verloren,
Die hatt' einen Traum — hahaha! einen Traum!
Sage nicht, das wäre nur Schaum;
Es lispelte lieblich, es dröhnte wie Erz
»Mir aber, mir gehört sein Herz!« —
Irmgard! es geht um die Ewigkeit!
Du stößt mich hinaus aus der Christenheit;
Ich weiß den Weg, will ihn beschreiten
Furchtlos durch Flammen lichterloh,
Aber in allen Lebenszeiten
Wirst Du nicht wieder lebensfroh.
Fürchtest Du Dich, daß Du vor mir fliehst?
Graut Dir, da Du mich scheiden siehst?
Ach! über Alles hatt' ich Dich lieb,
Du Ruhedieb!
Du meines Herzens Osterspiel,
Nur viel zu viel.

Den lachenden Mund,
Der Liebe lügt
Und mit Küssen betrügt,
Den schlage der Blitz in den Grund!! —
Ein Reiter ritt im Abendroth,
Schuf Weibesherzen süße Noth —
Du winkst, ich soll gehn?
Das will ich auch! spare Dein Flehn!
Zum weiblichsten Weib
Voll Liebesgluth,
Mit dem minnigsten Leib,
Wie nie in Mutterschoß geruht.
Da will ich schwelgen in Lilien und Rosen
Und küssen und kosen,
O meine Sehnsucht! o Sälde, mein Sinn!
Du göttliches Bild, nimm mich hin! nimm mich hin!
Venus!! schließ auf des Berges Pforte!
Dein Ritter naht, laß ihn herein!
Ich will mit Deinem Zauberworte
In Deiner Minne selig sein!
Ha dort! — sieh dort! — sie schwebt, sie winket, —
Herzzwingender Schönheit Wunderbau!
Ihr Busen wogt, ihr Auge blinket, —
Ich komme, Venus, süße Frau!!" —

Tannhäuser floh, wie er gesprochen,
Mit irrem Blick, verworrnem Sinn,
Und Irmgard warf sich kraftgebrochen
Vor des Erlösers Bildniß hin.

X.

Der Hörselberg.

Es dunkelt, und die Luft ist schwül,
Kein leiser Windhauch, frisch und kühl,
Bewegt ein Blatt an Busch und Baum,
Kein Stern erglänzt am Himmelsraum;
Die Wolken stehen dicht geballt
Und finster drohend über dem Wald,
Kein Vogel regt sich, kein Käfer summt
In Laub und Lüften ist Alles verstummt,
Die Wurzel schläft, der Wipfel träumt,
Schweigen hält alles Leben umsäumt.
Da nahet Gestampf von Rosseshuf,
Es dringt durch die Stille ein schauriger Ruf:
„Hussa! greif aus! laß liegen, was liegt!
Verrathen ist, wer sich in Hoffnung wiegt!"
Wie Hagel und Schloßen daher gebraust
Kommt durch die Nacht ein Reiter gesaust:
„Hussa! nur schnell! noch schneller, mein Roß,
Zum harrenden Lieb im verzauberten Schloß!"
Es schüttert und schnaubt und prasselt und schallt,
Daß von den Bergen es widerhallt:

„Hussa, mein Herz! mit Flammen und Fluth
Will ich dich tränken in deiner Gluth!"
Es fliegt das Roß, gebadet in Schweiß,
Dem Reiter dreht sich der Wald im Kreis. —
Tannhäuser ist es, er jagt und stiebt
Rasend dahin, daß es Funken giebt,
Er drückt dem Schimmel die Sporen ein
Und hetzt und setzt über Stock und Stein,
Ueber Weg und Steg und der Brücke Joch,
Er hat nur den einen Gedanken noch:
In den Berg! in den Berg! durch das dunkele Thor!
Und läge die ganze Hölle davor!
Es zittert das Gras, wie der Boden dröhnt,
Es lauscht der Fuchs, wie der Hufschlag tönt,
Vom Neste gellt des Vogels Schrei,
Da ist der Reiter schon vorbei
Und kommt aus dem Thale, die Zügel verhängt,
Auf dampfendem Pferd ins Freie gesprengt,
Nur immer grad' aus in die Nacht hinein,
Es dämmert ja noch ein matter Schein.
Schon zeigt sich am Himmel ein scharfer Rand,
Das ist der Hörselberg über dem Land;
Mit breitem Rücken liegt er gestreckt,
Wie schwarz verhangen und zugedeckt
Ein riesenhafter, vergessener Sarg,
Den noch kein Grab in der Erde barg,
In dessen düsterm Gehäuse Raum
Für eines Jahrtausends versunkenen Traum.
Tannhäuser hält an des Berges Fuß,
Sitzt ab und klopft zum letzten Gruß
Den Schimmel: „Lauf' hin, mein treuer Vasall,
Du findest auch ohne mich den Stall."
Der Schimmel trottet entlang den Bach,
Wohl kennt er den Weg nach Eisenach.

Tannhäuser steigt in hastiger Flucht
Bergan durch eine waldige Schlucht.
Wie ungestüm er vorwärts drängt,
Sich durch Gesträuch und Ranken zwängt
Und gegen Alles, was ihn hemmt,
Brust und Arme gewaltig stemmt,
Bricht er sich kämpfend, dem Ziel zu nah'n,
Durch die verrufene Wildniß Bahn.
Und endlich steht er auf dem Kamm,
Der öde und wüst wie Meeresdamm.
Da wächst kein Baum, da grünt kein Strauch
Und keine Blume giebt duftigen Hauch,
Nur Moos und Flechten und hungrig Kraut
Und dürres Gras aus dem Sande schaut.
Als jetzt der Wind darüber streift,
Säuselt und zischelt es, wispert und schleift
Wie Gespenster, die ungesehn
Flüsternd über den Kirchhof gehn.
Tannhäuser wandelt hoch oben und kreist,
Selber ein unruhgetriebener Geist,
Suchet und wankt und schweift und späht,
Wo sich der Eingang zur Tiefe verräth.
Aus dem Boden schlagen und irrn
Bläuliche Flammen, flackern und flirrn,
Hüpfen und tanzen im Dunkeln voran,
Kaum daß er ihnen folgen kann,
Und wie sie plötzlich verlöschen in Luft,
Steht er vor einer gähnenden Kluft.
Das ist der Weg, da geht es hinein
In des verwunschenen Berges Gestein,
Horch! — was klingt? was singt und lockt?
Tannhäuser das Blut im Herzen stockt;
Vorwärts! hinab! was zögerst du noch?
Schwankst du jetzt wieder? besinnst du dich doch? —

Es ist ein Ort, von Grauen umschwebt,
Vom Winde umsaust, der stärker sich hebt;
Dort vor der Höhle scheint Einer zu stehn,
Siehst du den Mantel, den Bart nicht wehn?
Jetzt reckt er die Arme empor vom Rumpf,
Und eine Stimme tönt hohl und dumpf:
„Geh' nicht zur Holda, zum wüthenden Heer,
Du findest nimmer die Wiederkehr!"
Tannhäuser überläuft es kalt,
Doch näher tritt er der greisen Gestalt;
Da ist es nichts, der Spuk ist fort,
Nur Risse und Spalten sind hier und dort,
Das Windsgebraus hat ihn erschreckt,
Sein eigener Schatten ihn geneckt,
Denn heller wird's in der Wolkenschicht,
Ganz dringt nicht durch des Mondes Licht,
Doch deutlicher zeigt sich Alles im Rund
Und um so schwärzer der offene Schlund.
Jetzt schwirrt der Sturm mit tosender Wucht
Und rüttelt am Berg und heult in der Schlucht;
Wie er in Schutt und Gerölle schürft,
Kommt er um Klippen gerasselt, geschlürst
Und zaust das Gras und pflügt das Land
Und wühlt und schaufelt im wirbelnden Sand,
Er donnert und stößt, er würgt und kreischt,
Als würde die Erde von ihm zerfleischt
Und durch das krachende Felsengeripp
Pfiffe er hin wie durch Dornengestripp.
Tannhäuser steht wie festgerammt,
Der Eiche gleich, der Wurzel entstammt;
Ob auch der Wipfel schwingt und schwankt,
Das Mark im Innern nicht weicht und wankt.
Er hört kein Warnen, hört kein Drohn,
Sein Herz weilt in der Tiefe schon,

Und wie der Sturm sich an ihm bricht,
Den trotzigen Willen beugt er ihm nicht.
„Wie dunkel der Weg, wenn's einen giebt,
Wie schwer der Riegel, der vor sich schiebt,
Packt mich auch Schauder wie vor dem Grab,
Ob Rückkehr, ob nicht' — ich will hinab!
Platz da, was auf der Schwelle liegt
Und wie Gewürm am Boden kriecht!
Strahlt mir von oben her kein Stern,
Mach' ich dort unten mich zum Herrn!"
Heraus zieht er das Schwert mit Macht,
Entschlossen schreitet er zum Schacht,
Verschwindet in des Berges Nacht. —

– – –

Es spinnen die Stunden den nächtigen Traum
Und weben und wirken den schließenden Saum
Von Abend zu Morgen mit fleißiger Hand
Und kleiden die Zeit in ihr täglich Gewand.
Lichtscheuen Geheimnissen breiten sie vor
Wohlthätigen Schleiers verhüllenden Flor,
Der heute von finsteren Wolken bedrückt
Und morgen mit goldenen Sternen geschmückt.
Wer aber hält das Heut in der Hand?
Wer weiß, wohin das Gestern entschwand?
Wer sieht das Morgen, eh' es kommt?
Wer hofft und zweifelt nicht, ob's frommt?
Ein Unheil springt, das andre schleicht,
Und wenn das Glück die Flagge streicht,
So hält das Schiff nicht mehr im Sturm,
In seinem Holze sitzt der Wurm.
Doch unaufhaltsam strömt die Zeit
Herauf, hinab in Ewigkeit

Und trägt dahin den Sinn und den Rath
Und Worte und Werke und jegliche That.
Die Stunden verrinnen, die Tage vergehn,
Da ist Entsetzliches geschehn,
Verhängniß greift ins Leben hinein
Und packt und schüttelt Groß und Klein,
Gewürfelt wird um Klein und Groß,
Weltschicksal oder Menschenloos,
Verfallen ist es dunkler Macht,
Der Himmel weint, die Hölle lacht.

―・―――

Zur Bergeshöhle schaut herein
Von außen des Tages Dämmerschein,
Gewitter rollen übers Thal,
Die Felswand leuchtet im rothen Strahl.
Tannhäuser hebt sich vom feuchten Gestein,
Fieberfrost schüttelt ihm das Gebein,
Die Stirne glüht, die Schläfe pocht,
Das Blut in seinen Adern kocht,
Und brennender Durst macht ihn matt und krank, —
Wo sog er doch jüngst so erquickenden Trank?
Er besinnt sich nach seines Weges Spur:
Wo bist du denn? wo warst du nur?
Barmherziger Gott! bei der Teuflin im Berg,
Bei dem wüsten Gelag und dem wilden Gezwerg!
Mit der Hölle gebuhlt, bei Venus gehaust,
Sie angebetet, — ihm graust! ihm graust!
Ist es denn Wahrheit? ist es kein Traum?
Wie lange war er im höllischen Raum?
War's eine Nacht? waren's sieben Jahr?
Er ringet die Hände, er rauft sich das Haar,
Er horcht hinein nach der Höhle Grund,

Kein Ton bringt aus dem finstern Schlund,
Er hört nur, wie das Wasser tropft
Und wie das Herz ihm im Busen klopft,
Er sinkt in die Knie: in Ewigkeit
Verloren ist Seele und Seligkeit!
Er kann nicht beten, er stürzt hinaus,
Verfolgt von einem unsagbaren Graus,
Und steht vor der Höhle und athmet schwer,
Der Scharfenberg schaut trübe daher,
Die Wartburg glänzt in der Sonne Licht,
Die aus den ziehenden Wolken bricht.
„O Irmgard! o Wolfram!" so jammert er laut,
Das Antlitz von heißen Thränen bethaut,
Und taumelt den Berg hinab und wankt
Zur Herberg, wo er dem Wirthe dankt
Mit stummem Blick und reichlichem Sold,
Und raffet zusammen sein Gut und Gold
Und rüstet sich, sattelt sein Roß allein
Und reitet verzweifelt ins Land hinein.

XI.
Auf der Pilgerfahrt.

Wohinaus?! Tannhäuser wußte
Seines Wegs kein Ziel und Ende.
Durft' er noch mit guten Menschen
Unter einem Dache ruhen?
Bracht' er nicht den Fluch der Sünde
In das Haus, in das er eintrat?
Stand es ihm nicht auf der Stirne
Gar geschrieben, wo er herkam,
Daß ihn Christenleute flohen?
Gram im Herzen, ritt er einsam,
Wo das Roß den Pfad sich wählte
Ohne seines Zügels Lenkung.
Fort! nur fort aus diesen Bergen,
Wo ihm soviel Freude blühte,
Wo sein schönstes Glück ihm winkte
Und ihn doch betrog die Hoffnung,
Und wo endlich er dem Bösen
Und der Hölle Macht verfallen!
Wie um ihn der feuchte Herbstwind
Blätter brach und Blumen knickte,

So im Sterben und Verwelken
Dessen, was einst blüht' und grünte,
Sah er jetzt sein eignes Leben
Abgeblüht, geknickt, gebrochen,
Und kein Mund verhieß ihm tröstlich
Eines neuen Frühlings Aufgang.
Hinter ihm im Sattel hockte
Ein Gespenst, das ihn umfaßt hielt
Um die Brust, ihn preßt' und würgte
Und nicht abließ, teuflisch höhnend
Ihm der Venus arge Worte
Immerfort zu wiederholen.
Furchtbar klang's ihm in den Ohren,
Was, da er am Ziel sich glaubte,
Ihm die Wissende enthüllte.
Dieser Sturz aus seinem Himmel
War so schmerzlich ihm und schrecklich
Wie die Schande seiner Seele.
Keinem Menschen mocht' er's sagen,
Was im Berge er gesehen
Und erfahren, ausgenommen
Einem Einz'gen, — doch wo war der?
Dieser Einzige von Allen
War der Fiedelvogt, und wirklich
Faßte den Entschluß Tannhäuser,
Diesen alten, treuen Freund
Nun im Reiche aufzusuchen,
Daß ihm der die schweren Lasten
Rathend, tröstend tragen hülfe.
Tages nach dem Sängerkriege
Hatte er den wackern Spielmann
Selbst auf Kundschaft ausgesendet,
Nach dem Leben oder Tode
Ritter Scharfenbergs zu forschen,

Um Gewißheit zu erlangen,
Ob nicht Irmgard los und ledig
Jenes Bandes, das noch hindernd
Zwischen sie und ihn sich legte.
Ach! nun mocht' er's gar nicht wissen,
Denn er wagte niemals wieder,
Vor ihr Angesicht zu treten;
Sträflich schienen ihm, verworfen
Selbst die lautersten Gedanken
An die heißgeliebte Freundin,
Seit er mit der Valandinne
Sich im Hörselberg versündigt.

Manche Straße fuhr Tannhäuser,
Manche Stadt durchzug, durchforscht' er,
Aber nach dem Fiedelvogte
Suchte er umsonst, und wandte
Nach Alzey, des Alten Heimat,
Balde sich, doch auch vergeblich.
So kam er nach Worms am Rheine,
Wo er sich und seinem Schimmel
Endlich eine Rast vergönnte.
Drüben vor der schönen Bergstraß
Auf des Rheines rechtem Ufer
Wußt' er ein berühmtes Kloster,
Die Abtei von Lorsch geheißen,
Wo der deutsche König Ludwig
In dem bunt geschmückten Kirchlein
Seine Ruhestatt gefunden.
Dahin zog es den Bedrängten,
Denn von Tag zu Tage stärker
Mahnt' und trieb ihn sein Gewissen,
Seine Sünden doch zu beichten.
Und er setzte auf der Fähre

Uebern Rhein mit seinem Hengste.
Drüben am erhöhten Ufer
Warf er in das Gras sich nieder
Und ließ frei den Schimmel weiden
Grade wie vor langen Jahren
In den Eisenerzer Alpen.
O wie glücklich war er damals
Auf der grünen Alm gewesen,
Als er aus des Mönches Kutte
Wie ein Schmetterling gekrochen
Und die Welt in goldner Freiheit
Ihn mit tausend Freuden grüßte!
Nichts besaß er, als ein Schwert
Und ein Roß und eine Harfe,
Als von Adamunt er auszog,
Ruhm und Minne aufzusuchen.
Und wie war er nun gebettet?!
Reue mit den Schlangenbissen
Fraß und fraß an seinem Herzen,
Furien peitschten sein Gewissen,
Hetzten ihn mit Folterqualen
Durch die Nachtwach' eines Daseins,
Das er von sich abzuschütteln
Sich nicht traute, denn es gähnte
Das Gespenst der Ewigkeit
Endlos schaurig ihm entgegen,
Wenn er keine Gnade fände.
Und dazu die Scham, die schreckhaft
Wie der Starrblick der Medusa
Ihm den Spiegel vors Gesicht hielt,
Daß der Stolze vor sich selber
Sich so elend sehen mußte,
Der vor allen Mitgeschaffnen
Sich allein so hoch vermessen.

„Giebt's denn keine Kraft auf Erden?
Die mir das Gedächtniß tödtet?"
Rief er jammernd, doch untilgbar
Blieb Gescheh'nes, unbarmherzig
Hielt umkrallt ihn die Erinnrung.
War der von der Welt Verstoßne
Seines Ritterthums noch würdig?
Fort mit Allem, was dran mahnte!
Eilig nahm er Wehr und Waffen,
Helm und Rüstung, Gut und Habe,
Herzog Leopolds Turnierbank,
Landgraf Hermanns goldnen Kranz,
Seine schön verzierte Harfe
Und was er von Siegesbeute
Aus dem Morgenland noch halte,
Packte alle seine Schätze
Auf den Schild, hob ihn mit Armen
Hoch empor und stürzte Alles
Nieder in des Rheines Fluthen.
Brausend sprudelten die Wellen
Und verschlangen's in die Tiefe,
Und der Strom floß wieder ruhig
Ueber dem versenkten Horte.
„So begraben und vergessen
Sei mir eins von dieser Stunde
Minnelust und Minnegehren!"
Rief Tannhäuser, griff den Schimmel
Und ging mit ihm nach dem Kloster.

Lange erst in der Kapelle
Kniet' er an dem Königsgrabe
Und dann frug er nach dem Abte.
Aber als er seine Beichte
Kaum damit begonnen hatte,

Daß er aus dem Zauberberge
Von der Teuflin Venus komme,
Unterbrach ihn schon der Abbas,
Wollte mehr nicht von ihm hören.
„Nur der Stellvertreter Gottes
Kann von dieser Schuld Dich lösen,"
Sprach er, „drum nach Rom hin pilgre,
Wirf dem heil'gen Vater selber
Gnade flehend Dich zu Füßen,
Meine Kraft hat ihre Grenzen."
Damit wies der Mönch dem Ritter
Streng die Thüre; dem Zerknirschten
Nicht einmal ein Obdach gönnend
Stieß er ihn hinaus ins Elend.
Nicht den Hengst wollt' er behalten,
Der der Hölle Gast getragen,
Nahm ihn endlich doch zum Tausche
Für ein Weggeld und ein Mönchskleid.
Darein hüllte sich Tannhäuser,
Daß den hohen, mächt'gen Ritter
Niemand kannte, und begab sich,
Nacht am Himmel, Nacht im Herzen,
Auf die Pilgerfahrt nach Rom.

Bald auf seiner Wandrung kam er
Durch ein ärmlich Dorf; da trat ihm
Kummervollen Angesichtes
Rasch ein junges Weib entgegen:
„Seid gegrüßet, frommer Bruder,
Den der Himmel sendet!" rief sie,
„Kommt mit mir in jene Hütte,
Einen Sterbenden zu trösten,
's ist ein alter, braver Spielmann."

„Was? ein Spielmann?" frug Tannhäuser,
„Ist's der Fiedelvogt, Sperrvogel?"
„Ja der Fiedelvogt! Ihr kennt ihn?"
„Doch er lebt noch? sprich! er lebt doch?"
„Ja er lebt noch, ganz bei Sinnen,
Ganz vergnügt auch," sprach die Junge,
„Doch er sagt, er wolle sterben."
In die Hütte bald getreten
Waren beide, wo Sperrvogel
Seines letzten Stündleins harrte.
Ruhig lag er, bleich und milde,
Und die vollen weißen Haare
Sammt dem langen Bart umrahmten
Ein ehrwürdig Greisenantlitz,
Draus die hohlen grauen Augen
Schier verwundert, fragend schauten,
Als der Bruder Mönch hereintrat.
Auf das Lager zu ihm setzte
Sich Tannhäuser mit den Worten:
„Kennst Du mich wohl jetzt, mein Alter?"
„An der Stimme, nicht am Kleide,"
Sprach der Fiedelvogt, im Antlitz
Einen warmen Strahl der Freude,
„Also doch noch Mönch geworden!
Zeigt mal her! auch schon geschoren?"
Damit wollt' er die Kapuze
Seinem Freund vom Haupte ziehen,
Doch zu schwach schon, sank er rückwärts,
Und Tannhäuser that es selber;
„Nein, die ritterlichen Locken
Zieren noch den harten Trotzkopf.
Nun, Ihr braucht mir nichts zu sagen,
Alles weiß ich, hab' auch eben
Nicht mehr lange Zeit zum Hören."

„Du weißt Alles?" frug Tannhäuser.
„Ja, von Isenache komm' ich,
Bin Euch rastlos nachgetrottet
Wie ein Hund, doch nun ist's alle;
Aber Euch noch was zu sagen
Hab' ich", fuhr er fort und winkte,
Daß die Beiden, die ihn pflegten,
Sich aus dem Gemach entfernten.
Winli war es, der Floitirer,
Und die rothe Hazifa,
Die den Alten hier gefunden.
Als der Spielmann mit dem Ritter
Nun allein war, sprach der Erstre:
„Längst schon Wittib ist Frau Irmgard
Und vielleicht war's Eure Lanze,
Die sie dazu machte, denket!
Ritter Kurt vom Scharfenberge
Fiel im Wassenberger Treffen.
Nur drei Tage, nur drei Tage
Traf ich auf dem Scharfenberge
Später ein, als Ihr davon lieft
Zu der Venus; konntet Ihr denn
Die drei Tage nicht noch warten?"
— Nur drei Tage! grausam Schicksal!
An drei kurzen Tagen schwebte
Zweier Menschen Glück und Zukunft.
O wie anders, wie ganz anders
Wär's gekommen, wenn Tannhäuser
Vor dem letzten Ritt zu Irmgard...
Den Gedanken auszudenken
Führt zum Wahnsinn! — Ganz zerschmettert,
Bleich und dumpf ins Leere starrend
Saß er da, bis ihn der Alte
Wieder fragte: „Mit der Kutte,

Drin Ihr Euch mal wieder einmummt,
Ist es doch nicht ernst gemeinet?
Müßt' Euch sonst zum zweiten Male
Aus dem schwarzen Sacke locken.
Gelt, Ihr thatet ein Gelübde,
Nur an einem Gnadenorte
Irgendwo Euch rein zu waschen
Von dem Geisterspuk im Berge?
Macht es kurz, drückt einem Bischof
Brav die Hand, doch ohne Knausern,
Was ja niemals Eure Sache,
Und er spricht Euch los und ledig,
Läßt mit halbem Heil'genscheine
Euch ins offne Brautbett steigen.
Eilt Euch! denn die schöne Wittib
War am Rande der Verzweiflung,
Weint' und weint' und wollt' ins Kloster,
Um für Eure arme Seele
In Sanct Nicolaus zu beten.
Sendet Winli zu Frau Irmgard
Mit der Botschaft, daß sie warte
Und die Burg zur Hochzeit rüste,
Denn bald käm' ihr Tannhusäre."
Ach! der alte Fabulierer
Ahnte nicht, wie bittre Qualen
Er dem schmerzzerrißnen Pilger
Mit dem frohen Zuruf machte.
Doch Tannhäuser, der des Alten
Knapp gemeßne letzte Stunden
Mit der nagenden Verzweiflung
Seiner fluchbeladnen Seele
Nicht verkümmern wollte, zwang sich,
Ruhig, heiter selbst zu scheinen,
Als ob auf den Rath er einging.

„Kann schon werden," sprach er lächelnd,
„Doch nur still! jetzt bleib' ich bei Dir,
Weiche nicht von Deiner Seite,
Bis Du selber wieder auf bist."
„Auf bist? — unten bist, sagt lieber!
Alte Fiedel — ausgezeigt —",
Und erschöpft vom vielen Sprechen
Lag Spervogel still und keuchte.

Hazika und Winli schliefen,
Zu des Kranken treuer Pflege
Abgelöst von einem Mönche,
Dem sie doch den Stand des Ritters
Angesehn, und deß Geheimniß
Sie mit Scheu und Neugier füllte.
Nun bei trüber Lampe Schimmer
Hielt die Nacht hindurch Tannhäuser
Einsam Wacht beim Fiedelvogte,
Kühlte ihm die heiße Stirne,
Tränkte ihn und sprach ihm Trost zu.
Wie der alte Spielmannsrecke
Regungslos so vor ihm dalag,
Wandelte im Geist des Sängers
Alles das noch mal vorüber,
Was er in den langen Jahren
Je mit ihm erlebt; er dachte,
Wieviel Lust und Scherz und Freude,
Wieviel schwere, ernste Stunden
Er mit diesem einst erfahren.
Bis in seiner Kindheit Tage
Reichte rückwärts die Erinnrung
An den liederreichen Fiedler;
Dann bei Regensburg gedacht' er
Der Begegnung auf dem Ritte

Von des Kaiser Rothbarts Kreuzheer,
Wo er von der Weid' ihn löste,
Und dann jenes Wiedersehens
Nah beim Admunter Stifte,
Wo der Fiedelvogt im Walde
Ihm der Mutter Traum gedeutet
Und damit den ersten Anstoß
Auf der Minne Bahn gegeben.
Dann in Wien ihr lustig Leben
An dem Hof des Babenbergers,
Ihre Fahrt zum Odenwalde
Und ihr Ritt dann nach Venedig
Und vor allem noch ihr Kreuzzug
Mit den fürchterlichen Kämpfen
Um Byzanz, im heißen Syrien
Und die Rückkehr nach dem Rheine
Bis zum letzten Thun und Treiben
In der Wartburg breitem Schatten.
Ueberall in Glück und Nöthen
Hatten sie wie Freund' und Brüder
Fest zusammen stets gehalten.
In das glanzerfüllte Leben
Dieses ritterlichen Sängers
War kein Mensch so eng verflochten
Als wie dieser eine arme,
Ehrliche, biderbe Spielmann.
Wenn Tannhäuser dem die Augen
Morgen zugedrückt, so war ihm
Auch das letzte Band zerrissen,
Das ihn noch an Menschen knüpfte.
Keinem sonst durft' er noch nahen
Mit dem schweren Schuldbewußtsein;
Dieser Eine, dieser Letzte
Hätte Alles ihm verziehen,

Alles, wär' ihm treu geblieben,
Wäre mit ihm in die Hölle
Selbst gegangen, und — der starb ihm.
Und er starb so froh und ruhig,
Hatt' ein reiches Spielmannsleben
Tapfer ausgelebt und lustig,
Ihn bedrückte keine Reue.

Endlich kam der Tag; Sperwogel
Fühlte nah' sein selig Ende,
Aber war noch klaren Geistes.
Wenig sprach er, kaum verständlich,
„Spielleut Zunft in Ehren halten —
Sänger Könige auf Erden —"
Waren seine letzten Worte,
Leise nur und abgerissen.
Bei ihm saßen nur Tannhäuser,
Winli, Hazika, sonst Niemand
Außer einem Unsichtbaren,
Der ihm seine milden Arme
Freundlich schön entgegenstreckte.
In des Fiedelvogtes Antlitz
Ward es plötzlich hell und heller,
Mit der Linken griff er tastend
Neben sich, wo auf dem Lager
An der Wand die alte Geige
Halb versteckt lag als sein Liebstes.
Auch am Bogen zog und zerrt' er,
Doch umsonst, die Kraft versagte,
Und mit stummem, tiefem Blicke
Sah er bittend auf den Sänger.
Der verstand, nahm Geig' und Bogen,
Und beim alten Meister sitzend
Geigte ihm sein Tannhusäre

Eine sanfte, süße Weise.
Wie ein Lächeln, wie ein Lichtglanz
Lag es auf des Alten Zügen,
Und man sah es, wie er horchte.
Weihevoll und lind und tröstlich
Schwebte sangreich von den Saiten
Ein wehmüthig Schlummerlied,
Und die weichen Bogenstriche
Wurden leiser, immer leiser,
Bald mit lang gezognem Klange
Wie an einem feinen Faden
Noch das letzte Leben haltend,
Bald verhallend, Abschied nehmend.
Traumhaft lösend und befreiend
Spielte so der edle Sänger
Seinen lieben, treuen Alten
In den ew'gen Schlaf hinüber.
Aber als der letzte Athem
Ausgehaucht, ließ er die Töne
Sanft verklingen und warf weinend
Sich auf den geliebten Todten. —

Mitten in dem Vaterlande,
Das der wanderlust'ge Fiedler
All sein Leben lang durchfahren,
War das Dorf und hoch gelegen
Ueber ihm der kleine Friedhof.
Weit hinein ins schöne Franken
Blickte man von dort auf Wälder,
Wiesen, Fluß und Bergeshöhen.
Hier begruben sie den Spielmann,
Legten seine liebe Geige
Zu ihm in den Sarg und pflanzten
Auf das Grab ihm eine Linde.

Nur Tannhäuser und die Beiden,
Hazika und Winli, blieben
Noch allein beim frischen Hügel,
Und Tannhäuser sprach bewegt:
„Schlafe wohl, Du Lieber, Treuer!
Kann Dir jetzt kein steinern Denkmal
Mit dem frommen Sprüchlein setzen,
Das wir einst Dir ausgesonnen,
Aber unvergeßlich bleibst Du,
Und in Liedern wirst Du leben.
Wann wird wohl im Gang der Zeiten
Wieder mal ein Spielmann kommen
Mit so frohem Mund und Herzen,
Mit so sicherm Schwert und Bogen?
Ist mir doch, ich säh' Dich fiedelnd
Vor dem Thron des Höchsten stehen,
Ganz umstrahlt von Himmelsglanze.
Ruh' ein Weilchen aus vom Wandern
Und mit allen Spielmannsehren
Zieh' dann ein in Gottes Frieden!" —
Darauf knieten die Drei nieder
Leise betend; endlich aber
Da's geschehen, schaute Winli
Forschend in des Mönches Antlitz:
„Herr!" so sprach er, „Herr, wer seid Ihr?
Den dort unten liebten Alle,
Die ihn kannten, doch von Edlen —
Und das seid Ihr auch im Mönchskleid —
Weiß ich wohl nur einen Einz'gen,
Der mit soviel Herzenstreue
Unserm Fiedelvogte anhing.
Heinrich, Herr von Ofterdingen,
Der berühmte, stolze Ritter
Und der große Sänger seid Ihr,

Der Tannhäuser! — o gesteht es!"
"Ja, der bin ich!" sprach Tannhäuser,
"Hier bei meinem lieben Alten
Will ich keine Lüge sprechen."
Freudig glänzten da die Augen
Winli's und der schönen Rothen,
"Herr, wir sind nur arme Spielleut',"
Sagte Winli, "aber könnten
Wir mit unserm Blut und Leben
Jemals Eure Lieb' und Treue,
Die Ihr diesem da erwiesen,
Euch vergelten, — Herr, gebietet!
Wir sind Euer!" "Dieses Mönchskleid,"
Sagte Hazika, "verhüllet
Einen Schmerz; Herr, ich will beten
Für Eu'r Heil an jedem Kreuze,
Daß Ihr Ruh und Frieden findet!"
Doch der Sänger, stumm vor Rührung,
Drückte ihnen nur die Hände,
Und die Beiden gingen schweigend.
Einsam auf dem kleinen Friedhof
Blieb Tannhäuser: "Liebe dauert
Uebers Grab hinaus?" so sprach er,
"Von den Todten den Lebend'gen
Wird vererbt sie, und auf Erden
Giebt's noch Menschen, die mich lieben!"

XII.

Rom.

Tannhäuser stand vor Rom. Auf einem Berge
Nordwestlich von dem Grabmal Hadrians
Hielt er die raschen Schritte zögernd an,
Denn vor ihm, unter ihm lag ausgebreitet
Im Abendsonnenschein die ew'ge Stadt.

Der Pilger hatte seinen langen Weg
Einsam zurückgelegt, Gesellschaft fliehend.
Für ihn gab's keine Freude jetzt auf Erden,
Und seinem Leid auch fehlt' es an Genossen;
Darum der Menschen trauliche Gespräche,
Ihr Fragen, ihre Blicke selbst vermeidend
Schritt er allein dahin in stummer Eile.
Durchs Land Tyrol zog er die Brennerstraße,
Und in des Frühjahrs wechselvollen Tagen
War's noch unwirthlich rauh auf jenen Höhen.
Die Wolken hingen schwer und tief und wogten,
Getrieben von des Windes kaltem Hauch,
Langsam einher, von Schlucht zu Schlucht sich windend,

Der Berge düstre Felsenbrust umwallend;
Die schneebedeckten Gipfel aber tauchten
Hochleuchtend aus dem dichten Nebelmeer.
So ging's dem Wandrer selbst; ihm war belastet,
Umschnürt die Brust von seinem schweren Grame,
Und dennoch trug er aufrecht noch das Haupt
Und sah nicht ohne Hoffnung in die Zukunft,
Die losgelöst von Allem, was vergangen,
Er sich als thatenreiche Sühne dachte.
Da brauste neben ihm zu Thal der Eisack;
Tannhäuser mußte stets dem Flusse folgend
Vorüber an Burg Seben, und mit Wehmuth
Gedachte er der hier genossnen Tage.
In tiefer Dämmrung drückt' er sich vorbei
Kaum einen Blick zur Felsenhöhe wagend,
Doch jenen Weinberg sucht' er mit den Augen,
Wo er mit Otto manchmal sich getroffen;
Allein er fand ihn nicht, kannt' ihn nicht wieder,
Und die Erinnrung kräftig von sich schüttelnd
Eilt' er vorüber und dem Lande zu,
In dem er seiner Schmerzen Heilung suchte.
Wie hatt' er sich nach diesem Land gesehnt,
Dem Land des blauen Himmels und der Sonne,
Der Prachtgebäude, der Cäsarenmacht,
Die einst urbi et orbi Weisung gab,
Von wo noch jetzt die Welt der Christenheit
Das unfehlbare letzte Wort empfing,
Wenn's kurz und bündig hieß: Roma locuta!
Und wie betrat er nun Italiens Boden!
Nicht hoch zu Roß als siegegewohnter Ritter
Mit Helm und Schild an seines Kaisers Seite,
Nicht mit der Harfe als berühmter Sänger,
Auf dessen Lieder schöne Frauen lauschten,
Nein, als ein Büßender im Pilgerkleide,

Dem heiß die flücht'ge Sohle von der Wandrung
Und heißer noch das Herz von Reue brannte,
Ein Flehender, bereit, das Knie zu beugen
Vor dem Gewaltigen auf Petri Stuhle
Um Gnade und Vergebung seiner Sünden.
Und weiter schritt er auf dem Dornenpfade,
Sich mit des Frühlings neuer Botschaft tröstend,
Die aus der Rebe jungen Blättertrieben,
Der Feige und Kastanie schimmernd lugte
Und aus des Mandelstrauches rothen Knospen.
Schon wehten mildre Lüfte aus dem Süden
In der Olive bläulich grauem Laube
Und in den Kronen immergrüner Bäume,
Dem Wandrer unbekannt, epheuumwunden.
Durch hoch gethürmte, mauerfeste Städte
Führte des Pilgers Weg, wo er ermüdet
Bei frommen Klosterbrüdern Herberg suchte.
Verwundert sah er dort auf Markt und Gassen
Der Bürger hochgetragnen Freiheitsinn,
Den Zunfttrotz und Gemeindestolz, der eifernd
Auf alt und neu verbriefte Rechte pochte
Und auf die selbst errungne Kraft sich stützte.
So kam er von den hohen Apenninen
Durchs gartengleiche Tuscien nach Rom.
Wie aber Moses von dem Berge Nebo
In das gelobte Land hernieder blickte,
Stieg auch Tannhäuser auf den letzten Berg,
Die Stadt zu schauen, eh' er sie beträte.
Den Monte malo nannte ihn ein Hirt,
Der unter schirmenden, gewölbten Pinien
Und schwärzlichen Cypressen seine Ziegen
Dort weidete und gern dem fremden Pilger
Auf sein begierig Fragen Auskunft gab.

Da stand er nun auf seinen Stab gelehnt
Und konnte sich nicht satt schau'n an dem Bilde,
Das hier entrollt zu seinen Füßen war.
Zur Rechten, doch schon halb in seinem Rücken,
Ging niederwärts die Sonne und bestrahlte
Mit feuerhellem Lichte Stadt und Land,
Von links her aus der Ebne floß der Tiber
In einem großen Bogen durch die Wiesen,
Und gradeaus lag Rom im Ring der Mauern.
Was hier zuerst des Wandrers Staunen regte,
Das waren riesenhafte, dunkle Thürme,
Viereckig massig und mit Doppelzinnen,
Die in der Stadt zerstreuet sie beherrschten,
An Zahl so viele und so wolkenhoch,
Daß einer auf den andern Schatten warf.
Dazwischen dann, die Häuser überragend,
Erhoben sich, hier einzeln, dort benachbart,
Die Blicke fesselnd und die Seele stimmend
Die stolzen Bauten alter Römerzeit.
Seitwärts im Westen aber sah Tannhäuser
Von Klöstern und Kapellen rings umgeben
Die Kirche des Apostelfürsten Petrus
Und drüben an dem andern Ende Roms
Die eine, aller Kirchen Haupt und Mutter,
Dem Täufer Sanct Johannes hoch geweiht,
Und neben ihr den Lateranpalast,
Des Papstes Wohnung und sein eignes Ziel.
Sein Auge weilte lang' auf jenem Orte,
Als wollte er des heil'gen Vaters Sinn
Und seines Spruchs Entscheidung schon erspähen.
Doch immer goldiger ward die Beleuchtung
Beim Sonnenuntergang, die Stadt erglänzte,
Die Thürme glühten und die Mauern brannten,
Der graue Stein schien Leben zu gewinnen,

Von gelblich warmem Tone angehaucht,
Und auf der Landschaft lag des Friedens Lächeln.
Des Wandrers Blicke schweiften weit hinaus
Zu der Campagna grünen Weideflächen,
Wo über sanfte Hügel, breite Gründe
Der Wasserleitung lange Bogenreihe
In blauer Ferne endlich sich verlor.
Durchsichtig und krystallklar war die Luft,
In wunderbarer Farbenpracht erschienen
Röthlich und violett, mit Kamm und Gipfeln
Die scharfen, schön geschwungnen Linien zeigend
Jetzt die Albaner- und Sabinerberge;
Darüber schwebte, rund und weich wie Rosen,
Ein leicht Gewölk, das Gold der Sonne spiegelnd.
Es war ein Bild, wie es die nord'sche Heimat
Dem Sänger nie gezeigt, und mit Entzücken
Betrachtet' er's, sein Leid darob vergessend.
Da sank die Sonne, schnell erlosch die Gluth,
Ein bleiern Grau bedeckte Berg und Ebne,
Und farblos lag die Siebenhügelstadt.

Tannhäuser stieg hinab, und als er endlich
Das Thor durchschritten und sein Fuß die Straßen
Von Rom betrat, däucht' ihm, es müßten kommen
In weißer Toga nun mit Purpursäumen
Die Männer Roms, Senatus Populusque,
Und in der Sprache Cicero's ihn grüßen.
Dann wieder bohrten quälende Gedanken,
Wie er wohl diese Stadt verlassen würde,
Als ein Erlöster und mit Gott Versöhnter,
Dem Leben und dem edlen Ritterthume
Zurückgegeben? oder ausgestoßen,
Verloren und verdammt in Ewigkeit?
Planlos durchkreuzte er die engen Gassen

Und merkte nicht, wie ihm ein Fußknecht folgte
In Büffelwams und Sturmhut, Spieß in Händen
Ihm oft voran, oft auch zur Seite schreitend
Und ihn betrachtend, bis der Mann ihn stellte
Und sich bekreuzend auf gut Deutsch begann:
„Herr, alle guten Geister loben Gott!
Seid Ihr es wirklich oder ist's Eu'r Geist,
Der hier in Rom im Pilgerrocke umgeht?"
„Wer soll ich sein?" frug überrascht der Sänger,
„Ein Fremdling bin ich und von Fleisch und Blut."
„Bei meinem rothen Bart, die Stimm' ist's auch!
Erhalt' Euch Gott, Herr Ritter Ofterdingen!"
Rief jener hocherfreut, „kennt Ihr mich nicht?
Der Reinprecht bin ich ja aus Sanct Goar;
Konstantinopel hab' ich mit gestürmt,
War mit dabei, wie wir da ausgeräuchert —
Wie hieß das Ding, das große Schloß, das brannte?
Jetzt bin ich Mann der Grafen Frangipani,
Wir raufen frisch drauf los hier, und wir Deutsche,
Wir sind hier sehr beliebt in Rom als Söldner,
Uns zahlt man immer doppelt, Geld wie Hiebe.
Kann ich Euch dienen, Herr? mit Freuden thu' ich's!"
  „Dank, Freund! schaff' mir ein Lager für die Nacht
Und einen Trunk, ich will es Dir vergelten
Und bitte noch: verschweige meinen Namen!"
  „So kommt nur mit mir auf den Palatin,
Wo wir in alten Mauern lustig hausen,
Kriegsvolk und Mönche, Fledermäus' und Dohlen,
Und Niemand fragt, was für'n Geschäft Ihr treibet."
Noch Manches plaudernd schritten sie zusammen
Zum Palatin hinauf, und Reinprecht brachte
Dem Ritter Speis' und Trank, soviel er hatte,
Und schuf ihm eine gute Lagerstatt;
Tannhäuser schlief in dem Palast der Flavier.

Am andern Morgen sah der Neugestärkte
Den Palatin bedeckt mit großen Bauten,
Verfallend hier und dort fast unbeschädigt.
Auf festem Grunde, ungeheuren Pfeilern
Von schwerem Tuff und harten Ziegeln ruhten
Die kühn gespannten Wölbungen und Wände
Mit tiefen Rissen und durchbrochnen Decken,
Daß blauer Himmel in die Dämmrung blickte
Und grüne Ranken darin nieder schwebten
Gleich Ampeln, hell durchleuchtet von der Sonne.
In mächtigen Geschossen thürmten sich
Die immerfort erweiterten Paläste
Des Domitian, Tiberius und Augustus,
Septimius Severus' Septizonium,
Noch wohl erhalten, sieben Stockwerk hoch,
Und über alle Schranken sich erhebend
Die Riesenbauten des Caligula.
Da standen noch die Tempel Jupiters
Und ehrfurchtsvoll geschont von allen spätern
Das alte Heiligthum des Romulus.
Tannhäuser irrte durch die weiten Räume,
Die er auf dem geschichtenreichen Boden
Sich bunt bevölkert und geräuschvoll dachte.
Die Hallen schieden sich und die Gemächer,
Die Aula mit der Apsis, die Tribuna,
Vestibulum, Triclinium und Tablinum,
Der lichte Säulenhof, das üpp'ge Bad,
Die Opferstätte, der Altar der Laren
Und die Erebra mit den Ruhebänken.
O wie vertiefte sich der deutsche Sänger
In diese Welt des Reichthums und der Macht,
In der einst neben knechtischer Gesinnung
Auch mancher freie, feine Geist gewaltet
Und an des göttlichen Augustus Hofe

Virgilius und Horatius gedichtet.
Er stieg auf jenes Viereck dann hinauf,
Wo die Auguren einst den Flug der Vögel
Zukünftiges erforschend klug gedeutet,
Von diesem höchsten Punkt sich umzuschauen.
Doch was er sah, erfüllte ihn mit Schrecken.
Die Stadt schien ein Gefild von Hügeln, Thälern,
Wüst und bebaut, bewohnt und unbewohnt;
Weingärten gab es und Gemüsefelder,
Versumpfte Flächen, Unland, Schutt und Scherben,
Hoch aufgehäuft um Unterbau und Stufen
Der ausgeplünderten Basilika
Und um den dreigetheilten Siegesbogen,
Des Triumphators einst'gen Weg verschüttend.
Im Halbkreis zog sich, schattenlos, verfallend,
Längst seines Dachs entblößt, ein Portikus,
Schaurig und einsam standen die Theater,
In denen einst die beifallsfrohe Menge
Bei Plautus' und Terentius' Spielen lachte.
Des Colosseums eisenfester Rundbau
In seiner Höhe einem Berge gleich, —
Und Alles noch an Umfang übertreffend
Die einstmals prächtigen, grandiosen Thermen
Diocletians, Titus' und Caracalla's, —
Nur Reste waren's ihrer alten Größe
Und doch ergreifend noch durch ihren Anblick.
Stadien und Circus, unkrautüberwuchert,
Geborstne Aquaducte, leere Gräber
Und rings verwitterndes Gemäuer starrte
Dem Fremdling gähnend, grauenhaft entgegen.
Endlos schien das Gewirr von krummen Gassen,
Aus denen grünbemoost ein Tempelgiebel
Und einzeln eine hohe Säule stieg;
Gar seltsam schaute über niedern Häusern

Ein Architrav auf Marmorkapitälen
Und mahnte im alltäglichen Gedränge
Der neuen, kümmerlichen Lebenspfade
An dieses Ortes alte Götterweihe.
„Ist dies die ew'ge Stadt, Roma quadrata,
Von deren Herrlichkeit die Völker reden,
In die aus aller Welt die Schätze strömten,
Um mit dem höchsten Glanze sie zu schmücken,
Den Sterbliche zu schaffen je gewagt?"
So frug Tannhäuser, „läßt man so zerfallen
Die hohen Werke ritterlicher Ahnen?
Hinab! ob meine Augen mich nicht täuschen,
Ich will mit Händen greifen, was ich sehe!"
Er suchte sich den kund'gen Reinprecht auf
Und ließ sich von ihm führen, doch die Klage
Verstummte nicht inmitten der Ruinen,
Die er durchwandelnd nun von Nahem schaute.
Was der Eroberer blinde Wuth verschonte,
Woran der Zahn der Zeit sich müde nagte,
Das raubten von den alten Prachtgebäuden
Zerstörend jetzt die Enkel der Erbauer.
Die festen Quadern riß man aus den Fugen,
Die marmorne Bekleidung von den Wänden,
Um Thürme und Castelle draus zu bauen.
Jedweder nahm als Beute, was er konnte,
Die eigne Wohnung damit zu bereichern,
Die sich einnistend an Paläste lehnte,
Und was man von den Säulen nicht zerschlug,
Um Capitäl und Trommel zu vermauern,
Das schleppte man hindann zum Schmuck der Kirchen,
Und das war Rettung noch vor der Vernichtung.
Des Meißels Arbeit, schönes Hausgeräth
Verfiel dem Raub und jeglichem Gebrauche.
Zur Fleischbank diente eine Marmortafel,

Die köstlich auf beschwingten Greifen fußte,
Ein Schuster flickte dort in einem Sessel,
In dem vielleicht ein Consul einst geruht.
Ja schlimmer noch! werthvolle Künstlerschöpfung,
Figurenreiche Friese, Sarkophage,
Vom Postament gestürzte Götterbilder
Warf man zerschlagen und zerstampft in Gruben,
Um aus dem weißen Marmor Kalk zu brennen!
Tannhäuser, dessen Geist das Schöne liebte,
Der stets an eblen und gefäll'gen Formen
Sein Auge weidete, sein Herz entzückte,
Dem Schaffen, Bilden höchste Freude war,
Tannhäuser war im Innersten empört
Von diesem Wüthen rohester Zerstörung,
Und als ein Schurzfellmann vor seinen Augen
Mit schwerem Hammer eine Satyr=Herme
In Stücke schlug, da packte er den Frevler
Und riß ihn fort und schleuderte ihn nieder,
Daß jenem Blut von Stirn und Wange rann.
Da gab es Aufruhr unter den Genossen,
Sie drangen lärmend auf den kühnen Pilger
Mit ihrem Werkzeug ein, er aber räumte
Rasch unter ihnen auf und blieb mit Reinprecht,
Dem andre Knechte helfend sich gesellten,
Bald Herr und Meister in dem scharfen Handel,
Der in den Straßen Roms nichts Ungewohntes.
Die zwei Vertrauten schritten nun vorüber
Am Trümmerrest vom goldnen Haus des Nero
Und an Marentius' Basilika
Mit den drei mächtigen Gewölbenischen
Zum Forum Cäsars und der Republik.
Da stand fast aufrecht Tempel noch bei Tempel,
Und schlanke Säulen strebten himmelan
Mit prächtigen chorinthischen Capitälen

Und reichen, weit ausladenden Gesimsen,
Da stiegen Siegesbögen hoch empor
Mit vielem Bildwerk sinnig ausgestattet,
Inschriften zeugten unvergeßne Thaten,
Und überall war edle Kunst verwendet
Zur Zier des Kleinen und des Großen Ehre.
Doch dieser Glanz auch war schon im Verfall,
Bruchstücke lagen dicht gesät umher,
Und immer höher wuchs der Boden an
Und deckte längst die Via sacra zu,
Die von dem schönen Bogen Constantins
Durch all die Pracht zum Capitole führte
Und manchen stolzen Siegeszug gesehen.
Tannhäuser stand auf hohen Ruhmes Grabe
Gedankenvoll; Vergangenheit, die Riesin,
Erweckte ihm Erinnrung tausendfach.
„Wo birgst du dich," so rief er, „alte Rostra,
Von der einst Mark Anton die Leichenrede
Dem Imperator Julius Cäsar hielt?
Deckt dich der Schutt? so segne ich die Erde,
Die dich vor schnöder Raubgier jetzt verhüllt
Und manch ein Heiligthum, manch Götterbildniß
Vor der Entweihung schützend bergen mag
Bis zu des Fundes einst'ger Auferstehung,
Die spätere Geschlechter mehr beglückt!"
Und weiter wandert' er mit seinem Führer,
Und jeder Schritt bracht' es ihm nah vor Augen,
Wie seine eigne Zeit so herrschgewaltig,
So kampfesmuthig, kühn und wild sich zeigte.
Rom war der Sitz streitsüchtiger Parteien;
Des Adels trotzige Geschlechter wohnten
Zerstreut im Weichbild und der Mauern Kranz
Und hatten sich die alten Monumente,
Die jedem Ansturm dauernd widerstanden,

Zur Burg erwählt, zur Festung ausgebaut,
Mit unnahbaren Thürmen sie verstärkt
Und sie versperrt mit schweren Eisenketten.
Das Grabmal Hadrians und des Pompejus
Amphitheater hielten die Orsini;
Das Mausoleum des Augustus hatten
Im Marsfeld die Colonna eingenommen;
Den Cälius und den Palatin beherrschten
Die Frangipani, nahe schon bedrängt
Von den Romani und den Stefaneschi;
Den Aventin besaßen die Savelli,
Die Massimi das Stadium Domitians;
Trajans und Nerva's weite Fora dienten
Als feste Zwingburg dem Geschlecht der Conti;
In dem Theater des Marcellus hausten
Pierleoni, und die Gaetani
Am Grabmal der Cäcilia Metella.
So hatten viele mächtige Barone
In alten Römerbauten ihre Schlösser
Und brachen draus hervor mit ihren Mannen
In ruhelosen Fehden sich bekriegend.
Tannhäuser lernte ihren Hochmuth kennen;
Ein Reiterzug vom stolzen Haus der Conti
Begegnete ihm trutzig, waffenblitzend
Am Tempel der Minerva, und Graf Richard
Ritt tollbreist ihm so nah mit seinem Hengste,
Daß an die Wand gedrückt der Pilger wurde
Und auf ein Witzwort Hohngelächter folgte.
Der Zug ritt weiter, doch in dem Beschimpften
Wallt' heftig auf das heiße Ritterblut:
„Hätt' ich solch einen Rappen unter mir
Und Schwert und Speer, Du solltest büßen, Frecher!"
So grollte er und mußte sich bezwingen, —
Trug er doch jetzt das Staubgewand der Demuth,

Und jener Richard war des Papstes Bruder;
Tief aber fühlt' er die Erniedrigung,
Die er sich auferlegt, er, selbst ein Ritter!

Wo aber war die Macht, die hier von Rom,
Wie einst mit ihren Adlern die Legionen,
Mit Geisteswaffen jetzt die Welt beherrschte
Und die noch nie das Haupt so hoch getragen,
Als eben jetzt? — Sie saß im Lateran.
Papst Innocenz der Dritte war in Dingen
Des Glaubens und des Rechtes wohl geschult,
Ein scharfer Geist mit unbeugsamem Willen
Und herrschbegierig über alles Maß.
Den Streit der Könige im deutschen Reiche
Nutzt' er als kluger Staatsmann, stets bemüht,
Die Hohenstaufen sich zu unterjochen
Und in dem Sinne Papst Gregors die Kirche
Als höchste Gnadensonne hinzustellen,
Sich selber aber auf dem ganzen Erdkreis
Zum einzigen Gebieter zu erheben,
Dem alle Könige gehorchen sollten.
Man sprach von ihm mit Ehrfurcht, ja mit Scheu,
Der Stellvertreter Gottes war der Menge,
In seine hohe Heiligkeit gehüllt,
Nur selten sichtbar, und wer je ihm nahte,
Der stand mit Zittern vor dem festen Manne.
Groß war der Pomp, mit dem er sich umgab,
Den Sinnen bot er gern ein glänzend Schauspiel,
Das bei des Gottesdienstes Amt und Feier
Auf gläubige Gemüther Eindruck machte.
Die Kunst, mißachtet in den alten Resten,
Fand Pfleg' und offne Freistatt in den Kirchen,
Die neugebaut sich in der Stadt erhoben.
Die Porphyrsäulen und die Marmorfriese,

Die man aus Tempeln und Palästen holte,
Sie zierten nun Langschiff, Altar und Kanzel.
Der Steinmetz lernte an den hehren Werken,
Die rohen Formen alter Christenzeit,
Die frommer Sinn mehr, als die Kunst, geschaffen,
Verjüngten sich zu heidnisch freier Schönheit.
Allein das Vorbild wirkte noch zu mächtig,
Und die Apostel, die in gutem Glauben
Der Künstler schuf, sie waren noch Gestalten
Der alten Götterwelt mit Heil'genscheinen;
Die Mutter Gottes dort glich einer Juno,
Und Sanct Johannes wurde zum Apoll.
Doch immer herrlicher ward Schmuck und Zierde;
Ums hohe Chor wob sich ein Glorienhimmel,
Der in musivisch eingelegten Bildern
Auf Goldgrund in den schönsten Farben blinkend
Wie heilverkündend aus der Gottesnähe
Die biblischen Legenden niederstrahlte,
Und Glasgemälde glänzten in den Fenstern
Und warfen bunte Lichter in die Schiffe;
Die Luft schien farbig in den weiten Hallen,
Liebliche Schatten spielten um die Bögen,
Die Säulen und die Säulchen, schlank und grade
Und hier gewunden und mit Laubgefügen.
Nichts war zu kostbar für den Dienst des Höchsten,
Wie ihn zahllose Priester und Prälaten
In prächtigen Gewändern celebrirten.
Tannhäuser blickte auf den Prunk und Aufwand
Mit packender Bewundrung, und er merkte,
Daß eine Macht hier ihre Schwingen reckte,
Die mit des Wunders ahnungsvollem Wirken
Geheimnißreich sich zu umgeben wußte
Und Furcht und Hoffnung, Segen und Verdammniß
Nach ihrem Willen in die Herzen streute. — —

Das war das Rom, wie es Tannhäuser schaute!
Von wechselvollen Stimmungen ergriffen
Durchstreifte er's, bald weihevoll umwittert
Vom Geist der alten großen Römerzeit, —
Bald angezogen und entzückt von Werken
Gepflegter Kunst, wie er sie nie gesehen, —
Bald abgestoßen von dem Ritterthume,
Das hier voll Eifersucht sich selbst bekämpfte
Und nicht wie seins das Schwert für Recht und Ehre
Und für den Sieg der Hohenstaufen schwang, —
Endlich und nicht zuletzt umfaßt, umworben
Von der Gewalt, die stets ihr Ziel im Auge,
Mit Glaubensinnigkeit die Seele lockte,
Mit äußerm Glanz und Schimmer sie berückte,
Mit schweren Strafen drohend sie erschreckte.
Ihm graute vor der unbeugsamen Macht;
Sollt' er doch selber ohne Freund und Rather
Mit seinem schuldbeladenen Gewissen
Bald ihrem stolzen Haupt genüber stehen.
Nah war der Tag, den Innocenz bewilligt,
Des fremden Pilgers Beichte zu vernehmen;
Tannhäuser wußte ihn, und so bereitet,
Von jedes Windes Hauch, der Rom durchwehte,
Bis in das Mark berührt, schritt er ihm zu.

XIII.
Im Lateran.

Die Stunde kam. Es war im Lateran,
Der einer königlichen Hofburg glich.
In jenem großen, prächtigen Palaste
Dicht an der Kirche Sanct Johanns des Täufers
Herrscht' ein lebendig und geschäftig Treiben,
Geheimnißvolle Stille doch umgab
Die Würde und die Wichtigkeit des Thuns,
Die sich in aller Helfer Mienen zeigte.
Prälaten gingen flüsternd ein und aus,
Rath ward gehalten bei verschloßnen Thüren,
Schriftstücke wurden hin und her getragen,
Und Priester, Mönche, Sakristane pflegten
In dienstbeflißnem Eifer ihres Amtes;
Trabanten hielten Wache, Boten ritten
Und trugen Brief und Siegel in die Ferne.
Tannhäuser sah, hier ward das Garn gesponnen
Zu jenem Netze, das die Welt umstrickte,
Und fühlte fröstelnd selbst sich drin gefangen.
Er wartete in zitternder Erregung,
Daß man zum heil'gen Vater ihn beschied,

Der in der reich geschmückten Hauskapelle
Der hohen Päpste ihn empfangen wollte.
Und endlich war's so weit; man winkte ihm,
Daß er in Demuth sich darauf bereite.
Die heil'ge Treppe, deren Marmorstufen
Nie eines Menschen Fuß betreten darf,
Weil Christus sie auf seinem Todesgange
Herniederstieg, die aus Jerusalem
Von des Pilatus Haus nach Rom gebracht war,
Erklomm der Büßende auf seinen Knieen
Auf jeder Stufe ein Gebet verrichtend,
Bis daß er endlich oben die Kapelle
Sancta Sanctorum ehrfurchtsvoll betrat.
Da standen nun zwei Männer vor einander,
Wie selten sie im Leben sich begegnen.
Der Ein' im weichen priesterlichen Kleide,
In dem von Jugend er gemächlich übte
Des Friedens Sanftmuth und des Geistes Schärfe,
Doch jetzt geschmückt mit höchsten Amtes Zeichen;
Der Andre mit den kampfgestählten Gliedern
Im groben Pilgerrocke statt im Panzer.
Der Ein' ein kluger, unumschränkter Herrscher,
Dem sich die Gläubigen der Erde beugten,
Der Andre habelos auf nichts gestellt,
Als auf sein Schwert gestützt und seinen Ruhm,
Den er sich selbst und keinem Andern dankte.
Doch beide stolz und reich an hohen Gaben,
Die Zierde und das Staunen ihrer Tage.
Mit seinem Adlerblick ihn schier durchbohrend
Erkannte schnell der Papst, in diesem Pilger,
Der hoch und heldenhaft mit solchen Augen
Im edlen, bleichen Antlitz vor ihm stand,
Trat ihm kein armer Sünder bloß entgegen,
Der sich um einen Mord verklagen wollte.

Und er begann: „Du hast darauf bestanden,
Nur mir allein die Schuld zu offenbaren,
Die Dich nach Rom trieb und so schwer bedrückt,
Daß Du sie keinem andern Diener Gottes
Vertrauen magst, als seinem Stellvertreter.
Ich habe Deinem Drängen nachgegeben,
Du stehst hier wie vor Gott; nun rede, Fremdling!"
Sodann im Namen der Dreieinigkeit
Des Kreuzes Zeichen vor dem Andern machend
Ließ er in einem offnen Faltestuhle
Mit reichen Bronzelehnen sanft sich nieder.

„Ein Ritter bin ich," hub der Pilger an
Indem er zu des Papstes Füßen kniete,
„Ein Ritter und ein Sänger, heil'ger Vater,
Tannhäuser nennt man mich in meinem Lande —"
„Tannhäuser bist Du!? o so kenn' ich Dich,
Des Hohenstaufen unbezwungnen Kämpfer
Und Walthers von der Vogelweide Freund!
Schon dies ist eine Schuld in meinen Augen;
Doch wenn Du sie bereust —," sprach Innocenz,
Tannhäuser aber schüttelte das Haupt:
„Und wär' sie noch so schwer in Deinen Augen,
Sie ist so leicht wie kaum ein Rosenblättchen,
Gewogen gegen das Gewicht der Alpen,
Vor der, die meine Seele niederbeugt.
Noch hat von keines Beichters bangen Lippen
Dein schauderud Ohr so Schreckliches vernommen,
Als ich Dir jetzo zu bekennen habe,
Doch keiner lag auch nitt so tiefer Reue
Zu Deinen Füßen, als Du mich hier siehst."
„Aus Dir spricht ein geängstigtes Gewissen,"
Engegnete der Papst, „und dieser Eingang
Läßt mich das Ungewöhnlichste erwarten.
Dein Ruhm hat Deine Thaten weit verkündet,

Stets an das Größte hast Du Dich gewagt,
Bist vor dem Schlimmsten nicht zurückgewichen,
Und unvergessen ist Dir, wie vor Jahren,
Das rothe Kreuz auf Deinem Rittermantel,
Für unsern heil'gen Glauben Du gestritten.
Dein Leben blieb mir keineswegs verborgen;
Dem glänzendsten der Ritter und der Sänger,
— Wenn auch bisher noch nicht des Papstes Freund —
Der Alles leichter, als sich selbst besiegt,
Geb' ich in dem, was menschlich Irren heißt,
Gern einen guten Vorsprung schon voraus.
Drum sei getrost! was auch Dich angefochten,
Schließ auf Dein Herz mit allen seinen Sünden
Und sage auch, was Dich dazu verlockte."

„Ich war im Kloster Abamunt in Oestreich
Ein Jahr lang als Novize, doch als Knappe
Ritt ich hinaus, die Minne aufzusuchen.
Ich fand sie auch bei manchem holden Weibe
Und habe ihre Freuden froh genossen,
Wie man vom Strauche sich die Rosen pflückt,
Die Einem frisch und voll entgegen duften.
Und dennoch hatte ich nicht Ruh und Frieden.
Ich bin ein Kind des Glückes und der Liebe,
Das wohl den Vater, nicht die Mutter kannte;
Kein Halt und Habe nannte ich mein eigen,
Als was Natur mir auf den Weg gegeben,
Doch das Verlangen und die Gluth der Sinne,
Die meinen Ursprung im Geheim verschuldet,
Die waren mir als Erbtheil zugefallen.
So trug ich in der Brust ein heißes Herz
Voll Ungestüm und starker Leidenschaft,
Und das begehrte mehr in seinem Drange,
Als Sterblichen gewährt wird und vergönnen.
Die Liebe war's, die dauernd, unvergänglich

Mein Denken füllen, meine Kraft erschöpfen,
Mein ganzes Dasein überströmen sollte.
Das Höchste war sie mir, das Herrlichste,
Was eines Menschen Geist nur ahnend faßt,
Das Süßeste und das Berauschendste,
Was eines Menschen Brust nur bergen kann,
Weit wie die Welt mit allen Himmelskörpern,
Nur reicher noch an Glanz; ach! meine Sehnsucht
Nach eines Weibes schrankenloser Liebe,
Wie ich sie wollte, war sie riesengroß —
Es war mir mehr als Seligkeit auf Erden!
Doch nicht wie die Millionen neben mir,
Die auch in ihrer Gunst sich glücklich schätzen,
Wollt' ich mich ihrer freuen, nein! ich wollte
Ganz anders sie besitzen und verstehen;
Ich wollte hinter jenen Vorhang blicken,
Den undurchdringlich die Natur gewoben,
Jenseits der Grenzen dieser Sinnlichkeit
Wollt' ich, mit ihrem Scheine nicht zufrieden,
Nachspürend in der Liebe Wesen bringen
Und so mich in ihr Innerstes versenken,
Daß des Genusses Ueberschwänglichkeit
Sich mit des Geistes Willen und Erkenntniß
Zu einer Fluth vollkommener Gefühle
Der höchsten Freiheit, reinsten Schönheit mischte.
Das schien die wahre Seele mir der Liebe,
Die suchte ich im Weibe und in mir.
Ich hab' im Leben vieler Frauen Herzen
Auf solcher Liebe Fähigkeit geprüft
Und bin der Fährten heimlichsten gefolgt,
Ihr Denken und ihr Fühlen zu erlauschen.
Doch ach! es war ein müßig Unterfangen;
Denn leichter dräng' ich wohl in nächt'ger Tiefe
Hellsehend bis zum Mittelpunkt der Erde

Und fände mich zurecht in dem Gewirre
Des tausendfach verschlungnen Adernnetzes
Der Urgesteine und der Wasserquellen,
Als sich ein Frauenherz ergründen läßt.
Das aber weiß ich, denn ich hab's erfahren
In ihren Armen: Liebessehnsucht wohnt
Auch in des Weibes lustgeschaffnem Busen.
Warum nun, frag' ich, hüllen sie sich ein
In das Geheimniß ihrer Liebeshuld?
Warum wird Hingebung von ihnen selbst
So heiß gewünscht und doch so kalt geweigert?
Sind Alle Heuchlerinnen denn und meinen,
Mit der Versagung auferlegtem Zwang
Des Reizes Sinnenzauber zu verstärken?
Wie? oder sind sie gar so schwach und scheu,
Daß sie nicht Muth noch Kraft genug besitzen,
Die schrankenfreie Seligkeit der Liebe
Dem Mann zu bieten und von ihm zu fordern? —
So, heil'ger Vater, hab' ich oft gefragt,
Doch eine Antwort hab' ich nie erhalten
Und nie erreicht, was ich so heiß ersehnte.
Da glaubt' ich, daß nur ich so hoher Liebe
Von allen Staubgebornen fähig wäre,
Und wünschte, daß ich einsam wie ein Gott
Nach meiner Wahl und Neigung ohne Fesseln
Die Lust des Irdischen genießen könnte,
Soweit geschaffne Wesen sie bereiten.
Ein Traum —" Tannhäuser stockte im Begriffe,
Das schwerere Geständniß zu vollbringen.
Jedoch der Papst nahm auf das letzte Wort
Und sprach: „Ein Traum, ja wohl! ein Traum, ein Wahn,
Thöricht und sträflich, wider Gottes Ordnung,
Dem abzutrotzen oder abzulisten,
Was er in seiner Weisheit uns verhüllte,

Des Menschen blöder Sinn umsonst versucht.
Wie schlecht hast Du Dein stürmisch Herz bewahrt
Vor falscher Lockung, zügellosen Wünschen!
Von üppiger Begehrlichkeit gestachelt
War Dein wollüstiger Erkenntnißdrang,
Mit dem Du selbst Dich um Dein Glück betrogen.
Verachtest Du die sittig holde Scham,
Die aller Frauen Würde, Schmuck und Schutz?
Und ahnst Du gar nicht, daß in dem Geheimniß
Der Reize süßester sich keusch verbirgt,
Der, wenn verstanden, auch entflohen wäre?
Doch schwerer als solch traurige Verblendung
Wiegt jener andre frech vermessne Wunsch,
Einsam und gleichenlos wie Gott zu sein,
Die Mitgeschöpfe hoch zu überfliegen
Und sie in eitler Selbstsucht der Begierde
Als Beute ungestraft und unersättlich
Genießen wollen ohne selbst zu leiden.
Sündhaft und lästerlich war der Gedanke
Und all Dein Trachten ewig unerreichbar."
„Nicht Alles, heil'ger Vater!" sprach Tannhäuser,
„Das Glück ging nahebei an mir vorüber,
Daß ich schon seinen sanften Hauch verspürte.
Die Liebe zog nun doch in meine Brust
So tief, wie ich es vorher nie erfahren,
Und die ich liebte, glaubte ich geschaffen
Zu meines Herzens Wunsch und Götzenbild;
Was ich geträumt, gehofft, gefordert hatte,
Erfüllbar sah ich's und mich selbst am Ziele.
Mein eignes Ungestüm zerriß den Faden,
Der uns so nah, so nahe schon verknüpfte;
Zurückgestoßen von der Heißgeliebten,
Fiel ich in Nacht und rasende Verzweiflung,
Und das Verhängniß mußte sich erfüllen.

Ein Traum, der meine Mutter in der Nacht,
Da ich geboren ward, umgaukelt hatte,
Betrog mich, denn auf ihn baut' ich mein Schicksal. —
O, heil'ger Vater! wende ab Dein Antlitz!
Es ist so schwer, so fürchterlich zu sagen,
Ich kann Dir dabei nicht ins Auge sehen! —
Nun stand es unverrückbar in mir fest:
Nie fand ich, was ich suchte und begehrte,
Und weil ich es nicht fand im Licht der Sonne,
So sucht' ich's da, wo mir's verheißen war,
Ich sucht' es — sucht' es — in der Hölle Grund!
Zur Teuflin Venus in den Hörselberg,
Ging ich hinein, sie hab' ich angebetet
Und Gott den Herrn verleugnet und verflucht."
Der Papst fuhr jäh zurück sich schnell bekreuzend,
„Unseliger! zur Venus in den Berg?!
Unmöglich ist es ja, Du träumst, Du rasest!"
Tannhäuser barg sein Angesicht in Händen,
Und Thränen netzten die gebräunten Wangen.
„O ungeheure, grause Missethat,
Von eines Menschen Sinnen kaum zu fassen!
Doch weiter! weiter! rede, was geschah?
Was sahst Du in des Hörselberges Tiefe?"
„Erlaß mir's, heil'ger Vater!" bat Tannhäuser,
„Denn die Erinnrung treibt mich in den Wahnsinn."
„Und wenn's Dich triebe! was liegt noch an Dir?!
Wahnsinn ist nichts, ist wie des Windes Hauch,
Der über eine welke Blume streicht,
Vor der endlosen Qual, die Deiner wartet.
Ich will es wissen, Alles, was geschehen,
Du darfst mir nichts verhüllen und verschweigen."
„Das Schlimmste ist gesagt, so sei's auch dies!"
Kam's bebend von des Pilgers bleichen Lippen,
Sein Athem keuchte, seine Augen rollten,

Als säh' er's vor sich aus dem Boden steigen,
Was er bekennen und beschreiben sollte,
Und mühsam sich bezwingend bracht' er's vor:
„Durch eine finstre Höhle an den Ort
Kam ich hinab und rief das Wort,
Den Zauberspruch; das Dunkel schwand,
Und vor mir that sich auf die Wand.
Ich schritt hindurch; der Weg war weit,
Mir war, als hätte Raum und Zeit
Hier für mich aufgehört zu sein,
Als taucht' ich in das Nichts hinein.
Ich sah den Pfad nicht, den ich schritt,
Es war, als ob ich schwebend glitt
Immer tiefer und tiefer in öden Bauen;
Nur Zwielicht war und Nebelgrauen,
Doch wolkenlos wie leere Luft
In eines Weltalls hohler Gruft.
Endlich ein Halt! Es trat hervor,
Körperlich, deutlich stieg es empor
Ein Irgendetwas, — ein großes Schloß
In des Berges unterstem Felsengeschoß.
Mauern und Bögen von schwarzen Quadern,
Glitzernd durchwachsen von silbernen Adern,
Grotten und Gänge, Treppen und Hallen
Schimmernd erleuchtet von rothen Krystallen.
Sonst aber furchtbare Einsamkeit,
Nichts Lebendiges weit und breit.
Schaurige Dämmerung, schreckliche Leere,
Nichts Festes, worauf das Auge ruht,
Als in uferlosem Schattenmeere
Das ragende Schloß und die rothe Gluth.
Todesschweigen — kein Laut verband
Sich dem lauschenden Ohre,
Wenige Stufen hinauf, und ich stand

Vor dem weit offenen Thore.
Aber alsbald beim ersten Schritt
Ueber die Schwelle erdröhnte mein Tritt,
Und es brach mit tosendem Schalle
Wie aus Felsen geschüttelt hervor,
Bis sich's mit rollendem Widerhalle
In unergründlicher Ferne verlor.
Dann wieder Stille; ein innerlich Grauen
Faßte mich an; was wirst du schauen?
Doch ich zog nicht zurück den Fuß
Vor der Tiefe donnerndem Gruß,
Endlich erobert mit trotzigem Muth
Hatt' ich das Land, wo die Minne ruht.
Ich stieg die Treppe im Schloß hinan,
Sphinxe schauten mich fragend an,
Die lagen dort, aber nicht von Stein,
Sie schienen wahrhaft lebendig zu sein,
Doch regungslos, jede ein üppiges Weib
Mit Löwentatzen und Löwenleib.
Und weiter schritt ich durch Saal und Gemach,
Da hingen Ampeln von Decke und Dach,
Die Wände Perlmutter belegte,
Drauf flimmert' es, flackert' es, tropfenbethaut,
Wie schuppiger Nattern buntschillernde Haut,
Als wenn es sich ringelnd bewegte.
Und überall war eine funkelnde Pracht,
Von Zwergen geschmiedet, von Geistern erdacht,
An Gold und Edelgesteine;
Da standen Säulen mit ehernem Fries,
Von Marmor glänzte der hohe Karnies
Und Hausrath mit blinkendem Scheine,
Geschirr und Gefäße silberblank
Mit strotzenden Früchten und würziger Trank
In Kannen und güldnen Pokalen.

Da wob sich von gleißenden Blüthen ein Grund
Auf weiter Gestelle gefälligem Rund
Und in köstlich geschliffenen Schalen.
Doch das war nicht irdischer Blumen Blühn,
Rosen, Narcissen, Violen
Hatten ein seltsam Farbenglühn
Tief in den Kelchen verstohlen,
Hatten kein unschuldig Blumengesicht,
Wie mit verliebten Augen
Blickten sie um sich, das zitternde Licht
Lüstern begehrlich zu saugen.
Schmeichelnd strömte ihr Duft auf mich ein,
Füllte mich ganz mit Verlangen,
Goß mir Wollust in Mark und Gebein,
Trieb mir das Blut in die Wangen.
Aber wo war sie, um die ich nur
War in die Tiefe gekommen?
Denn noch hatte ich keine Spur
Von ihrem Dasein vernommen.
„Venus!" rief ich in das Schweigen hinein,
„Laß mich in Freuden Dich finden,
Ewig will ich Dein eigen sein,
Kannst Du mit Minne mich binden!"
Und horch! es umschwirrte mich Elfengesang,
Als ob er aus alle den Blumen erklang,
Ein süßer, bestrickender Reigen,
Und über mir schwangen wie Schmetterlingstanz
Sich Rosen in offen beweglichem Kranz,
Vorschwebend den Weg mir zu zeigen.
Ich folgte den lieblichen Gauklern der Luft,
Dem zaubrischen Spiel und dem fächelnden Duft
Und den lockenden, leitenden Tönen.
So führten sie mich in entlegenen Raum,
Nur spärlich erhellt, es konnte sich kaum

Der Blick an die Dämmrung gewöhnen.
Vor einer Nische in spiegelnder Wand
Geheimnißverhüllend ein Vorhang sich fand,
Zu bauschigen Falten geweitet.
Dem strebten die leuchtenden Rosen zu
Und sanken da nieder und lagen in Ruh,
Zum lustigen Teppich gebreitet.
Ich stand mit klopfendem Herzen davor,
Sollt' ich es öffnen, das winkende Thor?
Doch wie ich zum Vorhang gewendet,
Entschlossen die zitternde Hand erhob,
Er rauschend vor mir auseinander stob —
In Schrecken stand ich, geblendet!
— O heiliger Vater, Du sahest sie nicht!
Geh mit dem Sünder ins Gericht,
Ich bin ein Mensch und die Schuld ist mein,
Mag Gott der Allmächt'ge mir gnädig sein!
Das aber war stärker, als Menschenmacht;
Was ich gefühlt, was ich gedacht,
Ich weiß es nicht mehr, ein bebender Schrei
Rang sich mir aus dem Busen frei.
Da ruhte das unvergleichliche Weib
Auf purpurnem Lager in Wonnen,
Ruhte mit dem entzückendsten Leib,
Den Himmel und Hölle ersonnen.
Kein Schleier hüllte die Herrliche ein,
Von rosigem Glanze umfluthet
Lag sie wie gemeißelt aus Elfenbein,
Von Liebesverlangen durchgluthet.
Sie war sich in siegender Schönheit bewußt
Des Weibes durchschauernder Süße
Und athmete mit der schwellenden Brust
Mir wallende, sehnende Grüße.
Und wie sie lächelnd mit rothem Mund,

Mit Augen, mit ihren Augen — —
Ach! ich will in der Hölle Grund
An diesem Blicke noch saugen!" —

Tannhäuser war im Eifer aufgesprungen
Mit heißen Wangen und von Kopf zu Füßen
In allen Fugen seines Baues zitternd.
Doch wie der mähnenschüttelnde gereizte Löwe
Von seinem Bändiger bewältigt wird,
So beugte vor dem furchtbar ernsten Blicke
Des großen Papstes sich der Gluthentflammte.
„Du sankst ihr in die Arme —?" — — „Ja! ich that es! —
Ich habe geruht in der Göttin Arm
Umschlingend sie und umschlungen,
An ihrem Körper, weiß und warm,
Von minnigen Freuden bezwungen.
Ich habe ihren Athem gefühlt
Und der schmiegsamen Glieder Schwellen,
In ihren Locken hab' ich gewühlt
Wie in weichen, zerfließenden Wellen.
Ich küßte und küßte ihr Wangen und Mund,
Die Stirn, die geschwungenen Brauen,
An ihrer Reize bestrickendem Bund
Wußt' ich nicht satt mich zu schauen.
Und als wir uns müde geherzt und gehegt
Mit Küssen und Kosen und beide
In seligem Rausche der Ruhe gepflegt
Auf dem üppigen Lager von Seide,
Da — laß mich besinnen, was nun geschah,
Es liegt mir so fern und dünkt mich so nah' —
Da tönte Musik, doch wußt' ich nicht wo,
Sie weckte und rief und lud uns so froh
Zum laulich erfrischenden Bade.
Es öffnete selbst sich verborgene Thür

Zur Rechten, zur Linken, wir schritten hinfür
Zum spiegelnden Marmorgestade,
Und wieder vereinigt im schimmernden Saal
Sind wir zum fröhlich erquickenden Mahl
In festlichem Schmucke erschienen.
Und dann —? dann ward es lebendig im Schloß,
Es nahte von Zwergen ein wimmelnder Troß,
Behende bei Tafel zu dienen.
Von Nymphen und Gnomen nun gab es Gedrang,
Und Jauchzen und Jubel und Lachen erklang
Bei Bechern und Blumen in Fülle,
Es schwebten in spielend geschmeidigem Tanz
Liebreizende Mädchen, der Jugend Glanz
In luftig gewobener Hülle.
Und wilder und wilder wogte der Schwarm,
Hier wurde getollt und gesprungen,
Dort hielt manch kecker, verwegener Arm
Manch blendenden Nacken umschlungen.
Es tobte die Lust in Frau Venus Haus,
Als gält' es die Welt zu vergäuden,
Man schäumte in offenem Saus und Braus
Und schwelgte in heimlichen Freuden.

Da winkte die Falsche, ich folgte ihr nach
In ihr verschwiegenes Minnegemach
Zu neuem verstohlenen Glücke,
Nicht ahnend die teuflische Tücke.
Ich saß vor ihr auf der Tigerhaut,
Von ihren Lippen kam kein Laut,
Sie ruhte lässig und lauschte und sann,
Als ob sie tiefe Gedanken spann.
Sie stützte den runden Arm ins Genick,
Aus ihren Augen mit lauerndem Blick
Drang unheimlich wechselnd Gefunkel,

Bald grünlich leuchtend, bald dunkel.
Bald blinzelnd unter den Wimpern versteckt
Hat mich ihr schmelzender Blick geneckt,
Bald eisig wie Nord und falsch wie Gift,
Wie eines Dolches Spitze trifft.
Mich überlief es heiß und kalt
Vor dieser zwingenden Augen Gewalt.
Dann nickte sie wieder so minniglich hold,
Und alle Reize in ihrem Sold
Ließ sie, mein Herz zu gewinnen,
Spielen vor meinen Sinnen.
Verführerisch glänzte die schöne Schlange,
Dehnte und wand sich zum listigen Fange,
Regte und reckte zum leisen Umschlingen
Lilien und Rosen in gleißenden Ringen.
Jede Bewegung von Kopf zu Fuß
War wie ein schmachtender Sehnsuchtsgruß,
Liebäugelnd lächelnd sah sie mich an:
Hast Du nicht Augen, glückseliger Mann?

Und plötzlich trug sie — ich sah es genau —
Die Züge von der geliebtesten Frau,
Die mir das Glück auf Erden hieß,
Und die ich allein um sie verließ!
Sie schaute erröthend und süß verwirrt
Wie Alles gewährend, um was ich gegirrt,
Dann wieder mit einer verzehrenden Gluth,
Daß mich umzüngelte feurige Fluth,
Davon ich durchrieselt ward, durchrollt, —
Bis sie mich hatte, wo sie gewollt!
Bis ich von ihren Künsten besiegt
Endlich lag ihr zu Füßen geschmiegt,
Daß ich mit Händen ihr Knie umschlang
Und mir der Ruf aus dem Herzen drang:

„Venus! vom Himmel sag' ich mich los
Und von Weibesliebe auf Erden,
Nur ruhend in Deinem blühenden Schoß
Will einzig ich selig werden.
Den Göttern da oben, Vater und Sohn
Und dem Geist will den Rücken ich kehren,
Wenn Du hier unten der Minne Lohn
Mir giebst nach meinem Begehren.
Ich fluche der Jungfrau mit Engelsleib,
Der Satan mag um sie werben,
In Deinen Armen, unsterbliches Weib,
Soll meine Seele verderben.
Venus! o Venus! Dich bete ich an,
Allmächtigste aller Frauen!
Laß mich in Ewigkeit fortan
Dir in die Augen schauen,
Laß endlos in unsäglicher Lust
Deines Mundes Küsse mich trinken,
Laß schwelgend an Deiner wogenden Brust
Mich trunken von Wonnen versinken,
Und schwöre mir strahlenden Angesichts,
Daß Du mich zum Gesellen erlesen,
Tannhäusers Liebe gleichet nichts,
So liebt kein sterbliches Wesen!"
Da schnellte die Schlange vom Lager empor,
Es schossen, wie sie nun schaute,
Aus ihren Augen Blitze hervor,
Daß mir vor der Schrecklichen graute.
„Du mein Gesell der Unsterblichkeit?
Zu elend, als daß ich in Ewigkeit
Nach Deinem Gewinsel was früge!
Du drangst zu mir, ich rief Dich nicht,
Was willst Du vor meinem Angesicht?
Du findest doch nimmer Genüge.

Weß Du Dich vermessen für Dich allein,
Hat jeder Wurm mit Dir gemein
In niedrig gebornen Gefühlen;
Ihr seid geschaffen mit schwindender Kraft,
Daß Euch zeitlebens voll Leidenschaft
Begierden und Schmerzen durchwühlen.
Und weißt denn Du, was Wonnen sind?
Die höchste kommt und geht geschwind —
Süß wie der Tod!
Wenn Dich des Lebens letzter Hauch
Durchzuckt und in ein Wölkchen Rauch
Die Flamme verweht, die in Dir gebrannt,
Dann weißt Du es, wie nah verwandt
Der Liebe und des Todes Wonnen,
Die kaum gefühlt ach! schon verronnen —
Genug! für Dich ist's schon zu viel,
Verloren bist Du, verloren Dein Spiel,
Verdammt und um den Himmel gebracht,
Verfallen bist Du der Hölle Macht, —
Auf Wiedersehn in ihrer Nacht!"...

Fort war sie, und in betäubendem Chor
Brach höhnisches, höllisches Lachen hervor,
Es schmetterte, wieherte, gellte;
Und Zwerge und Nymphen in wirbelnder Hast,
Es dröhnte und klirrte der ganze Palast,
Als ob er zu Scherben zerschellte.
Es bebte der Berg wie von Stoßes Gewalt,
Der Boden zerriß, breit klaffte ein Spalt,
Und hochauf schlugen die Flammen,
Von Blitzen durchzuckt, von Donner umkracht,
Vor meinen Augen ward es Nacht,
Bewußtlos sank ich zusammen. —

Als ich wieder zu meinen Sinnen kam
Mit fiebernden Pulsen, an Gliedern lahm,
Wußt' ich mich kaum zu fassen.
Ich lag bei des dämmernden Tages Schein
Verstört in der Höhle feuchtem Gestein,
Von Gott und Menschen verlassen."

Tannhäuser schwieg erschöpft, in sich gebrochen;
Zu Ende war die sündenschwere Beichte,
Und eine fürchterliche Stille schwebte.
Mit finstrer Stirne, fest geschlossnen Lippen,
Die mächtige Erregung niederkämpfend,
Die bei der Schilderung auch ihn ergriffen,
Erhob sich Innocenz von seinem Stuhle,
Und stand nun drohend wie des Himmels Rächer
Vor dem, der reuig ihm zu Füßen kniete.
Tannhäuser fühlte es, und einen Blick
Unsicher, scheu zu seinem Richter wagend,
Mußt' er erschreckt die Wimper wieder senken
Und flüsterte mit Bangen: „Heil'ger Vater,
Ich bitte Dich in meiner Noth und Drangsal
Um Gnade und Vergebung meiner Sünden!"
„Nein! keine Gnade!" donnerte der Papst,
„Nicht hier, nicht dort in alle Ewigkeit!"
„Du warst mein Trost und meine letzte Hoffnung,
Verhänge über mich die schwerste Buße, —"
„Hinweg! laß mich! ich kann Dich nicht erlösen!
Pact mit dem Teufel, Buhlschaft mit der Hölle
Macht keine Buße wett!" rief Innocenz.
Tannhäuser aber flehte: „Heil'ger Vater!
Laß mich an Gottes Gnade nicht verzweifeln!
Du kannst mich retten; wenn Du für mich bittest,
Wird mir vergeben, und ein Wunder öffnet —"

„Nein! nein! um Deinetwill'n geschieht kein Wunder,
Und kein Gebet für Dich bringt in den Himmel.
Sieh diesen Stab von einem Dornenstrauche;
So wahr und so gewißlich dieser Stecken
Nie wieder Blätter oder Blüthen treibt,
So wahr bleibst Du verdammt in Ewigkeit!"
Und auf's Gewaltigste erschüttert eilte
Der Papst wie eines Pesthauchs Nähe fliehend
Durch eine Seitenthür aus der Kapelle
Und ließ den Ringenden im Staube liegen. — —

Des Grabes Schweigen herrschte in der Runde,
Und matte Dämmrung schmiegte sich umher
An den Gewölben und den schlanken Säulen,
Als lauschte Alles noch in Schreck und Scheu.
Da brach durch's Fenster in der hohen Wandung
Ein Sonnenstrahl gleich einem goldnen Balken
Und fiel gerade auf des Sünders Haupt,
Das regungslos auf Marmorplatten ruhte.
Tannhäuser fühlte bald die milde Wärme,
Als ob ihn leise eine Hand berührte:
Steh auf! geh hin! die Sonne scheint auch Dir!
Er wandte sich und blickte auf zur Kuppel, —
Da funkelte ein köstliches Musiv
In hellem Glanz, der jetzt den Raum erfüllte;
Die heil'ge Jungfrau saß auf einem Throne
Und schaute freundlich ernst auf ihn hernieder,
Und Engelsköpfchen, dicht gedrängt, mit Flügeln
Umschwebten sie wie eine lichte Wolke
Und lächelten aus frommen Kinderaugen.
Tannhäuser sah's — und schüttelte das Haupt;

Kein warmer Sonnenstrahl, kein Blick von oben
Drang jetzt in seiner Seele düstre Nacht,
Sein Herz war hart geworden und verschlossen,
Die eine Stunde hatte ihn verwandelt.
Er sprang empor und wild die Faust erhebend
Zur Thür, durch die der Papst hinausgeschritten,
Rief er, daß vom Gewölb es widerhallte:
„Fluch mir! Fluch Dir und Deines Himmels Gnade!
Fluch Allem, was die Hoffnung lügt und trügt!
Ich werfe zwischen uns die Pforte zu!"
Und donnerkrachend fiel die erzne Thüre
In Wuth geschleudert hinter ihm ins Schloß.
Tannhäuser stürmte, sie mit Füßen tretend,
Die heil'ge Treppe Sprung auf Sprung hinunter,
Daß, die es sahen, wie versteinert standen,
Und floh hinaus — er wußte nicht wohin.

XIV.

Unter Trümmern.

In den Ruinen auf dem Palatin
Verbrachte der Verstoßne manche Tage
Mit dumpfem Brüten, Nahrung kaum genießend.
Der Trotz war abgekühlt in Nachtgedanken,
Und nach der Leidenschaft kam die Besinnung,
Die Gottesfurcht und die Gewissensangst.
Doch wenn er seiner Beichte wieder dachte
Und jener Stunden Qual im Lateran,
Dann wie ein Brandmal fühlte er die Schmach,
Die er, der Ritter, dort erdulden mußte,
Und daß er sich umsonst erniedrigt hatte;
Hätt' er's gewußt — so sagte er sich jetzt —
Nie hätt' er vor dem Papste sich gebeugt.
Inmitten großer Trümmer saß er einsam,
Und die verstreuten still betrachtend sprach er:
„Bin auch nur noch ein Bruchstück meiner selbst,
So ein zerstörter und verfallner Tempel,
Kaum daß die Weiheschrift noch lesbar ist.
Da liegen Stolz und Muth wie diese Giebel,
An denen hohe Götterbilder prangten;

Da liegt die Kraft zerschmettert und zerbrochen
Wie diese Säulen, die zum Himmel strebten;
Nahbei verwittert meines Sanges Kunst,
Und jene Nesseln überwuchern dort
Der Liebe umgestürzten Opferaltar.
Was wäre wohl die Inschrift meines Lebens?
Der Minne Sang und Sehnen!? ach! den Spruch
Auf meines Schildes Rand, den löscht' ich aus,
Der liegt begraben in des Rheines Fluthen.
Die Inschrift oder Grabschrift könnte lauten:
Er war nicht mit der Wirklichkeit zufrieden
Und glaubte mit der Lust die Kraft zu haben,
Die Welt nach seinen Wünschen sich zu schaffen;
In Sang und Sehnen wollt' er sie verklären,
Die Minne sucht' er mit zu hohem Meinen,
Und in des Herzens und der Sinne Gier,
Unfaßliche Gefühle zu ergründen,
Griff er im Staube fußend nach den Sternen."

Doch mit den Tagen wechselte die Stimmung,
Tannhäusers Schmerz fand Ruhe in Ergebung
Und löste sich in milde Wehmuth auf.
Nur wenn er hoffnungslos der Zukunft dachte,
Ergriff ihn wieder seines Elends Jammer
Und trieb ihn aufgescheucht straßauf, straßab.
Und seltsam! wenn er ziellos Rom durchirrte,
Verfolgt von düstern Ahnungen und Träumen,
So brachten unwillkürlich seine Schritte
Ihn immer wieder an den Lateran.
Nicht daß er hier noch irgend etwas suchte,
Daß er dem Papste hier begegnen mochte,
O nein! er schalt sich selbst und war erschrocken,
So oft er auf dem Abweg sich ertappte;
Und dennoch zog ihn eine fremde Macht

Unwiderstehlich und unwissentlich
An diesen Ort, dem er voll Haß entflohen,
So wie's den Mörder, sagt man, immer wieder
An seines Mordes grause Stelle treibt.
Einst fand er wieder sich vor dem Palaste
Und kehrte mit sich selber zürnend um
Und kam, auf seinen Weg nicht weiter achtend,
Zur nahen Aqua Claudia, die von hier
Sich meilenweit ins flache Land erstreckt.
Da glich wohl einem Garten die Umgebung,
Doch ohne Pflege, zur Natur verwildert.
Der Frühling aber blühte allerwegen,
Die Bäum' und Sträucher hatten frisches Laub,
Und tausend Blumen dufteten im Grase;
Bis in die Wipfel hoher Eichen rankten
Sich Rosen, die in voller Blüthe standen,
Und Vöglein flatterten von Ast zu Ast.
Der Wasserleitung breite Bögen waren
Rundum so dicht von Eppich übersponnen,
Daß vom Gemäuer nichts mehr sichtbar blieb,
Und durch die Wölbungen und Blätter schaute
Italiens klarer, dunkelblauer Himmel;
Im Tiefland lag die sonnige Campagna,
Und fernher glänzten die Sabinerberge.
Der Trauervolle hatte keinen Sinn
Für all das Blühen um ihn her, allein
Der Frühling drängte sich an ihn heran,
Lag ihm mit leisem Flüstern in den Ohren
Und haucht' ihm Trost und Hoffnung in die Seele.
Tannhäuser wachte auf aus seinem Grübeln,
Sah seinen alten, ewig jungen Freund,
Den Frühling neben sich und schaut' ihn an
Von rechts und links, auf seine Rosenwangen,
Sein grünes Kleid und in die Veilchenaugen.

Und tief aufathmend sprach er zu sich selber:
„Verjüngt sich doch die Erde jedes Jahr,
Kann es der Mensch denn nicht, wenn er es will?
Viel, viel liegt hinter mir, und vor mir harret,
Wer weiß wie fern, wer weiß vielleicht wie nahe,
Das Schrecklichste, das Grausenvollste meiner,
Was Menschenherzen zittern machen kann,
Die Ewigkeit des rettungslos Verdammten.
Mit jedem Schritte geh' ich ihr entgegen
Und muß ins Unabwendliche mich fügen,
Allein die Furcht vor jenem dunkeln Jenseits
Soll mir die Lust am Dießseits nicht vergällen.
Gott der Allwissende sieht meine Reue,
Und kein Gefühl ist bitter über diesem;
Was aber Arges auch ein Mensch gethan,
Und was er Unerhörtes auch erduldet,
Nie kann es doch sein Dasein ganz zerbrechen,
Der Muthige ist stärker als sein Schicksal.
Find' ich vor Gott und Menschen keine Gnade,
Bin ich verlassen denn und ausgestoßen,
Freundlos und habelos, so bin ich dennoch
Noch nicht so tödtlich in die Brust getroffen,
Daß ich nicht tapfer weiter leben könnte,
Bis ich hinab muß an den Ort der Qualen.
Es giebt noch Arbeit für ein gutes Schwert
In König Philipps heißem Vordertreffen,
Er nimmt mich auf, ich kenne seine Huld.
Und bläst das Heerhorn Waffenruh und Frieden,
So weiß ich noch ein Andres zu vollbringen,
Wozu im Herzen das Gelüst sich regt.
Du Geist des alten Roms, der mich umweht,
Der hier aus grauen Steinen zu mir redet,
Marmor und Rosen überall mir zeigt,
Du lehre mich, die höchste Kraft zu brauchen,

Zu schaffen und zu bauen, was im Sturme
Auch nach Jahrtausenden noch aufrecht steht!" —
So sprach der Sänger und versank in Sinnen
Und wußte nicht, wie lang' er so gesessen,
Als schon das Abendroth die Berge glühte.
Mit einem Mal im dämmernden Gebüsche
Hub eine Nachtigall ihr schmelzend Lied.
Tannhäuser horchte, lauschte ihrem Sange,
Und wärmer, weicher ward es ihm ums Herz;
So sang sie auch in seinem Vaterlande
Daheim im grünen Walde an der Donau,
Wo er so manches Mal auf sie gehört
Mit — ach! mit einem holden, lieben Mädchen.
In seinem ritterlichen Wanderleben
Hatt' er des braunen Vögleins nicht geachtet;
Jetzt sang's zu ihm, als spräch' es seine Sprache
Und riefe ihm der Heimat Grüße zu,
Die er verloren und vergessen hatte.
Ihm ward zu Muthe, als wenn aus den Büschen
Dort seine Jugend wieder vor ihn träte
Und schaut' ihn an und lächelte und winkte;
Da in das Herz flog ihm ein süßes Weh
Und setzte sich drin fest, nahm Rast und Ruhe
Und gab ihm dafür Unruh und Verlangen,
Bis daß er aufsprang und in Sehnsucht rief:
„Dank euch, ihr wunderbaren Frühlingsmächte,
Die ihr an trautem Band mich aufgerichtet!
Ich folge euch, ich will die Schritte wenden
Und meine liebe Heimat wiedersehn!"

XV.

Auf Burg Kürenberg.

Ein Maitag war's, doch trüb und rauh,
Ein feuchter Wind durchfuhr den Gau,
Die Donau wälzte ihre Wogen,
Von Dunst und Nebel überzogen.
Da trat zum Burgherrn ins Gemach
Auf Kürenberg ein Knecht und sprach:
„Ein Pilger, Herr, ist eingekehrt,
Der selber Euch zu sehn begehrt."

„Sag ihm, ich ließe mich nicht sehen,
Macht ihn gut satt mit Speis' und Trank,
Dann heißt ihn, seiner Wege gehen,
Und spart mir seinen Bettlerdank."

„Ja, Herr, den kriegen wir nicht fort,
Zum Betteln scheint er nicht gekommen,
Sein Blick ist seltsam und sein Wort
Klingt wie Befehl dem, der's vernommen."

„Sein Name?" — „Will er uns nicht sagen,
Euch kennt er, und man sieht's ihm an,
Er muß ein schwer Geheimniß tragen
Für Euch allein." — „Bring her den Mann!"

Bald stehn sich gegenüber beide
Und schau'n sich forschend ins Gesicht,
Zum Bärtigen im Pilgerkleide
Der Burgherr spricht: „Ich kenn' Euch nicht."
„Doch, mein Erwin! ist auch verstrichen
Manch Jahr seit jenes Tages Schein,
Da beide heimlich wir entwichen,
Den König Richard zu befrei'n."
„Heinz! o mein Heinz! Dich hab' ich wieder?
Sei mir willkommen tausendmal,
Freund meiner Jugend, Held der Lieder
Und aller Frauen Sonnenstrahl!"
Sie hielten innig sich umschlungen,
Und dann brach los der Fragen Strom:
„Was hat Dich in den Rock gezwungen?
Wo kommst Du damit her?" — „Aus Rom!"
Sprach ernst Tannhäuser, „und verschweigen
Will ich Dir nichts, noch Schuld, noch Leid,
Der Rock hier ist mein einzig Eigen;
Erwin, — gieb mir ein ander Kleid!
Mich trieb's zurück am Pilgerstabe,
Der Heimat wieder nah zu sein,
Vergessend, daß ich keine habe,
Der Kürenberg war mir's allein."
„War, Heinrich? war? ist's noch! ist's immer!
Komm, plündre meine Kleidertruh
Und wähle selber Dir ein Zimmer
Und Schwert und Pferd und bleib in Ruh!
Im Reich ist Friede, nichts zu streiten,
Nun gönne Dir und mir die Rast,
Du bist, bis wir mal wieder reiten,
Hier auf der Burg mehr, als ein Gast."
Wie sie sich da mit Augen maßen,
Da schallte freudig Hand in Hand,

Und als sie dann beim Trunke saßen,
Trug Heinrich ritterlich Gewand.
Und als sie sich in später Stunde
Erhoben, um zur Ruh zu gehn,
Da wußt' Erwin aus Heinrichs Munde
Schon Alles, Alles, was geschehn.

Tannhäuser fühlte sich so leicht,
Nachdem er sich dem Freund vertraute,
Der Trost und Zuspruch ihm gereicht,
Daß es wie Eises Rinde thaute
Von dem, was ihn so schwer beklommen.
Halb war die Last ihm nun genommen,
Fast froh gestimmt ließ er sich führen,
Wo man ihm sein Losier gemacht,
Und nahm der Treppen und der Thüren
Auf seinem nächt'gen Weg nicht Acht.
Ein Zimmer, freundlich und geräumig,
Umpfing ihn bei der Leuchte Schein,
Doch nicht in langem Umschau'n säumig,
Schlief schnell der Wandermüde ein.
Früh weckte ihn der Sonne Flimmer,
Die klar und goldig sich erhob
Und überm Bett mit rothem Schimmer
Ein elfenbeinern Kreuz umwob.
Betroffen fuhr empor der Wache, —
Glänzt' es nicht grad' so an der Wand,
Als er in einem Burggemache
An jenem Abschiedsmorgen stand?
Dort jener Vorhang von Brunate —
Dort der gemalten Scheiben Gluth —
Er war in Irmgards Kemenate!
Er hatt' in Irmgards Bett geruht!
Jetzt kannt' er Alles, wie er spähte,

Die Balken, den Kamin von Stein,
Das Holzgetäfel, das Geräthe,
Den Eichentisch, den braunen Schrein.
Hier hatte sie gewohnt, gewaltet,
Hier war er manches Mal mit ihr,
Er sah es noch, wie sie geschaltet
An jedem Platze, dort und hier;
Er sah sie stehen, sah sie gehen
Mit ihrem schnellen, festen Gang,
Er spürte ihres Athems Wehen
Und hörte ihrer Stimme Klang.
Ihm war, als ob er auf sie warte:
Wo bleibst Du denn? kommst Du denn nicht?
Er lauschte, ob die Thür nicht knarrte,
Ob nicht ihr rosig Angesicht
Herein säh' und ihm schelmisch nickte
Und rief und lachte toll und wild, —
Hervor aus jedem Winkel blickte
Das blühend holde Mädchenbild.
Und weiter flogen die Gedanken
Dann von der Knosp' im Frühlingsthau
Zur vollen Rose hin und sanken
Zu Füßen der geliebten Frau.
Tannhäuser dachte jeder Stunde,
Auf Scharfenberg mit ihr verlebt,
Wie Aug' in Auge, Mund auf Munde
Sie zu einander da gestrebt.
So Irmgard nah und Irmgard ferne,
Ein doppelt Bild, ein einz'ger Klang,
Zwei schöne, goldne Lebenssterne,
Beim Aufgang und beim Niedergang.
Und er — auf ihrer Väter Schlosse,
In ihrem Wohnraum stand er hier,
Und Reue war sein Schlafgenosse,

Nur seine Schuld schied ihn von ihr.
„O leuchte mir, du Kreuz von Beine,"
Sprach er, „auf dem ihr Blick verweilt!
Von seinem schwächsten Wiederscheine
Wär' ich getröstet und geheilt."
Er trat ans Fenster, blickte nieder
Auf Wald und Strom und Flur und Feld,
Ein Falke sonnte sein Gefieder,
„So wohl dir, du beschwingter Held!"
Da kam Erwin: „Ich muß doch sehen,
Wie Du geruht die erste Nacht;
Kannst Du denn Wetterfahnen drehen?
Du hast uns Sonnenschein gebracht."
Tannhäuser mit beredtem Schweigen
Wies aufs Gemach; da sprach Erwin:
„Ja so! hast Recht! es war ihr eigen,
Willst Du ein anderes beziehn?
So angeordnet hat es gestern
Mein liebes Weib, die nicht gehört, —
Es ist von unsern stillen Nestern
Das traulichste, doch wenn Dich's stört —"
Da schüttelte der Stillbeglückte
Und reichte seinem Freund die Hand
Als wie zum Danke hin und drückte
Und lächelte, Erwin verstand.
Nun wollten sie hinunter schreiten
Zur Halle, und Tannhäuser frug:
Hast Du kein rohes Pferd zu reiten?
Wenn es nur wild und scheu genug!"
„Doch! einen Hengst hab' ich im Stalle,"
Versetzt' Erwin, „noch ungezähmt,
Er brachte Manchen schon zu Falle,
Sein Trotz macht alle Kunst beschämt."
„O laß ihn satteln!" bat der Ritter,

„Ich muß mich tummeln, muß hinaus!
Wär' er wie Sturm und Ungewitter,
Gebändigt bring' ich ihn nach Haus.
Und fragt mich nicht nach meinem Bleiben,
Laßt mir in meiner Launen Spiel
Der nächsten Tage Thun und Treiben,
Die Wege weiß ich und ihr Ziel."

Im Burghof nach dem Frühmahl harret
Der Hengst gesattelt und gezäumt,
Und wie er mit dem Hufe scharret,
Die Nüstern bläst und knirscht und schäumt,
Freut sich Tannhäuser, greift die Zügel
Und schwingt sich fröhlich in die Bügel,
Grüßt ritterlich herab und reitet,
Von Aller Blicken noch begleitet.
Erwin ruft ihm noch zu: „Gut Glück!
Und komm' mir auch gesund zurück!"
Doch der des Freundes Sorge sah,
Tannhäuser lacht: „Drum reit' ich ja!" —
„Wie soll ich dieses Wort verstehen?"
Frug Frau Gerlinde den Gemahl,
„Ist er denn krank? was ist geschehen?
Mir scheint er wie ein Mann von Stahl."
„Laß, Liebe," bat Erwin, „das Fragen,
Bis von der Schwermuth er befreit,
Erinnrung aus den Jugendtagen
Treibt ihn hinaus in Einsamkeit.
Ich weiß, er will den Wald durchschweifen
Nach manchem alten Lieblingsplatz,
Wo wir dereinst auf unsern Streifen
Oft ausgeruht nach wilder Hatz."
Die Burgfrau schwieg, gedenk der Tugend,
Die Anderer Geheimniß ehrt,

Und über beider Freunde Jugend
Von ihrem Gatten längst belehrt.
Erwin sah recht; so trieb es weiter
Noch manche Tage sein Genoß,
Doch immer freier ward der Reiter,
Und immer zahmer ward das Roß.
Und endlich war es ganz gelungen,
Tannhäuser hatt' den Hengst am Zaum
Und auch den eignen Schmerz bezwungen,
Der still versank gleich einem Traum.
Einst kehrt' er aus dem Walde wieder:
„Erwin," sprach er, „nun ist's gethan,
Ich habe meine Ruhe wieder,
Du aber höre meinen Plan.
Ich will nicht müßig bei Dir liegen
Und Deine Wetterfahne drehn,
Giebt's nichts zu kriegen und zu siegen,
So soll doch hier ein Werk entstehn,
Das ich schon lang' im Kopfe wende
Mit unbezwinglich heißem Drang,
Gott schenke mir, daß ich's vollende
In herzerschütterndem Gesang!
Gedenkst Du noch der alten Mären,
Die uns Herr Konrad einst, Dein Ahn,
Mit klugem Deuten und Erklären
Erzählte hier beim Winterspan?
Von kühner Recken Fahrt zur Ferne,
Von Thaten unter Helm und Schild,
Von König Dieterich von Berne,
Vom hürnen Siegfried und Brunhild?
Ich habe sie wie ein Vermächtniß
In meinem Herzen treu bewahrt
Und sie zu bleibendem Gedächtniß
Wie Geister um mich her geschaart.

Des Minnesehnens Lerchenschmettern
Hab' ich wie Mehlthau abgestreift,
In meines Lebens schweren Wettern
Ist mir der Seele Kraft gereist.
Denn nicht umsonst hab ich gestritten,
Geöffnet hat es mir den Blick,
Mir hat gespart, was ich gelitten,
Zu einem Schatze das Geschick.
Was mir in kurzen Erdentagen
Begegnet ist auf meinem Gang,
Das will ich mit den alten Sagen
Verflechten nun zu einem Strang.
Der Liebe Glück, des Hasses Grollen,
Der Völker Streit, der Helden Strauß,
Des großen Schicksals Donnerrollen,
In meinem Liede kling' es aus!
Erwin! Erwin! jetzt will ich schaffen,
Nun gieb mir Pergament und Rohr,
Der Kürenberg erdröhnt von Waffen,
Burgunden schreiten durch das Thor!"

Tannhäuser saß in Irmgards Sessel,
An Irmgards Tisch und sann und schrieb
An strömender Gedanken Fessel,
In neu erwachtem Schaffenstrieb.
Waldblumen schmückten überm Bette
Das Crucifix zu Irmgards Ruhm,
Oft seiner Blicke Wallfahrtsstätte
In seinem stillen Heiligthum.
Er fühlte sich an dieser Stelle
Von der Geliebten Geist umweht,
Die wohl in ferner Klosterzelle
Auch seiner dachte im Gebet.
Er glaubte, Alles, was er schriebe,

Das sähe und das weihte sie,
Daß eine treue, heil'ge Liebe
Ihm der Begeistrung Schwingen lieh.
Die erste Strophe schrieb er nieder
Wie Herr von Kürenberg sie sang,
Wegweiser ward sie seiner Lieder
Mit ihres Tones vollem Klang,
Demselben, den er angeschlagen
Auf Wartburg an des Todes Rand,
Und der zuletzt ihm eingetragen
Den goldnen Kranz aus Wolframs Hand.
Die erste aber der Gestalten
War eine königliche Maid,
Kriemhild, und in der Liebe Walten
Lieh er von Irmgard ihr das Kleid.
Mit Lust schuf er die Aventüren,
Es wuchs das Werk in Geistesstatt
Mit hohem Sinn und scharfem Küren,
Beschrieben wurde Blatt auf Blatt.
Tagtäglich saß er ohn' Ermüden,
Kaum ließ er sich durch einen Ritt,
Durch eine Jagd mit starken Rüden
Abziehn von seiner Arbeit Schritt.

Da aus dem blauen Himmel krachte
Ein Blitzstrahl nieder, der das Reich
In seinem Grund erbeben machte
Von eines einz'gen Schwertes Streich.
Die Wogen schlugen wild zusammen,
Mast ging und Anker über Bord
Am Schiff der Welt, in Sturm und Flammen
Schrie's auf und heult' es: Königsmord!
Der König Philipp war erschlagen
Auf Bambergs Burg von Mörderhand

In seines Wirkens Blüthentagen
Just, als er Rom selbst überwand.
Der Mildeste der Edlen, Großen
Aus hohenstaufischem Geschlecht
Lag meuchlings durch die Brust gestoßen
Und mit ihm Friede, Macht und Recht.
Nie war im deutschen Land gefallen
Schon ein so folgenschwerer Schlag,
In tausend Jahren war von allen
Dies sein verhängnißvollster Tag.
Friedrich, zu jung, als daß er helfe,
War ferne von der Dinge Lauf,
Die Krone nahm Otto der Welfe,
Und Rom war wieder obenauf.
Die blut'ge That traf alle Herzen,
Verdammt selbst von der Feinde Chor,
Tannhäuser aber schuf sie Schmerzen,
Als ob er einen Freund verlor.
Mit einem Anflug wahren Sehnens
Trug er den Herrlichen im Sinn
Und neben Philipps Bild Irenens,
Der wunderholden Königin.
Nun war er hin, der glanzvoll Hohe,
Der selber Gnade stets geübt,
Der Reiche, Schöne, Lebensfrohe,
Tannhäuser war zum Tod betrübt.
Er wollte fort, den Mordgesellen,
Und wenn er unterm Altar saß,
In Stücke reißen und zerspellen
Und sie den Raben streu'n zum Fraß.
Doch ach! er selbst war ohne Frieden,
Vergaß er, was in Rom geschehn?
Wie durft' er, selbst verdammt, hienieden
Des Rächers göttlich Amt versehn!

Schwer wieder fiel ihm ins Gewissen
Die Schuld, von der er nicht befreit,
Die ihn auf ewig losgerissen
Von Seelenheil und Seligkeit.
Unmuthig saß er manche Tage,
Von Reu' erfaßt, von Schmerz durchtost,
Doch endlich gab er auf die Klage
Und suchte in der Arbeit Trost.
Da Walthers von der Vogelweide
Und seines Worts gemahnt' er sich:
„Du wirst noch einst im tiefsten Leide
Zur Harfe greifen, — denk' an mich!"
Doch düster waren ihre Klänge,
Wo bittre Stimmung ihm genaht,
Inhalt und Wortlaut der Gesänge
War Streit und Tücke und Verrath.
Die Strophen schrieb er jetzt, wie Hagen
Mit König Gunther sich vereint,
Siegfried verrathen und erschlagen,
Und wie Kriemhilde ihn beweint.
Klar aber lag in seinem Geiste
Des Liedes Fortgang schon geplant,
Wie furchtbar rächend die Verwaiste
Des edlen Gatten Mord geahnt.
Erwin lehrt' er es stückweis kennen,
Und als ihm der die Frage bot:
„Wie willst Du Deinen Sang benennen?"
Sprach er: „Der Nibelunge Noth." —

Wie schwarz die Nacht, es folgt ein Morgen,
Wie lang er bleibt, er kommt einmal;
Wohlauf! es fällt in Angst und Sorgen
Ein heitrer, warmer Sonnenstrahl.
Am Burgthor dröhnt ein wuchtig Pochen,

Es klingt so lustig und so bunt, —
„Holla! wer hat die Bärenknochen?"
„Ein Klosterknecht von Admont!
Ich habe einen Brief zu bringen
Von einem Bruder aus dem Stift
An Ritter Heinrich Osterdingen,
Und wichtig, sagt' er, wär' die Schrift!"
Der Bote wurde eingelassen;
Vor Staunen konnte kaum den Brief
Tannhäuser mit den Händen fassen,
Erbrach ihn, sah hinein und rief:
„Erwin, ein Wunder ist geschehen,
Als wenn bergauf das Wasser treibt,
Die Sonne bleibt am Himmel stehen, —
Frutus, der Tintenfasser, schreibt!"

Und also lautete der Brief:

„Frutus, frater Admontanus,
Seinem weiland lieben Bruder
Tannhuserum, jetzo aber
Edlen Ritter Osterdingen! —
Gruß und aber Gruß im Namen
Aller hochgelobten Heil'gen,
Daß sie uns in Nöthen helfen!
Sintemal und alldieweilen
Ihr mir einstmals anvertrauet,
Daß der Kürenberg Eu'r Heim sei,
Send' ich Euch dorthin dies Brieflein;
Trifft's Euch nicht, sucht's Euch zu Wiene,
Sonsten aber auf der Wartburg.
Nämlich kund sei und zu wissen,
Wie ich Euch hiermit vermelde,
Daß in Rom der heil'ge Vater

— Gott erhalt' ihm seine Demuth! —
Boten nach Euch ausgesandt hat,
Eu'r Verbleiben auszuspüren,
Aber leider ganz umsunsten.
Weil er nun in seiner Weisheit
Alles weiß, wie recht und billig,
Ausgenommen wo Du steckest,
Wußt' er auch, daß Du vor Jahren
Hier in Adamunt gewesen
Und beim guten Bruder Frutum
Des Latein Dich sehr befleißigt.
Also sandte er auch hierher,
Und ein seltsam Märlein war es,
Was wir da vernommen haben.
Innocenz, der heil'ge Vater,
Läßt Dir also jetzt verkünden,
Daß ein Wunder sei geschehen.
Sein Dir wohlbekannter Stecken
Habe wieder neu gegrünet,
Blättlein hab' er und drei Knösplein
Aus dem dürren Stamm getrieben.
Das hat nun der heil'ge Vater
Ausgedeutet, daß der Himmel
Deine Sünden Dir vergeben,
Und alldarum will er's auch thun,
Spricht Dich los und schickt Dir gnädig
Seinen apostol'schen Segen.
Eine Buße aber — Buße?
Ja, was hast denn ausgefressen? —
Müßt' er doch Dir auferlegen:
Niemals dürfest Du vor Menschen,
Noch im Leben, noch beim Tode,
Noch gesprochen, noch geschrieben
Deinen Namen wieder nennen,

Der sei ausgelöscht' auf Erden!
Also sprach des Papstes Bote.
Ich versteh' kein Sterbenswörtlein
Von dem Allen, hoffe aber,
Daß Du's selber Dir zurecht legst,
Wenn mein armes, kleines Brieflein
Dich annoch am Leben findet.
Hier ist Manches anders worden,
Isenricus und Albanus
Und mein Feind, der Küchenmeister,
Singen nicht mehr mit im Chore.
Ich bin alt, jedoch nicht schwächlich,
Bin ein lüzzel dick geworden,
Brauche auch nicht mehr zu schreiben,
Weil es allzusehr mich angreift.
Darum schließ' ich die Epistel.
Nun gehabt Euch wohl, Herr Ritter!
Betet für mich, oder aber
Geht beiseit und trinkt ein Kännlein
Euch und mir zum Wohl und Heile.
Amen! sag' ich, Gloria Deo. —
Dein getreuer Bruder Frutus."

Tannhäuser warf, als er geendet,
Sich an des Freundes Brust und rief:
„Erlöst! erlöst! der Himmel sendet
Mir selber seinen Gnadenbrief.
Befreit bin ich von Bergeslasten,
Bei den Gerechten kann ich stehn,
In Frieden noch auf Erden rasten,
In Ruh dem Tod entgegen sehn."

Gerührt umschlang ihn der Gefährte
Und sprach dann ernst: „Gott ist versöhnt,

Und dennoch hat in seiner Härte
Der Papst den Namen Dir verpönt?
Der soll in Deinem Lied nicht stehen,
Wenn Du's geschaffen schön und groß?"
„Des Schöpfers Name wird verwehen,
Und dem Kometen gleicht sein Loos,
So klang's im Traum an einem Orte —"
Der Sänger sprach es hörbar kaum,
Erwin fiel ein mit raschem Worte:
„Sag', Heinrich, war's nicht auch ein Traum,
Ein Fieberwahn, den Du, genesen,
Erkennest jetzt als Truggeflecht,
Daß bei der Holda Du gewesen
Im Hörselberg? besinn' Dich recht!"
Tannhäuser schüttelte: „Nein, Lieber!
Du redest nimmer mir es aus,
Im Winter erst lag ich am Fieber
Zu Ulm im Lazaristenhaus.
Hat Gott auch Gnade mir verkündigt,
Noch kann ich selbst mir nicht verzeihn,
Was ich an Einer schwer gesündigt,
Und das soll meine Buße sein,
Daß ich des Ruhmes Glanz entsage,
Verborgen schaff' ich mein Gedicht,
Das Lied komm' auf der Nachwelt Tage,
Doch seines Sängers Name nicht!"

Es kam der Herbst mit seinem Sturme,
Der Winter kam mit Schnee und Eis,
Tannhäuser saß in seinem Thurme
Still schaffend mit geduld'gem Fleiß.
Ihn trug der siegesfichre Glaube
An seine Kunst und seine Kraft,
Beseligt schwebt' er überm Staube,

Entrückt von niedrer Sorgen Hast.
Wie Keinem war es ihm gegeben,
Im Innern eine Welt zu schau'n,
Er konnt' im Geiste sich das Leben
Mit Bildern, wie er wollte, bau'n.
Er wuchs mit seinem Stoff zusammen,
So daß er nie das Ziel verlor,
Und aus der Dichtung Feuerflammen
Ging er geläutert nun hervor.
Die alten wilden Wünsche schwiegen,
Der Sehnsucht Hast und Unruh schwand,
In nebelgrauer Ferne liegen
Sah er des Irrthums spiegelnd Land.
Nur reiner Liebe treu Gedenken
Blieb ihm, von Leidenschaften frei
Lernt' er im süßen Sichversenken,
Was wahrer Liebe Seele sei.
Mit Freuden schuf am Werk er weiter,
Drang vorwärts, blätterte zurück,
Und in der Kampfgluth seiner Streiter
Fühlt' er ein unaussprechlich Glück.
Da mit dem edelsten der Triebe
Ward es im Herzen ihm bewußt:
Auch im Gesange lebt die Liebe,
Im Schaffen wohnt die höchste Lust.
Und willst du eine Welt dir bauen,
Nach deinem Willen, deinem Plan
Das Große und das Kleine schauen, —
In Liedern einzig ist's gethan.

Und endlich war es ausgesungen
Gewaltig, klangvoll, jugendfrisch,
Das große Lied der Nibelungen,
Da lag es vor ihm auf dem Tisch.

Zwei Jahre hatt' er dran gesessen,
Seit auf den Kürenberg er kam,
Und seine Kraft daran gemessen,
Schwer ward's ihm, daß er Abschied nahm
Von diesem Werke seines Lebens,
Nach dem er fort und fort gestrebt,
Doch lächelnd sprach er: „Nicht vergebens
Hast nun du in der Welt gelebt!"

Umschauend dann mit weitem Blicke
Schien ihm die Zukunft öd und leer,
Nur Eins noch wollt' er vom Geschicke,
Und dazu braucht' er Schild und Speer.
Er wollte nicht zu Grabe wallen,
Von Greisenschwäche eingewiegt,
Er wollt' in heißem Kampfe fallen
Als Held und Ritter unbesiegt.
Fern aus Siciliens Lorbeerhainen
Stieg auf ein neuer Hoffnungsstern,
Mit dem wollt' er sein Loos vereinen,
In ihm erkannt' er seinen Herrn.
Friedrich, der Hohenstaufenknabe,
War um sein Königsrecht gekränkt,
Ihm vorenthalten Ehr' und Habe
Und Thron und Reich, mit Blut getränkt.
Dort war sein Ziel, und zum Genossen
Sprach er: „Erwin, ich hab's bedacht,
Und was ich über mich beschlossen,
Erschüttert keines Wortes Macht.
Zum jungen Friedrich will ich reiten,
Um Roß und Rüstung bitt' ich Dich,
Für Hohenstaufen will ich streiten,
In seinen Schlachten ende ich.

Hier nimm mein Lied wie eines Todten,
Bewahr' es wie Dein bestes Gold
Und schick' es bald mit sicherm Boten
Nach Wien zum Herzog Leopold.
Doch schwöre mir bei Deinem Lieben
Geheimniß heut und immerdar,
Daß der, der dieses Lied geschrieben,
Heinrich von Ofterdingen war!"

Erwin, so schwer's ihm mochte scheinen,
Gab endlich nach in bitterm Leid
Und schwur für sich und für die Seinen
Verschwiegenheit mit hohem Eid.
Dann wählte sich für's Schlachtgefilde
Tannhäuser Roß und Helm und Speer,
Und jetzt auf seinem blanken Schilde
Stand: "Gott die Ehr! dem Reich die Wehr!"
Er ritt in früher Morgenstunde
Vom Kürenberge aus dem Thor, —
Niemals gelangte wieder Kunde
Von ihm zu eines Menschen Ohr.

Minneschweig.

Uns Enkeln ist in Liedern von Alters aufbewahrt
Gar mannigfache Kunde von unsrer Väter Art,
Wie sie gelebt, geliebet, wie sie ihr Gut gemehrt,
Wie sie geritten, gestritten, und wie sie den Freund geehrt.

Gesagt wird und gesungen von einem treuen Brauch,
Der ist noch gäng und gäbe, den halten und hegen wir auch:
Wenn Einer abgeschieden, der lange lieb uns war,
So bringen einen Becher die Lebenden dem Todten dar.

Wir reden und wir raunen, was Jeder weiß und denkt,
Und still wird dann getrunken und still das Glas gesenkt;
Zu ehrendem Gedächtniß ist das ein Weihetrank,
Und die uns das gelehret, denen sei dafür Preis und Dank!

Sie nannten's «Minne trinken», es ging von Mund zu Mund,
Und Mann und Mage schwuren sich einen festen Bund,
Der Becher aber, ob golden oder aus Thon gebrannt,
Ob hölzern oder hürnen, der wurde «Minneschweig» genannt.

Wohlan! den Becher halte ich hier in meiner Hand,
Er ist mit Wein vom Rheine gefüllt bis an den Rand,
Denn Minne will ich trinken Einem, der lieb mir war
In meinem Sinnen und Träumen, er ist es mir noch immerdar.

Wo sind nun, die von Minne gesungen ihr Leben lang,
Von deren Saitenspiele ein Jahrhundert erklang?
Ihr ritterlichen Sänger, wo brachen eure Schwingen?
Und wo zu Deinem Frieden kamst Du, Heinrich von Osterdingen?

Wenn ich die Stätte wüßte, ich nähme Tasche und Stab
Und käme zu Dir gepilgert und setzte mich auf Dein Grab,
Und wenn noch keine wüchsen, ich pflanzte Dir Rosen hinein
Und wollte Deinen Hügel besprengen mit goldenem Wein.

Du trugst ein heißes Sehnen und einen stolzen Muth,
Dein Herz war Dein Verhängniß, Dein Herz und seine Gluth;
Wie hoch Du Dich vermessen, Du sühntest, was Du geirrt,
Und hast zujüngst erfahren, daß alle Lust zu Leide wird.

Still bist Du ausgeritten zu Deiner letzten Schlacht,
Spurlos dahin geschwunden in ewigen Schweigens Nacht,
Längst ist Dein Schild zerbrochen, verstummt Dein Liedermund,
Aber Dein Genius leuchtet noch über dem Erdenrund.

Wie Abends, wenn die Sonne schon unserm Blick entschwand,
Der Himmel flammt und gluthet weithin noch über das Land
Von dem unendlichen Glanze, dessen Spenderin schied,
So strahlet in die Zeiten nach Deinem Hingang noch Dein Lied.

Als sie's zu Wiene lasen, dahin es der Freund gesandt,
Ist von Entzücken und Grausen ihnen das Herz entbrannt,
Wie Glocken hat es geklungen, wie rollende Wogen gerauscht,
Und wie vom Sturm geschüttelt haben da die Hörer gelauscht.

Es hat die Welt durchzogen, als ob es zu Rosse saß,
Sieghaft wie Deine Helden von übermenschlichem Maß;
Es nennt nicht Deinen Namen, verhohlen hast ihn Du,
Den Minneschweig aber trink' ich, Nibelungendichter, Dir zu!

Des Sängers ist das schönste, das reichste Erdenloos,
Er schafft, was in der Seele ihm aufsteigt riesengroß,
Himmel und Hölle beschwört er mit seinem Runenstab,
Und zu den geschilderten Schatten geht er dann selber schweigend
                                                    hinab.

www.ingramcontent.com/pod-product-compliance
Lightning Source LLC
Chambersburg PA
CBHW030300010526
44108CB00038B/635